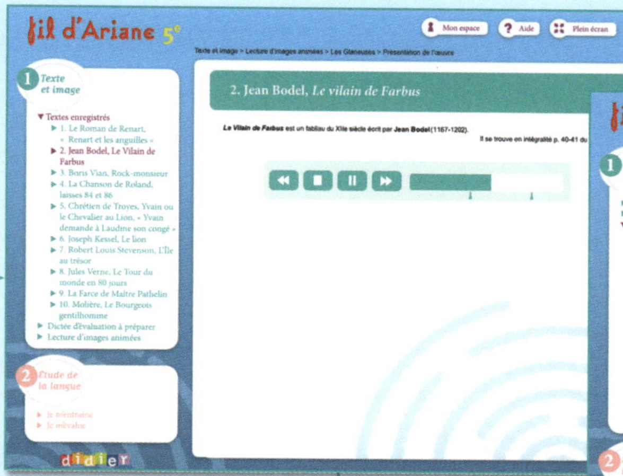

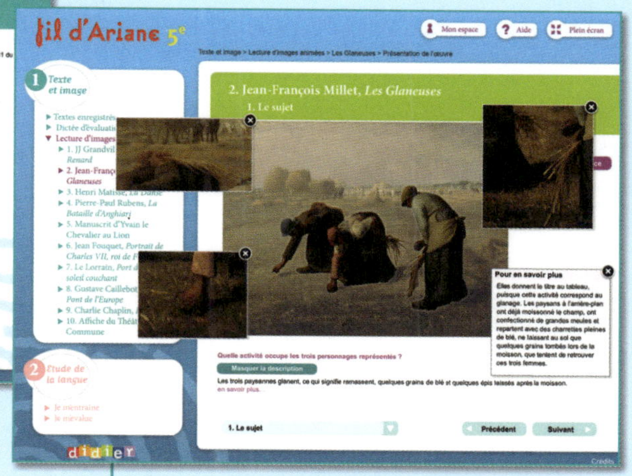

Les **textes** du manuel enregistrés

1. ***Le roman de Renart*** *Renart et les anguilles*
2. **Jean Bodel**, *Le Vilain de Farbus*
3. **Boris Vian**, *Rock-monsieur*
4. ***La Chanson de Roland***, laisses 84 et 86
5. **Chrétien de Troyes**, *Yvain ou le Chevalier à la Charette*, « Yvain demande à Laudine son congé »
6. **Joseph Kessel**, *Le lion*, « Une silhouette au milieu des bête sauvages »
7. **Robert Louis Stevenson**, *L'Île au trésor*, « Où commence mon aventure à terre »
8. **Jules Verne**, *Le Tour du monde en 80 jours*, « Dans lequel Phileas Fogg stupéfie Passepartout, son domestique »
9. ***La Farce de Maître Pathelin***, « Un maître trompeur »
10. **Molière**, *Le Bourgeois gentilhomme*, « Une leçon peu banale »

Les **lectures d'images** du manuel animées

1. **JJ Grandville**, *Le Chat et le Renard*
2. **Jean-François Millet**, *Les Glaneuses*
3. **Henri Matisse**, *La Danse*
4. **Pierre-Paul Rubens**, *La Bataille d'Anghiari*
5. Manuscrit d'*Yvain ou le Chevalier au Lion*
6. **Jean Fouquet**, *Portrait de Charles VII, roi de France*
7. **Le Lorrain**, *Port de mer au soleil couchant*
8. **Gustave Caillebotte**, *Le Pont de l'Europe*
9. **Charlie Chaplin**, *Le Cirque*
10. Affiche du Théâtre de la Commune

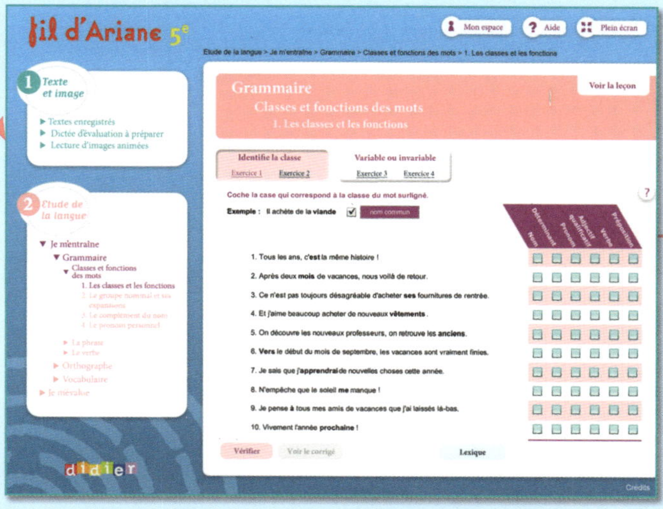

Des **exercices d'Étude de la langue**

- Les 45 fiches leçons du manuel
- 250 activités autocorrectives
- Des parcours de niveaux différents

Ouvrage réalisé sous la direction de Odile Marais

Fil d'Ariane 5e

programme de français 2010

LIVRE UNIQUE

Odile Marais
Agrégée de Lettres Modernes

Sylvain Bory
Certifié de Lettres Modernes

Bérengère Humbert-Vier
Certifiée de Lettres Modernes

Marie-Pierre Verhille
Certifiée de Lettres Modernes

Geneviève Ginter
Certifiée de Lettres Classiques

Armelle Larvor
Certifiée de Lettres Classiques

Marion Weber-Pallez
Auteur multimédia

didier

Programme du collège de l'enseignement du français
Cycle central – Classe de cinquième

Les objectifs et les principes de mise en œuvre des programmes sont développés dans le préambule auquel les professeurs sont invités à se reporter pour organiser l'enseignement dans le cadre des domaines suivants. L'étude de la langue, indispensable en elle-même, se met au service de la pratique constante de la lecture et de l'expression écrite et orale.

I. L'ÉTUDE DE LA LANGUE

1. Grammaire

L'analyse de la phrase
- la phrase complexe : la coordination et la juxtaposition ;
- la phrase complexe (suite) : la subordination (repérer la principale et les subordonnées) ;
- les propositions subordonnées relatives et les propositions subordonnées conjonctives (première approche : les distinguer selon que le subordonnant a ou n'a pas de fonction dans la subordonnée qu'il introduit) ;
- la subordonnée interrogative indirecte (totale ou partielle) ;
- le discours rapporté : le discours direct.

<u>Les classes de mots</u>
- les mots exprimant les degrés de l'adjectif (degrés d'intensité, comparatif et superlatif) ;
- les mots exprimant la négation (y compris la négation exceptive *ne...que*) ;
- les mots exprimant l'interrogation ;
- les conjonctions de coordination ;
- les prépositions (introduisant un complément de verbe, de nom, d'adjectif, ou un complément circonstanciel ; les multiples emplois de *de* et *à*) ;
- les pronoms relatifs.

<u>Les fonctions grammaticales</u>
- le groupe nominal et ses expansions (complément du nom, subordonnée relative) ;
- les groupes nominaux compléments circonstanciels de cause, de but, de conséquence, de comparaison ;
- le complément d'agent.

<u>La conjugaison</u>
- le subjonctif présent ;
- la voix active et la voix passive.

<u>Les valeurs des temps verbaux</u>
- les valeurs des temps composés (l'accompli et l'antériorité).

<u>Les valeurs et emplois des modes verbaux</u>
- l'indicatif (inscription dans le réel) et le subjonctif (imagination en pensée) ;
- le conditionnel en emploi modal (conditionnel de l'information incertaine, conditionnel d'atténuation ou de politesse, conditionnel du jeu ou de l'imaginaire) ;
- les modes non personnels du verbe (infinitif, participe, gérondif) ; la distinction des formes en *-ant* (gérondif, participe présent, adjectif verbal).

2. Orthographe

Orthographe grammaticale
- l'accord du participe passé des verbes avec les auxiliaires *être* et *avoir* (cas complexes, à l'exclusion des verbes pronominaux) ;
- les verbes du premier groupe présentant des particularités orthographiques (verbes en *-cer/-ger/-eler/-eter/-yer*...) ;
- la morphologie de certains verbes irréguliers : *aller, asseoir, dire, faire, savoir, vouloir*...
- les adjectifs qualificatifs de couleur.

Orthographe lexicale
- les principales prépositions ;
- les préfixes et suffixes usuels d'origine latine ;
- les préfixes usuels d'origine grecque.

Quelques homonymes ou homophones
- distingués par l'accent : *ou/où ; ça/çà ;*
- autres : *sans/s'en ; dans/d'en ; peu/peut ; ni/n'y ; si/s'y/ci*...

3. Lexique

L'étude du lexique vise à enrichir le vocabulaire des élèves de façon structurée à partir de réseaux de mots. Ces réseaux se rapportent à des domaines lexicaux définis pour chaque niveau. Ils se construisent à l'aide de notions lexicales dont la progression se poursuit au cours des quatre années de collège.

Domaines lexicaux
- vocabulaire des sensations ;
- vocabulaire des valeurs (références à une société ou à une période découverte à travers les œuvres étudiées en classe) ;
- vocabulaire des genres littéraires (roman, comédie).

Notions lexicales
- polysémie ;
- sens propre et sens figuré ;
- figures de style (comparaison et métaphore : initiation) ;
- histoire des mots ;
- mots génériques/mots spécifiques.

Ces notions sont utilisées en complément de celles étudiées les années précédentes. Pour mettre ce travail en cohérence avec les activités de lecture et d'écriture, le professeur construit des réseaux de mots à partir d'entrées lexicales choisies en relation avec les œuvres étudiées. Il peut, par exemple, privilégier les pistes suivantes :
- le portrait physique et moral ;
- l'univers médiéval ;
- paysages et décors ;
- le rire.

II. LA LECTURE

La progression pédagogique du professeur s'attache à traiter toutes les entrées du programme de lecture, certaines pouvant faire l'objet de plusieurs lectures d'œuvres. Les œuvres qu'elle retient sont étudiées en œuvre intégrale ou par groupements de textes en classe ; elles peuvent aussi faire l'objet d'une lecture cursive en dehors du temps scolaire. Un projet d'organisation raisonnable au regard des objectifs poursuivis par ces programmes comprendra la lecture d'au moins trois œuvres intégrales et trois groupements de textes étudiés en classe, et trois oeuvres lues en lecture cursive en dehors du temps scolaire. Pour certaines œuvres, une version modernisée ou adaptation de qualité est recommandée ; un astérisque les signale. Le programme rassemble des propositions parmi lesquelles le professeur est libre de faire des choix à l'intérieur des rubriques, selon le niveau de sa classe et son projet d'enseignement.

1. Littérature du Moyen Âge et de la Renaissance

Le professeur fait lire, intégralement ou par extraits, au moins une œuvre choisie parmi les propositions suivantes :
- une chanson de geste : par exemple *La Chanson de Roland** ;
- un roman de chevalerie de Chrétien de Troyes : par exemple *Lancelot ou le Chevalier à la charrette*, Yvain ou le Chevalier au lion*, Perceval ou le Conte du Graal** ;
- *Tristan et Yseult** ;
- *Le Roman de Renart** ;
- un fabliau ou une farce : par exemple *La Farce de maître Pathelin**.

2. Récits d'aventures

Le professeur fait lire, intégralement ou par extraits, une œuvre choisie par exemple parmi les œuvres suivantes :
- *Le Livre des merveilles* de Marco Polo ;
- *Robinson Crusoé** de Daniel Defoe ;
- *L'Île au trésor* de Robert Louis Stevenson ;
- un roman de Jules Verne ;
- *Croc-Blanc, L'Appel de la forêt* de Jack London ;
- *Le Lion* de Joseph Kessel ;
- *Vendredi ou la Vie sauvage* de Michel Tournier ;
- *Mondo et autres histoires* de J.-M. G. Le Clézio.

3. Poésie : jeux de langage

Le professeur privilégie l'étude du rapport entre forme et signification à partir d'un choix de poèmes d'époques variées empruntés par exemple aux auteurs suivants :
- Moyen Âge-XVIe siècle : Charles d'Orléans, Clément Marot, initiation aux poèmes à forme fixe ;
- XVIIe siècle : Jean de La Fontaine, *Fables* (choisies dans les livres VII à XII) ;
- XIXe siècle : Victor Hugo, Alfred de Musset, Charles Cros, Paul Verlaine, Tristan Corbière, Arthur Rimbaud ;
- XXe siècle : Guillaume Apollinaire, Max Jacob, Robert Desnos, Eugène Guillevic, Jacques Prévert, Malcolm de Chazal, Raymond Queneau, Claude Roy, Boris Vian, Jacques Roubaud.

4. Théâtre : la comédie

Le professeur fait lire, intégralement ou par extraits, au choix :
- une comédie de Molière, choisie par exemple parmi les pièces suivantes : *Le Bourgeois gentilhomme, Les Fourberies de Scapin, Le Malade imaginaire* ;
- une comédie courte choisie par exemple parmi celles des auteurs suivants : Georges Feydeau, Georges Courteline ou Jules Renard.

5. Étude de l'image

En classe de Cinquième, le professeur s'intéresse prioritairement à la représentation des époques médiévale et classique. Il poursuit l'étude des fonctions de l'image, en insistant sur la fonction descriptive. Il propose aux élèves une première approche des rapports entre texte et image (illustration, complément, contrepoint), par exemple lors de l'analyse d'enluminures. Les notions étudiées en Sixième sont complétées par l'étude des angles de prise de vue, des couleurs et de la lumière.

III. L'EXPRESSION ÉCRITE

1. Objectifs

L'objectif prioritaire à atteindre à la fin de la classe de Cinquième est la rédaction d'un texte correct et cohérent d'une page et demie (30 lignes environ), dans le respect des consignes données. L'élève doit être capable, en Cinquième, de maîtriser la narration et la description. Les récits qu'il écrit peuvent également inclure des dialogues. Afin d'approfondir les compétences d'écriture de l'élève, le professeur insiste sur la nécessité de se faire comprendre, de prendre en compte son destinataire et de s'adapter à la situation de communication définie par les consignes. Il s'attache à développer la capacité et le goût d'écrire, en faisant rédiger des textes variés.

2. Modalités de mise en œuvre

Les modalités générales ne se différencient pas d'une année à l'autre. Le professeur continue à faire écrire des textes brefs, de forme et d'usage variés. Il est souhaitable que les élèves rédigent un devoir complet et abouti au moins toutes les trois semaines. D'une page environ au début de la Cinquième, il s'enrichit et s'étoffe au cours de l'année.

Pour parvenir à ces objectifs, le professeur propose des exercices d'écriture diversifiés, réguliers et fréquents. Il entraîne l'élève à enrichir et moduler son expression en s'appuyant sur le travail conduit dans les séances spécifiques d'apprentissage du lexique.
La maîtrise de l'écrit passe nécessairement par la maîtrise de la syntaxe et de l'orthographe : l'articulation entre le programme de grammaire et les activités d'écriture trouve sa pleine justification.
Les exercices donnent chacun matière à diverses formes d'évaluation, notées ou non.
Dans la continuité de la classe de Sixième, le professeur privilégie la rédaction de textes narratifs et descriptifs, en lien avec le programme de lecture (fabliaux, récits d'aventure et de chevalerie).
Au cours des activités de lecture, il s'attache à faire percevoir les caractéristiques et le rôle de la description et des dialogues. Parallèlement, l'élève apprend à les rédiger et, le cas échéant, à les insérer dans ses propres écrits.
Pour favoriser cet apprentissage de l'écriture, le recours au traitement de texte, aux TIC, en relation avec l'enseignement reçu en technologie, se révèle utile. Le professeur se montre particulièrement attentif à l'utilisation du brouillon. La reformulation écrite d'énoncés et la rédaction de synthèses sont généralisées au cours de toutes les activités de la classe de français.

3. Travaux d'écriture

- récits rendant compte d'une expérience personnelle incluant l'expression de sentiments ;
- descriptions de lieux divers ;
- portraits de personnages réels, imaginaires ou inspirés d'une œuvre étudiée ;
- dialogues fictifs ou réels, invention ou transcription d'une interview ;
- récits inspirés par les œuvres étudiées : épisode d'un récit de chevalerie ou d'un récit d'aventures, court fabliau ;
- scènes de théâtre comique imitées des œuvres lues ;
- textes poétiques variés : initiation à l'écriture poétique contrainte ou libre ;
- écrits à partir de supports divers permettant de développer des qualités d'imagination (images, objets, documents audiovisuels), notamment en relation avec les œuvres étudiées dans le cadre de l'histoire des arts. Une écriture longue peut être envisagée de façon individuelle ou collective, notamment la rédaction d'un fabliau.

IV. L'EXPRESSION ORALE

En Cinquième, l'apprentissage de l'oral poursuit les objectifs définis dès la classe de Sixième.
Parmi les exercices, la description est privilégiée : on attend de l'élève qu'il présente de façon organisée une personne, un objet, un lieu, en s'appuyant sur un vocabulaire précis et varié.
Le professeur commence à développer des situations d'expression orale qui permettent aux élèves de dialoguer entre eux, par exemple dans le cadre des études de textes et lors de dialogues fictifs avec jeux de rôles.
Les élèves pratiquent régulièrement la lecture à haute voix et la récitation en prenant en compte la nécessaire mise en valeur du texte.

V. L'HISTOIRE DES ARTS

Parmi les thématiques laissées au choix du professeur, celle d'« Art, États et pouvoirs » peut permettre d'aborder des thèmes comme l'architecture des châteaux (Moyen Âge, Renaissance, XVIIe siècle), l'art de Cour (la comédie-ballet) et la place de l'écrivain à la Cour (en particulier celle de Versailles), conjuguant alors des domaines aussi variés que les « Arts du visuel », «les « Arts du son », les « Arts du spectacle vivant » et les « Arts de l'espace ».

Les auteurs du manuel remercient tout particulièrement l'équipe éditoriale, avec laquelle ils ont eu un grand plaisir à travailler.

Ils tiennent aussi à remercier Bruno Gourdin pour ses précieux conseils.

Un grand merci à Matthias Cyprien pour son regard critique et sa relecture attentive de l'ouvrage.

Conception et direction artistique de la couverture :
Christian Dubuis Santini © Agence Mercure

Principes de maquette pages intérieures (hors réalisation et iconographie) :
Marie-Astrid Bailly-Maître

Iconographie :
Véronique Foz

Illustrations :
Michel Galvin, pages 41, 43, 44, 64, 68, 70, 72, 92, 94, 136, 140, 142, 158, 162, 180, 186, 206, 212, 232
Claire Glorieux, pages 15, 50, 85, 96, 110, 111, 124, 179, 192, 218

Mise en page :
Sabine Beauvallet

Lecture-corrections :
Laure Mistral

Photogravure :
IGS

Enregistrements, montage et mixage :
Olivier Ledoux, Studio Corby

Interprétation des textes sur le CD partie audio :
Valérie Bezançon, Arnaud Caron, Philippe Houriet

Sommaire général

Textes

▸ Sommaire détaillé p. 6

I. LES RÉCITS BREFS

II. LA POÉSIE

III. LE ROMAN

IV. LE THÉÂTRE

HISTOIRE DES ARTS

▸ Sommaire détaillé p. 11

ÉTUDE DE LA LANGUE

▸ Sommaire détaillé p. 251

I. LES RÉCITS BREFS

1 Le *Roman de Renart*

De courts récits juste pour rire ?

Parcours textes et images

S'exercer

Évaluation

2 Les fabliaux

Témoignages ou caricatures ?

Parcours textes et images

S'exercer

Évaluation

GUIDE POUR LIRE UNE ŒUVRE INTÉGRALE

DE LA CLASSE AU CDI

II. LA POÉSIE

3 Jeux de langage et formes fixes

Comment les poètes s'amusent-ils avec les contraintes ?

Parcours textes et images

S'exercer

Évaluation

4 *La Chanson de Roland*

Une œuvre entre poésie et récit ?

Parcours textes et images

S'exercer

Évaluation

5 Yvain ou le Chevalier au lion

Comment étaient écrits les premiers romans ?

Parcours textes et images

S'exercer

Évaluation

6 Portrait des personnages

Qu'est-ce qu'un personnage romanesque ?

Parcours textes et images

S'exercer

Évaluation

GUIDE POUR LIRE UNE ŒUVRE INTÉGRALE

7 Description des lieux

Comment définir un lieu romanesque ?

Parcours textes et images

S'exercer

8 *Le Tour du monde en 80 jours*

Qu'est-ce qu'un roman d'aventures ?

Parcours textes et images

S'exercer

GUIDE POUR LIRE UNE ŒUVRE INTÉGRALE

DE LA CLASSE AU CDI

IV. LE THÉÂTRE

9 Farces et vaudevilles

Comment faire rire en quelques scènes ?

Parcours textes et images

S'exercer

Évaluation

10 La comédie

En quoi Molière est-il un maître du genre ?

Parcours textes et images

S'exercer

Évaluation

Sommaire détaillé
Histoire des arts

ENQUÊT'ART

DES MOTS POUR LIRE L'IMAGE

Art musical

Des suggestions d'écoute d'œuvres musicales p. 22, 41, 64, 70, 90, 112, 136, 162, 182, 210, 230, 234

Félix Lorioux (1872-1964), illustration « Le Renard fit tomber de la boue sur le berger endormi » tirée du *Roman de Renart*, 1924.

1 Le *Roman de Renart*

De courts récits juste pour rire ?

LIRE L'IMAGE

1. Quel trait de caractère du renard cette scène illustre-t-elle ?
2. À quoi voit-on que la scène se passe au Moyen Âge ?

ÉTUDE DE LA LANGUE

- La proposition relative p. 17, 19, 32 – la phrase négative p. 21 – les adjectifs qualificatifs p. 23
- Le gérondif et l'adjectif verbal p. 17, 19 – le participe passé p. 19 – le conditionnel p. 21 – le présent de l'indicatif p. 32 – infinitif et groupes de verbes p. 23

Et si les auteurs nous parlaient ?

Le *Roman de Renart*, manuscrit sur parchemin, XIVe siècle, Nord de la France, BNF, Paris. Le texte commence par « Pierrot, qui mit son intelligence et son art à écrire en vers l'histoire de Renart et d'Ysengrin son cher compère. »

Pierre de Saint-Cloud, êtes-vous le seul auteur du Roman de Renart ?

Je suis l'auteur des récits les plus anciens : les deux premières aventures de Renart, écrites au **XIIe siècle, entre 1170 et 1177**. Je suis un des rares auteurs à être connu ! On peut citer aussi Richard de Lison ou un prêtre de la Croix en Brie, près de Paris. Mais on compte beaucoup d'autres auteurs, clercs ou ménestrels, qui sont restés anonymes et qui ont ajouté des récits jusqu'à la **fin du XIIIe siècle** ! Ces récits qui composent le ***Roman de Renart*** sont appelés des branches.

D'où viennent ces récits ?

Tous s'inspirent des fables d'Ésope, du folklore, et d'***Ysengrimus***, un très ancien récit rédigé en latin, qui raconte la rivalité entre un loup nommé *Ysengrimus* et un goupil du nom de *Reinardus*. Chacun des auteurs a poursuivi à sa manière ce récit initial qui s'est intitulé ***Roman de Renart***, car il est écrit en « roman », c'est-à-dire en ancien français. Mais ce roman est rédigé en vers et chaque branche rassemble plusieurs histoires, qu'on peut lire séparément.

Gaston Phébus (1331-1391), *Renard chassant les volailles*, dans *Le Livre de la chasse* (1456), BNF, Paris.

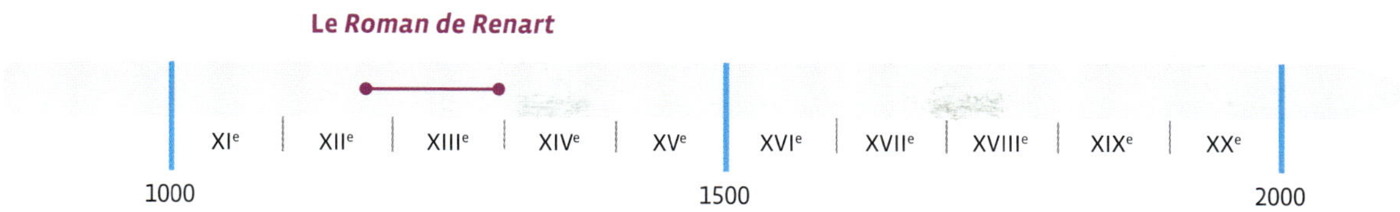

Le Roman de Renart *est-il un texte très sérieux ?*

Renart le rusé goupil évolue dans une société animale dont l'organisation permet de comprendre comment on vivait au Moyen Âge. Mais il s'agit d'abord de rire ! Pour cela, le ***Roman de Renart*** imite de façon burlesque les chansons de geste (▸ p. 83) et les romans courtois (▸ p. 109).
Il parodie la société médiévale, en caricaturant les nobles chevaliers et en ne respectant rien.Mais c'est aussi une satire car les animaux représentent les ridicules et les défauts des hommes.

La société animale du Roman de Renart

1 Observer un texte médiéval

La pêche à la queue

Texte en ancien français

Ce fu un pou devant Noël
Que l'en mettoit bacons en sel.
Li ciex fu clers et estelez
Et li viviers fu si gelez
Ou Ysengrin devoit peschier,
Qu'en poïst par desus treschier,
Fors tant c'un pertuis i avoit
Qui de vilains fait i estoit
Ou il menoient leur atoivre
Chascune nuit joer et boivre.
Un seel y orent laissié.

Texte en français moderne (en vers)

C'était un peu avant Noël
À l'époque où l'on sale les jambons.
Le ciel était clair et étoilé.
L'étang où Ysengrin devait pêcher
était si gelé
qu'on aurait pu y danser la farandole,
il n'y avait qu'un trou
que les paysans avaient fait
pour y mener chaque soir leur bétail
se changer les idées et boire.
Ils y avaient laissé un seau.

C'est là que Renart arriva ventre à terre ; il regarda son compère :

« Seigneur, dit-il, venez par ici ! Voilà une foule de poissons et l'instrument avec lequel nous pêchons anguilles, barbeaux et autres beaux et bons poissons.

– Frère Renart, dit Ysengrin, prenez-le donc par un bout et attachez-le-moi bien à la queue ! »

Renart prend le seau et le lui attache à la queue de son mieux.

« Frère, dit-il, il vous faut maintenant rester bien tranquille pour faire venir les poissons. »

Il file alors près d'un buisson, et se couche, le museau entre les pattes, de manière à voir ce que fait le loup. Ysengrin est sur la glace, le seau dans l'eau, rempli de glaçons jusqu'aux bords. L'eau commence à geler, à immobiliser le seau attaché à la queue. La queue est gelée dans l'eau et scellée à la glace. Le loup veut alors se relever et tirer le seau à lui. Il s'y essaie à plusieurs reprises, ne sait plus que faire, s'inquiète et se décide à appeler Renart. Car il ne peut plus se cacher : l'aube point déjà. Renart lève la tête, ouvre les yeux, regarde autour de lui :

« Frère, dit-il, laissez ce travail ! Allons-nous-en, mon cher ami ! Nous avons pris beaucoup de poissons. »

Ysengrin lui répond alors en criant : « Renart, il y en a trop ! J'en ai pris plus que je ne saurais dire. »

Renart éclate de rire et lui dit carrément : « Qui convoite tout perd tout ! »

L. 12 à 35 : *Roman de Renart* (XIIe-XIIIe siècle), traduction en français moderne d'Élisabeth Charbonnier, Le Livre de poche, 1987.

Vers 1 à 11 : *Roman de Renart*, traduction en français moderne de Jean Dufournet et Andrée Méline, Garnier-Flammarion, 1985.

Un mot à la loupe

Le personnage de **Renart** est devenu si célèbre que ce nom propre a remplacé le nom commun ***goupil***, issu du latin *vulpem*, qui désignait le renard en ancien français. Le mot *goupil* a disparu et le nom commun **renard** est resté, orthographié avec un d final.

De l'ancien français au français moderne

1. Les vers anciens sont des octosyllabes : recopiez le premier vers en le découpant en huit syllabes.

2. Que signifient les mots anciens :

des *bacons* – un *pertuis* – *boivre* – *peschier* ?

LIRE L'IMAGE

- Cherchez dans votre manuel la définition d'une enluminure.
- Sur cette enluminure, quel moment du récit est illustré ?
- Dans la partie manuscrite, retrouvez le mot « *poisson* ».

Le Roman de Renart, enluminure, manuscrit sur parchemin, début du XIVe siècle, Nord de la France, BNF, Paris.

LIRE LE TEXTE

Un cadre médiéval

1. En quelle saison se déroule le récit ? Relevez les mots qui permettent de le savoir.

2. [L. 14-15] Relevez une proposition relative et indiquez son antécédent. Que désignent-ils ?
▸ GRAMMAIRE, FICHE 15

3. Que nous précise-t-on sur la vie paysanne ?

4. Lisez le texte en ancien français. Reconnaissez-vous certains mots ?

Des humains et des animaux

5. Quels sont les personnages ? Lequel est ridiculisé ?

6. [L. 16 à 22] Quelles parties du corps des animaux sont désignées ?

7. [L. 32] Relevez un gérondif et indiquez sa fonction. Quel sentiment traduit-il ? ▸ VERBE, FICHE 29

8. En quoi ces animaux ressemblent-ils à des humains ?

ORTHOGRAPHE ▸ FICHE 34

9. Employez chacun de ces trois homonymes du nom « *seau* » dans une phrase :
un sceau – un sot – un saut.

VOCABULAIRE ▸ FICHE 42

10. [L. 13 à 15] Relevez un nom générique et deux noms spécifiques liés à la pêche. Complétez la liste avec d'autres noms spécifiques.

L'ESSENTIEL

– Le ***Roman de Renart*** comporte plusieurs récits dont les auteurs sont généralement **anonymes**. Ces récits, appelés des **branches**, sont écrits en **ancien français** et en **octosyllabes**.
– Les personnages sont des **animaux personnifiés** qui vivent dans un monde **imaginaire**.
– On y retrouve aussi certaines **réalités de la société médiévale**, comme la faim et le froid.

EXPRESSION ÉCRITE

Les paysans arrivent avec leurs chiens : Ysengrin va avoir la queue coupée.
– Racontez en un paragraphe la fin du récit.
– Vous emploierez le présent et le passé composé comme dans le texte.
– Indiquez au fur et à mesure les sentiments du loup (la surprise, la peur, la colère...).

2 Étudier la conduite d'une ruse

Renart et les anguilles

Un jour de grande faim, le goupil[1] quitta Maupertuis. [...] Ne sachant que faire, il se coucha près d'une haie, espérant une occasion.

Enfin, il entendit un bruit de roues. C'était des marchands qui revenaient des bords de la mer ; ils rapportaient de grosses quantités de harengs frais et de poissons [...]

Quand Renart, l'universel trompeur, est à une portée d'arc des marchands, il reconnaît facilement les anguilles et les lamproies[2]. Il rampe sans se laisser voir jusqu'au milieu de la route, et s'y étend, les jambes écartées, la langue pendante. Quel traître ! Il reste là à faire le mort, sans bouger et sans respirer. La voiture avance ; un des marchands regarde, voit le corps immobile et appelle son compagnon :

– Regarde, là. C'est un goupil ou un blaireau.

– C'est un goupil, dit l'autre ; vite ! Descendons et attrapons-le en prenant bien garde qu'il ne nous échappe pas.

Les deux hommes se dépêchent et s'approchent de Renart. Ils le poussent du pied, le pincent, le tournent et le retournent sans crainte d'être mordus. Ils le croient mort.

– Il vaut bien trois sous, dit l'un.

– Il en vaut bien au moins quatre, reprend l'autre. Nous ne sommes pas chargés : jetons-le sur la charrette. Vois comme sa gorge est blanche et nette !

Ainsi dit, ainsi fait. Ils le saisissent par les pieds, le lancent entre les paniers et se remettent en route. Pendant qu'ils se félicitent de l'aventure et qu'ils se promettent d'écorcher Renart le soir même, celui-ci ne s'inquiète guère ; il sait qu'entre faire et dire il y a souvent un long trajet. Sans perdre de temps, il s'allonge sur les paniers, en ouvre un avec les dents et tire à lui plus de trente harengs. Il les mange de bon appétit, sans avoir besoin de sel ou de sauge. Mais il n'a pas l'intention de se contenter d'aussi peu. Dans le panier voisin frétillent les anguilles : il en tire trois beaux colliers[3]. Renart, qui connaît tant de ruses, passe sa tête et son cou dans les colliers, puis les installe sur son dos. Il s'agit maintenant de quitter la charrette. Des deux pattes de devant, il s'élance au milieu de la route, les anguilles autour du cou. Après avoir salué, il crie aux marchands :

– Dieu vous garde, beaux vendeurs de poissons ! J'ai partagé en frère : j'ai mangé vos plus beaux harengs et j'emporte vos meilleures anguilles ; le reste est pour vous.

Quelle n'est pas la surprise des marchands !

– Au goupil ! Au goupil ! crient-ils.

Ils sautent de leur charrette, pensant attraper Renart. Mais le goupil ne les a pas attendus.

Le Roman de Renart (XIIe-XIIIe siècle), branche III, adaptation par Marie-Hélène Robinot-Bichet d'après la traduction de Paulin Paris, Hachette Bibliocollège, 1999.

Un mot à la loupe

La demeure de Renart porte un nom significatif : *mau* est une variante de **mal** et le *pertuis* désigne un **trou**. **Maupertuis** signifie donc le **mauvais trou** ou le **trou maudit**.

De l'ancien français au français moderne

Ne sait sa garison
[ou querre,
Car la fein li fait molt
[grant guerre.

Il ne sait où aller chercher
[sa nourriture
Pour calmer la faim qui
[le presse.

1. Que signifie le verbe ancien ***querre*** ?
2. Quel verbe moderne a-t-il donné ?

1. goupil : ancien nom du renard.
2. lamproies : poissons sans écailles ayant l'apparence d'une anguille.
3. colliers : les anguilles enfilées sur des cordes.

LIRE L'IMAGE

• Remettez les images A, B, C dans l'ordre puis indiquez à quelle étape du schéma narratif correspond chacune d'elle.

A

B

C

Benjamin Rabier (1864-1939), trois illustrations pour l'épisode des anguilles tirées du *Roman du Renart*, éditions Taillandier, 1909.

LIRE LE TEXTE

Un trompeur efficace

1. Quelle est la situation initiale de Renart ?

2. [L. 9] Relevez un participe passé et un adjectif verbal. Indiquez leur fonction ▸ VERBE, FICHES 28 ET 29

3. En quoi consiste la ruse du goupil ? Indiquez l'élément déclencheur et les principales péripéties.

4. Quelles paroles moqueuses adressent-ils aux marchands ?

Des marchands trompés

5. Que transportent les marchands ?

6. [L. 3 et 4] Relevez la proposition relative et précisez son antécédent. ▸ GRAMMAIRE, FICHE 15

7. Comment les paysans pensent-ils tirer profit du goupil ?

8. Dans la situation finale, pourquoi les marchands sont-ils doublement perdants ?

ORTHOGRAPHE ▸ FICHE 32

9. Complétez avec rr ou r : une cha...ette – un cha...iot – une ca...iole – un ca...osse.

VOCABULAIRE ▸ FICHE 37

10. Pour chacun des adjectifs suivants, trouvez un verbe et un nom ayant le même radical :
trompeur – rusé – traître.

L'ESSENTIEL

– La plupart des branches raconte une **ruse** du goupil **Renart**. Ses **victimes** sont les autres animaux ou les hommes.

– La **tromperie** est soulignée par le **schéma narratif** : une situation **initiale** (Renart a faim), un élément **déclencheur**, des **péripéties**, un élément de **résolution** et une situation **finale** (Renart est rassasié).

EXPRESSION ORALE

La fable de La Fontaine intitulée « L'Ours et les deux compagnons » (fable 20, livre V) a pour morale : « il ne faut jamais/Vendre la peau de l'Ours qu'on ne l'ait mis en terre ».

– Quel lien voyez-vous entre cette morale et l'attitude des chasseurs du Roman de Renart *?*

– Débattez : dans quel cas arrive-t-il qu'on « vende la peau de l'ours avant de l'avoir tué » ?

3 Comprendre le comique

Renart, Tibert et l'andouille

Renart et le chat Tibert ont trouvé une andouille. Avec cette charcuterie, le chat court vers une croix.

Tibert n'avait rien d'un chaton inexpérimenté, il savait bien monter et descendre. Avec ses griffes, il s'agrippe à la croix et grimpe en haut à toute vitesse. Là, il s'assoit sur l'un des bras. Renart était désespéré qu'on lui ait joué un tour pendable.

« Eh bien, Tibert, qu'allons-nous faire maintenant ?

– Rien que d'agréable, répond Tibert. Montez donc et nous mangerons.

– La tâche serait difficile, dit Renart. Descendez plutôt, Tibert ! Je risquerais de me blesser, s'il me fallait monter. Soyez grand seigneur : jetez-moi ma part, et vous serez quitte.

– Renart, que dites-vous ? Vous devez être ivre. Je ne le ferais pas pour cent livres. Vous devriez bien savoir la valeur de cette andouille, qui est chose sainte et qu'il ne faut manger que sur une croix ou une église, afin de la glorifier.

– Mon cher Tibert, ne vous occupez pas de cela. [...] Si vous ne voulez pas manquer à votre parole, faites les parts là-haut et jetez-moi la mienne. J'en prendrai le péché sur moi.

– Non, je n'en ferai rien, dit Tibert. Renart, mon ami, vous délirez ! Vous êtes pire qu'un hérétique[1] ! Vous me demandez de jeter à terre quelque chose que l'on doit entourer de vénération ! Ma parole, je ne suis pas assez ivre pour le faire ! Ce serait renier ma foi, vous le savez. Je vais vous dire ce que vous allez faire : pour cette fois, vous vous résignerez, mais la prochaine andouille que nous trouverons vous appartiendra sans partage. Vous ne m'en donnerez pas une miette !

[...] Tibert renonce alors aux discours pour se mettre à manger. Quand Renart voit cela, il en a les larmes aux yeux.

« Renart, dit Tibert, je me réjouis de vous voir pleurer vos péchés. Que Dieu, qui connaît votre repentir[2], allège votre pénitence[3] !

– Maintenant, dit Renart, je ne peux rien faire d'autre. Mais tu finiras bien par descendre, ne serait-ce que pour boire, et ce jour-là, il te faudra passer entre mes pattes !

– Vous ignorez, dit Tibert, la bienveillance divine à mon égard. Il y a à côté de moi un creux plein de l'eau de la dernière pluie, qui suffira bien à étancher ma soif. Oui, il reste à peu près l'équivalent d'un seau, que je boirai tranquillement.

Le Roman de Renart (XIIe-XIIIe siècle), branche XV, traduction en français moderne d'Élisabeth Charbonnier, Le Livre de poche, 1987.

Un mot à la loupe

Le mot **andouille** est issu du verbe latin *inducere* signifiant **introduire**, car pour fabriquer une **andouille**, le charcutier introduit les lamelles de porc dans un boyau. Au sens figuré, ce terme désigne un imbécile dans l'expression **faire l'andouille**.

De l'ancien français au français moderne

N'a encor gueres que il plut,
*Et de l'**eve** assez i estut.*

Il n'y a guère longtemps [qu'il a plu
Et il est resté assez d'eau.

1. Que signifie le mot en gras ?
2. Quel rapport y a-t-il avec un **évier** ?

1. **hérétique :** contraire aux règles de l'Église.
2. **repentir :** remords.
3. **pénitence :** peine, punition.

LIRE L'IMAGE

• Sur quelle(s) vignette(s) voit-on la croix de bas en haut ? de haut en bas ?
• Comparée à la taille des animaux, quel effet cette croix produit-elle ?

Bande dessinée *Le Roman de Renart, Les jambons d'Ysengrain*, scénario de J.-M. Mathis, dessin et couleur de T. Martin, éditions Delcourt, 2007.

LIRE LE TEXTE

Renart berné

1. Quel tour le chat Tibert a-t-il joué à Renart ?
2. Renart ne peut pas monter sur la croix : quelle raison donne-t-il ? Quelle est la vraie raison ?
3. Avec quels arguments Renart essaie-t-il de convaincre Tibert de partager ?
4. [L. 26 à 36] Relevez une phrase négative dans laquelle Renart avoue son impuissance. ▸ GRAMMAIRE, FICHE 16

Tibert moqueur

5. Quelles sont, d'après Tibert, les caractéristiques de l'andouille ?
6. [L. 11] Quel est temps et le mode de « *ferais* » ? ▸ VERBE, FICHE 26 Comment la détermination de Tibert se traduit-elle ?
7. [L. 11 à 25] Avec quelles expressions Tibert traite-t-il Renart de fou ?
8. [L. 28 et 29] Quelle explication moqueuse le chat donne-t-il aux larmes de Renart ?

ORTHOGRAPHE ▸ FICHE 34

9. Complétez les expressions suivantes avec « *foi* », « *fois* » ou « *foie* » :
Il a mal au f.... – Sa parole fait f.... – Il était une f....

VOCABULAIRE ▸ FICHE 42

10. Relevez les mots appartenant au champ lexical de la religion.

L'ESSENTIEL

– Le *Roman de Renart* vise à faire **rire** par des **situations comiques** ou des **jeux de mots**.
– Le comique porte aussi sur les **renversements** quand le trompeur est trompé.
– On **rit de tout**, y compris des domaines les plus **sacrés** comme celui de la religion. Contrairement aux héros des romans de chevalerie, Renart **ne respecte rien**.

EXPRESSION ÉCRITE

– Imaginez que pour faire descendre Tibert de sa croix, Renart le flatte de manière hypocrite.
– Rédigez son discours, dans lequel il vantera les qualités physiques et morales du chat. Il s'adressera au chat en employant le présent et en le vouvoyant.

4 Analyser la parodie

Arrivée du corps de Coupée

Chantecler le coq, Pinte qui pond les œufs, Noire, Blanche et Roussette tiraient une charrette recouverte d'un rideau. À l'intérieur reposait une poule[1], portée sur une litière comme dans un cercueil. Renart l'avait tellement malmenée et secouée à coups de dents qu'il lui avait brisé la cuisse et arraché une aile.

Le roi venait de rendre beaucoup de jugements, il était fatigué par les débats. C'est précisément à ce moment que surviennent Chantecler et les poules, se frappant de leurs paumes. La première, Pinte, se met à crier, suivie par les autres :

« Par Dieu, dit-elle, nobles, bêtes, chiens, loups et vous tous qui êtes ici, venez donc en aide à la malheureuse que je suis ! Je hais l'heure de ma naissance. Mort, prends-moi donc, hâte-toi, puisque Renart m'empêche de vivre ! Mon père m'avait donné cinq frères : ce brigand de Renart les mangea tous. Quelle immense perte ! Quel terrible chagrin ! Ma mère m'avait donné cinq sœurs, encore vierges, des jeunes filles très belles. Gombert de Fresnes les nourrissait afin qu'elles puissent bientôt pondre. Le malheureux ! Il perdit ses soins, car Renart ne lui en laissa jamais qu'une seule. Toutes passèrent dans son gosier. Et vous qui gisez dans ce cercueil, ma douce sœur, ma chère amie, comme vous étiez tendre et grasse ! [...] Je voulais porter plainte contre lui, mais je ne trouve personne pour me rendre justice ; Renart se moque des menaces et de la colère d'autrui comme de sa première chemise ! »

À ces mots, la malheureuse Pinte tombe évanouie sur le pavé. Ses compagnes l'imitent. Aussitôt, pour relever les quatre dames, chiens, loups et autres bêtes se lèvent de leurs escabeaux[2], et leur jettent de l'eau sur la tête.

Quand elles reviennent de leur évanouissement – à ce que dit l'histoire – elles vont se jeter aux pieds du roi. Chantecler s'agenouille et lui baigne les pieds de ses larmes. La vue du jeune homme remplit le roi de pitié. Il pousse un profond soupir, qu'à aucun prix il n'aurait pu retenir. De colère, il redresse la tête, et aucune bête, ni ours, ni sanglier, n'est assez hardie pour ne pas trembler quand le roi soupire et rugit. Couart le lièvre éprouva une telle peur qu'il en eut la fièvre pendant deux jours. Dans toute la cour, c'est un même frémissement. Le plus courageux tremble de peur. De colère, le lion redresse la queue et s'en frappe avec un tel désespoir que tout le palais en résonne.

Le Roman de Renart (XIIe-XIIIe siècle), branche I, traduction en français moderne d'Élisabeth Charbonnier, Le Livre de poche, 1987.

1. **une poule :** Coupée.
2. **escabeau :** siège de bois.

Un mot à la loupe

Le mot latin ***pulla*** désignait tous les petits des animaux. Il a donné **poulain** (le petit du cheval), **poule** et **poulet** (les petits du coq). Le mot **poule** a ensuite désigné la femelle du coq, faisant disparaître le mot *géline* utilisé en ancien français.

De l'ancien français au français moderne

Dedenz gisoit une geline
Que l'en amenoit en litere
Fete autresi con une bere.

Une poule reposait
[à l'intérieur
Amenée sur une litière,
Aménagée en cercueil.

1. Quel mot avait le sens de « *cercueil* » ?

2. Que signifie l'expression « mettre quelqu'un en bière » ?

Art musical

Opéra de **Janáček**, *La Petite Renarde rusée*, acte 1, scène 2, 1923.

LIRE L'IMAGE

- Comment la scène est-elle humanisée ?
- Est-ce la tristesse qui domine dans cette gravure ? Pourquoi ?

Joseph Porphyre Pinchon (1871-1953), « Procession funéraire de la poulette Coupée dont la tête a été arrachée par Renart », illustration pour *Les Aventures de maître Renard* de G. Le Cordier, 1930.

LIRE LE TEXTE

Le rituel de l'enterrement

1. Qu'est-ce qui rend solennelle l'arrivée de Coupée ?

2. [L. 20 et 21] Relevez les adjectifs qualificatifs et donnez leur fonction. ▸ GRAMMAIRE, FICHE 4

3. Quels sont les sentiments éprouvés par Pinte ?

4. Certains détails rappellent que Pinte et ses sœurs sont des poules : lesquels ? Pourquoi ont-ils un effet comique ?

La société

5. À la cour du roi, qu'est-ce qui ressemble à une vraie cour ?

6. [L. 34] Indiquez l'infinitif et le groupe des verbes « *soupire* » et « *rugit* ». ▸ VERBE, FICHE 27

7. Que ressent le roi avant, puis après le discours de Pinte ?

8. Pourquoi la présence des animaux donne-t-elle à la cour un aspect comique ?

ORTHOGRAPHE ▸ FICHE 31

9. Complétez les mots suivants avec -euil ou -ueil : un cerc... – un d... – un acc... – un rec... – un s... – un faut.... – un écur...

VOCABULAIRE ▸ FICHE 41

10. Trouvez un synonyme pour chacune des expressions : « être *une poule mouillée* » – « avoir *la chair de poule* » – « se coucher *avec les poules* » – « tuer *la poule aux œufs d'or* ».

L'ESSENTIEL

– La société animale du *Roman de Renart* **reflète la société féodale** de manière **moqueuse** et **comique**.

– Les auteurs s'amusent à **tourner en dérision** les thèmes **nobles** des chansons de geste ou des romans de chevalerie.

– Cette **imitation comique** s'appelle une **parodie**.

EXPRESSION ÉCRITE

Racontez la manière dont Renard a attaqué Coupée la poule.

– Imaginez sa ruse pour entrer dans le poulailler et la réaction des poules.

– Employez le passé simple et l'imparfait.

Construire le bilan

Renart et Ysengrin dans le puits

Renart, coincé au fond d'un puits, fait croire à Ysengrin qu'il est mort et qu'il est au paradis. Ysengrin, naïvement, croit qu'il dit la vérité et lui demande comment faire pour le rejoindre.

Seigneurs, écoutez donc l'étonnante aventure ! Du doigt Renart montre le seau, et très habilement, persuade le loup qu'il s'agit de la balance à peser le bien et le mal : « Par Dieu tout-puissant, quand le bien est assez lourd, celui qui est assis sur le plateau descend ici, tandis que tout le mal reste là-haut. Mais personne ne pourrait descendre ici avant de s'être confessé. As-tu avoué tes péchés ?

– Oui, à un vieux lièvre et à une chèvre barbue, avec beaucoup de piété. Compère, fais-moi donc entrer bien vite ! »

Renart se met alors à le regarder. « Il te faut donc prier Dieu, et le supplier de t'accorder son pardon et la rémission de tes péchés. Ainsi, tu pourras entrer. »

Ysengrin n'y peut plus tenir. Il tourne le cul vers l'est et la tête vers l'ouest[1] et se met à chanter et à hurler à pleins poumons. Renart, l'étonnant trompeur, s'est placé en bas dans l'autre seau, celui qui était descendu. C'était bien la malchance qui l'avait mis dans cette situation ! Mais bientôt, ce sera au tour d'Ysengrin de se mordre les doigts.

« J'ai prié, dit le loup.

– Moi aussi, j'ai rendu grâces à Dieu, répond Renart. Ysengrin, vois-tu ce miracle, ces cierges qui brûlent devant moi ? Jésus va te pardonner charitablement tes péchés. »

Quand Ysengrin entend cela, il s'efforce de faire descendre le seau au bord du puits, joint les pieds et saute dedans. Comme il est le plus lourd, il se met à descendre. Écoutez donc la discussion qui s'engage :

« Compère, pourquoi pars-tu ? demande Ysengrin au goupil qu'il croise dans le puits.

– Pas la peine de faire la grimace. Il y a ici une coutume qui veut que lorsque l'un arrive, l'autre parte. C'est ce qui se passe. Je monte au paradis et tu descends en enfer. J'ai échappé au diable, mais toi, tu vas chez les démons. Tu es au fond du gouffre, mais moi, je m'en suis sorti. Par Dieu, notre père spirituel, tu descends chez les démons. »

[…] Ysengrin est dans un drôle de guêpier !

Le Roman de Renart, XIIe et XIIIe siècle, branche IV, traduction en français moderne d'Élisabeth Charbonnier, Le Livre de poche, 1987.

LIRE LE TEXTE

1. Qui sont les personnages du *Roman de Renart* ? À quelle époque vivent-ils ?
2. Quels indices montrent que ce texte était dit à voix haute ?
3. Comment et par qui Ysengrin est-il berné ?
4. Pourquoi Ysengrin est-il ridicule ?
5. Quel rituel est tourné en dérision ?

1. Il faut au contraire tourner la tête vers l'est, où se trouve Jérusalem.

BILAN SUR… le *Roman de Renart*

- Le *Roman de Renart* est une œuvre du **Moyen Âge**, mettant en scène des **animaux personnifiés**. Le personnage principal est le **goupil Renart**. Texte 1
- Le texte, composé d'**octosyllabes**, a été écrit par des auteurs pour la plupart restés **anonymes**. Il était dit par des **jongleurs** qui s'adressaient directement au public. Texte 1
- Les différentes **branches** racontent les **ruses** de Renart dont la motivation principale est de trouver de la nourriture. Textes 1 et 2
- L'objectif principal des récits est de susciter **le rire**. Textes 1 à 4
- Les auteurs **parodient la société féodale** et tournent en dérision les thèmes sacrés. Ils imitent de manière moqueuse les romans de chevalerie et les chansons de geste. Textes 3 et 4

D'un renard à l'autre...

❶ *Le Roman de Renard*, 1958, roman de Maurice Genevoix

Renard s'alla coucher, la tête allongée sur les pattes, à l'abri d'un buisson qui le protégeait de la bise. Il ne se sentait point d'aise. C'était plaisant spectacle, en effet, que celui d'Isengrin s'accroupetonnant sur la glace, tâtant l'eau du bout de la queue et gémissant à voix de fausset : « Brr… Qu'elle est froide ! »

– D'un seul coup ! Carrément ! dit Renard. Dans un instant, vous ne sentirez plus rien.

C'était l'heure d'avant l'aube où le froid est le plus vif. Renard, à petits coups, caressait son museau de sa queue, touffue, soyeuse, empomponnée de noir. Aussi belle était la queue du loup, également et de toute part fourrée, avec certaine ondulation de poils dont Renard était jaloux.

– Que sentez-vous, oncle Isengrin ?

– Plus rien.

– Ne vous l'avais-je pas dit ?

Maurice Genevoix, *Œuvres romanesques complètes*, tome 10, Tallandier, 1985.

❷ *Fantastique Maître Renard*, 1970, roman jeunesse de Roald Dahl

Il y eut de l'agitation et des murmures dans l'assistance.

– Donc, je vous invite tous, continua Maître Renard, à rester ici, avec moi, pour toujours.

– Pour toujours ! crièrent-ils. Mon Dieu ! C'est merveilleux !

Et Lapin dit à Dame Lapin :

– Ma chérie, pense un peu ! On ne nous tirera plus jamais dessus, de toute notre vie !

– Nous construirons un petit village souterrain, dit Maître Renard, avec des rues et des maisons de chaque côté, des maisons individuelles pour les familles Blaireau, Taupe, Lapin, Belette et Renard. Et tous les jours, j'irai faire les courses pour vous tous. Et tous les jours, nous mangerons comme des rois.

Les vivats qui suivirent ce discours durèrent plusieurs minutes.

Roald Dahl, *Fantastique Maître Renard*, traduit par Marie-Raymond Farré, Gallimard, 1980.

❸ *Fantastic Mr Fox*, 2009, film réalisé par Wes Anderson, adapté du roman de Roald Dahl

1. Comparez la manière dont Renart se comporte avec les autres animaux dans les différentes versions, celles du texte 1 et du texte 2.

2. Sur la photo du film, en quoi Renart a-t-il l'air d'être un chef de bande ?

3. Lequel de ces trois nouveaux « renards » ressemble le plus au goupil du *Roman de Renart* ?

À VOUS

– Renart, le goupil du Moyen Âge, fait un saut dans le temps : il est propulsé au XXIe siècle, parmi nous. Imaginez où il se retrouve (en forêt ou en ville ?) et ce qui lui arrive.

– Vous direz s'il préfère rester avec nous ou retourner au Moyen Âge, en expliquant pourquoi.

ENQUÊT'ART

Décors sculptés de l'art roman

À l'époque du *Roman de Renart*, la religion tient une place importante dans la société. C'est pourquoi aux XIIe et XIIIe siècles, période de l'art roman, les édifices religieux s'ornent de sculptures.

▶ Quels messages les sculpteurs délivrent-ils tout en s'adaptant à l'espace dont ils disposent ?

OUVRONS L'ENQUÊTE

Document 1 · Abbatiale romane de Baulieu-sur-Dordogne (Corrèze) – Portail sud, 1130-1140.

lexiqu'art

Chapiteau *(n. m.)* : partie supérieure d'une colonne.

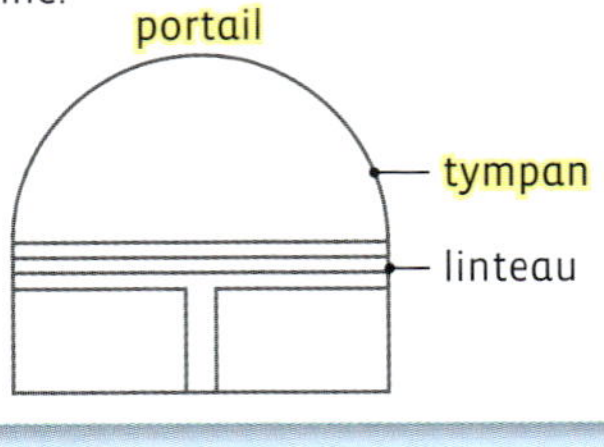

1. Le sculpteur doit se plier aux formes géométriques du cadre. Quelle est la forme du tympan ? du linteau ?
2. Laquelle de ces deux formes se prête à la sculpture d'une frise ?
3. a. Sur le tympan, quel personnage se détache des autres ? Que signifie son geste ? Quelles sont les créatures représentées sur le linteau ?
b. Quel effet étaient censées produire toutes ces sculptures ?

COMPLÉMENT D'ENQUÊTE

Document 2 - Prieuré Notre-Dame, Serrabone (Pyrénées-Orientales), chapiteau double de la tribune, XIIe siècle.

Documents 3 et 4 - Église Saint-Pierre, Chauvigny (Vienne), chapiteaux du déambulatoire, XIIe siècle.

Observez

1. [Doc. 2 à 4] À quelle forme le sculpteur doit-il se plier : un cercle – un trapèze – un rectangle ?
2. Comment les sculpteurs tirent-ils parti des angles du chapiteau ?
3. Quels animaux identifiez-vous ?

Analysez

4. [Doc. 1 à 4] Quelles créatures sont monstrueuses et quelles scènes sont effrayantes ? Pourquoi ?
5. En quoi le portail et le chapiteau sont-ils des éléments architecturaux importants dans l'édifice ?

Interprétez

6. a. Associez chaque élément (sol, voûte, chapiteau) à son symbole (ciel, terre, lien entre ciel et terre).
b. Sur la colonne, seul le chapiteau est sculpté. Pourquoi ?
7. [Doc. 1 à 4] À part leur fonction décorative, quelle autre fonction ces sculptures ont-elles ?

RAPPORT D'ENQUÊTE

- L'**architecture romane** comporte une grande variété de décors sculptés directement **sur les monuments**.
- Le sculpteur se plie aux **contraintes** de la forme : **chapiteau** généralement évasé, **tympan** demi-circulaire et **linteau** rectangulaire.
- Ces décors sculptés sont **chargés de symboles** : ils évoquent la protection divine mais sont aussi une mise en garde contre le Mal.

Mieux connaître les mots

ÉVOLUTION DE LA LANGUE — LE MOT « BÊTE »

histoire du mot

Bête Le latin ***bestia*** a donné le mot français **bête**. Ce terme désignait toute espèce d'animal, sauvage ou domestique. Employé comme adjectif, il a très tôt qualifié quelqu'un d'**idiot**.

I. Observer

LATIN ⟶ FRANÇAIS MODERNE

bestiam → beste → **bête**

1. Au cours de cette évolution, quel signe a remplacé la consonne s ?

II. Comprendre

2. Complétez les phrases suivantes avec l'un des mots entre parenthèses :
a. Ces émissions stupides *(abêtissent / aboutissent)* les enfants. **b.** Il admire les fables d'animaux rassemblées dans *(un bestiaire / un bêtisier)*. **c.** Elle transporte ses moutons dans *(une bétaillère / une bétonnière)*. **d.** Le chien du troupeau guide *(les bestiaux / les bestioles)* du fermier.

3. Remplacez les expressions en gras par leur synonyme :
chercher la petite bête – regarder comme une bête curieuse – reprendre du poil de la bête – être la bête noire – ressembler à une bête de somme
a. La tempête **est redoutée** par les marins. **b.** Grâce aux vacances, vous **êtes en pleine forme**. **c.** Il **s'efforce de découvrir une erreur**. **d.** Tu **travailles énormément**. **e.** Elle le **dévisageait avec insistance**.

III. Manipuler

4. Complétez le tableau en associant chaque mot français avec le mot latin dont il est issu :
- du **béton** (matériau de construction),
- une **biche** (femelle du cerf),
- la **béatitude** (bonheur parfait).

Mots latins	Mots français
bestiam (la bête)	
beatum (heureux)	
bitumen (le bitume)	

5. Selon le tableau, lequel de ces trois mots est le doublet populaire du mot **bête** ?

▸ VOCABULAIRE, FICHE 37

JOUONS AVEC LES MOTS — MÉLI-MÉLO DE PROVERBES

1. Les proverbes ci-dessous ont été mélangés. Remettez chaque animal à sa place dans le proverbe qui convient.

2. Expliquez ensuite le sens de chaque proverbe reconstitué.
À bon œuf, bon bœuf / Qui vole un chat, vole un rat = « À bon chat, bon rat » / « Qui vole un œuf, vole un bœuf ».

- Quand la grive n'est pas là, les merles dansent / Faute de souris, on mange des chats.
- Petit à petit, le chat fait son nid / Oiseau échaudé craint l'eau froide.
- Il ne faut pas mettre la charrue avant l'hirondelle / Un bœuf ne fait pas le printemps.
- La nuit, tous les chiens sont gris / Les chats aboient, la caravane passe.

ENRICHIR SON VOCABULAIRE LE LEXIQUE DE LA TROMPERIE

1. Lisez l'article de dictionnaire du mot « ruse ».

> **RUSE** [Ryz] n. f. 1. Procédé habile pour tromper. → **artifice, feinte, machination, manœuvre, piège, stratagème, subterfuge.** ◆ loc. *Ruse de guerre* (et, fig., pour surprendre un adversaire). *Des ruses de Sioux**. 2. *LA RUSE* : art de dissimuler, de tromper. → **habileté, rouerie.**
> contr. **Candeur, droiture.**
> ÉTYM. de l'ancien verbe *ruser* « reculer », latin *recusare* « refuser » → récuser.

a. Donnez la signification des abréviations suivantes : *n. f. – loc. – fig. – contr.*
b. Recopiez la transcription phonétique du mot.
2. Mettez les mots suivants dans l'ordre alphabétique :
fourberie – subterfuge – roublardise – candeur – franchise – astuce – crédulité – rouerie – ingénuité – naïveté
3. Classez les mots précédents en deux colonnes : dans l'une les synonymes du nom « ruse », dans l'autre les antonymes.
4. Trouvez l'adjectif qui correspond à chaque nom selon l'exemple : *la ruse → rusé.*
a. la malice → ... **b.** la mensonge → ... **c.** la perfidie → ... **d.** la roublardise → ...
e. le stratagème → ... **f.** la tromperie → ...

DES MOTS POUR LIRE L'IMAGE

LES LIGNES DE FORCE : VERTICALES ET HORIZONTALES

ROM

COMPLÉTEZ la lecture d'image n° 1 avec le CD-Rom.

Les lignes de force sont les lignes principales qui organisent la composition. Les lignes horizontales et/ou verticales marquent l'équilibre et la symétrie.
1. Observez les lignes verticales du schéma : à quels éléments de la scène se rapportent-elles ?
2. À quoi la ligne horizontale correspond-elle ?

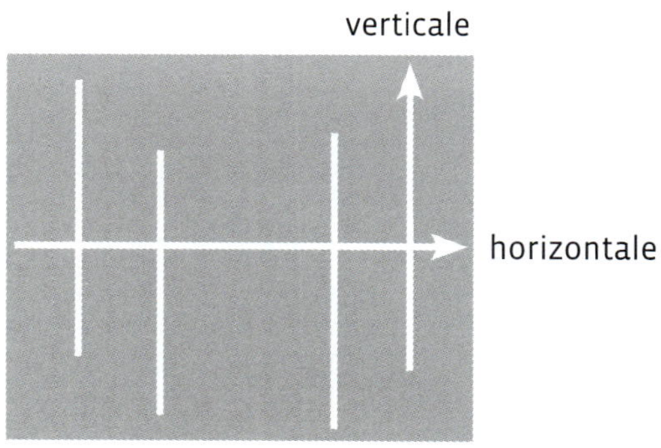

JJ Grandville (1803-1847), gravure pour la fable de La Fontaine *Le Chat et le Renard*, XIXe siècle.

Analyse

LA FONCTION PRINCIPALE D'UN TEXTE : RACONTER, INFORMER, ARGUMENTER

CONSEIL
Révisez les valeurs du présent de l'indicatif ▸ VERBE, FICHE 20 et les champs lexicaux ▸ VOCABULAIRE, FICHE 42

I. Lire les textes

Texte 1

Le renard est un mammifère carnivore qui appartient à la famille des canidés. Ses oreilles sont droites, sa tête triangulaire est assez effilée, sa queue est touffue, au pelage fourni. Il élève ses petits dans des terriers souterrains. Sa femelle est la renarde, ses petits les renardeaux. On compte dix espèces de renards, parmi lesquelles le renard roux est le plus grand et le plus répandu des renards.

Texte 2

En Suisse, les renards arrivent dans certaines villes. Pourquoi ? Pour plusieurs raisons : parce que la rage[1] a été éradiquée[2], que les zones habitables se sont développées, et surtout parce que le renard est malin : au lieu de traquer des souris pendant des heures dans la forêt, il a opté pour le self-service en fouillant directement dans nos poubelles. En plus, les mieux adaptés ont su échapper au danger du trafic routier, et comme les femelles peuvent avoir jusqu'à huit petits en même temps, ils se reproduisent très vite.

1. **rage** : maladie.
2. **éradiquée** : éliminée.

Document A

Gravure d'après Wilhelm von Kaulbach pour une édition de 1846 du *Roman de Renard*.

Texte 3

Maître Renard grimpa le tunnel obscur jusqu'à l'entrée de son terrier. Son beau museau pointu surgit dans la nuit sombre et il se mit à flairer.

Il avança d'un centimètre ou deux et s'arrêta.

Il flaira une autre fois. Il était toujours particulièrement prudent en sortant de son trou.

Il avança d'un autre centimètre. Il était à moitié sorti, maintenant.

Sa truffe frémissait de tous côtés, humant, flairant le danger. Sans résultat. Au moment même où il allait filer au trot dans le bois, il entendit ou crut entendre un petit bruit, comme si quelqu'un avait bougé le pied, très, très doucement sur un tapis de feuilles mortes.

Roald Dahl, *Fantastique Maître Renard*, traduit par Marie-Raymond Farré, Gallimard, 1980.

Document B

Affiche du Comité anti-fourrure « Fur Free Alliance » (FFA).

Document C

Photographie de renard roux.

II. Identifier la fonction principale de chaque texte

3. Suivez les consignes proposées dans le tableau :

	Texte 1	**Texte 2**	**Texte 3**
Relevez	trois mots appartenant au lexique scientifique	trois mots ou expressions qui introduisent une explication	deux indications temporelles
Indiquez	le temps des verbes conjugués et sa valeur	trois raisons qui expliquent la venue des renards en ville	trois actions successives du renard

4. À l'aide des indices du tableau, précisez la fonction de chaque texte : lequel raconte un récit ? Lequel informe ? Lequel argumente ?

III. Analyser les images

5. Quel document présente un renard imaginaire ? Lequel présente un vrai renard dans son environnement ?
6. Que veut nous montrer le document B ?
7. Quel document est une affiche ? Lequel est une photographie ? Lequel est un dessin ?
8. Associez un document à chaque texte et expliquez votre choix.

Écrit

CONTINUER UN RÉCIT

Continuez le texte 3 en imaginant ce qui se passe ensuite.
– Votre récit sera écrit au passé simple et à l'imparfait.
– Vous montrerez la progression des actions avec des indications de temps.
– Votre texte comportera environ 20 lignes.

Lecture de texte / Étude de la langue

1. Faites le schéma narratif de cet épisode.
2. Quels détails du premier paragraphe personnifient Brun et Renart ?
3. Dans la première phrase, relevez une proposition relative et indiquez son antécédent.
4. Expliquez en quoi consiste la ruse de Renart.
5. Quel est le défaut principal de Brun l'ours ?
6. [L. 7 et 8] Relevez deux noms qui appartiennent au vocabulaire médiéval et expliquez-les.
7. [L. 17 à 19] Indiquez le temps et l'infinitif des verbes conjugués. Précisez leur sujet.
8. [L. 20 et 21] Comment Renart renverse-t-il la situation ?

1. **destrier :** cheval.
2. **coin :** instrument pour fendre le bois.
3. **roule :** trompe.
4. **flancs :** côtés.
5. **quolibets :** moqueries.

Du miel pour Brun l'ours

Ils galopent à bride abattue jusqu'au bois de Lanfroi, où leurs destriers[1] s'arrêtent. Lanfroi, qui vendait du bois, avait commencé à fendre un chêne, en y enfonçant deux coins[2].

« Brun, dit Renart, mon cher ami, voici ce que je t'ai promis. La ruche est là-dedans. Vas-y, mange ! […] »

Brun l'ours met son museau et ses deux pattes de devant dans le chêne, tandis que Renart le soulève et le pousse. Puis le goupil se retire et l'exhorte : « Vilain, dit-il, ouvre la gueule ! Ton museau y touche presque ! Ouvre la gueule ! » Il se moque de lui et le roule[3]. Maudit soit-il toute sa vie, pour la bonne raison que jamais l'ours n'aurait tiré une goutte de miel de l'arbre, où il n'y avait ni miel ni rayon ! Et pendant que Brun ouvre la gueule de toutes ses forces, Renart a empoigné les coins et les a arrachés à grand-peine. Aussitôt la tête et les flancs[4] de Brun restent coincés dans le chêne. Voilà le malheureux dans une triste posture ! Renart l'a mis dans de sales draps ! Ce dernier (puisse-t-il ne jamais être absous de ses crimes, lui qui jamais ne fait ni une bonne action ni une aumône !) se tient en retrait et couvre sa victime de quolibets[5] : « Brun, dit-il, je savais bien que vous chercheriez une ruse afin que je ne goûte pas à ce miel. […] Ah ! vous étiez un beau compagnon ! […] »

Sur ces entrefaites, survient Lanfroi le forestier, et Renart détale aussitôt.

Le *Roman de Renart* (XIIe-XIIIe siècle), branche I, traduction d'Élisabeth Charbonnier, Le Livre de poche, 1987.

Orthographe

ROM **PRÉPAREZ** la dictée n° 1 avec le CD-Rom.

À REVOIR
Le présent de l'indicatif
▸ VERBE, FICHE 20
et l'accord de l'adjectif qualificatif
▸ GRAMMAIRE, FICHE 4

Le roi Noble devant le château de Maupertuis

Il **voit** les fossés et les murs, solides, épais, hauts, inébranlables. Au sommet du château, il **aperçoit** les créneaux qui **protègent** l'entrée du terrier, ainsi que le pont-levis relevé, la chaîne remontée. Le château est construit sur un rocher. Le roi s'en **approche** le plus possible et **met** pied à terre devant la porte, avec toute sa suite. La compagnie se **disperse** autour du château, chacun dressant sa tente et s'installant n'importe où.

Le *Roman de Renart*, branche Ia, traduction d'Élisabeth Charbonnier, Le Livre de poche, 1987.

1. Repérez les différentes graphies du son-voyelle [e] à la fin des noms : *un fossé – une entrée – un terrier – un rocher – un pied*.
2. Précisez l'infinitif et le groupe des verbes en gras. Identifiez le sujet de chacun.
3. Indiquez la formation du nom « *pont-levis* » et apprenez ce mot par cœur.

Lecture d'image / Histoire des arts

Auguste Vimar (1851-1916), gravure « Renard sort par la fenêtre avec une poule sous le bras » pour *Le Roman de Renard*, vers 1910.

1. Quelles caractéristiques de Renard cette gravure met-elle en valeur ?
2. Quel sentiment son expression traduit-elle ?
3. Comment la rapidité du personnage est-elle montrée ?

Connaissance de l'œuvre et des auteurs

1. Corrigez les erreurs.
Ce texte comporte des erreurs. Saurez-vous les retrouver ?

Le Roman de Renart *est un long poème rédigé par des éclairs. Il était écrit en octogones et le personnage principal est un goupil rusé. Pierre de Saint Cloud est l'un des premiers auteurs de ce texte dont la plupart des auteurs sont homonymes. Les différents récits, appelés des bronches, ont été écrits entre le* XIIe *et le* XIIIe *siècle.*

POUR RÉPONDRE, relisez bien la page « Et si les auteurs nous parlaient ? », p. 14-15.

2. Associez un nom à l'animal qui correspond et à son trait de caractère :

● Brun	◆ le lièvre	★ rusé
● Ysengrin	◆ le chat	★ gourmand
● Couart	◆ l'ours	★ naïf
● Tibert	◆ le loup	★ peureux

3. Rendez à chaque personnage le mari ou la femme qui lui convient :
Fière – Chantecler – Hersent – Ysengrin – Hermeline – Noble – Renart – Pinte.

Anonyme, *Un fou fait la grimace*, panneau d'un diptyque, début du XVIe siècle, huile sur bois, 58,5 x 44,2 cm, legs Wittert, Université de Liège.

2 Les fabliaux

Témoignages ou caricatures ?

Parcours textes et images

S'exercer

Évaluation

LIRE L'IMAGE

1. Comment s'y prend le personnage pour déformer son visage ?
2. Qu'est-ce qui vous indique l'époque de cette peinture ?

ÉTUDE DE LA LANGUE

• La phrase simple et complexe p. 39 – le complément du nom p. 42 – la proposition subordonnée relative et l'antécédent p. 45, 54

• Le participe passé p. 39 – l'imparfait et le plus-que-parfait p. 42 – le participe présent p. 45, 54 – l'infinitif p. 54

Et si les auteurs nous parlaient ?

Le poète Jean Bodel lit un poème devant un groupe d'auditeurs, enluminure sur manuscrit, XIIIe siècle, BNF, Paris.

Jean Bodel, peut-on vous qualifier de « vilain auteur » ?

J'ai écrit sur les vilains, mais je n'en étais pas un. Né vers **1167** à Arras, dans le Nord de la France – région de naissance des fabliaux ! – j'ai été jongleur, puis trouvère. Je suis l'auteur du ***Vilain de Farbus*** et de huit autres fabliaux, mais je me suis essayé à d'autres genres littéraires de mon époque, comme la chanson de geste, la poésie lyrique ou le théâtre.

En **1202**, à l'époque de la quatrième croisade, j'ai attrapé la lèpre. Je suis mort de cette terrible maladie en **1207**, alors que Philippe Auguste était roi.

Pourquoi avoir écrit des fabliaux ?

Pour amuser le public ! Comme tous les auteurs de fabliaux, j'ai voulu donner une image réaliste de la société et des hommes, pour me moquer d'eux et en rire ! On se souvient de mon nom, mais la plupart des fabliaux sont anonymes : on ne connaît pas leurs auteurs.

Musicien jouant de la flûte et jongleur, enluminure du tropaire de Saint-Martial de Limoges, vers 1050, BNF.

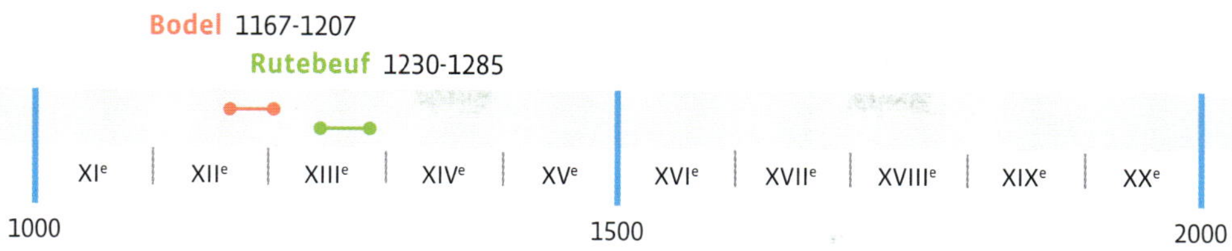

Rutebeuf, miniature du XIVe siècle, Bibliothèque royale Albert Ier, Bruxelles.

Et vous, **Rutebeuf**, peut-on vous qualifier de « jongleur de mots » ?

Oui, j'étais jongleur et mes poèmes, dans lesquels je raconte les difficultés de ma vie misérable, m'ont rendu célèbre. J'ai aussi écrit des pièces de théâtre et des fabliaux. Mais je n'ai pas connu Jean Bodel, puisque je suis né vers **1230** et mort en **1285**, année où Philippe IV, dit Philippe Le Bel, est devenu roi.

En quoi consistait votre métier de jongleur ?

Les jongleurs, appelés aussi ménestrels, étaient de véritables amuseurs publics : acrobates, musiciens ou poètes ambulants, ils allaient de ville en ville, de château en château, pour distraire les seigneurs en leur récitant des poèmes, des chansons de geste ou des fabliaux. Ils exhibaient aussi des animaux savants ou proposaient des tours d'adresse pour faire rire le public. Hélas, leur vie était difficile, le plus souvent misérable !

Jongleur faisant danser un ours, enluminure du manuscrit *Heures à l'usage de Thérouanne*, vers 1280, BNF, Paris.

1 Explorer la forme et la fonction du fabliau

Rutebeuf ▸ p. 36

Le pet du vilain

A – Texte en ancien français
Li dis dou pet au vilain

Jadiz fu .I. vilainz enfers.
Emperellier estoit enfers
Por l'arme au vilain resouvoir,
Ice vos di ge bien por voir.
Uns deables i est venuz
Par cui li droiz iert maintenuz.
Un sac de cuir au cul li pent
Maintenant que laianz descent,
Car li mauffeiz cuide sans faille
Que l'arme par le cul s'en aille.

Rutebeuf, *Pièces à rire*, XIIIe siècle.

B – Traduction en français moderne (en vers)

Un vilain, jadis, était malade.
L'enfer était tout prêt
à recevoir son âme,
je vous l'affirme et c'est vérité pure.
Un diable est venu
pour préserver les droits de l'enfer.
À peine arrivé chez le vilain,
il lui suspend au cul un sac de cuir,
car le diable est persuadé
que l'âme va s'en aller par le cul.

Texte établi et traduit par Michel Zink, éd. Gallica, BNF.

C – Traduction en français moderne (en prose) du texte A et la suite

Jadis, un vilain fut malade. L'enfer était tout prêt à recevoir son âme. Ici je vous dis bien la vérité. Un diable est venu pour maintenir les droits de l'enfer. Aussitôt arrivé dans sa maison, il lui pend un sac en cuir au cul, car le démon croit avec certitude que l'âme sort par le cul[1].

Mais le vilain, pour se soigner, avait ce soir-là pris une potion, avait mangé force bon bœuf à l'ail et humé tant de bouillon gras bien chaud que sa panse[2] n'était point molle. Elle était tendue comme une corde de guitare. On ne pense pas encore qu'il soit perdu, car s'il peut péter, il sera guéri. À cet effort, il s'occupe avec force ; à cet effort il s'efforce. Il se force, il s'anime, se tourne et se remue tant qu'en se cabrant, un pet lui en saute, emplit le sac et le barbouille, car le démon pour le punir lui avait piétiné la panse. Et on dit bien en ce proverbe que trop forcer fait chier.

Le démon alla jusqu'à ce qu'il vînt à la Porte[3] avec le pet qu'il apporte. Il jette le sac, et tout, en enfer, et le pet en sort d'un coup. Et voilà chacun des diables courroucé et enflammé, et tous maudirent l'âme du vilain. Le lendemain, ils tinrent conseil et se mirent d'accord pour décider que plus jamais on n'apporte une âme qui sera issue de vilain, car elle pue toujours, il n'y a rien à faire. Ainsi se décida-t-il que jamais aucun vilain ne pourrait entrer ni en enfer ni au paradis. Vous avez entendu toute l'explication.

Adaptation par les auteurs du manuel, d'après le texte en ancien français établi par Michel Zink.

Un mot à la loupe

Venant du latin ***animam*** qui signifie « souffle de vie », l'**âme** est, selon la religion, l'esprit séparé du corps et jugé par Dieu. Le mot **animal** a la même origine : les **animaux** englobent toutes les espèces vivantes, y compris l'homme.

De l'ancien français au français moderne

1. Que reconnaissez-vous du français dans le texte A ?

2. Relevez deux mots qui ont disparu.

1. Au Moyen Âge, on pensait que l'âme du mort s'échappait par la bouche, et non pas par les fesses.
2. **panse :** ventre.
3. **la Porte :** la porte de l'enfer.

LIRE L'IMAGE

- Que représente chacun des documents ?
- En quoi s'agit-il d'un sujet inhabituel dans l'art traditionnel ?
- Marcel Duchamp voulait-il faire rire le public ou le choquer ?

Marcel Duchamp, *Fontaine* (Urinoir), 1917, céramique, faïence, glaçure, peinture (63 x 48 x 35 cm), Paris, Musée national d'art moderne.

Claes Oldenburg, *Toilette dure*, 1966, peinture acrylique, feutre sur carton et bois (115 x 72 x 85 cm), musée de Francfort-sur-le-Main.

LIRE LE TEXTE ET SES TRADUCTIONS

Un récit écrit au Moyen Âge

1. Les fabliaux étaient dits par les jongleurs : relevez au début et à la fin du texte C une phrase simple qui s'adresse directement au public. ▸ **GRAMMAIRE, FICHE 12**

2. [Texte A, vers 1] « *Ja / diz / fu / .I/ .vi / lainz / en / fers.* » : combien de syllabes prononcées ce vers comporte-t-il ? Quel est le nom de ce type de vers ?

3. [Texte A] Observez les rimes : comment sont-elles disposées ?

Un récit explicatif et amusant

4. Pourquoi le vilain a-t-il mal au ventre ?

5. [Texte C, l. 10-11] Relevez les mots avec lesquels le narrateur joue et indiquez leur radical commun. S'agit-il d'un thème grossier ou d'un thème raffiné ?

6. [Texte C, l. 17] Relevez deux participes passés qui qualifient les diables. ▸ **VERBE, FICHE 28**

7. Comment sont-ils ridiculisés ?

ORTHOGRAPHE ▸ **FICHE 38**

9. [Textes A et B, vers 5] Relevez les mots qui n'ont pas la même orthographe en ancien français et en français moderne.

VOCABULAIRE ▸ **FICHE 38**

10. Cherchez ce que signifie aujourd'hui un « homme outrecuidant ». Le verbe « *cuidier* » [texte A, vers 9] a disparu : dans quelle traduction trouve-t-on le verbe qui l'a remplacé ?

L'ESSENTIEL

– Les **fabliaux** sont de **courts récits** en vers qui illustrent une **leçon**, **sérieuse** ou **amusante**.
– Les vers utilisés sont des **octosyllabes** à rimes **plates** qui ne comportent pas de strophes.
– Ils sont écrits en **ancien français** et se déroulent au **Moyen Âge**.
– Certains parlent de sexe ou d'excréments, souvent de **manière crue**.

EXPRESSION ÉCRITE

Comment imaginez-vous le démon ? Décrivez en quelques lignes son physique, ses vêtements, ses accessoires.

2 Observer le lien avec le quotidien du Moyen Âge

Jean Bodel ▸ p. 36

Un mot à la loupe

La **maille** était une pièce de un sou. D'où l'expression **avoir maille à partir**, qui signifie « avoir un sou à se partager » donc **se disputer**, car il est impossible de diviser un sou.

De l'ancien français au français moderne

Segnor, a un jour qui ja fu
Avint k'uns vilains de Farbu
En devoit aler au marcié.

Relevez les verbes en ancien français et comparez-les à leur traduction [l. 1 et 2].

Le vilain de Farbus

TEXTE INTÉGRAL

AUDIO

Seigneurs, un jour du temps jadis, il arriva qu'un vilain de Farbus[1] devait aller au marché ; sa femme lui avait donné cinq deniers[2] et quelques mailles[3] pour les employer ainsi que vous allez m'entendre le raconter : trois mailles pour un râteau, deux deniers pour un gâteau qu'elle voulait chaud et croustillant, et trois deniers pour ses dépenses. Elle mit cet argent dans sa bourse et, avant de le laisser partir, elle lui fit le décompte de ses dépenses : un denier tout rond pour des petits pâtés et de la cervoise[4], compta-t-elle, et deux deniers pour le pain, ce serait suffisant pour son fils et lui. Alors le vilain sort par la porte du jardin et se met en route. Il emmène avec lui son fils Robin pour l'initier à la vie et aux coutumes du marché.

Au marché, devant une forge, un forgeron avait laissé traîner, comme s'il était à l'abandon, un fer encore chaud pour tromper les voleurs et les niais qui, souvent, s'y laissaient prendre. Le vilain, en l'apercevant, déclara sans détour à son fils qu'un fer était une bonne aubaine. Robin s'agenouilla près du fer et le mouilla en crachant dessus : le fer, qui était chaud, se mit à bouillir avec une grande effervescence. Quand Robin vit le fer aussi chaud, il se garda bien de le toucher et s'en alla en le laissant en place. Le vilain, qui était ignorant, lui demanda pourquoi il ne l'avait pas pris.

« Parce qu'il était encore tout brûlant, le fer que vous aviez trouvé !

– Comment t'en es-tu rendu compte ?

– Parce que j'ai craché dessus et qu'il s'est mis immédiatement à frire et à bouillir ; or il n'y a sous le ciel aucun fer chaud qui, si on le mouille, ne se mette à bouillir : c'est ainsi qu'on peut le savoir.

– Eh bien, tu m'as appris là une chose que j'apprécie beaucoup, fit le vilain, car souvent je me suis brûlé la langue ou le doigt en attrapant quelque chose, mais quand dorénavant le besoin s'en fera sentir, je m'y prendrai comme tu l'as fait. »

Ils arrivèrent alors devant un étal où l'on vendait du pain, du vin, de la cervoise, des petits pâtés et bien d'autres choses. Robin, qui était très gourmand, déclara aussitôt qu'il voulait en avoir. Ils firent le compte de leur argent et trouvèrent les cinq deniers et les mailles. Ils dépensèrent sans la moindre retenue trois deniers pour leur déjeuner, après quoi il ne leur resta plus qu'à prendre le chemin du retour. Ils achetèrent un râteau pour trois mailles et un gâteau mal travaillé et plein de grumeaux pour deux deniers. Robin le mit dans son giron[5] et le vilain porta le râteau. Ils sortirent par la porte de la ville et reprirent le chemin de leur maison.

La femme du vilain, en ouvrant la porte du jardin, les accueillit avec un visage plus renfrogné[6] qu'un plat à barbe ou une arbalète :

« Où est mon gâteau ? dit-elle.

1. **Farbus** : village près d'Arras, dans le Nord de la France.
2. **denier** : monnaie ancienne.
3. **maille** : voir « Un mot à la loupe ».
4. **cervoise** : bière.
5. **giron** : veste.
6. **renfrogné** : maussade.

– Le voilà, répondit le vilain, mais si vous m'en croyiez, vous en feriez un mortereul[7] sur-le-champ car je meurs de faim. »

Elle allume aussitôt un feu de brindilles et s'active. Robin nettoie la poêle. Ils se hâtent de tout préparer. Dès que la poêle se met à bouillir, le vilain en a l'eau à la bouche. Il demande qu'on lui mette son écuelle, celle qui est bien creuse et dans laquelle il a l'habitude de manger : « Je ne veux pas en changer car j'en ai souvent été satisfait. »

Sa femme la lui remplit pleine à ras bord. Et il ne prend pas une cuiller plus petite que celle qu'on utilise pour tourner dans les pots et servir ; il la remplit autant qu'il le peut de mortereul bouillant et crache dessus afin de ne pas se brûler, ainsi que Robin l'avait fait sur le fer chaud. Mais le mortereul, qui avait été porté à ébullition sur le feu de brindilles, ne frémit pas. Le vilain ouvre grand la bouche et y enfourne d'un coup la plus douloureuse gorgée dont il eut jamais l'occasion de se repaître[8] car, avant même qu'il ait pu l'avaler, il eut la langue si brûlée, la gorge si embrasée et le tube digestif si échauffé qu'il ne put ni cracher ni avaler et se crut aux portes de la mort. Il devint écarlate.

« Certes, fait Robin, c'est surprenant de voir qu'à votre âge vous ne savez pas encore manger !

– Eh ! Robin, infâme traître, par ta faute je suis dans un tel état que je te souhaite tous les maux possibles ! Car, malheureux que je suis, je t'ai cru et j'en ai la langue complètement brûlée et l'intérieur de la bouche à vif !

– C'est parce que vous n'avez pas correctement soufflé sur votre cuiller. Pourquoi n'avez-vous pas soufflé suffisamment avant de la porter à votre bouche ?

– Mais ce matin tu n'as pas soufflé sur le fer chaud que j'avais trouvé !

– Non, je l'ai mis à l'épreuve avec plus de sagesse : j'ai craché dessus pour le mouiller.

– J'ai fait la même chose avec ma cuiller et je me suis tout brûlé, fit le père.

– Sire, répondit Robin, par le Saint Père, au moins jamais plus, à votre corps défendant, vous n'oublierez que le fer chaud n'est pas du mortereul ! »

Seigneurs, retenez cela : l'époque est maintenant telle que le fils donne des leçons au père et il n'est pas un jour où cela ne soit évident, ici et ailleurs, ainsi que je le pense, car les enfants sont plus fins et rusés que ne le sont les vieillards chenus[9]. Le vilain de Farbus l'apprit à ses dépens.

Jean Bodel, « Le vilain de Farbus » (XIIe siècle), extrait de Brigitte Wagneur, *Fabliaux du Moyen Âge* n° 20, traduction de Jean-Claude Aubailly, Bibliocollège, Hachette, 2000.

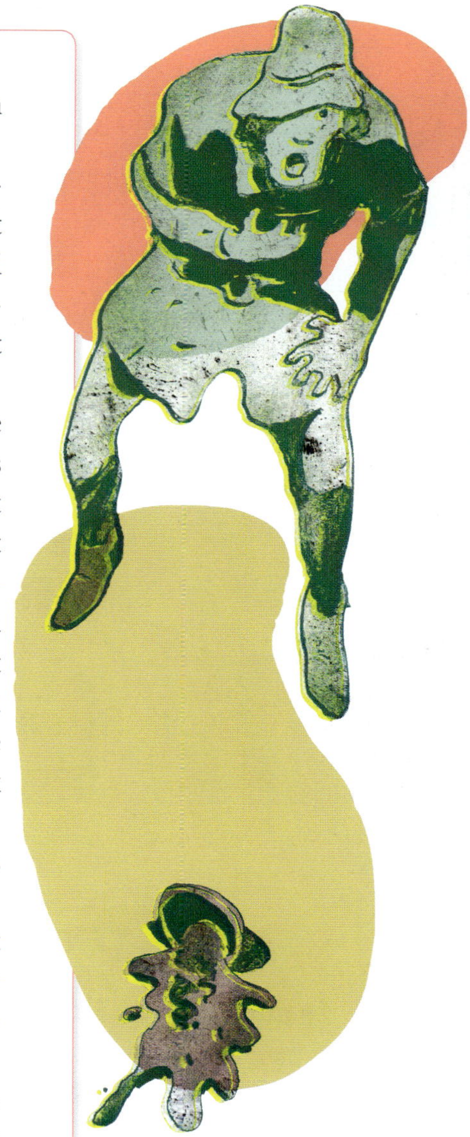

Art musical

Chanson de **Clément Janequin**, « Les cris de Paris », 1528.

7. mortereul : plat probablement fait d'un mélange de pain et de lait.
8. se repaître : se nourrir.
9. chenus : aux cheveux blancs, signe de sagesse.

Enluminure du « Maître de la cité des dames » extraite du manuscrit *Le Chevalier errant* de **Thomas de Saluces**, 1400-1405, BNF, Paris.

LIRE L'IMAGE

- Les proportions sont-elles respectées sur ce document ?
- Quels commerces pouvez-vous identifier dans ce marché ?
- À quelles catégories sociales les personnages représentés appartiennent-ils ?

LIRE LE TEXTE

Le quotidien du Moyen Âge

1. Dans quels lieux se passe cette histoire ? Appuyez-vous sur le titre du texte.

2. [L. 39-40] « *Ils sortirent par la porte de la ville et reprirent le chemin de leur maison.* » Donnez la fonction des groupes soulignés. ▸ GRAMMAIRE, FICHE 3

3. Relevez et classez les détails qui renseignent sur la vie quotidienne au Moyen Âge.

Des personnages ordinaires

4. Quels sont les différents personnages du récit ?

5. [L. 2] La situation initiale : indiquez le temps de « *devait* » et « *avait donné* » et justifiez-en l'emploi.
▸ VERBE, FICHES 20 ET 21

6. La situation finale : quel personnage est ridiculisé ? Comment ?

7. Quelle image des paysans et des femmes ce fabliau nous donne-t-il ?

8. Que nous apprend le fabliau sur le rôle des pères et le rôle des fils ?

ORTHOGRAPHE ▸ FICHE 37

9. [L. 1 à 12] Relevez trois mots comportant un accent circonflexe et proposez pour chacun un mot de la même famille.

VOCABULAIRE ▸ FICHE 41

10. [L. 57 à 62] Relevez trois synonymes de « ébouillanté ».

L'ESSENTIEL

– Les **fabliaux** sont des récits ancrés dans la **vie quotidienne** du Moyen Âge.
– Les sujets concernent les **préoccupations ordinaires** du peuple : la nourriture, l'argent, la religion.
– Ils présentent des **personnages** qu'on retrouve dans plusieurs fabliaux : le clerc cupide, le mari trompé, la femme rusée. Ce sont des **personnages types.**

EXPRESSION ORALE

Jouez la deuxième partie de ce fabliau (à partir de la l. 57) comme une pièce de théâtre. Vous pouvez vous entraîner avec les exercices de la p. 52.

3 Étudier le comique des fabliaux

Estula — TEXTE INTÉGRAL

Il y avait jadis deux frères qui n'avaient plus leurs parents : Pauvreté et Misère étaient leurs compagnes. Une nuit qu'ils étaient accablés par la faim, la soif et le froid, ils se mirent à réfléchir au moyen de se défendre contre Famine qui les tourmentait. Or un riche propriétaire qui habitait dans le voisinage avait des choux dans son potager et des brebis dans sa bergerie. Pauvreté rend fou : aussi les deux frères se mirent en route, l'un prend un sac, l'autre un couteau. Le premier ouvre la bergerie et cherche le mouton le plus gras. Son frère entre dans le potager et coupe quelques choux. Mais dans la maison, les propriétaires étaient à table et ils entendirent du bruit. Le bourgeois[1] appela son fils :

« Va donc voir ce qui se passe au jardin, emmène le chien. »

Le chien s'appelle Estula. Alors le jeune garçon ouvre la porte et crie : « Estula ! Estula ! »

Le premier voleur, qui est dans la bergerie, lui répond : « Oui, je suis là ! »

Il fait tellement noir que le garçon ne voit pas qui parle et croit que c'est le chien. Mort de peur, il rentre chez lui à toutes jambes.

« Qu'est-ce que tu as ? demande le père.

– Sire, Estula m'a parlé, je vous le jure sur la tête de ma mère.

– Estula ? notre chien ?

– Oui, par ma foi. Appelez-le vous-même, vous l'entendrez aussi. »

Le bourgeois, intrigué, se précipite dans la cour et appelle son chien.

– Oui, je suis là ! » répond le voleur qui ne se doute de rien.

Voilà notre homme stupéfait.

« Mon fils, par tous les saints et les saintes, je n'ai jamais entendu parler d'une chose pareille ! Va vite chercher le prêtre, dis-lui de venir au plus vite avec son étole[2] et l'eau bénite. »

Le fils obéit aussitôt. Il court chez le prêtre :

« Sire, venez chez nous, il s'y passe des choses très étranges. Prenez vite votre étole.

– Tu es fou, répond le prêtre, je ne peux pas t'accompagner, tu vois bien : je suis pieds nus.

– Qu'importe ! Je vous porterai », réplique le garçon.

Il prend le prêtre sur ses épaules et revient par le chemin où se trouvent précisément nos voleurs. Celui qui coupe les choux aperçoit la forme blanche du prêtre au loin. Pensant qu'il s'agit de son frère, il demande, plein d'espoir : « Alors, tu apportes quelque chose ? »

► SUITE

1. **bourgeois :** qui habite le bourg.
2. **étole :** bande d'étoffe que le prêtre porte pour la messe.

Un mot à la loupe

Compagnon est, en ancien français, une autre forme du mot **copain** : celui avec qui on **partage le pain**. Comme on partage le pain avec ses amis, le **copain** désigne un ami.

– Oui, répond le jeune homme, croyant entendre son père.

– Lance-le vers moi, dit le voleur, mon couteau est bien aiguisé, je vais lui couper la gorge. »

Se croyant perdu, le prêtre saute à terre et s'enfuit. Mais son surplis[3] s'accroche à un piquet et il n'ose pas revenir le dégager. Il se sauve. Tout ébahi, le voleur de choux se demande qui sont ces gens. Il ramasse l'objet blanc et reconnaît avec surprise un surplis. Au même moment, son frère sort de la bergerie en portant un mouton. Il appelle son compagnon, dont le sac est rempli de choux. Les épaules chargées, tous deux rentrent vite chez eux, sans s'attarder. Celui qui avait ramassé le surplis montre son butin et tous deux rient de cette aventure. Ils peuvent bien rire car les voilà riches.

Qui rit le vendredi, dimanche pleurera. Dieu peut tout changer en peu de temps. Celui qui pleure le matin peut bien rire le soir.

Anonyme, « Estula » (XIIe siècle), adaptation par les auteurs du manuel.

3. **surplis** : vêtement blanc, souvent plissé, porté sur la soutane.

De l'ancien français au français moderne

Il estoient *jadis dei freres*
Sanz solaz de pere et de mere.

1. [L. 1] « Il y avait jadis deux frères qui n'avaient plus ni père ni mère pour les conseiller… » : comment a été traduit ici « ***il estoient*** » ?

2. Quelle est l'orthographe moderne de ce verbe ?

LIRE L'IMAGE

• À quoi voit-on qu'il s'agit d'un vagabond ?
• Que nous apprend le lieu où il se trouve ?

Jérôme Bosch (1450-1516), *Le Vagabond*, huile sur bois, diamètre de 0,71 cm, musée Boymans-van Beuningen, Rotterdam.

LIRE LE TEXTE

Des personnages comiques

1. [L. 1 à 4] Dans quelle situation les personnages principaux du fabliau se trouvent-ils ?

2. [L. 1] Relevez une proposition subordonnée relative. Quel est son antécédent ? ▸ GRAMMAIRE, FICHE 15

3. Quel comique de mots repose sur le nom du chien ?

4. Pourquoi les bourgeois vont-ils chercher le prêtre ?

Une drôle de leçon

5. Quels personnages sont ridiculisés ici ?

6. [L. 38 et 41] À quelle forme sont les verbes « *pensant* » et « *croyant* » ? ▸ VERBE, FICHE 29

7. Comment la malhonnêteté des deux frères est-elle excusée ?

8. Quelle leçon doit-on tirer de ce fabliau ?

ORTHOGRAPHE ▸ FICHE 15

9. [L. 1 à 5] Trouvez le sujet des verbes « *avaient – tourmentait – habitait* » pour expliquer leur terminaison.

VOCABULAIRE ▸ FICHE 37

10. [L. 11] Comment le mot « *bourgeois* » est-il formé ? Trouvez deux mots de la même famille.

L'ESSENTIEL

– Les fabliaux sont généralement **amusants**, voire **burlesques**. Ils provoquent le rire par différents procédés : le **comique de mots**, de **situation** ou de **caractère**.
– Les personnages sont souvent **ridiculisés** et permettent la **caricature des défauts** des hommes.
– Comme dans les **farces** (▸ séquence 9), le comique peut s'appuyer sur des **grossièretés**.

EXPRESSION ÉCRITE

Si vous deviez décrire la Pauvreté comme s'il s'agissait d'une personne, comment la représenteriez-vous ? Décrivez ses vêtements, son visage, ses accessoires. Si vous préférez, vous pouvez décrire la Richesse, la Bêtise ou la Générosité.

Construire le bilan

TEXTE INTÉGRAL

La vieille qui graissa la patte du chevalier

Pour vous amuser un peu, je voudrais vous raconter l'histoire d'une vieille femme qui avait deux vaches qui étaient sa seule ressource, du moins à ce que j'ai lu.

Un jour, ses vaches s'échappèrent et le prévôt[1] les ayant trouvées, les fit mener chez lui. Quand la brave femme l'apprit, elle alla le voir et le pria de les lui rendre. Elle le supplia mais rien n'y fit.

« Par ma foi, dit-il, ma bonne vieille, payez-moi d'abord ce que vous me devez avec les beaux deniers que vous cachez dans un pot. »

La brave femme s'en revint alors la tête basse, triste et bien contrite[2]. Elle rencontra sa voisine, Hersant, et lui conta son histoire. Hersant lui nomma un chevalier et lui conseilla d'aller parler à ce grand seigneur : qu'elle lui parle poliment, sagement et avec respect ; si elle lui graisse la patte[3], il lui fera retrouver ses vaches sans avoir à payer de dédommagement.

La bonne vieille n'y entend pas malice, prend un morceau de lard et vient trouver le chevalier qui se trouvait devant sa maison. Par aventure le chevalier avait les mains croisées dans le dos. La vieille s'approche par derrière et lui frotte la main avec son lard. Quand il sent qu'on lui graisse la main, il se retourne et regarde la vieille :

« Bonne femme, que fais-tu là ?

– Sire, au nom de Dieu, pardonnez-moi : on m'a dit de venir vous trouver et de vous graisser la patte et que, si je faisais cela, je pourrais récupérer mes vaches sans avoir rien à payer.

– Celle qui t'a dit cela voulait dire tout autre chose ; mais tu n'y perdras rien pour attendre : tu trouveras tes vaches sans rien avoir à payer et de plus je te donne un bon pré bien herbeux. »

J'ai raconté cette anecdote pour montrer l'attitude de ceux qui sont puissants et fortunés et sont souvent fourbes et déloyaux.

Anonyme, extrait de Brigitte Wagneur, *Fabliaux du Moyen Âge* n° 20, traduction de J.-C. Aubailly, Bibliocollège, Hachette, 2000.

LIRE LE TEXTE

1. Quelle leçon l'auteur de ce fabliau veut-il donner ? S'agit-il d'un texte sérieux ?
2. Quels détails réalistes sont choisis pour donner un cadre au récit ?
3. Quels traits de caractère et quel comportement social sont ici dénoncés ?
4. Quels procédés comiques l'auteur emploie-t-il ?

1. prévôt : officier seigneurial chargé de faire régner l'ordre.
2. contrite : embarrassée, affligée.
3. graisser la patte : donner de l'argent pour obtenir quelque chose.

BILAN SUR... les fabliaux

- Le fabliau est un texte **en vers**, proche de la fable, qui veut à la fois **donner une leçon** et **distraire** ses lecteurs ou auditeurs. Texte 1
- Ces récits se situent dans un **cadre réaliste** qui témoigne du quotidien au **Moyen Âge**. Texte 2
- Les personnages sont des **gens ordinaires** qui sont souvent **ridicules**. Textes 2 et 3
- Les fabliaux racontent souvent des tromperies ou des méprises qui visent à **faire rire**. Le langage populaire, parfois **grossier**, fait partie du genre. Textes 1 et 3

Les vilains d'aujourd'hui

❶ Un strip de bande dessinée

Binet, *Les Bidochon usent le forfait*, extrait de : Les Bidochon – tome 17, © BINET/Fluide Glacial.

❷ La dédicace de Binet, l'auteur de la BD

Cet album est dédicacé :

– aux conversations téléphoniques de haute tenue,
– aux merveilles de la technologie,
– à l'échange et à la communication entre les hommes.

Cet album n'est pas dédicacé :

– aux inepties débitées à longueur de forfait,
– aux phrases « Devine où je suis ? » et « T'es où ? »,
– aux sonneries au milieu d'un spectacle, d'un film ou d'un repas,
– aux useurs de forfait qui imposent leur vomi téléphonique.

D'une façon générale, cet album est dédicacé à tous les possesseurs de téléphone portable, avec qui mes rapports furent aussi divers qu'enrichissants.

❸ La couverture

Observez les trois documents.

1. Quel avantage du téléphone portable est rappelé dans les dessins et dans le texte ?

2. Pourquoi le comportement des personnages est-il ridicule ?

3. Que dénonce le dessinateur dans ses vignettes et dans sa dédicace ?

À VOUS

Expliquez en quelques lignes la situation du document 3 et formulez la leçon que l'on doit en tirer.

ENQUÊT'ART

L'art de la caricature

Miroir déformant la réalité, la caricature est un procédé utilisé par les peintres ou les dessinateurs pour exagérer les défauts.

► Comme des enfants qui s'amusent à faire des grimaces, qu'est-ce qui fascine, effraie ou fait rire les artistes dans la caricature des visages ?

OUVRONS L'ENQUÊTE

Document 1 - Augustin Carrache (1557-1602), *Feuille de caricatures*, 1594, plume, collection privée.

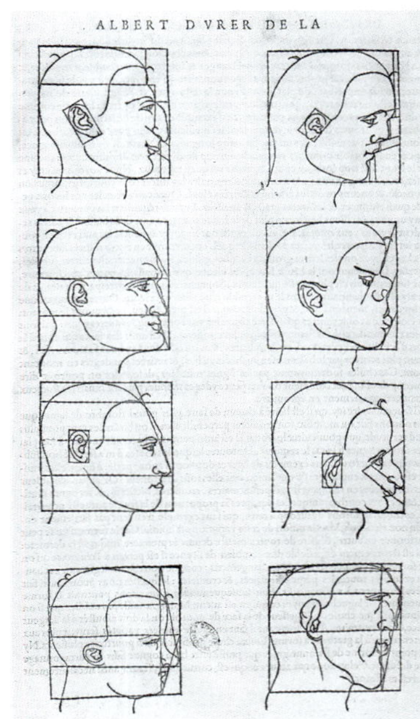

Document 3 - Albrecht Dürer (1471-1528), *Les Proportions du corps humain*, la tête, livre IV, 1557, BNF, Paris.

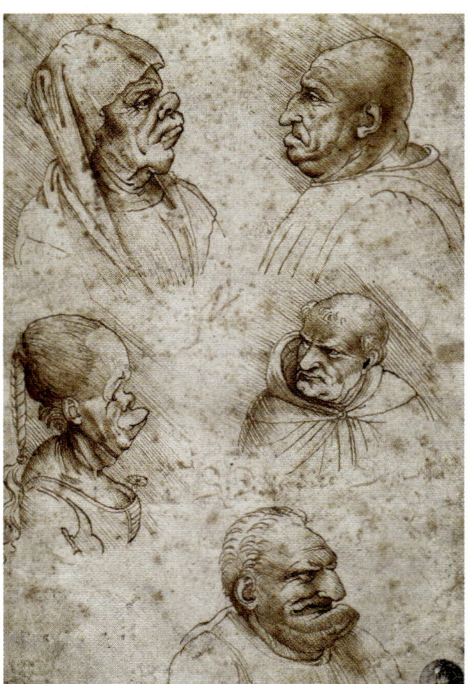

Document 2 - Léonard de Vinci (1452-1519), *Cinq Têtes grotesques*, vers 1490, crayon et encre brune, gallerie dell' Accademia, Venise.

1. Quel sont les points communs entre les têtes dessinées par les trois peintres ? Comparez précisément les nez, les bouches, la forme des visages.
2. Ont-ils organisé leurs dessins de la même manière ?
3. Pourquoi le dessin du visage humain est-il particulièrement intéressant pour un peintre ?
4. Comparez les doc. 1, 2 et 3 : quel peintre…
… adopte une démarche réfléchie et scientifique ?
… s'amuse et se détend en dessinant ?
… exprime avec soin les émotions des visages ?

COMPLÉMENT D'ENQUÊTE

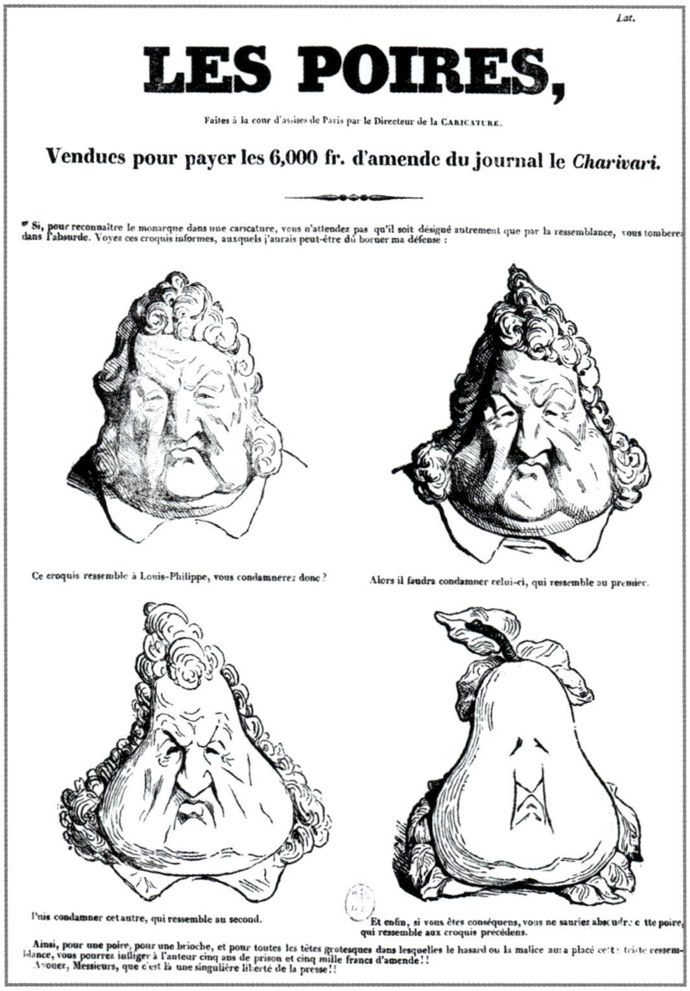

Document 4 - *Les Poires*, caricature du roi Louis-Philippe par **Charles Philipon** (1800-1862), 1832, directeur du journal *La Caricature*.

Document 5 - Caricature d'un financier, par **Riss**, *Charlie Hebdo*, 8 octobre 2008.

lexiqu'art

Caricature (*n. f.*) : exagération des traits qui déforme la réalité dans un but généralement comique. Ce mot est issu du latin *caricare*, qui signifie « charger ».

Étude (*n. f.*) : dessin préparatoire, généralement réalisé avec un fusain ou une sanguine, faciles à effacer.

Observez

1. [Doc. 4] Quelle forme prend la tête du roi ?
2. Quels défauts de son visage sont accentués ou déformés ?
3. [Doc. 5] Qu'est-ce qui est exagéré dans le visage du financier américain ?

Analysez

4. [Doc. 4 et 5] Pourquoi ces deux dessins sont-ils comiques ?
5. En quoi peut-on les rapprocher des documents de la page 47 ?
6. Quelle est la différence entre la démarche des peintres de la Renaissance [doc. 1 à 3] et les caricaturistes modernes [doc. 4 et 5] ?

Interprétez

7. [Doc. 4 et 5] Que représentent symboliquement une poire ? un vampire ?
8. Quel est le message de chacune de ces caricatures ?

RAPPORT D'ENQUÊTE

- La **caricature** a une origine **populaire** et **savante** à la fois : considérée comme un jeu par certains artistes, elle leur permet aussi d'étudier la variété des **expressions** humaines. En **déformant** les traits du visage, ils explorent les multiples possibilités de traduire les **émotions** et les **caractères**.
- Avec le développement des journaux puis des médias, la caricature est devenue un moyen d'**exprimer des idées**. Il arrive que certaines caricatures soient interdites par la censure, ce qui montre la **force** de ce procédé artistique.

ÉVOLUTION DE LA LANGUE LE MOT « VILAIN »

histoire du mot

Vilain À partir du latin ***villa*** (la ferme) a été formé le mot *villanus* (habitant de la campagne) dont est issu le mot français **vilain**.

I. Observer

Évolution du sens du latin au français moderne :

Bas latin → *villanum*	habitant de la campagne
Ancien français → *vilain*	paysan libre, homme de basse condition
Français moderne → *vilain*	laid (physiquement et moralement)

1. Comment s'explique cette évolution du sens ?

II. Comprendre

2. Remplacez l'adjectif « vilain » par l'un des synonymes suivants :
laid – **inquiétant** – **désobéissant** – **grossier** – **mauvais**.
a. Ah, quel vilain mot !
b. J'ai attrapé une vilaine grippe.
c. Oh, le vilain garçon ! Il a encore taché sa chemise !
d. Quel vilain temps aujourd'hui !
e. Il a vraiment de vilaines dents.
3. Quel est le sens de l'expression : « Jeu de mains, jeu de *vilains* » ?
4. Cherchez le sens de chacun de ces noms issus du latin *villam* et employez-les dans une phrase :
une **villa** – une **villégiature** – une **vilenie**

III. Manipuler

5. À l'aide du radical **ville**, formez les mots complexes correspondant aux définitions suivantes :
a. Noms composés
• une baraque misérable → un ...ville • une mairie → un ... ... ville
b. Noms dérivés
• un habitant du village → un villag... • un séjour de repos à la campagne → une villég...

JOUONS AVEC LES MOTS EXPRESSIONS DANS TOUS LES SENS

Les fabliaux reposent parfois sur un jeu de mots (▸ « Estula », p. 43) ou sur une confusion (▸ « La vieille qui graissa la patte au chevalier », p. 46).
1. Retrouvez les expressions figurées qui se cachent derrière ces dessins.
2. Reliez chaque expression illustrée à sa signification :
s'enfuir – être généreux – être enroué – changer de sujet sans transition

3. Illustrez à votre tour ces deux expressions en mettant en valeur leur sens propre :
– être tiré à quatre épingles ;
– couper les cheveux en quatre.

ENRICHIR SON VOCABULAIRE LES QUALITÉS ET LES DÉFAUTS

1. Complétez la colonne 2 avec les noms qui correspondent.
2. Indiquez les antonymes de chaque mot dans la colonne 3.

Adjectifs	Noms	Antonymes
sot	La sottise	L'int.......
vilain	La vil.....	La nob...
infâme	L'inf.....	La grand.....
menteur	Le men...	La fran.......
lâche	La lâ.....	Le cou........
fourbe	La four...	La loy.........
traître	La tra......	La fid.......
gourmand	La gour....	La sobr.....
méchant	La méch...	La gent........

DES MOTS POUR LIRE L'IMAGE

LES PLANS : PREMIER PLAN, ARRIÈRE-PLAN

ROM

COMPLÉTEZ la lecture d'image n° 2 avec le CD-Rom.

Un premier plan et un arrière-plan permettent de donner de la profondeur à une œuvre. L'espace entre le premier plan et l'arrière-plan détermine la profondeur de champ.

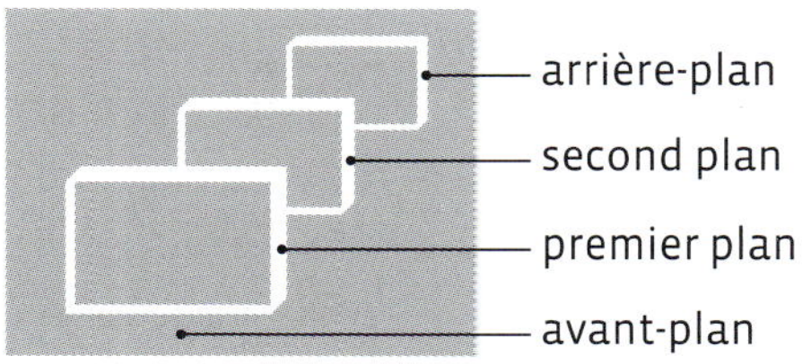

Jean-François Millet (1814-1875), *Les Glaneuses*, 1857, huile sur toile, 83 x 111 cm, musée d'Orsay, Paris.

1. Quels détails montrent que les personnages au premier plan sont des paysannes ?
2. À l'arrière-plan, que distingue-t-on qui contraste avec la pauvreté de ces femmes ?

Oral

DIRE UN FABLIAU DE FAÇON EXPRESSIVE

CONSEIL
Lisez bien les didascalies ; réfléchissez à la position du personnage, à sa manière de se tenir, à sa façon de bouger.

Adapter le ton et la voix en fonction du personnage

1. Lisez le dialogue en changeant votre voix quand vous changez de personnage :
- une grosse voix autoritaire pour le père ;
- une petite voix chevrotante pour le fils.

2. Essayez de mettre en scène ce dialogue pour le jouer à deux devant la classe.

MAÎTRE ALBERT. – Ah çà ! Tu as entendu ? Il y a quelqu'un dehors.
LE FILS. – Ce doit être le chien.
On entend de nouveau du bruit.
MAÎTRE ALBERT. – Ah ! Cette fois tu ne peux pas dire le contraire.
LE FILS. – Mais, père, je vous assure que…
MAÎTRE ALBERT, *se levant.* – Je te dis que ce n'est pas normal. Et puis si c'est le chien, eh bien sors et appelle-le, nous en aurons le cœur net.
LE FILS, *effrayé à cette idée.* – Mais il fait noir.
MAÎTRE ALBERT, *en colère.* – Vas-tu obéir à ton père, poltron de fils que tu es ? Va dans le jardin et appelle le chien.
LE FILS, *tremblant de peur.* – Bien, père.
Il sort vers les coulisses de droite en marchant lentement comme quelqu'un qui a peur.
LE FILS, *timidement.* – Estula… (*Un peu plus fort.*) Estula…
Voix de Jean, depuis les coulisses. – Oui, je suis là.
LE FILS, *bégayant.* – C'é… c'était lui, le chienchien, le chienchien, il m'a… il m'a pa…
MAÎTRE ALBERT. – Quoi le chienchien ? Oui, je vois, il ne t'a pas suivi. Tu es vraiment un incapable.

Anne-Marie Zarka, *Estula*, tableau 2, Adaptation pour le théâtre, 10-15 ans, Retz, 2001.

« Scène de marché », miniature tirée des *Chroniques du concile de Constance* d'**Ulrich Richental**, 1438, Bibliothèque nationale de Prague.

Écrit

RÉDIGER ET ANIMER UN DIALOGUE DANS UN RÉCIT

CONSEIL
Révisez le discours direct
▸ GRAMMAIRE, FICHE 18

I. Choisir des verbes introducteurs

1. Placez dans chaque colonne trois verbes de la liste suivante :
hurler, réclamer, balbutier, s'écrier, rétorquer, chuchoter, interroger, répliquer, vociférer, dire, bégayer, admettre, grommeler, affirmer, bredouiller, marmonner, questionner, riposter.

DÉCLARER	DEMANDER	RÉPONDRE	CRIER	MURMURER	BAFOUILLER

II. Ponctuer un dialogue dans un récit et varier les verbes de parole

2. Recopiez l'extrait suivant en ajoutant la ponctuation du dialogue et en changeant les verbes en gras :

Mon troisième conseil, **dit** l'oiseau, est source de richesse. Voilà qui m'intéresse, **répondit** le vilain. Je t'écoute. Eh bien donc, quand tu possèdes quelque chose, ne le jette pas par terre. C'est donc tout ? **s'écria** le vilain, fou de rage.

« Le lai de l'oiselet », *Fabliaux et contes du Moyen Âge*, Hachette, 1978.

3. Recopiez les paroles suivantes dans un dialogue de récit. N'oubliez pas :
- de préciser la situation (les personnages se trouvent dans un marché) ;
- de mettre la ponctuation de dialogue ;
- d'indiquer quel commerçant parle ;
- d'ajouter les verbes de parole.

J'ai de beaux merlans, frais ou salés.
Qui veut de l'eau ?
Regardez s'il est crémeux ce fromage de Champagne. Et ce brie donc ! N'oubliez pas votre beurre frais, mesdames.

« Les crieries de Paris », *Fabliaux et contes du Moyen Âge*, Hachette, 1978.

CONSEIL
Pensez à ponctuer le dialogue, à varier vos verbes de paroles, à indiquer quel personnage parle, à préciser les réactions ou les gestes des personnages.

III. Enrichir le dialogue

4. Inventez un dialogue qui a lieu sur un marché, en précisant les réactions ou les gestes des personnages comme sur l'exemple :
– *Voici votre pain, déclara* ***en souriant*** *le boulanger* ***tout content****.*

5. Décrivez la scène du tableau page 52 avec les différentes paroles échangées entre les personnages.

Lecture de texte / Étude de la langue

Fabliau du vilain ânier

Il y avait jadis à Montpellier un vilain qui avait l'habitude de charger sur ses ânes du fumier pour sa terre. Ensuite il les poussait devant lui en criant « hue » pour les faire avancer. Un beau jour, tout en se hâtant d'entrer dans le bourg[1] avec ses ânes, il passa par la rue des épiciers. Les commis étaient assis devant leurs portes, occupés à piler les mortiers[2]. Sentant l'odeur des épices, le vilain ne peut plus faire un pas en avant ; il s'évanouit et tombe par terre, comme s'il était mort ! Les ânes restent plantés au milieu de la route, sans bouger. Et tous les passants s'étonnent et plaignent le pauvre ânier. Cependant un homme sort de la foule : « Si vous voulez, moi, je peux le guérir », déclare-t-il.

Un bourgeois propose : « Si vous y arrivez, je vous donnerai vingt sous.

– D'accord », répond l'autre.

Avec la fourche que portait le vilain, il prend un peu de fumier qu'il lui met sous le nez. Dès que le vilain sent l'odeur du fumier à la place du parfum des épices, il ouvre les yeux et se relève, guéri. Il promet, tout content, de ne plus jamais passer par ce quartier.

Cette histoire montre que celui qui par orgueil oublie ses origines manque de sagesse. Nul ne doit agir contre sa nature.

Adaptation par les auteurs du manuel.

1. Qu'est-ce qu'un « *vilain* » ? Qu'est-ce qu'un « *bourgeois* » ?
2. Que fait le vilain au début du récit ?
3. [L. 3] Relevez un participe présent et indiquez son infinitif.
4. Quel effet les épices ont-elles sur le vilain ? Relevez la comparaison qui l'indique.
5. [L. 16-17] Relevez deux propositions subordonnées relatives. Indiquez leur fonction.
6. Pourquoi la situation est-elle comique ?
7. Expliquez la différence entre une « *odeur* » et un « *parfum* ».
8. Pourquoi ce vilain ressemble-t-il aux ânes ?

1. **bourg :** centre du village.
2. **piler les mortiers :** broyer les épices.

Orthographe

ROM **PRÉPAREZ** la dictée n° 2 avec le CD-Rom.

À REVOIR
L'accord du participe passé, ▸ **VERBE, FICHE 28**

Les jongleurs modernes

Le plaisir de cont[e] une histoire qui fasse à la fois rire et r[e]fléchir, tous les peuples le connaissent. […] De nos jours, la tradition des jongleurs d'autrefois ne s'est pas perdue. Nos comiques modernes l'ont reprise. De la même manière, ils incarnent, à eux seuls, dans leurs sketches, vingt personnages différents, jouent avec leur trompette, leur chapeau, leur micro, avec les id[e], font « croul[e] » la salle… de la même manière, leur héros préfér[e] est un brave homme, à la fois malin et naïf, à la merci des puissants.

Françoise Rachmühl, *Les Fabliaux* (introduction), Hatier, 1978.

1. Écrivez correctement le son [e] dans les mots concernés.
2. Retrouvez avec quel mot s'accorde chacun des mots soulignés.

Lecture d'image / Histoire des arts

Deux portraits d'André Marie Jean Jacques Dupin (1783-1865), député, avocat, académicien.

Document 1 - Caricature d'**Honoré Daumier** (1808-1879), 1832, terre crue peinte à l'huile, musée d'Orsay, Paris.

Document 2 - Dessin de **François Joseph Heim** (1787-1865), 1856, musée du Louvre, Paris.

1. Donnez la définition d'une caricature (► Enquêt'art, p. 48-49).
2. Comparez les deux documents :
- quelles parties du visage sont caricaturées dans le document 1 ?
- dans quel but l'artiste a-t-il caricaturé ce député ?

Connaissance des œuvres et des auteurs

1. Histoire littéraire. Indiquez la bonne réponse.
a. Les fabliaux ont-ils été écrits au XIIIe siècle ou au XIXe siècle ?
b. Les jongleurs se trouvaient-ils dans les cirques ou dans les châteaux ?
c. Jean Bodel est-il mort de la peste ou de la lèpre ?
d. Rutebeuf a-t-il vécu sous le règne de Louis XIV ou de Philippe le Bel ?

POUR RÉPONDRE, relisez bien la page « Et si les auteurs nous parlaient ? », p. 36-37.

2. Connaissance des fabliaux
Reliez chaque fabliau à sa leçon.

- *Le vilain de Farbus*
- *Estula*
- *La vieille qui graissa la patte au chevalier*

- *« Le pauvre n'a gain de cause que s'il paie. »*
- *« Tel rit le matin qui le soir pleure. »*
- *« Les enfants sont plus fins et rusés que ne le sont les vieillards chenus. »*

3. La vie quotidienne au Moyen Âge
Citez : un nom de monnaie – un nom de boisson – un nom de plat.

GUIDE POUR LIRE UNE **ŒUVRE INTÉGRALE**

Un recueil de fables

Fables (1668 à 1693)

Jean de LA FONTAINE

Pour tous

Pour lecteurs confirmés

I. LE CHOIX DES FABLES

Entrez dans la lecture

a. Révisez les chiffres romains pour remettre dans l'ordre ces fables qui comportent un numéro de livre, puis un numéro de fable :
VI. 8 – I. 5 – XI. 6 – II. 4 – IV. 21 – VI. 17 – V. 4 – XI. 4 – VI. 2.

Livre en main

b. Cherchez où se trouve le sommaire, appelé aussi « table des matières ». Combien de parties appelées « livres » comprend le recueil ?

c. Est-on obligé de lire toutes les fables, et dans l'ordre présenté ? Quelle différence faites-vous avec la lecture d'un roman ?

d. Regardez les titres du livre III : combien de fables présentent des animaux ? des êtres humains ? à la fois des animaux et des hommes ? une situation ? Repérez une fable dont le titre évoque des éléments de la nature.
Que peut-on déduire de ces observations ?

II. DES ANIMAUX OU ÉLÉMENTS NATURELS QUI REPRÉSENTENT DES HOMMES

Entrez dans la lecture

Le Lion et le Moucheron II. 9

« Va-t'en, chétif insecte, excrément de la terre ! »
C'est en ces mots que le Lion
Parlait un jour au Moucheron.
L'autre lui déclara la guerre.
« Penses-tu, lui dit-il, que ton titre de roi
Me fasse peur ni me soucie ? [...] »

a. Qui, dans les sociétés humaines, est représenté par : le lion ? le moucheron ? Quel défaut ou quelle qualité humains sont mis en valeur ?

Livre en main

b. Lisez les fables dont les références vous sont données dans le tableau p. 57 ; puis complétez-le en attribuant aux animaux ou aux éléments de la nature les caractéristiques suivantes :
- la ruse / la prudence ;
- la tromperie / la naïveté ;
- la solidité / la fragilité.

Gravure pour la fable de La Fontaine, *Le Lion et le Moucheron*, de Gauchard et Brunier d'après Gustave Doré, XIXe siècle, BNF, Paris.

Références	Titres des fables	Animaux ou éléments	Caractéristiques
I. 22	*Le Chêne et le Roseau*	le chêne le roseau	
III. 5	*Le Renard et le Bouc*	le renard le bouc	
III. 18	*Le Chat et un vieux Rat*	le chat le vieux rat	

c. Certains animaux ont un caractère différent selon les fables. Indiquez le défaut ou la qualité que représentent les animaux en gras dans les fables suivantes :
– le **loup**. I. 5 : *Le Loup et le Chien* – I. 10 : *Le Loup et l'Agneau* ;
– le **lion**. I. 6 : *La Génisse, la Chèvre et la Brebis en société avec le Lion* – V. 19 : *Le Lion s'en allant en guerre* ;
– le **lièvre**. II. 14 : *Le Lièvre et les Grenouilles* – VI. 10 : *Le Lièvre et la Tortue*.

III. LA MORALE

Entrez dans la lecture

Voici les leçons des cinq derniers vers de la fable 9 du livre II :

« J'en vois deux, dont l'une est qu'entre nos ennemis
Les plus à craindre sont souvent les plus petits ;
L'autre, qu'aux grands périls tel a pu se soustraire,
Qui périt pour la moindre affaire. »

a. Soulignez les deux morales exprimées ; reformulez la seconde dans un niveau de langue courant.

Livre en main

b. Dans les fables suivantes, où la morale se trouve-t-elle : au début ? à la fin ? au début et à la fin ? intégrée au récit ? non exprimée, mais sous-entendue ? Comment comprenez-vous ces différentes morales ? Reformulez-en deux au choix.
I. 1 : *La Cigale et la Fourmi* – I. 16 : *La Mort et le Bûcheron* – II. 2 : *Conseil tenu par les rats* – II. 9 : *Le Lion et le Moucheron* – VI. 18 : *Le Charretier embourbé* – VIII. 2 : *Le Savetier et le Financier* – VIII. 15 : *Le Rat et l'Éléphant* – VIII. 17 : *L'Âne et le Chien*

c. Lisez les fables. Faites correspondre les morales suivantes aux récits :
« *Le trompeur sera à son tour trompé* » – « *Soyez bienveillant, on vous rendra service* » :
II. 12 : *La Colombe et la Fourmi* – II. 15 : *Le Coq et le Renard* – I. 18 : *Le Renard et la Cigogne* – II. 11 : *Le Lion et le Rat*

Prolongez la lecture…

– Choisissez une fable que vous apprendrez seul ou à plusieurs en vous répartissant les rôles.
– Rendez votre représentation vivante en mettant le ton, en accompagnant par des gestes et des mimiques les situations et les émotions ressenties.
– Vous pouvez ajouter accessoires et costumes.

MÉTHODE POUR LIRE UN RECUEIL DE FABLES

- **Le choix des fables**
  – comprendre les références (n° du livre, n° de la fable) ;
  – cocher les fables préférées ;
  – sélectionner une fable et expliquer la raison du choix.
- **Des animaux qui représentent des hommes**
  – choisir un animal et étudier ce qu'il représente ;
  – préciser ses défauts ou qualités ;
  – indiquer ses différentes symboliques.
- **La portée morale**
  – recopier quelques morales ;
  – choisir une leçon donnée ;
  – reformuler cette leçon.

Gravure pour la fable de La Fontaine, *Le Renard et les Raisins*, de Gillot et Fraipont, XIXe siècle.

DE LA CLASSE AU CDI

MÉTHODOLOGIE *Choisir un livre*

▶ **Pour bien choisir un ouvrage, il faut savoir lire les informations sur et dans un livre.**

I. Observez…

Sur la première de couverture de ces livres :

a. Quel est le titre ? Qui est l'auteur ?

b. Quel est l'éditeur ? Quelle est la collection ?

c. Lequel de ces deux livres est illustré et par qui ?

Document A

LEXIQUE DU LIVRE

La **première de couverture** est la face avant du livre.
La **quatrième de couverture** est la face arrière de l'ouvrage.
Le **dos** est ce que l'on voit quand le livre est rangé sur un rayonnage.
Le **titre** annonce le contenu du livre.
L'auteur écrit le texte.
L'illustrateur fait les dessins.
L'éditeur produit et diffuse le livre.
Une **collection** est une série de livres présentés de la même manière par l'éditeur.

Document B

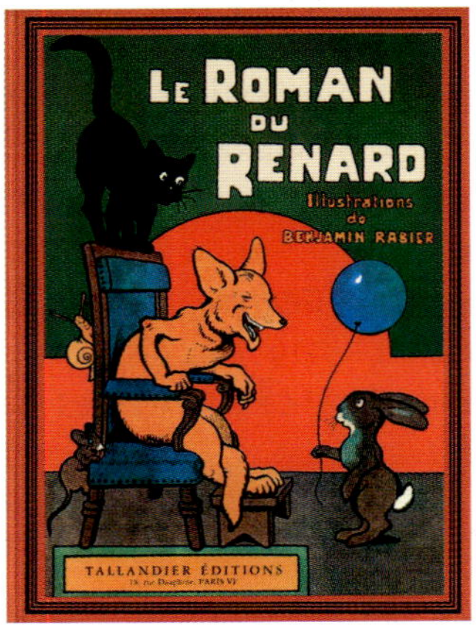

II. Vérifiez

Relevez les renseignements principaux donnés par cette couverture.

d. Sur la première de couverture : précisez les indications fournies à l'aide du lexique du livre.

e. Sur la quatrième de couverture :
— Qui est Élisabeth Charbonnier ?
— Que signifie la mention « texte intégral ? »

f. À quoi servent les deux petits paragraphes en haut à gauche ?

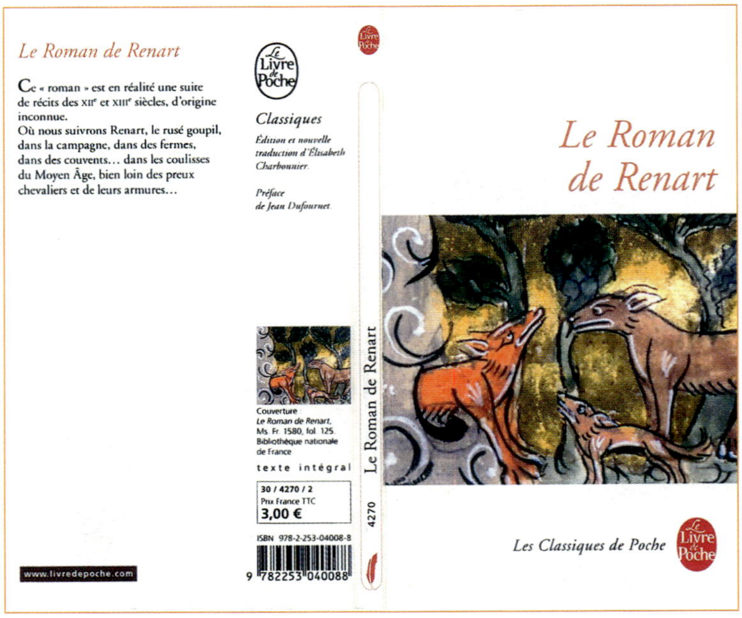

III. Lancez-vous !

Pour commander l'un de ces livres dans une librairie ou le trouver dans une bibliothèque, préparez une fiche contenant les références de l'ouvrage selon le modèle proposé :

Références du livre

Titre
Auteur(s)
Illustrateur(s)
Éditeur
Nom de la collection / n° du livre

B2i *Cherchez un livre dans une bibliothèque en ligne*

S'informer, se documenter ▸ Domaine 3

Il existe sur Internet des bibliothèques virtuelles qui proposent des livres numérisés, souvent anciens, qui permettent à tous d'accéder à un patrimoine.

1. Rendez-vous à la page d'accueil de la Bibliothèque numérique mondiale (Unesco) : http://www.wdl.org/fr/
2. Vérifiez la langue sélectionnée pour la consultation des documents : *Français*
3. Choisissez, dans le menu principal, le continent adéquat : *Europe*
4. Puis, dans le menu de gauche, sélectionnez la période historique voulue : *500-1499*
5. Retrouvez ensuite, dans le menu de gauche, l'onglet *Type d'élément* pour trouver les manuscrits.
6. Observez, par exemple, *le manuscrit Colomb*. Si vous cliquez sur la mention *Ouvrir*, vous pourrez zoomer, ainsi qu'agrandir ou réduire l'échelle.

LECTURES PERSONNELLES *Les récits brefs*

***L'adaptation en bande dessinée des récits médiévaux qui ont constitué* Le Roman de Renart.**
Le *Roman de Renart*, « Les jambons d'Ysengrin », de J.-M. Mathis, dessin de Thierry Martin, éditions Delcourt, 2007.

52 histoires philosophiques, contes, mythes et paraboles du monde entier, qui donnent à réfléchir sur la vie en société, la solidarité, le respect…
Les philo-fables pour vivre ensemble, Albin Michel Jeunesse, 2009.

Gourmandise, cupidité, passion du jeu et rire. Voici ce que proposent les conteurs et les jongleurs du Moyen Âge.
Les défauts dans les fabliaux, Nathan, « Carrés classiques », Paris, 2006.

Pour lire des fabliaux du Moyen Âge sous forme théâtrale.
Fabliaux du Moyen Âge, Françoise Guillaumond, « Que d'histoires », Magnard, Paris, 2006.

Fontaine Igor-Stravinsky, dite « Fontaine des Automates », composée de 16 sculptures, 1983, Paris.
Niki de Saint Phalle (1930-2002) et **Jean Tinguely** (1925-1991).

3 Jeux de langage et formes fixes

Comment les poètes s'amusent-ils avec les contraintes ?

Parcours textes et images

S'exercer

Évaluation

LIRE L'IMAGE

1. Qu'est ce qui donne à cette fontaine un air très joyeux ? En quoi peut-on parler d'une « fontaine-jeu » ?
2. Stravinsky est un compositeur : quel lien voyez-vous entre cette fontaine et un orchestre ?

ÉTUDE DE LA LANGUE

- La proposition subordonnée relative p. 71 – le complément du nom p. 65 – les degrés de l'adjectif p. 67 – les compléments circonstanciels p. 69 – le complément d'objet p. 67, 80 – le pronom personnel p. 80
- Le présent de l'indicatif p. 65, 71 – le passé composé p. 65 – l'infinitif p. 67, 71 – le passé simple p. 69 – l'impératif p. 80

Et si les auteurs nous parlaient ?

Charles d'Orléans, vous appartenez au cercle des princes poètes…

En tant que prince frère du roi, j'ai traversé de nombreuses épreuves depuis ma naissance, en **1394**, jusqu'à ma mort, en **1465** ! J'avais treize ans quand mes parents sont morts assassinés. Plus tard, j'ai été blessé à la bataille d'Azincourt en 1415, et fait prisonnier par les Anglais. Emprisonné pendant vingt-cinq ans, je me suis alors consacré à la poésie et j'ai écrit des poèmes, appelés « rondeaux ». Enfin libéré en 1440, j'ai vécu le reste de ma vie, sur les bords de la Loire, entouré de poètes.

Charles d'Orléans et Marie de Clèves sous un dais, tapisserie réalisée dans les ateliers de Bruxelles, 1470, musée des Arts décoratifs, Paris.

Portrait de Ronsard, d'après le buste du XVIIe siècle ornant le tombeau du poète, huile sur toile, musée des Beaux-arts, château de Blois.

Pierre de Ronsard, peut-on vous considérer comme la « star » des sonnets ?

En tout cas, je suis né sous une bonne étoile, en **1524**. Je faisais partie d'un groupe de sept poètes jeunes et fougueux. Nous avions baptisé notre groupe **La Pléiade**, qui est le nom d'une constellation de sept étoiles. Grâce à mes sonnets, adressés à Cassandre, Hélène ou Marie, je suis devenu célèbre. Pour me permettre d'écrire, le roi Charles IX m'a même réservé des salles de son palais. Savez-vous qu'à ma mort, le 25 février **1586**, c'est son orchestre particulier qui a accompagné mon enterrement ? Un enterrement de star, on peut le dire !

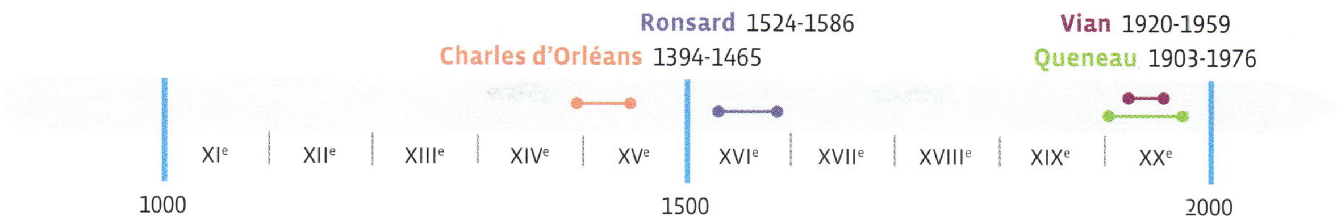

Raymond Queneau, êtes-vous un champion des chiffres et des lettres ?

Je suis né en **1903**. J'étais un enfant curieux ; je m'intéressais aux planètes, aux chiffres, aux mots. Jusqu'à ma mort, en **1976**, j'ai toujours adoré faire des expériences, comme écrire 99 versions de la même petite histoire dans mon livre intitulé ***Exercices de style***. J'ai même fondé avec mes amis poètes une sorte d'« usine » de littérature appelée *OULIPO*[1] : pour jouer avec les mots, changer les lettres, permuter les syllabes. Kom cétamuzan !

1. **Oulipo** : mot formé à partir des premières syllabes de « Ouvroir de Littérature Potentielle ».

Portrait de Raymond Queneau par **Mario Prassinos** (1916-1985), dessin au feutre sur papier.

Boris Vian à la trompette au Club Saint-Germain, à Paris, 1949.

Boris Vian, êtes-vous un ingénieux poète ou un poétique ingénieur ?

C'est vrai : j'étais ingénieur, poète, mais aussi écrivain, chanteur, rédacteur d'articles dans un journal et surtout – car ce fut une grande passion – musicien de jazz. Né en **1920**, je suis mort en **1959** : ma vie a été courte, mais très remplie ! J'aimais faire la fête, rire, inventer des objets loufoques comme le gidouillographe et le pianocktail... À vous de les imaginer !

1 Entrer dans la ronde des vers et des sonorités

Rondeaux

Texte A

Le temps a laissé son manteau
De vent, de froidure et de pluie,
Et s'est vêtu de broderie,
De soleil luisant, clair et beau.

Il n'y a bête ni oiseau,
Qu'en son jargon ne chante ou crie :
Le temps a laissé son manteau !

Rivière, fontaine et ruisseau
Portent en livrée[1] jolie,
Gouttes d'argent d'orfèvrerie,
Chacun s'habille de nouveau :
Le temps a laissé son manteau.

Charles d'Orléans, *Rondeaux*, XIVe siècle.

Charles d'Orléans ▸ p. 62

1. **livrée :** costume.

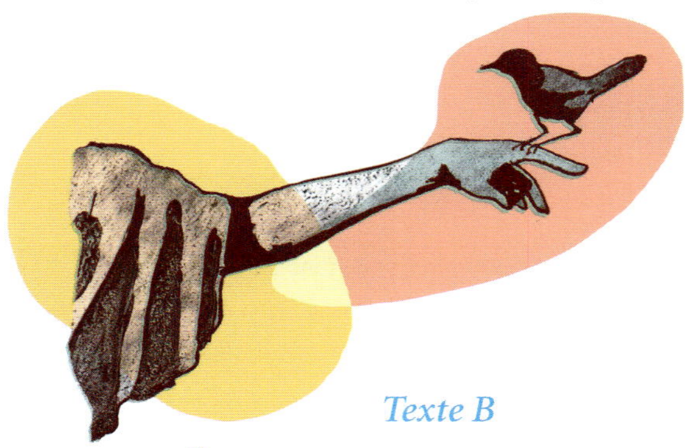

Texte B

Quand Colette Colet colie[2]
Elle le prend par le colet[3].

Mais c'est grande mélancolie,
Quand Colette Colet colie.

Car ses deux bras à son col[4] lie
Par le doux semblant[5] de colet[6]
Quand Colette Colet colie,
Elle le prend par le colet.

Guillaume de Machaut, *Rondeaux*, XIVe siècle.

Un mot à la loupe

L'ancien français **col** (« cou ») est devenu en français moderne la partie du vêtement qui entoure le **cou**. Le sens ancien est resté dans les expressions figurées désignant une partie étroite comme le **col d'une montagne** ou le **col du fémur**.

Guillaume de Machaut : né vers 1300, mort en 1377, ce compositeur de musique polyphonique fut aussi un poète dont l'œuvre influença de nombreux écrivains.

2. **colie :** cajole.
3. **colet :** petit cou.
4. **col :** voir « Un mot à la loupe ».
5. **doux semblant :** jeu.
6. **colet :** piège.

Art musical

Chanson de **Guillaume de Machaut**, « Musique douce, danse jolie », XIVe siècle.

Savoir prononcer les vers

Le / temps / a / lais/sé / son / man/teau → [lə/tɑ̃/a/lɜ/se/sɔ̃/mɑ̃/to]
De / vent / de / froi/du/r(e) et / de / pluie → [də/vɑ/də/frwa/dy/re/də/plyi]
Et / s'est / vê/tu / de / bro/de/rie → [e/sɜ/vɜ/ty/də/brc/də/ri]

1. Combien de syllabes prononcées comptez-vous dans chaque vers ?
2. Quand doit-on prononcer le e ?

LIRE L'IMAGE

• Combien de rondes les danseurs forment-ils ?
• Décrivez leur position : comment se tiennent-ils les uns aux autres ?

Le Sacre du printemps, **Maurice Béjart**, février 1988, ballet contemporain.

LIRE LES TEXTES

La ronde des mots

1. Observez les deux poèmes : quels vers sont répétés ?
2. Quelles sont les deux rimes dans chaque poème ?
3. [Texte B] Découpez le vers 1 en huit syllabes prononcées.
4. [Texte B] Quels sons-consonnes et quels sons-voyelles sont répétés ?

Les images du rondeau

5. [Texte A] Quels sont les trois compléments du nom « *manteau* » ? ▸ GRAMMAIRE, FICHE 3
6. [Texte A, vers 1 et 9] À quels temps les verbes « *a laissé* » et « *portent* » sont-ils conjugués ?
▸ VERBE, FICHES 20 ET 21
7. [Texte A] Pourquoi peut-on dire que les saisons forment une « ronde » ?
8. [Texte B] Quelle forme prennent les bras de Colette autour du cou de Colet ?

ORTHOGRAPHE ▸ FICHE 37

9. Écrivez avec l ou ll les mots suivants dérivés de « *col* » :
une co[l]erette – une acco[l]ade – un co[l]ier – un tortico[l]is – une enco[l]ure – un déco[l]eté

VOCABULAIRE ▸ FICHE 37

10. Indiquez le radical du mot « *rondeau* » et donnez un verbe, un adjectif et un nom de la même famille.

L'ESSENTIEL

Le **rondeau** est à l'origine une forme datant du Moyen Âge, généralement constituée d'**octosyllabes** dont certains, repris en écho, forment une sorte de ronde musicale :
– le **premier vers** revient au milieu et à la fin du poème comme un **refrain** ;
– il ne compte que **deux rimes**, qui reviennent sans cesse.
Souvent, les **allitérations** (répétitions de sons-consonnes [kã kolʒt kolʒ koli]) et les **assonances** (répétition de sons-voyelles [kã kolʒt kolʒ koli]) renforcent la musicalité des vers.

EXPRESSION ÉCRITE

Rédigez un paragraphe pour évoquer le printemps, l'été ou l'automne. Charles d'Orléans utilise une métaphore : « Le temps a laissé son manteau... *» Comme lui, vous utiliserez au moins une métaphore et/ou une comparaison.*

2 Jouer avec les mots qui se ressemblent

Pierre de Ronsard ▸ p. 62

Pierre de Marbeuf : (1596-1645) Il écrivit des poèmes sur les thèmes de la nature, de la fragilité de la vie et de l'amour.

Texte A — Sonnet à Marie

Marie, qui voudrait votre beau nom tourner[1],
Il trouverait Aimer : aimez-moi donc, Marie,
Faites cela vers moi dont votre nom vous prie,
Votre amour ne se peut en meilleur lieu donner ;

S'il vous plaît pour jamais un plaisir démener[2],
Aimez-moi, nous prendrons les plaisirs de la vie,
Pendus l'un l'autre au col[3], et jamais nulle envie
D'aimer en autre lieu ne nous pourra mener.

Si faut-il bien aimer au monde quelque chose :
Celui qui n'aime point, celui-là se propose
Une vie de Scythe[4], et ses jours veut passer

Sans goûter la douceur des douceurs la meilleure.
Eh, qu'est-il rien de doux sans Vénus ? Las ! à l'heure
Que je n'aimerai point puissé-je[5] trépasser[6] !

Pierre de Ronsard, *Second Livre des Amours*, 1560.

Un mot à la loupe

Issu du latin *dulcis*, l'ancien français *doulx* a donné en français moderne **doux**. Sur le radical latin a été formé le nom propre *Dulcinée*, aimée de Don Quichotte, personnage de roman. Devenu un nom commun, une **dulcinée** est synonyme de « bien-aimée ».

Texte B — Sonnet

Et la mer et l'amour ont l'amer pour partage,
Et la mer est amère, et l'amour est amer,
L'on s'abîme[7] en l'amour aussi bien qu'en la mer,
Car la mer et l'amour ne sont point sans orage.

Celui qui craint les eaux, qu'il demeure au rivage,
Celui qui craint les maux qu'on souffre pour aimer,
Qu'il ne se laisse pas à l'amour enflammer,
Et tous deux ils seront sans hasard de naufrage.

La mère de l'amour[8] eut la mer pour berceau,
Le feu sort de l'amour, sa mère sort de l'eau
Mais l'eau contre ce feu ne peut fournir des armes.

Si l'eau pouvait éteindre un brasier amoureux,
Ton amour qui me brûle est si fort douloureux,
Que j'eusse éteint son feu de la mer de mes larmes.

Pierre de Marbeuf, *Recueil des vers*, 1628.

1. **tourner :** retourner.
2. **démener :** laisser s'échapper.
3. **col :** cou.
4. **Scythe :** un barbare.
5. **puissé-je :** je voudrais.
6. **trépasser :** mourir.
7. **s'abîmer :** faire naufrage.
8. **la mère de l'amour :** Vénus.

Savoir prononcer les vers

Ma / ri/ e / qui / vou / drait / vo / tre beau / nom / tour / ner

1. Pourquoi prononce-t-on le e de « *Marie* » et de « *votre* » ?
2. Comment s'appelle ce vers de douze syllabes prononcées ?

LIRE L'IMAGE

• Sur quel support cette scène est-elle représentée ?
• Que signifie le geste du personnage ?
• Quel sentiment le chien symbolise-t-il ?

L'Offrande du cœur, vers 1400-1410, tapisserie en laine et soie d'Arras, 2,47 x 2,09 m, musée du Louvre, Paris.

LIRE LES TEXTES

Un poème musical

1. En observant les deux sonnets, indiquez comment les strophes sont disposées.

2. [Textes A et B, vers 1 à 8] Observez la disposition des rimes et donnez la règle.

3. Quelle est la règle de disposition des rimes dans les deux dernières strophes ?

Sentiments et jeux de langage

4. [Texte A, vers 2] Quelle est la forme et la fonction du verbe « *Aimer* » ? ▸ VERBE, FICHES 9 ET 27

5. Trouvez dans le texte l'anagramme de ce verbe.

6. [Texte B, vers 1 à 4] Relevez deux paronymes et deux homonymes.

7. Quel est le thème commun à ces deux poèmes ?

8. Quel est le degré d'intensité des adjectifs « *meilleure* » [texte A, vers 12] et « *douloureux* » [texte B, vers 13] ? Que pense chacun des poètes de l'amour ? ▸ GRAMMAIRE, FICHE 5

ORTHOGRAPHE ▸ FICHE 2

9. Donnez le pluriel des mots suivants : le berceau – le feu – l'eau.

10. Donnez le singulier du nom « *maux* ».

VOCABULAIRE ▸ FICHE 37

11. Dans les deux sonnets, relevez les mots de la même famille que le verbe « *aimer* ».

L'ESSENTIEL

– Le **sonnet** se compose de **quatre strophes** : **deux quatrains** (quatre vers) suivis de **deux tercets** (trois vers). Il comprend **cinq rimes** différentes qui s'enchaînent toujours de la même façon : **abba / abba / ccd / eed**.

– Pour montrer sa virtuosité, le poète peut **jouer avec la graphie** dans les **anagrammes** (*Marie / aimer*) et avec les **sonorités** des **paronymes** (*amour /amer*) ou des **homophones** (*l'amer / la mer / la mère*).

EXPRESSION ORALE

Lisez à voix haute le texte B en respectant les alexandrins. Apprenez par cœur la première strophe du texte A pour la dire de manière expressive.

3 Découvrir les inventions et les calembours

Boris Vian ► p. 63

Rock-monsieur

Dans un café des boulevards
Une famille arriva tard
Voulant dîner frugalement[1]
De sardin' au fromage blanc
Mais le maître d'hôtel en noir
Répondit : nous avons ce soir

Potage : rock en bol
Poisson : rockillages
Dessert : rockignoles
Rockfort comm' fromage
Mais si vous aimez mieux
Voilà des rock-monsieur

(Chœur polka[2])
Rock-monsieur, rock-madame
Rock les p'tits enfants
(stupeur générale.)

Très irrité, l'père de famille
Voyant ses garçons et ses filles
Se mettre à danser la polka
Donna des gifles dans le tas
Puis boxant le maître d'hôtel
Il grogna ces mots cruels :

Potage : soupe aux gnons
Poisson : moules raclées
Dessert : gros marrons
Volaille : en volée
Mais si vous aimez mieux
Va pour le rock-monsieur

(Chœur polka)
Rock-monsieur, rock-madame
Rock les p'tits enfants
(stupeur considérable.)

Puis voulant mettr' un point-virgule
À cette chanson ridicule
Avec ses pauvres enfants
Le papa sortit en pleurant
Tandis que les larbins[3] ravis
Braillaient tout autour de lui

Va donc, consommé
Allez, change de thon
Sortez, choux paumés
Oust ! Filez, mignons
Nous ferons des heureux
Avec nos rock-monsieurs

(Chœur-polka
idem[4], et apothéose[5] dans le délire.)

Boris Vian, *Textes et Chansons*, éditions René Julliard, 1966.

Un mot à la loupe

to rock (en anglais = « balancer ») + ***to roll*** (en anglais = « rouler ») a donné **rock and roll** : musique très rythmée, née aux États-Unis vers 1955 et désignée par l'abréviation **rock**, qui est entrée dans la plupart des langues du monde.

1. **frugalement :** sans faire d'excès, simplement.
2. **polka :** valse polonaise, musique de valse.
3. **larbins :** serviteurs, serveurs (en langage familier).
4. **idem :** pareil.
5. **apothéose :** intensité sublime.

LIRE L'IMAGE

• Observez les images de la séquence (p. 60 à 81) : quelle œuvre Lichtenstein a-t-il insérée dans son tableau ?
• Qu'est-ce qui évoque la musique ? Qu'est-ce qui évoque la peinture ?

Roy Lichtenstein (1923-1997), *Le Studio de l'artiste – La danse*, 1974, huile et acrylique sur toile, 244,3 x 325,5 cm, Museum of Modern Art, New York.

LIRE LE TEXTE

Une chanson burlesque

1. Quelle histoire cette chanson raconte-t-elle ?
2. Relevez un groupe nominal complément circonstanciel de lieu et un de temps indiquant le lieu et le moment de l'action. ▸ GRAMMAIRE, FICHE 10
3. [v. 2] À quel temps le verbe est-il conjugué ? Relevez quatre autres verbes au même temps. ▸ VERBE, FICHE 20
4. À quoi servent les didascalies entre parenthèses ?
5. Qui est Rocambole ? Relevez l'expression homophone.
6. Pourquoi cette chanson est-elle rocambolesque ?

Des jeux poétiques

7. [v. 8 et 12] À partir de quels mots ont été inventés « *rock-monsieur* » et « *rockillages* » ?
8. [v. 25] Le mot « *marrons* » est-il pris au sens propre ou figuré ? Que signifie-t-il ?
9. Relevez dans le texte un paronyme de chaque mot en gras : une volaille **en gelée** – un chou **pommelé** – une **croquignole**. À quel champ lexical ces mots appartiennent-ils ? ▸ FICHE 42

ORTHOGRAPHE ▸ FICHES 31 ET 34

10. [v. 10] « ***Rockfort*** », [v. 23] « *Soupe* ***aux gnons*** », [v. 42] « ***Filez, mignons*** » : écrivez les mots en gras tels qu'on peut les lire dans un menu.

VOCABULAIRE ▸ FICHES 42 ET 43

11. [v. 17 à 26] Relevez six mots du champ lexical des coups en indiquant ceux qui appartiennent à un niveau de langue très familier.

L'ESSENTIEL

La **chanson** est une forme poétique comportant des **vers**, des **couplets** et un **refrain**.
Comme les poèmes, elle se prête aux **jeux de langage** :
– jeux sur les **paronymes** ou les **homonymes** : *rock en bol / Rocambole* ;
– jeux sur la **polysémie** : *recevoir des marrons* (= des coups *ou* des fruits) ;
– **inventions** de mots, comme les **mots-valises** : *rockillage* (*rock* + *coquillage*).

EXPRESSION ORALE

Lisez cette chanson en la jouant à plusieurs :
– formez un chœur pour le refrain ;
– suivez les didascalies.
– écoutez le poème enregistré sur le CD-Rom pour vous aider.

4 Jouer avec les formes

Christine de Pisan : célèbre poétesse (1363-1430), première femme ayant vécu de sa plume.

Enluminure représentant Christine de Pisan dans son étude, XVe siècle.

1. **dolente :** désespérée.
2. **mésaisée :** difficile.

Texte A

Seulette

Seulette suis et seulette veux être,
Seulette m'a mon doux ami laissée,
Seulette suis, sans compagnon ni maître,
Seulette suis, dolente[1] et courroucée,
Seulette suis en langueur mésaisée[2],
Seulette suis plus que nulle égarée,
Seulette suis sans ami demeurée. […]

Christine de Pisan, « Ballade », XIVe siècle.

Raymond Queneau ► p. 63

Jacques Roubaud : né en 1932, passionné par les jeux sur les mots, il est membre de l'Oulipo et se dit « compositeur en mathématiques et en poésie ».

Texte B

Affreux mur

Affreux mur
affreux voyage
affreuse nuit

où-suis-jur ?
où suis-joye ?
où suis-juis ?

nulle part
nul pur
nulle page
nul puits

un jeu simple
que j'invimple
dans la nuimple

Raymond Queneau, « Affreux mur », in *L'Instant fatal*, Gallimard, 1948.

Texte C

La fourmi

Fourmi fourmi
mini minuscule
semis de virgules
demie de demie
remue ton mil
ton brin ta pilule
menue miette nulle
fourmi fourmi
minime ténue
noire goutte acide
de prudente antenne
le soir te dilue
dans la terre avide
les herbes s'éteignent.

Jacques Roubaud, *Les Animaux de tout le monde*, Seghers, 1990.

Art musical
Composition pour piano d'**Erik Satie**, *Trois morceaux en forme de poire*, 1903.

LIRE L'IMAGE

- Comment l'éléphant est-il représenté ?
- Que signifie cette affiche ?

Campagne IFAW (International Fund for Animal Welfare, association pour la protection des animaux), janvier 2008.

LIRE LES TEXTES

Une disposition nouvelle

1. [Texte A] Relevez les mots qui sont repris. Comment la poétesse les a-t-elle mis en valeur ?

2. [Texte B] Identifiez une « règle du jeu » pour chaque strophe.

3. [Texte C] Retrouvez les quatre strophes de ce sonnet « caché ».

Des phrases au sens déroutant

4. [Texte A] Quelles allitérations entendez-vous qui rappellent le mot « *seulette* » ?

5. [Texte B, v. 12] Relevez un verbe inventé. À quel temps est-il conjugué ? Quel serait son infinitif ? ▸ VERBE, FICHES 20 ET 27

6. De quelle proposition est-il le verbe ? ▸ GRAMMAIRE FICHE 15

7. Quels sont les autres mots inventés ?

8. [Texte C] Relevez les mots qui reprennent une des syllabes du mot « *fourmi* ».

9. [Texte C] Qu'est-ce qui donne l'impression que les mots ressemblent à des fourmis ?

ORTHOGRAPHE ▸ FICHE 36

10. Complétez cette liste avec i, is ou its :
une fourm.. – une sour.. – un souc.. – un sem.. – un par.. – un pu...

VOCABULAIRE ▸ FICHE 42

11. Relevez dans le texte C tous les mots appartenant au champ lexical de la petitesse.

L'ESSENTIEL

– Certains poètes du XXe siècle **créent de nouvelles formes**, d'autres **jouent avec les formes traditionnelles** : ils varient la disposition des strophes ou suppriment la ponctuation.

– L'**imagination** et la **liberté** des poètes engendrent des **inventions poétiques** surprenantes qui montrent les **possibilités infinies du langage**.

EXPRESSION ORALE

Lisez le texte C à voix haute en essayant d'exprimer la rapidité et la multitude des fourmis :
– en lisant le texte très rapidement tout en articulant bien les mots ;
– en variant le rythme : très vite d'abord, puis de plus en plus lentement pour dire très doucement le dernier vers.

Construire le bilan

Le tatou

Le tatou ayant cloué
sur son dos sa carapace
s'en va au bistrot d'en face
à la belote jouer

à son cou, élégant, noué
un foulard de soie dépasse
jovial[1], sûr de lui, bonasse[2]
voilà ce que le tatou est

le tatou tâte sa tatin[3]
on joue tati[4] à la télé
tatum au juke-box, o tatou

t'as tout l'air d'un tatou, t'as tout :
tétous, tutti[5], tout ! t'as ton teint
t'es tatoué, mais, tatou, que t'es laid !

Jacques Roubaud, *Les Animaux de tout le monde*, Seghers, 1990.

LIRE LE TEXTE

1. À quoi peut-on reconnaître un sonnet ?
2. Dans ce sonnet, quelle règle le poète a-t-il transgressée ?
3. Relevez plusieurs jeux sur les sonorités et expliquez-les.
4. Relevez un mot inventé et une situation loufoque.

1. **jovial :** aimable.
2. **bonasse :** un peu naïf.
3. **tatin :** tarte aux pommes.
4. **Tati :** cinéaste français (1907-1982) ► p. 215.
5. **tutti :** tous (en italien).

BILAN SUR... les jeux de langage et les formes fixes

- Les poèmes à formes fixes, comme le **rondeau** et le **sonnet**, suivent des règles d'écriture précises. Textes 1 et 2
- Certains poètes choisissent de respecter ces **règles**, d'autres les contournent. Textes 3 et 4
- Les poètes explorent **toutes les possibilités du langage** : les répétitions, les inventions, les jeux de langage sur les homonymes ou les paronymes, les jeux graphiques. Textes 1, 2, 3 et 4
- Les **créations poétiques** s'appuient sur des **comparaisons** ou des **métaphores** pour rendre le texte plus expressif et permettre de créer des univers nouveaux, parfois loufoques. Textes 1, 2 et 3

Métro, vélo, jeux de mots

❶ Une campagne de communication pour le métro

« Homo modernus », campagne « objectif-respect » de la RATP en 2006.

❷ La « Une » d'un quotidien français

Libération

La vélosophie

L'opération Vélib', lancée dimanche à Paris, traduit un profond changement des déplacements en ville. Page 2

A Paris, autour du bassin de la Villette.

MONDE
Le Liban dialogue à Paris P.6

SOCIÉTÉ
Un couple corse face à l'omerta P.12

ÉCONOMIE
Les anchois de la colère P.16

ÉCRANS
La télé au pied de la lettre P.22

Week-end

Le bonheur en équation

Des chercheurs en économie tentent de mesurer ce qui rend les gens heureux. Leurs travaux inspirent déjà des innovations sociales et politiques.
Et aussi : la semaine de l'écrivain Marco Koskas, un dialogue entre Daniel Picouly et Alain Mabanckou... Pages 29 à 35

Libération

Rendez-vous lundi avec le cahier d'été

Séries, enquêtes, énigmes et objets en folie : 8 pages quotidiennes.

« La vélosophie » première page du journal *Libération* du 14 juillet 2007.

1. Comment les mots « *homo modernus* » et « *vélosophie* » ont-ils été formés ?
2. [Doc. 1] Relevez deux jeux de mots.
3. Comment faut-il se comporter dans le métro ?
4. [Doc. 2] Quel sentiment la jeune fille semble-t-elle éprouver ? Selon vous, qu'est-ce que la « vélosophie » ?

À VOUS

– *Imaginez un autre nom inventé pour vanter les avantages d'un moyen de transport de votre choix (le vélo, le tramway, le train...) ;*
– *Choisissez un autre domaine qui vous convient et proposez un slogan publicitaire avec un nom inventé ou un jeu de mots.*

ENQUÊT'ART

Illusions et jeux d'optique

Certains artistes ont exploré l'ambiguïté des formes.

▶ Comment font-ils pour tromper le regard du spectateur ?

OUVRONS L'ENQUÊTE

Document 1 - Albrecht Dürer (1471-1528), *Vue du Val d'Arco*, vers 1495, plume, encre brune, aquarelle et gouache, 22,3 x 22,2 cm, musée du Louvre, Paris.

Document 2 - Herri Met de Bles (1500-1560), *Le Mercier endormi pillé par les singes*, huile sur bois, 59,5 x 85,5 cm, Dresde.

Document 3 - Giuseppe Arcimboldo (1527-1593), *Tête réversible avec corbeille de fruits*, vers 1580, huile sur toile, 55,9 x 41,6 cm, New York.

1. Que représente chacun de ces tableaux ?
2. Chaque œuvre cache un visage.
   - Laquelle doit-on retourner pour voir ce visage ?
   - Laquelle cache deux visages dans les falaises ?
   - Laquelle cache un visage dans le sol ?
3. Comment chaque artiste a-t-il réussi à dissimuler le visage ?

lexiqu'art

Huile *(n. f.)* : peinture dont les pigments sont liés avec de l'huile (de lin en général).

Illusion *(n. f.)* : erreur de perception due à une fausse apparence.
La peinture repose sur une illusion car elle donne l'impression de la profondeur et du volume, alors que la surface de la toile est plane.

COMPLÉMENT D'ENQUÊTE

Document 4 - René Magritte (1898-1967),
La Condition humaine, 1933, huile sur toile, 100 x 81 cm,
The National Gallery, Washington.

Document 5 - Man Ray (1890-1976),
photographie d'*Edward James*, 1937,
Musée national d'Art moderne, Paris.

Observez

1. [Doc. 4] Que voit-on devant la fenêtre ?
2. [Doc. 5] Que tient le personnage devant son visage ?
3. Pourquoi l'œil du spectateur confond-il les deux images superposées ?

Analysez

4. Quels indices permettent d'arriver à distinguer l'image dans l'image ?
5. Quelle différence y a-t-il entre un paysage que l'on regarde par la fenêtre et un paysage sur un tableau ?
6. Quelle différence y a-t-il entre une personne et sa photographie ?

Interprétez

7. À votre avis, pourquoi les artistes jouent-ils avec les images :
– pour inciter le spectateur à mieux regarder ?
– pour rappeler que la peinture et la photographie ne sont qu'une illusion de la réalité ?

RAPPORT D'ENQUÊTE

- Les peintures ou les photographies sont des **représentations** de la réalité qui reposent sur une **illusion**.
- En explorant tout ce que permet l'illusion, les artistes montrent le **pouvoir des images** et leur **ambiguïté** : le spectateur est incité à s'en amuser ou à réfléchir.

Mieux connaître les mots

S'exercer

ÉVOLUTION DE LA LANGUE — LE MOT « JEU »

histoire du mot

Jeu À partir du latin ***jocus*** (« plaisanterie avec des mots »), le sens du mot s'est élargi : le français ***giu*** désignait à la fois les **jeux** de mots et les **jeux** avec des règles (jeu de dés, jeu d'échec...). Son sens s'est ensuite élargi au **jeu** d'un comédien, d'un sportif ou d'un musicien.

I. Observer

Évolution du mot du latin au français :

LATIN ⟶ FRANÇAIS

jocum → giu → geu → **jeu**

1. Au cours de cette évolution, quelles consonnes du mot latin disparaissent dès le début ?

2. Quelles lettres latines sont conservées dans le verbe anglais *to joke* (« plaisanter ») ?

II. Comprendre

3. Dans chaque phrase, remplacez le mot « jeu » par l'un des synonymes suivants :

la compétition – le spectacle – l'art – le trousseau – la manœuvre

a. Le <u>jeu</u> de ce comédien est éblouissant. **b.** Il a perdu son <u>jeu</u> de clés. **c.** Elle voit clair dans le <u>jeu</u> de son ennemi. **d.** Les <u>Jeux</u> olympiques ont lieu tous les quatre ans. **e.** Le parc est animé par des <u>jeux</u> de lumières.

4. Cherchez le sens de chacun de ces participes passés dérivés de *jocus* et employez-les dans une phrase :

déjoué – rejoué – enjoué

III. Manipuler

5. Complétez le tableau en associant chaque mot français avec le mot latin dont il est issu :

– **un jeton** (pièce plate et ronde),

– **un joyau** (bijou de grande valeur),

– **une gaudriole** (plaisanterie).

6. Selon ce tableau, quel mot est de la même famille que le mot « jeu » ?

Mots latins	Mots français
gaudere (se réjouir)	
jactare (jeter)	
jocum (le jeu)	

JOUONS AVEC LES MOTS — LES CONTREPÈTERIES

Une contrepèterie inverse les sons ou les syllabes orales pour créer des jeux de mots :

→ *Il ne faut pas confondre « un* ***<u>chat</u>*** *dans le* ***<u>trou</u>****peau et un* ***<u>trou</u>*** *dans le* ***<u>cha</u>****peau. »*

1. Reliez les expressions de gauche avec leur contrepèterie à droite :

Il ne faut pas confondre...

- Un beau fruit *et* ...
- Les œufs des canes *et* ...
- L'eau sur le platane *et* ...
- Le prix du cor *et* ...
- La vache a pris la carabine *et* ...
- Le chameau boit *et* ...
- Le savant blond *et* ...

◆ le cri du porc

◆ le beau chamois

◆ le savon blanc

◆ la biche a pris la caravane

◆ les queues des ânes

◆ un faux bruit

◆ les ânes sur un plateau

D'après **Joël Martin et Rémy le Goistre**, *L'Art des mots et l'Eau des mares*, Albin Michel Jeunesse, 1995.

2. Saurez-vous en inventer d'autres ?

ENRICHIR SON VOCABULAIRE LE LEXIQUE DE LA POÉSIE

1. Chassez l'intrus :
a. un chansonnier – un poète – un rimailleur – un scénariste
b. un trouvère – un troubadour – un topinambour – un ménestrel
c. un tercet – un quatrain – un quatuor – une strophe
d. une sornette – un sonnet – un rondeau – une ballade
e. une cantine – un air – une chanson – une cantilène
f. une allitération – une assonance – une allégeance – une rime
g. un décasyllabe – un pentagone – un octosyllabe – un alexandrin

2. Dans les couples de mots, choisissez celui qui correspond à un jeu poétique :
a. un (postiche / acrostiche) **b.** une (anagramme / analphabète) **c.** un (mot composé / mot-valise) **d.** une (contrepèterie / contravention)

DES MOTS POUR LIRE L'IMAGE

LES LIGNES DE FORCE : COURBES ET OBLIQUES

ROM

COMPLÉTEZ la lecture d'image n° 3 avec le CD-Rom.

Les lignes principales d'un tableau (ou lignes de forces) sont significatives.
Pour exprimer le mouvement, les peintres privilégient les lignes arrondies et les lignes obliques.
1. Comment nomme-t-on cette danse ?
2. Quelles sont les différentes lignes arrondies que vous repérez ?
3. Les personnages sont-ils tous dans la même position ?

Henri Matisse (1869-1954), *La Danse*, 1909, huile sur toile, 2,60 x 3,91 m, musée de l'Ermitage, Saint-Pétersbourg.

Oral

DIRE DES POÈMES EN VERS

CONSEIL
Pour bien lire ou réciter un poème en vers, il convient de repérer les e pour savoir s'ils doivent se prononcer.

I. Lire les vers en respectant les syllabes

1. Relisez à voix haute les poèmes des pages 64 et 66.
2. Entraînez-vous à bien prononcer les octosyllabes et les alexandrins.

II. Marquer le rythme des vers

3. [Texte A] Lisez ce poème à voix haute :
– en rythmant les sept syllabes prononcées de chaque vers ;
– en prononçant de manière appuyée les finales [aj].
4. Lisez-le ensuite à deux : l'un lira un vers, l'autre le suivant.

Texte A – Fatrasie

Fourbissez votre ferraille
Aiguisez vos grands couteaux

Fourbissez votre ferraille
Quotinaille, quetinailles,
Quoquardaille, friandeaux,
Garçonaille, ribaudaille,

Laronnaille, brigandaille,
Capaudaille, leisardeaux,
Cavestraille, goulardeaux,
Villenaille, bonhommaille,
Fallourdaille, paillardeaux,
Truandaille et Lopinaille
Aiguisez vos grands couteaux.

Jean Molinet, XVe siècle.

Texte B – Il pleut

Averse averse averse averse averse averse
Pluie ô pluie ô pluie ô ! ô pluie ô pluie ô pluie
gouttes d'eau gouttes d'eau gouttes d'eau gouttes d'eau
parapluie ô parapluie ô paraverse ô !
paragouttes d'eau paragouttes d'eau de pluie
capuchons pèlerines et imperméables
que la pluie est humide et que l'eau mouille et mouille ! […]

Raymond Queneau, « Il pleut », in *Les Ziaux*, Gallimard, 1943.

III. Jouer avec le rythme des vers

[Texte B] Lisez cet extrait de poème : de quoi parle-t-il ? Est-il ponctué ?

5. Dire le poème seul(e).
Essayez des rythmes variés pour imiter le bruit de la pluie qui tombe :
– de plus en plus vite, pour une pluie douce puis violente ;
– à voix presque chuchotée, puis de plus en plus fort pour une pluie fine puis drue.
6. Dire le poème à deux ou à plusieurs :
– entraînez-vous à lire chacun un vers, l'un après l'autre, en enchaînant ;
– essayez de lire à deux ensemble, en gardant le même rythme ;
– pour imiter la pluie qui grossit, un élève lit le premier vers, deux élèves le vers 2, trois le vers 3, etc.
7. Vous pouvez également mettre ce texte en scène, en l'accompagnant de gestes, de mimiques expressives, en vous accompagnant d'un accessoire (inspirez-vous du « paragoutte » par exemple).

Écrit

IMITER LES JEUX DES POÈTES

CONSEIL
Révisez les notions de rimes, d'allitérations et d'assonances en observant les textes des pages 64, 66, 70, 72.

I. Identifier les vers

« Au pays de Papouasie, j'ai caressé la Pouasie… La grâce que je vous souhaite, c'est de n'être pas Papouète. »

Léon-Paul Fargue, « Air du poète », dans Pierre Seghers, *Le Livre d'or de la poésie française*, Marabout, 1972.

1. Recopiez le texte en retrouvant une strophe de quatre vers rimés, comportant le même nombre de syllabes prononcées.

II. Faire rimer des mots

2. Observez si les couples de mots qui suivent peuvent rimer :
loup, **hibou(x)** – **sourd**, **foule** – **fou**, **bouche** – **sang**, **effrayant** – **nuit**, **lune** – **œuvre**, **preuve** – **glace**, **trépasse** – **fier**, **supplier** – **fuir**, **combattirent** – **fuite**, **évite** – **songe**, **bouge** – **vaisseau**, **sanglots** – **joie**, **effroi** – **rions**, **fond** – **neige**, **manège** – **seul**, **cercueil**.
3. Avec un couple de mots qui riment, écrivez deux vers où ils rimeront (le nombre de syllabes n'est pas imposé).

III. Jouer avec les sonorités

4. [Texte A, p. 78] Quelles sonorités reviennent à la fin des mots ? à l'intérieur des mots ?
5. Choisissez une sonorité (**[k]**, **[m]**, **[i]**…) puis dressez une liste d'au moins six mots ayant cette sonorité en commun : **[a]** → *barbe à papa, koala, soir, trois, malabar* ; **[b]** *bonbon, bomber, blanc-bec, obéir…*
6. Écrivez ensuite une phrase en employant le plus grand nombre possible de ces mots ; un sens absurde est admis si la phrase est amusante ou effrayante.

IV. Inventer des mots

7. Comment sont formés les mots ***laronnaille***, ***brigandaille*** et ***truandaille*** ?
8. À partir d'un champ lexical de votre choix, dressez une liste de six mots auxquels vous ajouterez le même suffixe, par exemple -***ouille***, -***ounet***(***te***), -***ausserie***…
9. À la manière du texte A, énumérez ces mots inventés dans un court paragraphe qui commencera par un verbe à l'impératif.

V. Créer un texte poétique

10. Inventez les noms des animaux ci-dessous et/ou créez des mots-valises comme le ***giraphant*** (*girafe + éléphant*).

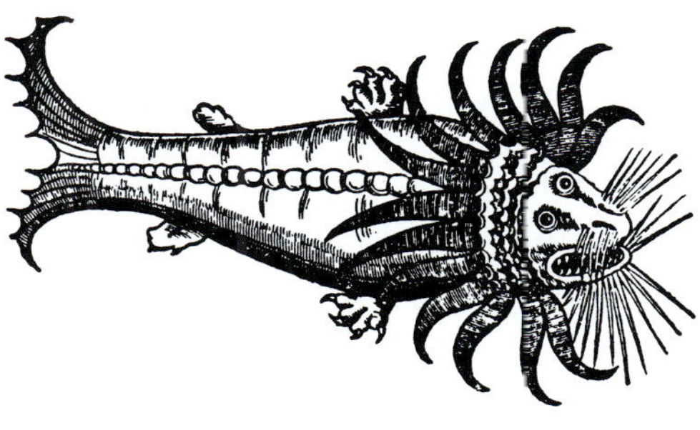

11. Continuez le texte suivant en insérant les noms que vous avez créés et en décrivant les bizarreries que présentent ces animaux, avec des mots inventés pour désigner les parties de leur corps :
Au cours de mon voyage dans les Terres inconnues, je rencontrai les ***Scroloncous****, étranges quadrupèdes au* ***ploudou*** *immense, les* ***tricornibules*** *qui arborent au sommet de leur crâne leurs .... acérées, les.............. ; j'observai même un jour ....*

Lecture de texte / Étude de la langue

1. Relevez les vers qui sont répétés.
2. Recopiez le vers 1 en séparant les syllabes prononcées : combien en comptez-vous ?
3. Quels sont les trois verbes conjugués au présent de l'impératif ? Indiquez la valeur de ce mode.
4. [v. 6] « *Chassez-**la*** » : donnez la classe grammaticale et la fonction du mot en gras.
5. Dans la deuxième strophe, à quoi est comparée la mélancolie ? Pourquoi ?
6. Identifiez deux homophones qui constituent un jeu de langage.
7. [v. 5 à 8] Relevez les mots où s'entend le son [k]. Repassez en rouge les lettres qui se prononcent [k]. S'agit-il d'une assonance ou d'une allitération ?
8. Qu'est-ce qui montre que la mélancolie revient sans cesse ?

Rondeau

Fermez-lui l'huis[1] au visage
Mon cœur, à Mélancolie
Gardez qu'elle n'entre mye[2]
Pour gâter notre ménage

Comme le chien plein de rage
Chassez-la, je vous en prie
Fermez-lui l'huis au visage
Mon cœur, à Mélancolie

C'est trop plus notre avantage
D'être sans sa compagnie
Car toujours nous tance[3], et crie,
Et nous porte grand dommage[4]
Fermez-lui l'huis au visage.

Charles d'Orléans, *Rondeaux*, XIVe siècle.

1. **l'huis :** la porte.
2. Prenez garde qu'elle n'entre pas.
3. **tance :** gronde.
4. **grand dommage :** gros problème.

Orthographe

PRÉPAREZ la dictée n° 3 avec le CD-Rom.

À REVOIR
– La conjugaison de l'imparfait de l'indicatif
▸ VERBE, FICHE 20
– Les pluriels des mots terminés par *-eu* ou *-au*
▸ GRAMMAIRE, FICHE 2.

Julien

Il allait à l'ardeur du soleil, sous la pluie, par la tempête, buvait l'eau des sources dans sa main, mangeait en trottant des pommes sauvages, s'il était fatigué se reposait sous un chêne ; et il rentrait au **milieu** de la nuit, couvert de sang et de boue, avec des épines dans les **cheveux** et sentant l'odeur des bêtes farouches. Il devint comme elles. Quand sa mère l'embrassait, il acceptait froidement son étreinte, paraissant rêver à des choses profondes. Il tua des ours à coups de **couteau**, des **taureaux** avec la hache, des sangliers avec l'**épieu**.

Gustave Flaubert, *La Légende de saint Julien l'Hospitalier*, 1875.

1. Indiquez le sujet des verbes soulignés.
2. Donnez le singulier et le pluriel des mots en gras.

Lecture d'image / Histoire des arts

Manuscrit du *Livre des propriétés des choses*, de **Barthélémy l'Anglais**, « Le temps et ses divisions. Travaux des mois », vers 1445-1450, BNF, Paris.

1. Comment appelle-t-on ce type d'image : une enluminure, une gravure ou un dessin ?
2. Indiquez à quelle saison correspond chaque lettre du schéma.
3. Pourquoi les saisons évoquées par ces travaux sont-elles représentées à l'intérieur d'un cercle ?

Connaissance des œuvres et des auteurs

1. Identifiez les poètes :
a. Il a décrit de quatre-vingt-dix-neuf manières différentes un incident banal.
b. Il a célébré dans ses sonnets Cassandre, Hélène et Marie.
c. Il a été musicien de jazz.
d. Il a fondé un groupe nommé *La Pléiade*.
e. Il a passé une grande partie de sa vie en prison.

POUR RÉPONDRE, relisez bien la page « Et si les auteurs nous parlaient ? », p. 62-63.

2. Situez chaque écrivain dans son siècle en lui associant la bonne lettre :
Charles d'Orléans • Raymond Queneau • Pierre de Ronsard • Boris Vian

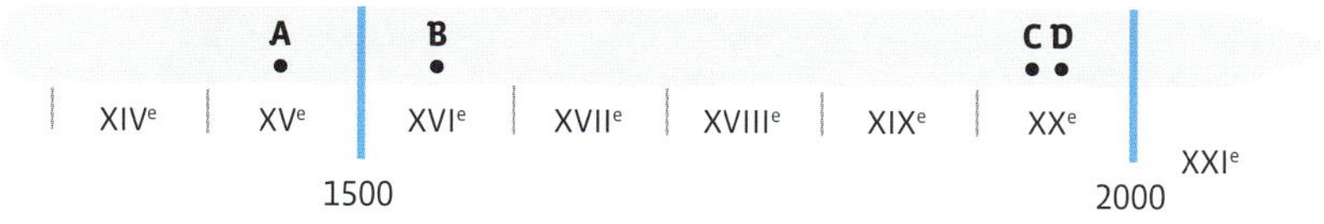

3. Reliez les poètes aux formes de poèmes qu'ils ont choisies :

● Charles d'Orléans	◆ la chanson
● Pierre de Ronsard	◆ le rondeau
● Boris Vian	◆ les vers libres
● Raymond Queneau	◆ le sonnet

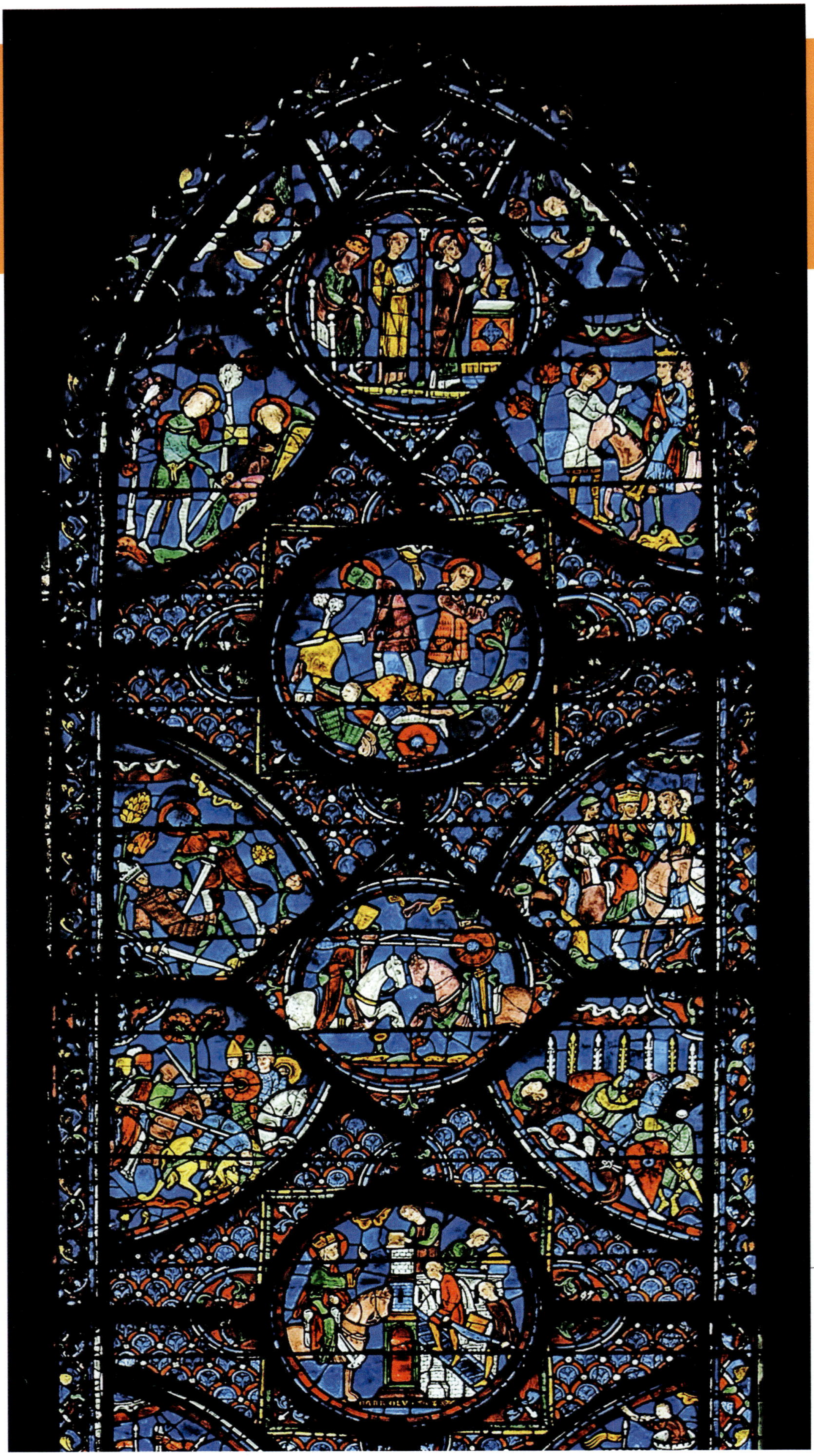

La Vie de Charlemagne, vitrail de la cathédrale Notre-Dame (détails de la partie haute) , vers 1225, Chartres.

4 La Chanson de Roland

Une œuvre entre poésie et récit ?

Parcours textes et images

S'exercer

Évaluation

LIRE L'IMAGE

1. À quoi voit-on qu'il s'agit d'un vitrail ?
2. Quel est le lien entre les différentes scènes représentées ?
3. Où se trouve Roland sonnant de l'olifant et frappant le rocher de son épée ?

ÉTUDE DE LA LANGUE

- Le complément d'agent p. 87 – la coordination p. 89 – les expansions du nom p. 91, 102 – les compléments circonstanciels p. 93 – la subordonnée relative p. 102 – le complément d'objet p. 93
- La voix passive p. 87, 102 – le subjonctif présent p. 89, 91 – le passé composé p. 87 – le gérondif p. 93

Découverte de La Chanson de Roland

Enluminure de seigneurs et troubadours tirée du ***Codex Manesse ou Grand Manuscrit de Heidelberg***, Zurich, v. 1310-1340, bibliothèque de l'Université, Heidelberg.

La chanson de Roland, *est-ce un poème ou un récit ?*

Les deux à la fois ! C'est un long poème de 291 strophes appelées des « laisses ». Au Moyen Âge, les poèmes sont généralement chantés. Les troubadours (nom des poètes musiciens du Sud de la France) ou les trouvères (nom des poètes musiciens du Nord de la France) s'accompagnent de la vielle : ils chantent l'amour de leur dame. ***La Chanson de Roland*** aussi est un poème qui célèbre non l'amour, mais des exploits guerriers. Quand il est chanté à la cour des seigneurs, toute l'assistance vibre d'un seul cœur en écoutant cet immense récit de 4 002 vers !

Qui en est l'auteur ?

On ignore son nom ! Un clerc anglo-normand, qui admirait les épées mais maniait la plume, a rédigé ce premier chef-d'œuvre de la littérature française. Le dernier vers de la *Chanson* dit : « *Ici s'achève l'histoire que Turold raconte* ». Cependant ce sieur Turold en est-il l'auteur ou seulement le conteur ? Nul ne sait !

« Moine écrivant », dans le ***Pèlerinage de l'âme*** de Guillaume de Digulleville, velin du XVe siècle, Lambeth Palace Library, Londres.

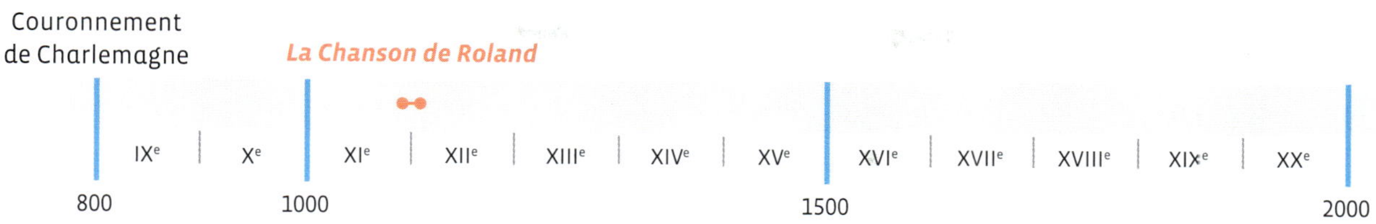

La Chanson de Roland

La Chanson de Roland a transformé en légende certains faits historiques.

GANELON, LE TRAÎTRE Laisses 1 à 63	ROLAND ET OLIVIER, LES PREUX Laisses 64 à 213	CHARLES, LE CONQUÉRANT Laisses 214 à 291
La guerre Depuis sept ans, Charlemagne lutte contre les Sarrasins d'Espagne. **L'ambassade** Le roi sarrasin Marsile demande la paix. Charlemagne envoie Ganelon en ambassade. **La trahison** Ganelon le traître propose à Marsile d'attaquer l'arrière-garde française au col de Roncevaux.	**Le conseil d'un traître** Charlemagne retourne en France et traverse les Pyrénées. Sur le conseil de Ganelon, il laisse à l'arrière-garde Roland et 20 000 chevaliers. **L'attaque des Sarrasins** Les Sarrasins se dirigent vers Roncevaux. **Le massacre** Tous les Français sont massacrés. Charlemagne rebrousse chemin et découvre le champ de morts.	**La vengeance** L'empereur poursuit les Sarrasins et les écrase. Puis il revient à Roncevaux, pour honorer les morts. **Le renfort** Marsile fait appel à l'émir de Babylone, Baligant. Charlemagne tue Baligant dans un corps à corps. **Le retour** Charlemagne, vainqueur, regagne sa capitale, Aix-la-Chapelle. Là, il châtie cruellement Ganelon.

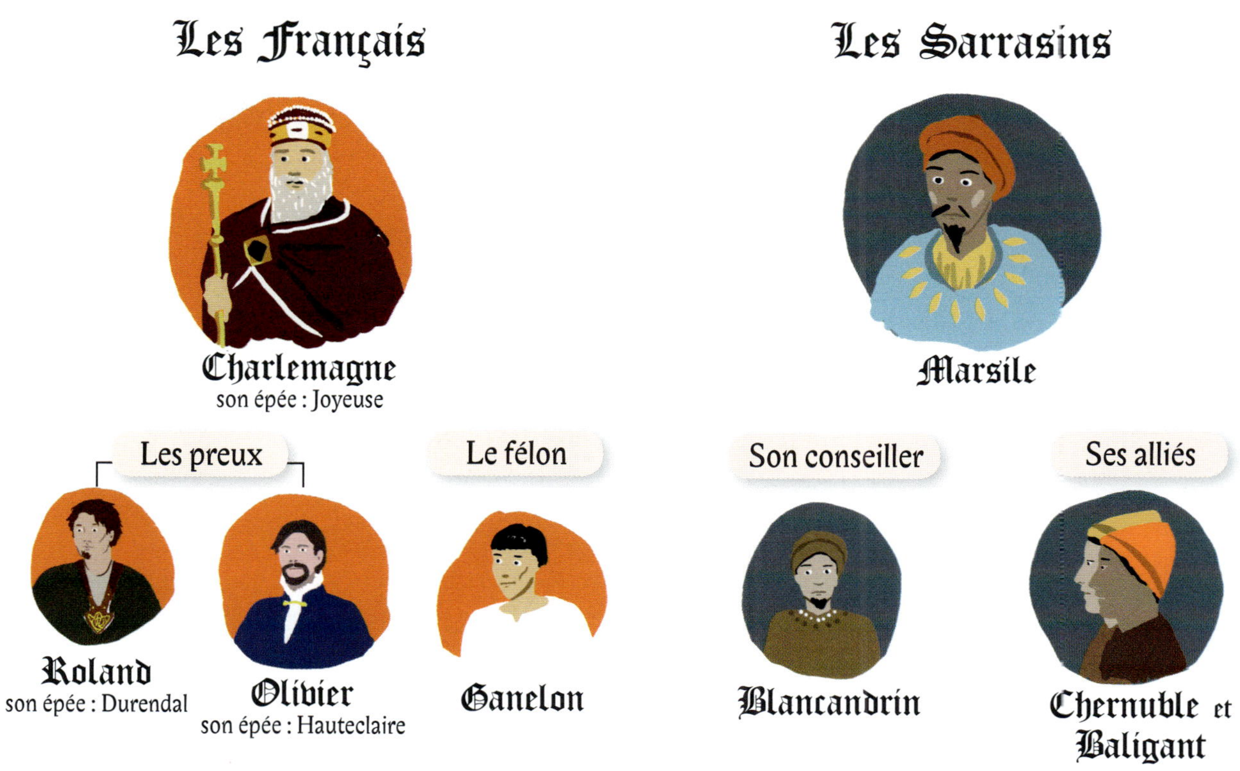

1 Découvrir la poésie des « laisses »

L'ambassade de Ganelon le félon

Ganelon, jaloux de Roland, a été envoyé en ambassade à la cour de Marsile, roi sarrasin, qui lui dit :

Texte original en ancien français

XL

« De Carlemagne vos voeill oïr parler.
Il est mult vielz, si ad sun tens uset ;
Men escient dous cenz anz ad passed.
Par tantes teres ad sun cors demened,
Tanz [colps] ad pris sur sun escut boucler,
Tanz riches reis conduit a mendisted:
Quant ert il recreanz d'osteier?" »

Laisse 40

De Charlemagne je veux vous entendre parler.
Il est très vieux et il a fait son temps ;
à mon avis, il a deux cents ans passés.
Par tant de terres il a promené son corps,
il a pris tant de coups sur son bouclier,
réduit à mendier tant de puissants rois !
Quand sera-t-il lassé de faire la guerre ? »
Ganelon répond : « Charlemagne n'est pas homme de ce genre,
Personne ne le voit ni n'apprend à le connaître
sans dire que l'empereur est valeureux.
Je ne puis assez l'exalter et le louer [...]

Laisse 41

Le païen[1] dit : « J'ai tout lieu d'être émerveillé
par Charlemagne qui est chenu[2] et vieux.
à mon avis, il a deux cents ans passés !
Par tant de terres il a épuisé son corps,
il a pris tant de coups de lance et d'épieu,
il a réduit à mendier tant de puissants rois !
Quand sera-t-il lassé de faire la guerre ? »
– Jamais, dit Ganelon, tant que vivra son neveu :
il n'est si bon vassal[3] sous la chape[4] du ciel.

La Chanson de Roland (XIe siècle), traduction de Jean Dufournet,

Un mot à la loupe

Le mot latin ***Carolus*** devient « Charles », ***magnus*** signifie « grand ». **Carlemagne** ou **Carles** désignent l'empereur en ancien français.
Les rois ***carolingiens*** sont les rois qui descendent de **Charlemagne**.

1. **Le païen :** Marsile.
2. **chenu :** qui a des cheveux blancs.
3. **vassal :** seigneur qui obéit au roi.
4. **chape :** voûte.

De l'ancien français au français moderne

De / Car/le/ma/gne / vos / voeill/ oïr / par/ler.
Il / est / mult / vielz /, si / ad / sun / tens /u /set.

1. Comptez le nombre de syllabes prononcées dans chaque vers.
2. Indiquez le type de vers utilisé.

LIRE L'IMAGE

- Quel trait physique de Charlemagne décrit dans *La Chanson de Roland* retrouve-t-on dans ce portrait ?
- À quoi voit-on que la légende de Charlemagne a traversé les siècles ?
- Quand ce tableau a-t-il été peint ?

Talisman de Charlemagne trouvé dans la tombe de l'empereur à Aix-la-Chapelle, xᵉ siècle, orfèvrerie, cathédrale de Reims.

Albrecht Dürer (1471-1528), *L'Empereur Charlemagne*, vers 1511-13, huile sur bois, 215 x 115,3 cm, Germanisches Nationalmuseum, Nuremberg.

LIRE LE TEXTE

Un dialogue

1. Quels sont les personnages qui dialoguent ? De qui parlent-ils ?

2. [V. 13] Quelle est la fonction du groupe nominal « *par Charlemagne* » ? ▸ GRAMMAIRE, FICHE 17

3. Comparez les deux laisses : quels vers se ressemblent ? Que mettent-ils en valeur ?

4. [V. 15 à 18] Précisez la voix et le temps des verbes.
▸ VERBE, FICHES 20, 21 ET 24

5. La fin du dialogue révèle la trahison de Ganelon : de qui veut-il la mort et pourquoi ?

Un poème

6. Dans la version en ancien français, quel son-voyelle se répète à la fin de chaque vers ?

7. Quelle différence y a-t-il avec des rimes ?

ORTHOGRAPHE ▸ FICHE 28

8. [Laisse 40, v. 5 à 7] Relevez les participes passés, puis justifiez leur accord.

VOCABULAIRE ▸ FICHE 37

9. Trouvez dans un dictionnaire deux noms communs et un adjectif issus de l'adjectif latin *magnus* ; donnez leur sens.

L'ESSENTIEL

– ***La Chanson de Roland*** célèbre **Charlemagne** et son armée.
– Ce long **poème** est divisé en strophes appelées **laisses,** écrites en **décasyllabes assonancés** : un même son-voyelle s'entend à la fin des vers de chaque laisse.
– À l'origine, ce poème était **chanté** : comme des **refrains**, certains vers sont **répétés**, avec de légères variantes. Ce **procédé de reprise** met en valeur un personnage ou une scène.

EXPRESSION ÉCRITE

Décrivez une personne âgée dont vous ferez l'éloge. Dans un paragraphe de cinq à dix lignes :
– évoquez par exemple sa gentillesse attentionnée, son expérience de la vie, sa générosité ;
*– employez des tournures d'insistance (*tant de, tellement...*) et des exclamations.*

2 Comprendre les valeurs héroïques du texte

La mort plutôt que le déshonneur

AUDIO

Au défilé de Roncevaux, passage montagneux long et étroit entre l'Espagne et la France, les Sarrasins s'apprêtent à attaquer la troupe de Roland, placée en arrière-garde. Olivier conjure Roland d'appeler Charlemagne à l'aide avec son olifant.

Laisse 84

« Roland mon compagnon, l'olifant, sonnez-le donc !
Charles l'entendra, il fera retourner l'armée,
le roi nous secourra avec tous ses barons. »
Roland répond : « Ne plaise à Notre Seigneur
que mes parents, par ma faute, soient blâmés
et que la douce France soit déshonorée !
Mais je frapperai tant et plus de Durendal,
ma bonne épée que j'ai ceinte au côté.
Vous en verrez la lame tout ensanglantée.
Les païens félons ont eu tort de se rassembler :
je vous le jure, tous sont livrés à la mort. [...] »

Laisse 86

Olivier dit : « À cela je ne vois aucun blâme.
Moi, j'ai vu les Sarrasins d'Espagne :
les vallées et les montagnes en sont couvertes,
et les collines et toutes les plaines.
Grandes sont les armées de ce peuple étranger,
Et nous n'avons qu'une bien petite troupe. »
Roland répond : « Mon ardeur en redouble.
Ne plaise à Dieu ni à ses anges
que jamais, par ma faute, la France perde son honneur !
Je préfère mourir que de subir la honte.
C'est pour nos coups que l'empereur nous aime. »

La Chanson de Roland (XIe siècle), traduction de Jean Dufournet,

Un mot à la loupe

Le mot **olifant** vient de la déformation du mot **éléphant** (du latin *elephantus*, repris du grec *elephantos*). On le trouve aussi sous la forme ***oliphant***. Les chevaliers du Moyen Âge possédaient un **olifant**, petit cor en ivoire, fabriqué à l'origine avec une défense d'éléphant.

Olifant sculpté de dix-sept motifs en bas-reliefs, XIe siècle, 52 cm, Toulouse, musée Paul-Dupuy.

De l'ancien français au français moderne

Einz i ferrai de Durendal asez,
Ma bone espee que ai ceint al costet

1. Relisez la traduction vers 7 et 8 et indiquez ce que signifie ***ferrai***.
2. Trouvez le sens de l'expression *sans coup férir*.

LIRE L'IMAGE

• Cherchez dans votre manuel la définition d'un chapiteau de colonne.
• En quelles matières l'olifant p. 88 et le chapiteau ci-contre sont-ils réalisés ?
• De quels personnages de *La Chanson de Roland* pourrait-on rapprocher le décor du chapiteau ?

Chapiteau en pierre représentant des sonneurs d'olifant, début du XIIe siècle, église abbatiale Sainte-Foy, Conques.

LIRE LE TEXTE

Le danger

1. Qui Olivier veut-il prévenir et pourquoi ?
2. Relevez trois manières de désigner les Sarrasins.
3. [V. 13 et 14] Quelle conjonction de coordination est répétée ? ▸ GRAMMAIRE, FICHE 14
4. Quels sont les dangers qui menacent l'arrière-garde ?

La vertu

5. [V. 5 et 6] Précisez la forme verbale des mots « *blâmés* » – « *déshonorée* », puis justifiez leur accord ; « *soient* » : Quel est cet auxiliaire ? À quel mode est-il ? ▸ VERBE, FICHES 25 ET 28
6. Quelle expression montre la détermination de Roland ?
7. Jusqu'où Roland est-il prêt à combattre ? À quelle(s) cause(s) est-il entièrement dévoué ?
8. Donnez deux qualités du chevalier.

ORTHOGRAPHE ▸ FICHE 37

9. Donnez les noms correspondant aux verbes *secourir, retourner, aimer, parcourir, détourner, séjourner*. Attention aux terminaisons !

VOCABULAIRE ▸ FICHE 42

10. Relevez dans le texte le champ lexical de la honte.

L'ESSENTIEL

– *La Chanson de Roland* fait l'éloge des **valeurs chevaleresques** : la religion, le pays, le souverain. Le chevalier est prêt à **sacrifier sa vie** pour **Dieu**, pour la **France** et pour **Charlemagne**.
– Le **courage** et le **dévouement** sont ses principales qualités.

EXPRESSION ORALE

Débattez : pourquoi la légende a-t-elle gardé la mémoire de l'impétueux Roland au détriment de celle du sage Olivier ? Le calme et la réflexion sont-ils moins importants que la vaillance ?

3 Étudier le registre épique de La Chanson

Le combat contre les Sarrasins

Les Sarrasins attaquent l'arrière-garde de l'armée de Charlemagne. Les Français, avec Olivier et Roland à leur tête, combattent avec vigueur.

Laisse 104

La bataille fait rage et devient générale.
Le comte Roland ne fuit pas le danger.
Il frappe de l'épieu tant que résiste la hampe[1],
après quinze coups il l'a brisée et détruite.
Il dégaine Durendal, sa bonne épée,
Il éperonne son cheval et va frapper Chernuble[2],
il lui brise le casque où brillent des escarboucles[3],
lui tranche la tête et la chevelure,
lui tranche les yeux et le visage,
et la cuirasse blanche aux fines mailles,
et tout le corps jusqu'à l'enfourchure.
À travers la selle plaquée d'or,
l'épée atteint le corps du cheval,
lui tranche l'échine sans chercher la jointure,
et il l'abat raide mort dans le pré sur l'herbe drue. […]

Laisse 105

[…] Les païens meurent, d'autres se pâment.
L'archevêque s'écrie : « Bénis soient nos barons ! »
Il crie : « Monjoie », c'est le cri de guerre de Charles.

Laisse 106

Et Olivier chevauche parmi la mêlée ;
de sa lance brisée, il n'a plus qu'un tronçon.
Il va frapper un païen, Malsaron,
Lui brise son bouclier couvert d'or et de fleurs,
lui fait de la tête sauter les deux yeux
Et la cervelle lui tombe jusqu'aux pieds.
Il l'abat mort avec sept cents des leurs. […]

La Chanson de Roland (XIe siècle), traduction de Jean Dufournet,
© Flammarion, 1993.

Un mot à la loupe

Comte vient du latin *comitem*, **compagnon**. Les nobles à l'origine **accompagnaient** le roi dans ses guerres, séjournaient à sa cour. Le **comte** est ensuite devenu un titre de noblesse.

Art musical

Cantate de **Carl Orff**, *Carmina Burana*, « O fortuna », 1937.

1. **hampe :** manche en bois d'une lance.
2. **Chernuble :** nom d'un Sarrasin.
3. **escarboucles :** pierres semi-précieuses.

De l'ancien français au français moderne

***Trait** Durendal, sa bone espee nue.*

1. Quel est l'infinitif du verbe en gras ?
2. Quel lien voyez-vous entre ce verbe et le verbe « tirer » ?

LIRE L'IMAGE

• Quels détails montrent que le combat est frontal ?
• À quoi voit-on le grand nombre de combattants ?
• À quels signes repère-t-on les deux camps ?

La Bataille de Roncevaux, enluminure extraite des *Grandes Chroniques de France* par Antoine Vérard, 1493, BNF, Paris.

LIRE LE TEXTE

Un combat acharné

1. [Laisse 104] Quel type de scène le texte présente-t-il ?
2. De quelles armes Roland se sert-il ? À quoi voit-on que son épée lui est précieuse ?
3. [V. 7 à 12] Relevez trois expansions du nom concernant l'équipement de Chernuble. Donnez leur classe grammaticale précise. ▸ GRAMMAIRE, FICHE 2
4. Que nous apprend la description de cet équipement ?

Une description saisissante

5. Citez une expression qui accentue les prouesses de Roland, puis une exagération.
6. [Laisse 105] Quel verbe au mode subjonctif encourage-t-il les combattants ? ▸ VERBE, FICHE 25
7. Quel est leur cri de ralliement et à quoi sert-il ?
8. Comment les preux de l'arrière-garde montrent-ils ici leur vaillance ?

ORTHOGRAPHE ▸ FICHE 28

9. [V. 4] Justifiez l'accord de « *brisée* » et « *détruite* ».

VOCABULAIRE ▸ FICHE 36

10. Trouvez un verbe formé sur le radical *sang* et complétez les adjectifs suivants, dérivés suffixés : *sanguino.... – sangu.... – sangl... – sanguin.....*

L'ESSENTIEL

– *La Chanson de Roland* est une **chanson de geste** : la geste, du latin *gesta*, désigne les actions, les exploits. Comme la plupart des **épopées**, elle décrit de nombreux **combats**.
– Les descriptions **épiques** soulignent les exploits des chevaliers par la **précision** des détails, les exagérations appelées **hyperboles**, les **énumérations** et les **répétitions**.

EXPRESSION ÉCRITE

– *Racontez un rêve au cours duquel vous êtes poursuivi par une créature effrayante que vous décidez finalement d'affronter ; vous inversez ainsi la situation.*
– *Utilisez des détails précis et des hyperboles pour souligner votre bravoure et rendre votre récit aussi saisissant que le texte de* La Chanson de Roland.

4 Analyser la mise en place d'une légende

Un mot à la loupe

Le latin ***paradisum*** a donné le mot **paradis**.
Au Moyen Âge, *paradisum* devient ***pareis***, qui est devenu le **parvis**, espace situé devant une église.

La mort de Roland

Les Sarrasins ont tué tous les Français. Roland, blessé à mort, refuse de laisser son épée et son olifant aux ennemis.

Laisse 173

Roland frappe sur une pierre grise[1]
Il en abat plus que je ne sais vous dire.
L'épée grince, mais elle ne se rompt ni ne se brise.
Vers le ciel elle a rebondi.
Quand le comte voit qu'il ne la brisera pas,
Tout doucement il la plaint en lui-même :
« Ah ! Durendal, comme tu es belle et très sainte ! […] »

Laisse 174

Roland sent que la mort le prend tout entier
Et que de sa tête elle descend vers son cœur.
Sous un pin il est allé en courant ;
Sur l'herbe verte il s'est couché face contre terre.
Il met sous lui son épée et l'olifant,
Il tourne sa tête du côté du peuple païen :
Il l'a fait parce qu'il veut coûte que coûte
Que Charles dise, ainsi que tous ses gens,
Du noble comte qu'il est mort en conquérant. […]

Laisse 176

[…] Il a offert à Dieu son gant droit,
Saint Gabriel de sa main l'a pris.
Sur son bras il tenait sa tête inclinée ;
Les mains jointes, il est allé à sa fin.
Dieu envoya son ange Chérubin
Et saint Michel du Péril ;
Et avec eux vint saint Gabriel.
Ils emportent l'âme du comte en paradis.

La Chanson de Roland (XIe siècle), traduction de Jean Dufournet, © Flammarion, 1993.

1. **pierre grise** : rocher de Roncevaux appelé actuellement la « *brèche de Roland* ».

De l'ancien français au français moderne

Sun destre guant en ad vers Deu tendut

1. Relisez le vers 17 et indiquez le sens du mot ancien ***destre***.
2. Expliquez les mots suivants : *un destrier – la dextérité*.

LIRE L'IMAGE

• Retrouvez cette scène sur le vitrail de la page 82.
• Quels sont les deux épisodes de *La Chanson de Roland* qu'on reconnaît ?
• Que représente la main visible en haut de la scène ?

« Roland fendant le rocher avec son épée », détail de ***La Vie de Charlemagne***, vitrail de la cathédrale Notre-Dame, vers 1225, Chartres.

LIRE LE TEXTE

L'héroïsme et la fidélité

1. [Laisse 173] Comment, selon la légende, le rocher a-t-il pris sa forme abrupte ?

2. Quels sont les deux vers qui font comprendre que l'épée est un objet surnaturel ?

3. [Laisse 174] Relevez une forme verbale en *-ant* qui montre que le héros a des capacités extraordinaires. ▸ VERBE, FICHE 29 Comment s'appelle cette forme ?

4. [V. 12] Quels gestes Roland fait-il et pourquoi ?

5. [V. 13] Pour quelle raison tourne-t-il sa tête face à l'Espagne ?

Une mort sublime

6. [Laisse 176] Indiquez les deux gestes symboles d'hommage à Dieu ou à son seigneur.

7. [V. 24] Indiquez la classe grammaticale et la fonction des compléments du verbe « *emportent* ».

▸ GRAMMAIRE, FICHES 1, 3, 9 ET 10

8. Comment cette mort prend-elle un aspect surnaturel et grandiose ?

ORTHOGRAPHE ▸ FICHE 36

9. Écrivez la finale des mots suivants ée ou é : *une ép... – une divinit... – une dict... – la beaut... – la saintet... – un mus....*

VOCABULAIRE ▸ FICHE 37

10. Donnez les adjectifs qui correspondent aux noms *terre, ciel, Dieu, ange, paradis*.

L'ESSENTIEL

– Écrite près de **300 ans après** les événements qu'elle relate, *La Chanson de Roland* transforme la **réalité** en **légende**.
– Elle **magnifie** les faits historiques et les personnages grâce à la **poésie**. La légende prend souvent un caractère **merveilleux**, **surnaturel** ou **religieux**.

EXPRESSION ÉCRITE

Décrivez en quelques lignes un arbre, un rocher ou une fleur à la forme étonnante. Imaginez une légende expliquant cette étrange transformation.

Construire le bilan

LIRE LE TEXTE

1. En quoi le texte ressemble-t-il à une « *chanson* » ?
2. À qui Roland est-il entièrement dévoué ?
3. De quelles qualités le chevalier fait-il preuve ?
4. Quelles expressions visent à impressionner l'auditeur ?
5. Quel objet deviendra légendaire et pourquoi ?

Roland est vaillant et Olivier est sage

Laisse 88

Quand Roland voit qu'il y aura bataille,
il devient plus féroce que lion ou léopard.
Il appelle les Français et dit à Olivier :
« Seigneur, mon compagnon, mon ami, ne parlez plus ainsi !
L'empereur, qui nous a laissé les Français,
En a choisi vingt mille qui sont tels
à son avis que pas un seul n'est un lâche.
Pour son seigneur on doit subir de grands maux,
endurer de grands froids et de fortes chaleurs,
on doit perdre de son sang et de sa chair.
Frappe de ta lance et moi de Durendal,
ma bonne épée que le roi me donna.
Si je meurs, celui qui l'aura pourra dire
Que ce fut l'épée d'un noble vassal. »

La Chanson de Roland (XIe siècle), traduction de Jean Dufournet,

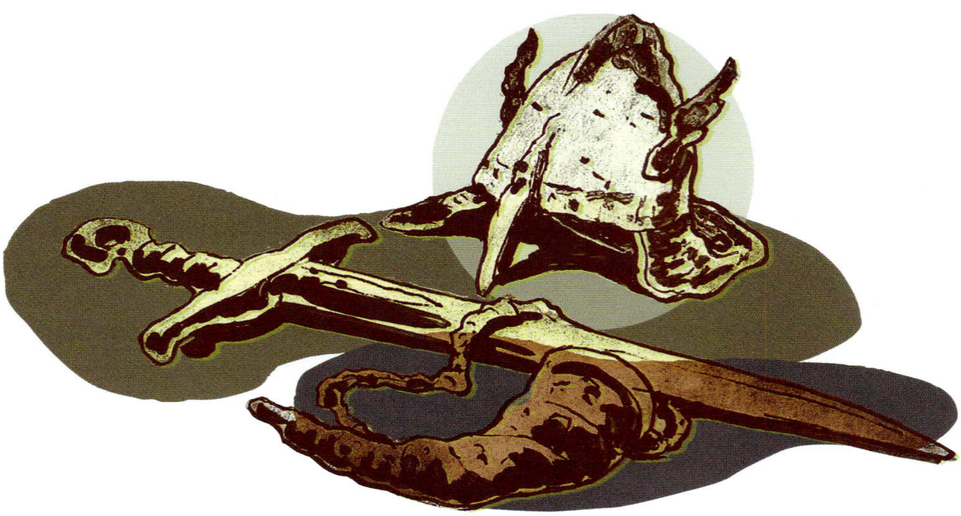

BILAN SUR... *La Chanson de Roland*

- *La Chanson de Roland* est un **long poème** qui était **chanté**. Elle est écrite en **décasyllabes** assonancés (répétant le même son) et découpée en **laisses** (courtes strophes de longueurs variables). Texte 1
- Le texte célèbre les **qualités chevaleresques** de fidélité et de dévouement absolu à Dieu, au roi et à son pays. Texte 2
- La **chanson de geste** est une épopée. Dans ce texte **épique**, les descriptions de combats produisent une forte impression. La bravoure des chevaliers et la violence des batailles sont soulignées par les exagérations et les détails sanglants. Texte 3
- Le poème forge une **légende** en traçant le caractère exceptionnel du **héros**, des objets ou des événements, et par l'intervention du **divin**. Texte 4

Le roi en jeux

❶ Le jeu d'échecs

Les 2 camps possèdent 16 pièces chacun :
1 Roi, 1 Dame, 2 Tours, 2 Fous, 2 Cavaliers et 8 Pions.

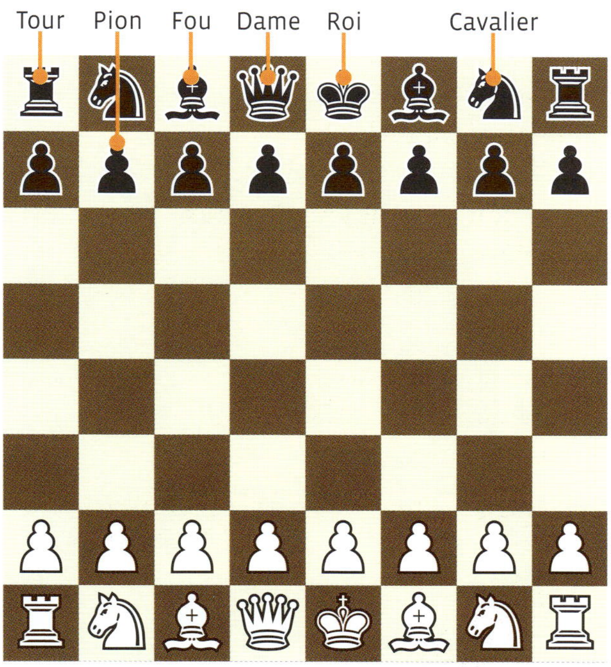

❷ Les cartes à jouer

1. [Doc. 1 et 2] Qu'est-ce qui rappelle la société médiévale dans les pièces d'un jeu d'échecs et dans les figures d'un jeu de cartes traditionnel ?
2. [Doc. 2 et 3] Le mot « *pion* » vient du latin *pedem* : il désigne un soldat à pied. En quoi peut-on comparer l'échiquier à un champ de bataille ?
3. [Doc. 2] À quel roi d'un jeu de cartes traditionnel Charlemagne a-t-il donné son nom ?
4. [Doc. 3] Quels sont les deux supports des jeux d'échecs ?

❸ Stratégies de joueurs

Le champion du monde d'échecs, Vladimir Kramnik, se concentre pendant un match contre un ordinateur, le 29 novembre 2006, à Bonn en Allemagne.

À VOUS

– Exposez en quelques lignes la règle d'un jeu de société que vous connaissez.
– Vous utiliserez le mode infinitif. Attention à être bien clair : indiquez les consignes dans l'ordre, précisez le nombre de joueurs et le but du jeu.

Conquérants à cheval

Sur le modèle de la statue de Marc Aurèle, située sur le Capitole, à Rome, les hommes puissants sont souvent représentés à cheval.

► Comment les artistes expriment-ils les qualités d'un roi ou d'un empereur ?

OUVRONS L'ENQUÊTE

Document 1 - *Marc Aurèle*, vers 166, bronze, 2,76 m, musée du Capitole, Rome, Italie.

Document 2 - *Louis XIV en Marcus Curtius*, marbre blanc sculpté entre 1671 et 1674 par **Le Bernin** (1598-1680) et modifié par **Girardon** (1628-1715) en 1698, château de Versailles.

[Doc. 2 et 3]

1. Quelles sont les ressemblances de ces deux statues avec le modèle antique (doc. 1) ?
2. Où le regard de Charlemagne et celui de Louis XIV se dirigent-ils ?
3. Quel caractère leur posture traduit-elle ?
4. Observez les statues et leur piédestal (aidez-vous des schémas) : quels éléments visent à impressionner le spectateur ?

Document 3 - *Charlemagne* par **Agostino Cornacchini** (1686-1754), 1725, marbre, façade de la basilique Saint-Pierre de Rome, Italie.

COMPLÉMENT D'ENQUÊTE

Document 4 - *Le Premier Consul franchissant les Alpes au col du Grand-Saint-Bernard*, peint en 1801 par **Jacques Louis David** (1748-1825), huile sur toile, 259-221 cm, château de Malmaison.

Ce tableau installe la légende de Bonaparte : dans la réalité, il a passé le col sur un âne.

Document 5 - Barack Obama, président des États-Unis, couverture du magazine *Courrier internationnal*, 15 octobre 2009.

lexiqu'art

Statue équestre *(n. f.)* : type de statue qui représente un personnage à cheval.

Piédestal *(n. m.)* : socle sur lequel repose une statue.

Observez

1. [Doc. 1 à 5] Quels types d'hommes sont représentés ?
2. En quoi leurs représentations se ressemblent-elles ?

Analysez

3. [Doc. 1 à 5] Comment la vie et le mouvement sont-ils traduits ? Observez en particulier la position du cheval, sa crinière, sa queue, la cape des personnages.
4. Quel document souligne le plus l'envie de conquête ? Pourquoi ?
5. Lequel traduit une puissance très ferme et solide ? Pourquoi ?

Interprétez

6. [Doc. 4] Pourquoi le peintre a-t-il écrit sur la pierre en bas à gauche « *Hannibal* » et « *Karolus magnus* » (voir « Un mot à la loupe », p. 86) ?
7. [Doc. 1 à 5] Que signifie le geste de la main levée ?

RAPPORT D'ENQUÊTE

- **L'art** peut permettre de **consolider un pouvoir** et contribue à rendre certains hommes **légendaires**. Pour montrer leur courage et leur vertu, les rois ou les empereurs sont souvent représentés **à cheval**. Cette image est héritée à la fois de **l'Antiquité** et du **Moyen Âge** ; elle combine la valeur des empereurs antiques et celle des preux chevaliers.
- Cette **représentation symbolique** est encore très **vivante** ; elle est souvent reprise dans les publicités ou les magazines.

ÉVOLUTION DE LA LANGUE LE MOT « ROI »

histoire du mot

Roi

Indo-européen ***reg***

- Latin ***rex***
- Gaulois ***rix*** *(Vercingétorix)*
- Sanscrit (ancienne langue de l'Inde) ***raj*** *(maharaja)*

I. Observer

Évolution du mot du latin au français :

LATIN ⟶ **FRANÇAIS**

regem → rei → roy → **roi**

1. Au cours de cette évolution, quelles consonnes du mot latin disparaissent dès le début ?
Quelle lettre latine subsiste toujours ?

II. Comprendre

2. Complétez les mots suivants avec l'un des radicaux ***roi, roy***- *ou* ***reg***- :
a. Les **r...icides** étaient cruellement châtiés. **b.** La **r...auté** est héréditaire. **c.** Ce ravissant petit oiseau est un **r...telet**. **d.** Elle veut tout **r...genter** dans la maison. **e.** Je me moque **r...alement** de vos remarques stupides ! **f.** Anne d'Autriche exerça la **r...ence** quand Louis XIV était mineur.

3. Trouvez le sens des expressions suivantes :
être heureux comme un ***roi*** – être plus royaliste que le ***roi*** – tirer les ***rois***

4. Indiquez le sens de l'adjectif ***royal*** dans les expressions suivantes :
avoir une paix *royale* – boire un kir *royal* – réserver la suite *royale* d'un palace – observer un aigle *royal*

III. Manipuler

5. Complétez le tableau en associant chaque mot suivant avec le mot latin dont il est issu :
– un **registre** (livre contenant des listes),
– un **régisseur** (chef technique),
– un **règlement** (loi).

6. Selon ce tableau, quel mot est de la même famille que le mot « roi » ?

Mots latins	Mots français
regulam (la règle)	
regesta (les inscriptions)	
regem (le roi)	

JOUONS AVEC LES MOTS LES LETTRES MASQUÉES

1 AR■EUR	5 END■RANCE
2 COUR■GE	6 V■RTU
3 FI■ÉLITÉ	7 ■OYAUTÉ
4 VAILLA■CE	8 B■AVOURE

1. Complétez les mots suivants qui désignent les qualités d'un chevalier.

2. Remettez ensuite les lettres masquées dans l'ordre pour trouver une alliée de Roland :

ENRICHIR SON VOCABULAIRE LE LEXIQUE DES VALEURS

1. Retrouvez les adjectifs qui indiquent les qualités d'un preux chevalier :

Un preux chevalier doit être...

- fidèle, fiable, dév...., loy..., sinc....
- fort, vigou..., énerg..., robu...
- courageux, intré...., audac...., hard..., bra..., vail..., valeu.....
- croyant, pieux, ferv...., vert....
- décidé, déterminé, ter ..., persév....., opini....

2. Recopiez le texte suivant en utilisant les noms qui correspondent aux adjectifs en gras.
Charlemagne aime son neveu car il est ***vertueux****,* ***vigoureux*** *et* ***intrépide****. Son regard* ***fier*** *traduit sa ferveur. Roland se montre toujours* ***fidèle*** *et* ***dévoué****.*

Charlemagne aime son neveu car il fait preuve de ...., de .... et d'........... Son regard plein de .... traduit sa ferveur. Roland montre toujours sa .... et son ....

DES MOTS POUR LIRE L'IMAGE LE MODELÉ

ROM

COMPLÉTEZ la lecture d'image n° 4 avec le CD-Rom.

Au moyen de hachures et de dégradés, le modelé donne l'impression du relief, en particulier sur les surfaces arrondies. Le volume est rendu par les variat ons d'ombre et de lumière.

1. Les cuisses et les croupes des chevaux sont-elles de couleur et de lumière uniformes ?

2. Comment le relief du casque d'un des guerriers est-il traduit ?

Pierre Paul Rubens (1577-1640), *La Bataille d'Anghiari*, reprise d'une fresque aujourd'hui disparue de Léonard de Vinci, dit aussi *Le Combat pour l'étendard*, 1603, gouache, pierre noire, pinceau, plume, 45,2 × 63,7 cm, musée du Louvre, Paris.

Analyse

LES REGISTRES : ÉPIQUE, COMIQUE, MERVEILLEUX

AUDIO

CONSEIL
– Lisez à voix haute chaque texte en mettant en valeur chacun des registres.
– Écoutez les textes lus sur le CD-Rom.

Texte 1

Et l'archer criait : « Monsieur le Prieur, Monsieur le Prieur, Monsieur l'Abbé futur, Monsieur le Cardinal, Monsieur le Tout ! Ah ! ah ! Eh ! non, Monsieur le Prieur, mon bon petit seigneur, je me rends à vous !

– Et moi, dit le moine, je te rends à tous les diables ! »

Alors d'un seul coup, il lui trancha la tête en lui ouvrant le crâne au-dessus du temporal, en enlevant les deux pariétaux et la suture saggitale avec une grande partie du frontal. [...] L'autre resta le crâne pendant sur les épaules, retenu par-derrière par la peau du péricrâne à la façon d'un bonnet de docteur, noir au-dehors, rouge au-dedans. Ainsi il tomba à terre, raide mort.

François Rabelais, *Gargantua*, 1542, traduction de Guy Demerson, éditions du Seuil, 1996.

Texte 2

Harry fit volte-face. À quelques mètres de lui se dressait un véritable mur d'araignées [...]Il fit un geste pour sortir sa baguette magique, mais il savait que c'était inutile, les araignées étaient trop nombreuses. [...] Au même moment, il entendit retentir un bruit sonore et prolongé tandis qu'une lumière intense illuminait la fosse comme un brusque incendie.

La voiture de Mr Weasley descendait la pente à toute vitesse, pleins phares et klaxon hurlant, bousculant sur son passage les araignées [...]. Dans un crissement de pneus, la voiture s'arrêta net devant Harry et Ron et ses portières s'ouvrirent toutes seules.

J. K. Rowling, *Harry Potter et la Chambre des Secrets*, traduction de J.-F. Ménard, Gallimard, 1999.

Texte 3

Quand les Grecs et les Troyens se rencontrèrent enfin, ils commencèrent à lutter, [...] et les boucliers bombés se heurtèrent, et un vaste tumulte retentit. On entendait les cris de victoire et les hurlements des hommes, les uns frappant à mort et les autres mourant. Et le sang inondait la terre. Comme des fleuves, gonflés par l'hiver, tombent des montagnes et bouillonnent avec fureur dans la vallée qu'ils creusent profondément, et dont un berger entend au loin le fracas, de même un tumulte effrayant provenait de cette mêlée humaine.

Antiloque, d'abord, tua un preux Troyen, Echépolos, fils de Thalysios, l'un des plus braves qui luttait au premier rang. Il frappa son casque à l'épaisse crinière et lui perça le front ; la pointe d'airain traversa l'os ; l'ombre couvrit ses yeux ; dans le cruel combat, ainsi qu'une tour, il s'effondra.

Homère, *L'Iliade*, chant IV, traduction des auteurs du manuel.

Document A

René Goscinny et Albert Uderzo, *La Zizanie*, éditions Dargaud, 1970.

Document B

Paolo Uccello (1397-1475), *La Bataille de San Romano (la contre-attaque de Micheletto da Cotignola)*, huile sur bois, 1,82 x 3,17 m, musée du Louvre, Paris.

I. Identifier le registre principal de chaque texte

1. Suivez les consignes du tableau :

	Texte 1	Texte 2	Texte 3
Relevez	une comparaison	le COD du verbe « *sortir* » (l. 3)	une métaphore
Indiquez	quel personnage est un lâche ridicule ?	en quoi la voiture est-elle surnaturelle ?	quels adjectifs qualifient Echépolos ?

2. À l'aide des indices du tableau, précisez l'effet produit par chaque texte : lequel nous transporte dans un autre monde ? lequel suscite l'admiration ? lequel provoque le rire ?

3. Associez à chaque texte le registre qui convient

● Texte 1	◆ épique
● Texte 2	◆ comique
● Texte 3	◆ merveilleux

II. Analyser les images

4. [Doc. 1] Expliquez le jeu de mots portant sur le terme « *arrière-garde* ».

5. [Doc. 2] Quels détails des équipements sont particulièrement riches ?

6. Comparez les soldats présentés dans les deux images : leurs attitudes – l'expression de leur visage.

7. Associez chaque document à l'un des textes et expliquez votre choix.

Écrit

BIEN CHOISIR UN REGISTRE DE DESCRIPTION

Décrivez en un paragraphe l'une des deux images en adoptant le registre qui convient.

● Le registre **épique** pour **impressionner** le lecteur :
- en montrant le courage des soldats et la violence du combat ;
- en donnant des noms sérieux imités de *La Chanson de Roland* ;
- en utilisant des exagérations, des détails crus et réalistes, des exclamations, des énumérations.

● Le registre **comique** pour faire **rire** le lecteur :
- en soulignant l'aspect cocasse de la situation, la lâcheté de certains combattants.
- en donnant des noms ridicules ;
- en utilisant des comparaisons peu flatteuses et des jeux de mots.

Lecture de texte / Étude de la langue

Charlemagne contre Baligant

Pour venger les morts de Roncevaux, Charlemagne poursuit les Sarrasins en Espagne. Au cours du combat contre l'émir Baligant, l'ange Gabriel vient secourir l'empereur.

Laisse 262

Quand Charles entend la sainte voix de l'ange,
Il n'a pas peur ni crainte de mourir ;
et lui reviennent vigueur et conscience.
Il frappe l'émir[1] de l'épée de France ;
il lui brise le casque dont les gemmes[2] flamboient,
il lui fend le crâne d'où se répand la cervelle,
et tout le visage jusqu'à la barbe blanche,
si bien qu'il l'abat mort sans aucun recours.
« Monjoie ! » lance-t-il comme cri de ralliement.
À ce mot le duc Naimes est venu,
Il prend Tencendor[3] et le grand roi y remonte.
Les païens tournent le dos, Dieu ne veut pas qu'ils résistent.
Et voilà les Français après ceux qu'ils pourchassent.

La Chanson de Roland, traduction de Jean Dufournet, © Flammarion, 1993.

1. Pourquoi ce texte est-il une « chanson » et un « poème » ?
2. [L. 1] Qui est « *Charles* » ? Relevez dans la laisse une autre manière de le nommer. Quel autre nom lui connaissez-vous ?
3. [V. 4] Quelles sont la classe grammaticale et la fonction du mot « *France* » ?
4. [V. 5 et 6] Relevez les deux propositions subordonnées relatives. Indiquez leur fonction.
5. Quel détail sanglant et quelle exagération rendent la description épique ?
6. [V. 5 à 6] Mettez les verbes « *frappe* », « *brise* » et « *fend* » à la voix passive.
7. Relevez quatre mots appartenant au champ lexical de la religion.
8. Comment le Ciel intervient-il par deux fois ?

1. **l'émir :** Baligant, ennemi de Charlemagne.
2. **gemmes :** pierres précieuses.
3. **Tencendor :** nom du cheval de Charlemagne.

Orthographe

PRÉPAREZ la dictée n° 4 avec le CD-Rom.

À REVOIR
– L'accord du participe passé ▸ VERBE, FICHE 28
– L'accord de l'adjectif qualificatif avec le nom ▸ GRAMMAIRE, FICHE 4

Un tournoi

Au pied d'Aix s'étend une vaste prairie. Les préparatifs de la bataille des deux chevaliers sont (achevé). Tous deux sont vaillants et intrépides, leurs chevaux rapides et fougueux. Ils les éperonnent vigoureusement et les lancent à bride (abattu). De toutes leurs forces, ils vont échanger de grands coups. Leurs deux boucliers sont (brisé) et (mis) en pièces. Leurs cuirasses se fendent et les sangles des selles sont (tranché), leurs troussequins[1] tournent et les selles tombent à terre. À ce spectacle, cent mille hommes se mettent à pleurer.

La Chanson de Roland, laisse 281, traduction de Jean Jonin, Gallimard, 2009.

1. **troussequin :** partie arrière d'une selle.

1. Recopiez la dictée en accordant les participes passés entre parenthèses selon la règle qui convient.
2. Indiquez le(s) nom(s) avec lequel chaque adjectif souligné s'accorde.

Lecture d'image / Histoire des arts

1. Comment l'ardeur du combat est-elle traduite ?
2. Comment distingue-t-on les vainqueurs et les vaincus ?

Châsse de Charlemagne, relief au repoussé sur cuivre doré, cathédrale d'Aix-la-Chapelle, 1200-1215. Une châsse est un coffre décoré qui contient les reliques (les restes) d'un saint ou d'un personnage qui a pris une dimension sacrée.

Connaissance de l'œuvre

1. Reliez chaque nom à ce qui caractérise le personnage :

● Marsile	◆ archevêque
● Charlemagne	◆ ami de Roland
● Olivier	◆ empereur des Français
● Roland	◆ roi de Saragosse
● Turpin	◆ neveu de Charlemagne

2. Dites si les affirmations suivantes sont vraies ou fausses :
a. Roland est intrépide, son ami Olivier est sage et prudent.
b. Roland, avant de mourir, a brisé son épée sur un rocher.
c. Roncevaux est un col des Alpes.
d. Roland meurt la tête tournée vers l'Espagne.

3. Mettez dans l'ordre chronologique ces événements :
a. Roland meurt ; des anges emportent son âme au paradis.
b. Ganelon trahit Charlemagne chez Marsile.
c. Les Sarrasins ont massacré presque tous les Français.
d. Roland a enfin sonné l'olifant.
e. Les Sarrasins s'apprêtent à attaquer l'arrière-garde.
f. Olivier supplie Roland de sonner l'olifant.

POUR RÉPONDRE, relisez bien la page « *Découverte de La Chanson de Roland* », p. 84-85.

Une anthologie poétique

Des troubadours à Apollinaire

Petite anthologie poétique

I. L'ORGANISATION DE L'ANTHOLOGIE

Entrez dans la lecture

a. Selon son étymologie grecque, le mot *anthologie* signifie « choix de fleurs ».
Observez la couverture du livre. S'attend-on à trouver : tous les poèmes d'un auteur ? tous les poèmes d'un siècle ? les plus beaux poèmes du Moyen Âge à l'époque moderne ?

Livre en main

b. Reportez-vous à la p. 245 où est présenté Guillaume Apollinaire ; quel est, dans cet index des auteurs, le premier mot utilisé pour le classement par ordre alphabétique ?
Cherchez les poètes suivant ; repérez quel mot vient en premier dans l'index :
Théodore de Banville – Charles d'Orléans – Pierre de Ronsard – Victor Hugo – François-René de Chateaubriand

c. Observez la table des matières (p. 293 à 301) : quel ordre a été choisi pour présenter les poètes ?
François Villon – Victor Hugo – Clément Marot – Charles Baudelaire – Paul Verlaine – Louise Labé – Arthur Rimbaud

Aidez-vous de l'index des auteurs (p. 245) pour situer les poètes dans le siècle où ils ont vécu.

Rappel : on ajoute 1 à la centaine pour donner un siècle : ex. 1935 › 20e siècle (19 + 1 = 20).

d. Lisez la biographie de Joaquim Du Bellay p. 253 et 254. À quel siècle a-t-il vécu ? Donnez les titres de ses trois recueils dont sont extraits les poèmes présents dans l'anthologie. En quels caractères sont écrits les titres des recueils ?

II. LES THÈMES

Entrez dans la lecture

a. Reliez les thèmes qui sont donnés dans la colonne de gauche à l'un des titres de poème :

Thèmes	Titres
La famille	*Sur Paris*
La nature	*Le Rêve du jaguar*
La ville	*Le Lac*
L'animal	*Mes Deux Filles*

Livre en main

b. Lisez les poèmes indiqués dans la première colonne du tableau p. 105 ; puis reliez-les aux thèmes donnés dans la deuxième ; précisez le nom du poète et le siècle où il a vécu dans la troisième.

Claude Monet (1840-1926), *Les Nymphéas : reflets verts*, 1914-1918, détail, huile sur toile, 2 x 8,50 m, musée de l'Orangerie, Paris.

Poèmes	Thèmes	Poètes et leurs siècles
Nuit de neige, p. 191	La gourmandise	
Le melon, p. 55	La tristesse d'avoir perdu un enfant	
« Le ciel est par-dessus le toit... », p. 177	L'adolescence rêveuse	
Tant que je vivrai, p. 23	Le regret du passé	
Ma bohême, p. 193	L' amour	
« Elle avait pris ce pli... », p. 97	La joie de vivre	
Chaleur, p. 236	Un paysage	

III. LES FORMES POÉTIQUES

Entrez dans la lecture

a. Reliez les caractéristiques de la colonne de gauche à la forme poétique de la colonne de droite :

- Un vers revient 2 ou 3 fois au moins.
- Le poème complète 2 quatrains et 2 tercets.
- Un récit dans lequel les animaux représentent les hommes et qui comporte une morale.
- Les vers dessinent une image.

◆ un sonnet
◆ une fable
◆ un calligramme
◆ un rondeau

Livre en main

b. Lisez puis précisez la forme poétique des poèmes suivants (vous pouvez vous servir de l' ndex des formes p. 281 à 291) : p. 23 « *Le doux regard de ma dame...* » – p. 46 « *Quand vous serez bien vieille...* » – p. 37 *La Dive Bouteille* – p. 55 *Le paresseux* – p. 67 *Le renard et les Raisins* – p. 130 *Tristesse* – p. 139 *Correspondances* – p. 96 *Le Dormeur du val*.

Prolongez la lecture...

En petit groupe :
– sélectionnez, dans l'anthologie ou la séquence 3 du manuel, vos poèmes préférés, en choisissant soit un thème (un élément de la nature, un sentiment, un âge de la vie...), soit un parcours à travers les siècles ;
– récitez-les en adoptant des tons et des gestes qui mettent en valeur les textes ;
– vous pouvez aussi trouver des musiques d'accompagnement.

MÉTHODE POUR LIRE UNE ANTHOLOGIE POÉTIQUE

- **L'organisation de l'anthologie**
  - se repérer dans la table des matières et les index ;
  - situer un poète dans son siècle ;
  - trouver le recueil dont est extrait un poème.
- **Les thèmes**
  - sélectionner dix poèmes sur le thème de votre choix en variant auteurs et époques ;
  - vérifier par une lecture attentive le lien des textes avec le thème ;
  - choisir les trois poèmes convenant le mieux au thème choisi.
- **Les formes poétiques**
  - s'aider du titre ;
  - observer la forme des textes ;
  - regrouper les poèmes de formes semblables.

Portrait d'un poète du Moyen Âge, enluminure, vers 1230, Württemb Landesbibliothek, Stuttgart.

MÉTHODOLOGIE *Parcourir une anthologie ou un recueil poétique*

▶ **Pour découvrir la diversité de la poésie, on peut lire une anthologie comprenant des textes de différents auteurs ou un recueil de poèmes d'un seul auteur.**

I. Observez…

a. Que vous apprennent les sommaires sur le contenu ?
b. À quelle page se trouve *Le Dormeur du val* ? Qui en est l'auteur ?
c. Pourquoi ce poème se trouve-t-il dans les deux livres ?

Document A

Poésies et Derniers vers

Document B

II. Vérifiez

d. L'ouvrage ci-contre est-il un recueil ou une anthologie ? Quels indices vous ont aidé ?

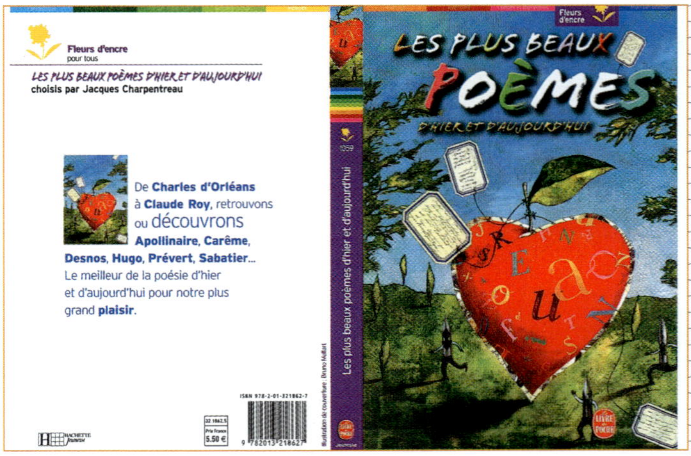

III. Lancez-vous !

Créez votre anthologie poétique. Suivez les conseils qui vous indiquent les étapes essentielles.
e. Choisissez une thématique.
f. Recherchez vos poèmes en allant au CDI, à la médiathèque, en librairie, sur Internet…
g. Classez les textes par auteurs et recopiez les poèmes sans erreur en soignant la présentation et en ajoutant des illustrations.
h. Donnez un titre à votre anthologie.

B2i *Mener une recherche sur des sites et découvrir des poèmes en ligne*

Créer, produire, traiter, exploiter des données ▸ Domaine 3

Des sites proposent de lire et de découvrir des poèmes d'auteurs – parfois enrichis d'illustrations, d'animations et de documents inédits – ou de personnes qui écrivent des poèmes et qui souhaitent faire partager leurs écrits.

1. Tapez l'adresse suivante : http://www.poesie.net/poetesfr.htm
– Trouvez le poème *À la mystérieuse* de Robert Desnos, en cliquant, sur la page d'accueil, sur le nom de l'auteur.
– Pour lire un poème de Robert Desnos, revenez à la page d'accueil et cliquez sur l'onglet *Poésie dansée* proposé en haut de la page. Retrouvez le nom de l'auteur, cliquez, et découvrez le poème animé.
2. Rendez-vous ensuite sur le site : http://www.poesie.net/enfants/anthol.htm
– Dans le menu principal, choisissez le poème animé *Le Mot* de Victor Hugo.
– Lorsque l'animation s'arrête, c'est à vous de cliquer : à quel endroit ?

LECTURES PERSONNELLES *La poésie*

Des poèmes regroupés autour de quatre thèmes dans lesquels la gourmandise se mêle à la création artistique.
La Bouche pleine, Poèmes pressés, Bernard Friot, illustrations Charlotte Gastaut, Milan poche junior, 2008.

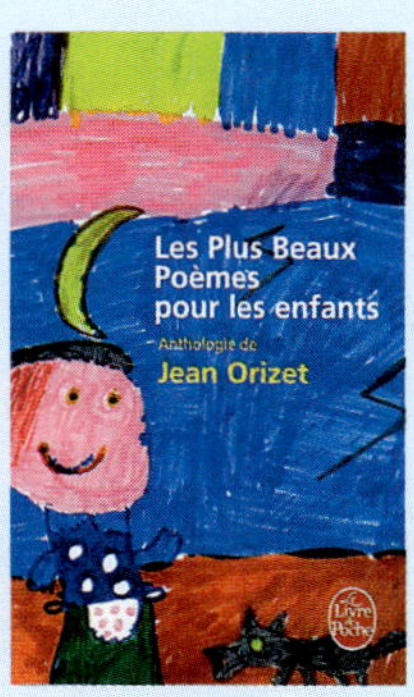

Découvrir des poètes classiques tels que Ronsard, Lamartine, Hugo… et des poètes modernes comme Paul Fort, Maurice Carême, Guillevic…
Les Plus Beaux Poèmes pour les enfants, Jean Orizet, Le Livre de poche, Le Cherche-Midi éditeur, 2004.

Écrire des poèmes en jouant avec les mots, les rimes, les sons, les vers…
L'Atelier de poésie, Pierre Coran, Pascal Lemaître, Casterman, 2007

Un cahier d'activités et un CD-Rom pour créer des poèmes en utilisant l'outil informatique.
Presque poèmes, Écriture poétique, Bernard Friot, Catherine Louis, La Martinière Jeunesse (Livre avec un CD-Rom), 2005.

61 63

Li bons roys Artus de bretaigne · La qui proece nous enseigne · Que nous soions preus et courtois · Tint court si riche come rois ·
A cele feste qui tant couste
Con doit nomer le penthecouste
Li rois fu a carduel en gales
Apres mengier par mi les sales
Li chevalier s'atropelerent
La ou dames les apelerent
Ou damoiseles ou pucheles
Li un recontoient noueles
Li autres parloient damours
Des angousses et des dolours
Et des grans biens quen ont souvant
Li desiple de son couvant
Qui lors estoient riche et gens
Mais il y a petit des siens
Qui a bien pres lont tout laissie
Sen est amours mout abaissie
Car chil qui soloient amer
Se faisoient courtois clamer
Et preu et large et honnorable
Mais or est tout tourne a fable
Car tiex y a qui riens nen sentent
Dient quil ayment et si mentent
Et chil fable mençongne en font
Qui sen vantent et droit ny ont
Mais pour parler de chix qui furent
Laissons chix qui en vie durent
Quencor vaut mix ce mest avis
Un courtois mors cuns vilains vis
Pour che me plaist a reconter
Chose qui face a escouter
Du roy qui fu de tel tesmoing
Con en parole pres et loing
Si macort de tant as bretons
Qua tous iours mais vivra ses nons
Et par aux sont ramenteu
Li boin chevalier esleu
Qui en amor se travaillierent
Mais chel iour mout sesmerveillierent
De chil qui dentr eux se leva
Si i eut de tex qui mout pesa
Et qui mout grant parole en firent
Pour che que onques mais ne virent
En si haute feste en chambre entrer
Pour dormir ne pour reposer
Mais chel iour ainsi li avint
Que la royne le retint
Si demoura tant deles li
Quil soublia et endormi
Huis de la chambre de hors
Fu dodinez et sagremors
Et kex et me sire gauvains

Chrétien de Troyes, *Yvain ou le Chevalier au lion*, page de manuscrit sur parchemin, vers 1320-1330, Nord de la France, BNF, Paris.

5 Yvain ou le Chevalier au lion

Comment étaient écrits les premiers romans ?

Parcours textes et images

S'exercer

Évaluation

LIRE L'IMAGE

1. Le texte est-il écrit en vers ou en prose ?
2. À quoi voit-on que l'imprimerie n'existait pas ?
3. Au Moyen Âge, pourquoi un livre était-il long à réaliser ?

ÉTUDE DE LA LANGUE

• Les adjectifs qualificatifs p. 113 – les degrés de l'adjectif p. 119 – la phrase exclamative p. 113 – les compléments circonstanciels p. 115 – la coordination p. 117

• La voix passive et le complément d'agent p. 113, 117 – le subjonctif présent p. 115 – le gérondif p. 119

Et si les auteurs nous parlaient ?

Enluminure d'un manuscrit, *Le Roman du roi Arthur et les compagnons de la Table ronde*, de Chrétien de Troyes, vers 1183, Biblioteca Nazionale, Turin.

Chrétien de Troyes, avez-vous rencontré les chevaliers dont vous racontez les aventures ?

J'ai vu beaucoup de chevaliers dans ma vie, mais pas ceux-là ! Le roi Arthur, Lancelot, Perceval, Yvain sont des chevaliers illustres qui viennent de vieilles légendes celtiques, répandues dans l'ancienne Bretagne. J'ai un jour décidé de raconter leurs exploits dans de beaux textes rédigés en roman, c'est-à-dire en ancien français, et non en latin. Je voulais qu'ils puissent ainsi passer de génération en génération. Le mot **roman** désigne depuis ces récits d'aventures.

Vous êtes donc le premier grand romancier français ?

Oui, car au XIIe siècle, je suis le premier à signer mes œuvres. Mes romans ont eu beaucoup de succès : ***Yvain ou le Chevalier au lion***, ***Lancelot ou le Chevalier à la charrette***, ***Perceval ou le Conte du Graal*** ont été imités pendant plusieurs siècles. J'étais au service de grands seigneurs, pour lesquels j'écrivais de belles histoires. J'ai ainsi fréquenté la cour de Marie de Champagne, en Angleterre, puis j'ai vécu à Troyes, en France.

Le royaume des deux Bretagnes

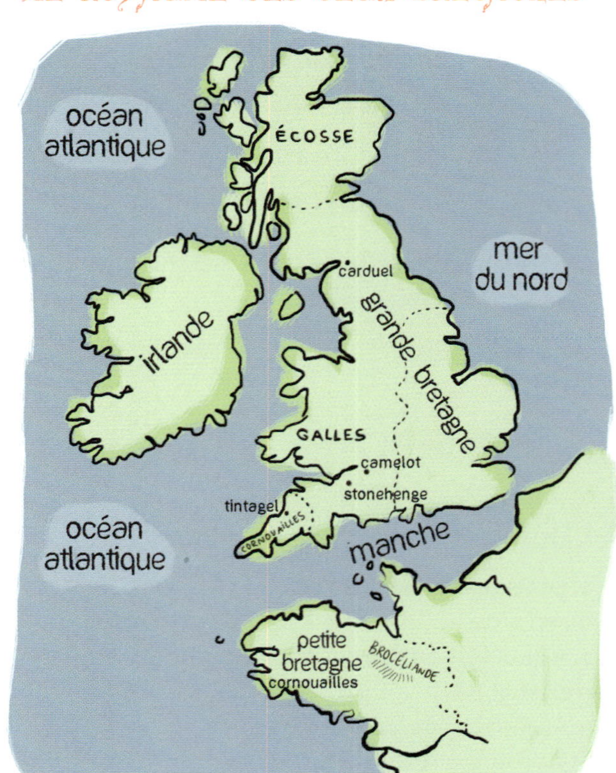

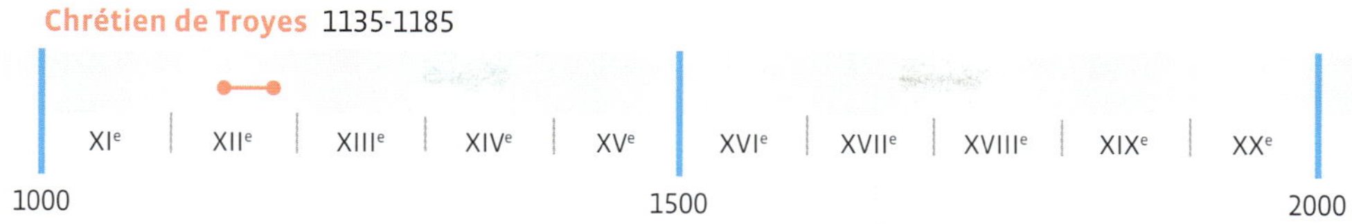

Comment vos romans sont-ils arrivés jusqu'à nous ?

Principalement grâce aux clercs, car au Moyen Âge, peu de gens savent lire et écrire. Dans les abbayes et les ateliers, les moines et les artistes copient et illustrent les œuvres littéraires. Ce sont des manuscrits enluminés qui sont de véritables œuvres d'art, des trésors. C'est ainsi que vous pouvez les lire à votre tour.

La Légende de la table ronde

1 Parcourir le roman

Un mot à la loupe

L'adjectif **courtois** est dérivé du mot ***cort***, ancien mot pour désigner la **cour**.
Au Moyen Âge, **être courtois** a deux sens :
1) vivre à la cour du roi,
2) avoir les qualités morales d'un être raffiné.
Cet adjectif a un sens moins fort aujourd'hui : il désigne quelqu'un d'**aimable** et de **poli**.

Art musical

Chanson celte (XIIIe siècle) par **Malicorne**, « Complainte du Roi Renaud », XXe siècle.

Du début du roman…

Arthur, le bon roi de Bretagne qui, par sa prouesse, nous enseigne à être preux et courtois, tenait une cour somptueuse et vraiment royale lors de cette fête si coûteuse qui s'appelle fort justement la Pentecôte. La cour se tenait à Carduel au pays de Galles. Après le repas, dans toutes les salles du château, les chevaliers s'assemblèrent là où les dames et les demoiselles les avaient invités. Les uns racontaient des histoires, les autres parlaient d'Amour ainsi que des tourments, des souffrances et des grands bienfaits que ressentirent souvent les disciples de sa règle[1], jadis très douce et agréable. Aujourd'hui cependant, le nombre de ses fidèles a bien diminué ; presque tous l'ont abandonnée. La réputation d'Amour en est fort amoindrie, car les amoureux d'antan[2] passaient pour être courtois, preux, généreux et honnêtes. Maintenant, Amour est la fable de tout le monde, parce que ceux qui lui sont étrangers disent aimer mais ils mentent, et ceux qui se vantent à tort d'aimer donnent dans la fable et le mensonge. Mais parlons plutôt des amoureux d'autrefois et laissons ceux d'aujourd'hui ! Car mieux vaut, à mon avis, un homme courtois et mort qu'un rustre vivant.

… à la fin du roman

Désormais monseigneur Yvain a la paix qu'il réclame et, vous pouvez me croire, rien ne lui causa jamais plus de joie, après un si long désespoir. Le voici à présent au bout de ses peines puisqu'il est aimé et chéri par sa dame et qu'elle l'est tout autant de lui. Il a oublié tous ses tourments ; la joie que lui procure sa tendre amie les a effacés de sa mémoire. Lunette est très heureuse, elle aussi. Ses désirs sont comblés puisqu'elle a établi une paix durable entre Monseigneur Yvain, le parfait ami, et sa parfaite et tendre amie. Chrétien termine ainsi son *Chevalier au lion*. Il n'a pas entendu conter d'autres épisodes de cette histoire et n'en racontera donc pas d'autres, car ce serait ajouter des mensonges.

ICI SE TERMINE *LE CHEVALIER AU LION*.
Celui qui le copia se nomme Guiot.
Son atelier se trouve en permanence devant Notre-Dame-du-Val.

Chrétien de Troyes, *Yvain ou le Chevalier au lion* (XIIe siècle),
traduction de Philippe Walter, Gallimard, Bibliothèque de la Pléiade, 1994.

1. **les disciples de sa règle :** les amoureux.
2. **d'antan :** d'autrefois.

De l'ancien français au français moderne

Ar/tus, / li / boens / rois / de / Bre/taingne
La / cui / pro/es/ce / nos /en/seigne
Que / nos / soiens / preu / et / cortois

1. Comptez les syllabes prononcées et expliquez ce qu'est un octosyllabe.
2. Écrivez en ancien français : « prouesse » – « Bretagne » – « courtois ».

LIRE L'IMAGE

Le livre est posé sur un support appelé lutrin. Le copiste écrit sous la dictée. Plusieurs copistes se relaient pour un seul livre.
• Pourquoi est-on obligé de poser le livre sur un lutrin pour le lire ?
• Que fait le personnage à droite ?

Tristan de Léonois, manuscrit français, 1470, BNF, Paris.

LIRE LES TEXTES

L'action du roman

1. Quels sont les personnages et le sujet de ce roman ? Relevez la phrase qui résume l'intrigue.

2. [L. 1 à 3] Relevez les adjectifs. Que nous apprennent-ils sur le lieu et les personnages ? ▸ GRAMMAIRE, FICHE 4

3. [L. 19 à 23] Quels mots montrent qu'Yvain a traversé des épreuves ?

4. [L. 21 et 22] Relevez la phrase qui décrit la situation finale du roman ; indiquez la voix des verbes. Précisez la fonction de « *par sa dame* » et « *de lui* ». ▸ VERBE, FICHES 17 ET 24

L'écriture du roman

5. Qui prend la parole au début et à la fin du roman ?

6. Comment le narrateur présente-t-il son histoire afin de donner au lecteur l'envie de la lire ?

7. [L. 7 à 12] Relevez une phrase exclamative par laquelle le narrateur s'adresse directement au lecteur. ▸ GRAMMAIRE, FICHE 12

8. Qui est Guiot ?

ORTHOGRAPHE ▸ FICHE 28

9. [L. 22 à 24] Relevez les participes passés employés avec l'auxiliaire « *avoir* » et justifiez leur accord en citant précisément la règle. Réécrivez la phrase après avoir remplacé « *tourments* » par « *souffrances* ».

VOCABULAIRE ▸ FICHE 37

10. [L. 13] Relevez les quatre adjectifs qui qualifient les « *amoureux d'antan* » ; indiquez les noms correspondant à chacun.

L'ESSENTIEL

– Les premiers **romans** sont des **récits imaginaires** de **chevalerie** et d'**amour courtois.** Ils sont écrits en **octosyllabes** et rédigés en **roman**, c'est-à-dire en ancien français.
– L'**auteur** est Chrétien de Troyes. Le **copiste** est celui qui recopie le texte à la main, comme Guiot.
– Le **narrateur** est celui qui prend la parole pour s'adresser au lecteur : il est présent du **début** à la **fin**.

EXPRESSION ORALE

Entraînez-vous à lire ces deux passages à haute voix :
– préparez la lecture en repérant les pauses et les mots importants ;
– lisez-les de manière théâtrale, debout, en veillant à regarder vos auditeurs.

2 Comprendre l'amour courtois

Yvain demande à Laudine son congé

Yvain, jeune chevalier de la cour du roi Arthur, a épousé Laudine. Mais son ami Gauvain le persuade de partir à l'aventure.

À force d'insister, monseigneur Gauvain décida Yvain à parler à son épouse et à partir après le congé que lui accorderait sa dame. Était-ce une folie ou non ? Il tenait à prendre congé d'elle pour retourner en Bretagne. Il prit à part son épouse qui ne se doutait de rien et lui dit : « Ma très chère épouse, vous qui êtes mon cœur et mon âme, mon bien suprême, ma joie et mon bonheur, accordez-moi une faveur pour votre honneur et pour le mien. » La dame lui accorda tout aussitôt cette faveur bien qu'elle ignorât l'objet de sa demande : « Cher Seigneur, lui dit-elle, demandez-moi ce qu'il vous plaira. » Monseigneur Yvain lui demanda aussitôt son congé. Il voulait accompagner le roi et participer aux tournois pour qu'on ne le traite pas de lâche. « Je vous accorde votre congé, répondit-elle, jusqu'à une date précise. Mais mon amour pour vous deviendra de la haine, soyez-en persuadé, si vous dépassez le délai que je vais vous fixer. Sachez que je ne mens pas. Vous pouvez mentir mais moi je dis la vérité. Si vous voulez conserver mon amour et si vous tenez vraiment à moi, pensez à revenir bien vite dans un an au plus tard, huit jours après la Saint-Jean dont c'est aujourd'hui l'octave[1]. Que mon amour vous rende hâve[2] et abattu si vous n'êtes pas de retour à la date fixée ! »

Monseigneur Yvain pleure et soupire si fort qu'il dit avec difficulté : « Ma dame, ce terme est bien lointain ! Si je pouvais à volonté me transformer en colombe, je viendrais souvent à vos côtés. Et je prie Dieu que, selon sa volonté, il ne m'autorise pas une si longue absence. Pourtant tel croit revenir qui ignore ce que l'avenir lui réserve. Je ne sais pas ce qu'il m'arrivera. […] – Seigneur, […] je vous garantis que si Dieu vous préserve de la mort, aucun obstacle ne vous empêchera de vous souvenir de moi. Passez au doigt cet anneau que je vous prête ! Je vais vous révéler le secret de sa pierre. Aucun amant sincère et loyal ne finira en prison ou ne perdra son sang, et rien ne pourra lui arriver, s'il a toujours cette pierre sur lui, s'il en prend soin et s'il se souvient de son amie. Elle devient alors plus dure que le fer. Elle vous servira d'écu[3] et de haubert[4]. Je n'ai jamais voulu la prêter ou la donner à un chevalier mais c'est à vous que je la donne par amour. » Monseigneur Yvain obtint son congé.

Chrétien de Troyes, *Yvain ou le Chevalier au lion* (XIIe siècle), traduction de Philippe Walter, Gallimard, Bibliothèque de la Pléiade, 1994.

Un mot à la loupe

Amour : en ancien français, la ***fin' amor*** désigne l'amour courtois car le nom **amour** était féminin. Ce nom vient pourtant du latin *amor*, qui est masculin. Aujourd'hui, ce nom est masculin au singulier : « un grand amour », mais il est féminin au pluriel : « d'anciennes amours ».

De l'ancien français au français moderne

*Se **vos** volez m'**amor** avoir*
Si vous voulez conserver mon amour

1. Comparez les mots en gras à leur forme moderne : quel point commun observez-vous ?

1. **octave** : huitième jour après.
2. **hâve** : amaigri par la faim ou la souffrance.
3. **écu** : bouclier.
4. **haubert** : cotte de maille.

LIRE L'IMAGE

• À quoi reconnaît-on Yvain ?
• Que semblent signifier son geste et sa position ?

« Yvain et Laudine », enluminure (vers 1320-1330) extraite de **Chrétien de Troyes**, *Yvain ou le Chevalier au lion*, Nord de la France, BNF, Paris.

LIRE LE TEXTE

Les devoirs du chevalier

1. Pour quelles raisons Yvain souhaite-t-il quitter Laudine ?
2. Comment Yvain obtient-il la permission de partir à l'aventure ?
3. [L. 7] Relevez deux groupes nominaux compléments circonstanciels de but servant à convaincre Laudine. ▸ GRAMMAIRE, FICHE 10
4. Quelle précaution prend-il concernant le délai fixé par Laudine ?

Le service de la dame

5. Quelle condition Laudine met-elle au départ d'Yvain ?
6. [L. 19] À quel mode se trouve le verbe « *rende* » ? Quelle est sa valeur ? ▸ VERBE, FICHE 25
7. Quelles sont les qualités de l'anneau que Laudine donne à Yvain ?
8. Pourquoi lui donne-t-elle cet anneau ?

ORTHOGRAPHE ▸ FICHE 32

9. [L. 14 et 15] « *...si vous **dépassez** le délai que je vais vous **fixer*** ». Expliquez la terminaison de chaque verbe en gras.

VOCABULAIRE ▸ FICHE 37

10. [L. 29 à 33] Dans les paroles de Laudine, relevez trois noms de la famille du verbe « *aimer* ».

L'ESSENTIEL

– L'**amour courtois** constitue l'un des **ressorts de l'action** : le chevalier agit pour **chérir sa dame**, lui **obéir** et la **servir**. Il doit respecter ses **promesses**.
– Le **narrateur** décrit le caractère et les pensées de ses personnages.
– Les sentiments se **compliquent** quand **l'amour** s'oppose au **devoir** du chevalier.

EXPRESSION ÉCRITE

Imaginez trois arguments utilisés par Gauvain pour persuader Yvain de le suivre.
Rédigez un court paragraphe dans lequel Gauvain s'exprime à la première personne.
Pensez aux valeurs des chevaliers : fidélité, courage, honneur (▸ p. 125)

3 Analyser le merveilleux

Yvain devient le chevalier au lion

Yvain dépasse le délai fixé par Laudine pour son retour. Elle le chasse. Fou de douleur, il devient un chevalier errant.

Monseigneur Yvain cheminait, pensif, à travers une épaisse forêt. Soudain, au milieu des fourrés, il entendit un cri perçant et douloureux. Il se dirigea vers ce cri et, quand il parvint sur les lieux, il aperçut un lion dans un essart[1]. Un serpent lui mordait la queue et lui brûlait la croupe en jetant des flammes. Monseigneur Yvain ne contempla pas longtemps ce prodige. Il se demanda en lui-même à qui il porterait secours. Il décida d'aider le lion car une créature venimeuse et félonne[2] ne mérite que d'être maltraitée ; or le serpent est venimeux ; le feu lui sort de la bouche tellement il regorge de félonie. C'est pourquoi monseigneur Yvain pensa d'abord le tuer. Il dégaina son épée, s'avança en protégeant son visage avec son écu pour éviter les flammes qui sortaient de la gueule plus large qu'une marmite. Si le lion l'attaquait par la suite, la bataille se poursuivrait de plus belle mais, quoi qu'il advînt, il voulut aider le lion car Pitié l'implore de porter secours et assistance à l'animal noble par excellence. Avec son épée bien affûtée, il attaqua le serpent. Il coupa en deux la bête à terre et tronçonna en deux les deux moitiés. Il frappa et frappa encore, donna tellement de coups qu'il découpa le serpent en petits morceaux et le dépeça intégralement. Il devait encore trancher un morceau de la queue du lion où restait attachée la tête du serpent félon. Il en trancha autant qu'il fallut, mais le moins possible. Après avoir délivré le lion, Yvain pensait qu'il lui faudrait aussi le combattre et que la bête l'attaquerait. Mais jamais une telle idée n'effleura l'animal. Écoutez plutôt ce que fit le lion, écoutez comme il se comporta avec noblesse et générosité ! Il manifesta sa soumission en étendant vers Yvain ses deux pattes jointes, puis, inclinant la tête au sol, il se dressa sur ses pattes de derrière et s'agenouilla ; toute sa face était mouillée de larmes d'humilité. Monseigneur Yvain devina véritablement que le lion le remerciait et qu'il se prosternait devant lui pour l'avoir délivré de l'étreinte mortelle du serpent. [...] Désormais il ne le quittera plus jamais et restera toujours à ses côtés, désireux de le servir et de le protéger.

Chrétien de Troyes, *Yvain ou le Chevalier au lion* (XIIe siècle), traduction de Philippe Walter, Gallimard, Bibliothèque de la Pléiade, 1994.

Un mot à la loupe

Le mot **dragon**, du latin ***draco***, désigne un animal fabuleux. Devenu *drakar* en suédois et *dracul* en roumain, il a donné les mots **drakkar** (bateau à la proue ornée de dragons) et **Dracula** (vampire monstrueux). Le mot **estragon** a la même origine : cette herbe aromatique a une forme de serpent.

1. **essart :** terre que l'on a déboisée pour la cultiver.
2. **félon (-ne) :** traître.

De l'ancien français au français moderne

Mes sire Yvains pansis chemine
Par une parfonde gaudine
Tant qu'il oï en mi le gaut
Un cri molt dolereus et haut.

1. Quel mot signifie « entendre » ?
2. Quels mots de la même famille subsistent en français moderne ?

LIRE L'IMAGE

- Pourquoi le dragon paraît-il immense ?
- L'image repose sur des oppositions de couleurs : lesquelles ?

La Belle au bois dormant, photogramme du film d'animation américain de Walt Disney, 1959.

LIRE LE TEXTE

Yvain, un chevalier mis à l'épreuve

1. Où le combat se déroule-t-il ?

2. [L. 7 à 10] Pourquoi Yvain décide-t-il de venir en aide au lion et non au serpent ? Relevez les conjonctions de coordination pour vous aider à expliquer son choix. ▸ GRAMMAIRE, FICHE 14

3. [L. 8] Quel verbe à la voix passive indique le sort mérité par le serpent ? ▸ VERBE, FICHE 24

4. [L. 24 à 26] Comment le narrateur indique-t-il au lecteur l'importance de cet épisode ?

Le lion merveilleux, un allié de la chevalerie

5. [L. 16 à 21] Relevez les verbes et les expressions qui montrent la violence du combat.

6. [L. 21 à 32] Comment le lion manifeste-t-il sa reconnaissance ?

7. Quels détails donnent à ce lion un aspect merveilleux ?

8. De quoi le lion et le serpent peuvent-ils être les symboles ?

ORTHOGRAPHE ▸ FICHE 4

9. Indiquez le genre des adjectifs et mettez au masculin ceux qui sont au féminin et inversement : *pensif* (l. 1) – *épais* (l. 1) – *venimeux* (l. 8) – *félon* (l. 8)

VOCABULAIRE ▸ FICHE 41

10. Associez chaque nom de la liste A avec son synonyme de la liste B :

A. noblesse – générosité – pitié – soumission – félonie – humilité

B. obéissance – bonté – traîtrise – modestie – dignité – compassion

L'ESSENTIEL

– Les éléments **merveilleux** comme la fontaine bouillante (▸ p. 128), l'anneau magique (▸ p. 114), l'intervention d'une fée ou des animaux fabuleux ont une **fonction importante** dans l'**action** des premiers romans.

– Le **merveilleux** a souvent aussi une portée **symbolique** : la forêt est le lieu des **épreuves**, le lion et le serpent y représentent le **Bien** et le **Mal**.

EXPRESSION ORALE

Cherchez d'autres animaux qui, comme le lion et le serpent, symbolisent des valeurs ou des qualités. Faites une recherche sur l'un d'entre eux et présentez-la oralement à vos camarades. Cherchez des illustrations et des textes ou contes pour illustrer votre exposé.

4 Étudier les prouesses du chevalier

Yvain le preux contre les trois félons

Après avoir traversé plusieurs épreuves au cours desquelles il sauve des femmes ou des jeunes filles persécutées, Yvain retrouve Lunette, la servante de son épouse Laudine, en grand danger. Pour la sauver, il doit affronter trois chevaliers félons.

Les trois félons[1] foncent sur Yvain qui se porte à leur rencontre en allant au pas parce qu'il ne veut pas céder ni souffrir dès le premier assaut. Il les laisse briser leur lance et protège la sienne. Son écu leur sert de quintaine[2] et les trois assaillants cassent leur lance. Yvain éperonne alors sa monture et s'éloigne d'un arpent[3] mais il revient à la charge car il ne veut pas traîner. Il atteint le sénéchal[4] devant ses deux frères ; il brise sa lance sur son corps. Le rude coup qu'il lui donne le fait tomber, malgré qu'il en ait[5]. L'autre reste étendu un bon moment sans lui faire de mal et ses deux compagnons se mettent à assaillir Yvain. Avec leur épée nue, ils assènent de grands coups mais en essuient de plus violents encore de sa part ; un seul de ses coups vaut deux des leurs. Il se défend si bien que ses adversaires ne remportent pas le moindre avantage sur lui jusqu'au moment où le sénéchal se relève et le frappe violemment. Les autres s'associent à lui pour malmener Yvain et le laisser mal en point. Devant ce spectacle, le lion n'attend plus pour porter secours à son maître qui en a bien besoin, à son avis. Toutes les dames qui aimaient la demoiselle ne cessent d'implorer le Seigneur Dieu. Elles le prient avec ferveur d'éviter à tout prix la mort ou la défaite du chevalier qui s'est exposé pour elle. Les dames l'aident par leurs prières, car elles n'ont pas d'autres armes, et le lion apporte son aide à Yvain. Dès le premier assaut, il porte au sénéchal désarçonné un coup si terrible que les mailles de son haubert se mettent à voler comme fétus[6] de paille. Le lion le traîne à terre si sauvagement qu'il lui arrache le tendon de l'épaule et le flanc tout entier. Il lui arrache en fait tout ce qui tombe sous ses griffes et lui laisse les entrailles à nu. Ce coup revient cher aux deux autres !

Maintenant les voici à armes égales sur le champ de bataille ! Le sénéchal ne peut éviter la mort, il se tord et se vautre dans le flot de sang vermeil qui coule de son corps.

Chrétien de Troyes, *Yvain ou le Chevalier au lion* (XIIe siècle), traduction de Philippe Walter, Gallimard, Bibliothèque de la Pléiade, 1994.

Un mot à la loupe

Au Moyen Âge, l'adjectif **preux** s'applique à celui qui a les meilleures qualités : le ***preudome*** (homme **preux**) est vaillant et sage, au sommet de la hiérarchie des valeurs morales. L'adjectif est resté dans le mot **prud'hommes**, tribunaux où des hommes sages règlent les conflits professionnels.

1. **félon :** traître.
2. **quintaine :** mannequin utilisé pour l'entraînement du chevalier.
3. **arpent :** ancienne mesure de longueur égale à une portée de flèche.
4. **sénéchal :** chef des serviteurs.
5. **malgré qu'il en ait :** malgré ses efforts.
6. **fétu :** brin de paille.

De l'ancien français au français moderne

Et li lÿons qui ce esgarde,
de lui aidier plus ne se tarde

Retrouvez dans le texte la traduction de ces vers ; sur quelles ressemblances vous appuyez-vous ?

LIRE L'IMAGE

• En quoi le décor rappelle-t-il le Moyen Âge ?
• Quels éléments signalent la science-fiction ?
• Observez la couleur des costumes : qui est le preux ? Qui est le félon ?

Star Wars : la menace fantôme, photogramme du film américain de George Lucas, 1999.

LIRE LE TEXTE

Un affrontement sans merci

1. Quels sont les adversaires en présence : le combat est-il équilibré ?

2. [L. 2] Relevez un gérondif et précisez ce qu'il indique sur l'attitude d'Yvain. ▸ VERBE, FICHE 29

3. Quelles sont les qualités d'Yvain ? Quelles actions montrent sa supériorité ?

4. [L. 7 à 11] Quels adjectifs qualifient les noms « *coup* » et « *coups* » ? Quel adjectif est au comparatif ? ▸ GRAMMAIRE, FICHE 5

Une victoire sanglante

5. Comment les femmes viennent-elles en aide à Yvain ?

6. Pourquoi le lion prend-il part au combat ?

7. Comment secourt-il Yvain ?

8. [L. 27 et 28] À quoi servent les exclamations du narrateur ?

ORTHOGRAPHE ▸ FICHE 37

9. [L. 15] Expliquez la formation du mot « *malmener* » Cherchez trois autres mots construits avec le même radical.

VOCABULAIRE ▸ FICHE 42

10. Relevez le champ lexical du combat ; trouvez des noms génériques et classez les mots relevés.

L'ESSENTIEL

– Au cours de l'**action**, le chevalier subit plusieurs **épreuves** qui montrent ses qualités.
– C'est un **homme preux** : il défend les **faibles** et les **innocents** persécutés. **Courageux** et **habile** au maniement des armes, il ne craint pas d'affronter des **ennemis redoutables**.
– La **prouesse** du chevalier est soulignée par des **détails crus** et **sanglants**.

EXPRESSION ÉCRITE

De retour chez lui, un des félons raconte ce combat à son épouse. Imaginez le dialogue en respectant les informations données dans le texte.
Le félon exprimera ses sentiments (son dépit, sa souffrance) et reconnaîtra la valeur d'Yvain.

Construire le bilan

Le désespoir d'Yvain

Yvain est de retour à la fontaine merveilleuse qui lui rappelle sa rencontre avec Laudine.

Hélas ! Peu s'en fallut que monseigneur Yvain ne retombât dans sa folie en approchant de la fontaine, du perron et de la chapelle. Il se clama mille fois malheureux et affligé. Il tomba évanoui de douleur. Son épée glissa hors du fourreau et vint se ficher dans les mailles du haubert à hauteur du cou, près de la joue. Les mailles filèrent les unes après les autres ; la lame lui trancha la peau sous la cotte éclatante et du sang coula. Le lion crut voir mort son compagnon et maître. Jamais il n'avait éprouvé un plus grand motif de chagrin. Il manifesta alors une douleur indicible : il se tordit les pattes, se griffa, rugit et voulut mettre fin à ses jours avec l'épée qui avait tué son bon maître, du moins le pensait-il. Avec ses dents, il retira l'épée du corps d'Yvain et la déposa sur un rondin. Il cala la poignée contre un tronc pour lui éviter de glisser lorsqu'il s'empalerait sur elle. Il était sur le point de se tuer quand Yvain reprit ses esprits. Le lion retint son élan alors qu'il courait à la mort comme le sanglier furieux qui fonce tête baissée. C'est ainsi que monseigneur Yvain s'était évanoui devant le perron. Quand il revint à lui, il se reprocha d'avoir laissé passer l'échéance et d'encourir ainsi la haine de sa dame : « Pourquoi ne se suicide-t-il pas, le malheureux qui s'est lui-même privé de joie ? Pourquoi, malheureux que je suis, devrai-je hésiter à me donner la mort ? Comment puis-je rester ici et voir tout ce qui me rappelle ma dame ? »

Chrétien de Troyes, *Yvain ou le Chevalier au lion* (XIIe siècle), traduction de Philippe Walter, Gallimard, Bibliothèque de la Pléiade, 1994.

LIRE LE TEXTE

1. Quelles caractéristiques du chevalier courtois reconnaît-on en Yvain ?
2. Quels sont les sentiments du chevalier ? Pourquoi est-il désespéré ?
3. Pourquoi le lion est-il ici un personnage merveilleux ?
4. À quoi servent les interventions du narrateur dans ce récit ?

BILAN SUR... *Yvain ou le Chevalier au lion*

- Le **chevalier** est un **héros** : preux, noble, intelligent, habile aux armes, il montre un grand courage et il a le sens de la fidélité et de l'honneur. Textes 1, 2, 3 et 4
- Dans le roman courtois, le **narrateur** détaille les **pensées** et les **sentiments** du chevalier. Guidé par l'**amour** pour sa dame, pour la sauver, lui obéir ou la servir, il est prêt à endurer toutes les **épreuves**. Textes 1 et 2
- Le roman courtois comporte de nombreux éléments **merveilleux** : êtres surnaturels, objets magiques, situations extraordinaires. Textes 2 et 3
- Le narrateur **intervient dans son récit** : par ce **procédé romanesque** il souligne les moments importants ou explique la conduite de son personnage. Textes 1, 2, 3 et 4

Chevaliers de l'*heroic fantasy*

1 Gandalf contre le Balrog

Le magicien Gandalf, muni d'un bâton et de son épée Glamdring, se trouve devant un Balrog, créature monstrueuse armée d'un fouet et d'une épée.

Le Balrog atteignit le pont. Gandalf se tenait au milieu de la travée, appuyé sur le bâton qu'il tenait de la main gauche, tandis que dans l'autre Glamdring luisait, froide et blanche. Son ennemi s'arrêta de nouveau face à lui, et l'ombre qui l'entourait s'étendait comme deux vastes ailes. Il leva le fouet, et les lanières gémirent et claquèrent. Le feu sortait de ses narines. Mais Gandalf demeura ferme.

– Vous ne pouvez passer, dit-il. [...]

De l'ombre, une épée rouge sortit, flamboyante.

Glamdring répondit par un éclair blanc.

Il y eut un cliquetis retentissant et une estocade de feu blanc. Le Balrog tomba à la renverse, et son épée jaillit en fragments fondus. [...]

À ce moment, Gandalf leva son bâton et, criant d'une voix forte, il frappa le pont devant lui. Le bâton se brisa en deux et tomba de sa main. Un aveuglant rideau de flamme blanche jaillit. Le pont craqua. Il se rompit juste au pied du Balrog, et la pierre sur laquelle il se tenait s'écroula dans le gouffre, tandis que le reste demeurait en un équilibre frémissant comme une langue de rocher projetée dans le vide.

Le Balrog tomba en avant avec un cri terrible ; son ombre plongea et disparut. Mais dans sa chute même, il fit tournoyer son fouet, et les lanières fouaillèrent le magicien et s'enroulèrent autour de ses genoux, l'entraînant vers le bord. Il chancela, tomba et, malgré un vain effort pour s'accrocher à la pierre, il glissa dans le gouffre.

J. R. R. Tolkien, *Le Seigneur des anneaux*, tome I, *La Communauté de l'Anneau* (1966), traduit de l'anglais par F. Ledoux, Christian Bourgois éditeur, 1972.

2 Le film *Excalibur*

Excalibur, affiche du film réalisé en 1981 par **John Boorman**.

3 Le film *Le Monde de Narnia*

Le Monde de Narnia, « Le prince Caspian », affiche du film réalisé en 2008 par **Andrew Adamson**.

1. [Doc. 1] Repérez les points communs entre la situation du texte 1 et l'épreuve d'Yvain face aux félons (p. 118) : comparez les armes, la violence du combat, les qualités du héros, les adversaires.

2. [Doc. 2 et 3] Quels thèmes des premiers romans écrits par Chrétien de Troyes les films présentés reprennent-ils ?

À VOUS

– Choisissez un personnage issu d'un roman de chevalerie moderne ou d'un film. Présentez en quelques lignes ses points communs avec Yvain ou Lancelot.

– Étudiez en particulier : ses armes, son appartenance à une communauté, les valeurs qui le guident, sa mission ou sa quête, l'aspect courtois, la présence du merveilleux et du surnaturel.

ENQUÊT'ART

Les manuscrits enluminés

Avant le développement de l'imprimerie au milieu du XVe siècle, tous les livres s'écrivaient à la main.

▶ Peut-on dire que ces livres anciens étaient des œuvres d'art ?

OUVRONS L'ENQUÊTE

Document 1 - *Le Roman de Lancelot*, manuscrit de 1470, BNF, Paris.

Document 2 - *Le Roman de Renart*, manuscrit de 1301-1400, BNF, Paris.

Observez ces deux pages de manuscrit et indiquez où l'on peut voir :

a. des vers, dont chaque première lettre est calligraphiée ;

b. des réglures (traits tracés à la mine de plomb pour écrire droit) ;

c. une rubrique (titre de chapitre inscrit en rouge) ;

d. une lettrine (lettre ornée) et une enluminure ;

e. le blason du commanditaire (écusson familial de celui qui a commandé le livre).

lexiqu'art

Manuscrit *(n. m.)* : texte écrit à la main. Au Moyen Âge, le manuscrit est écrit sur un parchemin, fabriqué à partir d'une peau animale et nécessitant une longue préparation.

Enluminure *(n. f.)* : décor peint sur un manuscrit. Il s'agit des motifs ornementaux, des lettrines et des scènes figurées.

COMPLÉMENT D'ENQUÊTE

Document 3 - *Yvain ou le Chevalier au lion*, manuscrit 1433, lettre ornée, BNF, Paris.

Document 4 - Jacquemart Gielée, *Renart le Nouvel* « L'auteur à son pupitre », Nord de la France, vers 1290-1300, BNF, Paris

Document 5 - *Psautier de l'abbaye de Saint-Germain-des-Prés*, lettrine dans sa page, France, XIe siècle, BNF, Paris.

Document 6 - *Psautier de Saint Louis*, lettrine dans sa page, France, vers 1260, BNF, Paris.

Observez pour comprendre

1. [Doc. 3 à 6] Quelles lettres de l'alphabet identifiez-vous ?

2. [Doc. 3 à 6] Quelles sont les lettrines qui présentent une scène et celles qui sont purement décoratives ?

Analysez

3. [Doc. 4] Que signifie le fait que Renart se soit caché dans la lettrine ?

4. [Doc. 5 et 6] Quelles parties des lettres sont exploitées et mises en valeur ? Comment ?

5. Associez chaque lettrine à l'un des manuscrits de la page 122. Expliquez votre choix.

Interprétez

6. [Doc 1 à 7] Sur ces documents, s'agit-il d'écriture ou d'œuvres artistiques ?

7. En quoi l'imprimerie a-t-elle changé le livre ? A-t-elle modifié le regard du lecteur ?

RAPPORT D'ENQUÊTE

- Les **livres du Moyen Âge** sont **rares** et **précieux** : les enluminures sont réalisées par des artistes et l'**écriture** est **minutieuse**. Certaines lettres sont ornées ou colorées, d'autres comme les **lettrines historiées** sont le support narratif d'une ou plusieurs scènes.
- Depuis le XVIe siècle, le livre s'est démocratisé grâce à l'**imprimerie** mais il reste un objet qu'on respecte.

ÉVOLUTION DE LA LANGUE LE MOT « CHEVAL »

histoire du mot

Cheval vient du mot latin populaire ***caballus***, issu probablement d'un mot gaulois, et a remplacé vers le IIIe siècle le mot latin *equus*, que l'on retrouve dans « équitation ».

I. Observer

Évolution du mot du latin au français :

LATIN ⟶ FRANÇAIS

caballum → **cheval**

1. Au cours de cette évolution, qu'est devenue la lettre b ?

2. Qu'est-il arrivé à la première lettre du mot latin ?

II. Comprendre

3. Donnez la signification de ces mots de la famille de « cavale ». Indiquez leur niveau de langue et employez-les dans une phrase :

être en cavale – une cavalcade – la cavalerie – cavaler

4. Cherchez trois mots dérivés du mot « cheval » (deux noms et un adjectif).

– Il monte un cheval : le : ....

– Une bague portant un blason de chevalier est une ....

– Il se conduit comme un parfait chevalier, il est ....

III. Manipuler

5. Reconstituez les doublets (▸ VOCABULAIRE, FICHE 37) :

carriole – champ – cantate – capitaine – charrette – chaleur – campagne – chanson – chef – calorie

Mots latins	Formation populaire	Formation savante
cantus : chant		
campus : plaine		
carus : char		
calor : chaleur		
caput : tête		

JOUONS AVEC LES MOTS ÉQUIPER LE CHEVALIER

Indiquez à quel nom de la liste correspond chaque numéro sur le dessin.

Le baudrier
Le destrier
La cotte de maille
L'écu
L'épée
L'éperon
L'étrier
Le heaume
Le panache
Le surcot

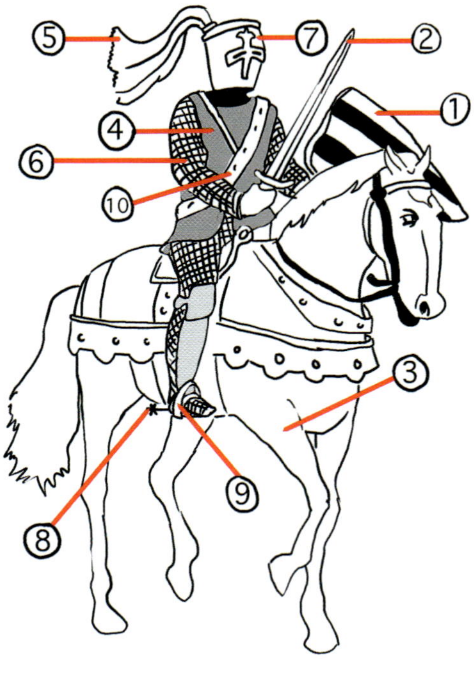

ENRICHIR SON VOCABULAIRE LE LEXIQUE DES SENTIMENTS

1. Les mots encadrés sont mal placés. Recopiez chaque texte avec la bonne liste de mots.

a. L'amour Près de la dame, le cœur du chevalier est saisi de vanité. Il la regarde avec prétention et fatuité avant de lui jurer arrogance.

b. La tristesse Séparé de la dame qu'il aime, le chevalier éprouve un immense courroux que rien ne peut consoler. Il ne manifeste plus que hargne et fureur. Nul ne peut atténuer son irritation.

c. L'orgueil Le géant ne met pas d'armure, car il pense être le plus fort. À cause de cette stupide tendresse, il perdra le combat. S'il avait eu moins de dévouement, il se serait protégé. Mais sa fidélité. et son adoration l'aveuglent.

d. La colère Face au félon, le preux chevalier montre sa mélancolie et son affliction Le visage rouge de chagrin, il brandit violemment sa lance, tant son désespoir est grand.

2. Identifiez le sens de chacun des mots suivants puis rattachez-le au texte a, b, c ou d.
l'exaspération – la peine – la rage – la morosité – le dédain – la vénération – l'attachement – la morgue – l'abattement – la présomption – l'affection – l'emportement

DES MOTS POUR LIRE L'IMAGE LES PROPORTIONS

ROM

COMPLÉTEZ la lecture d'image n° 5 avec le CD-Rom.

Dans les enluminures du Moyen Âge, les proportions ne sont pas réalistes : la grandeur d'un élément dépend de son importance symbolique.

1. Dans cette enluminure tripartite, comment les trois scènes sont-elles séparées ?

2. De quelle manière les personnages sont-ils mis en valeur ?

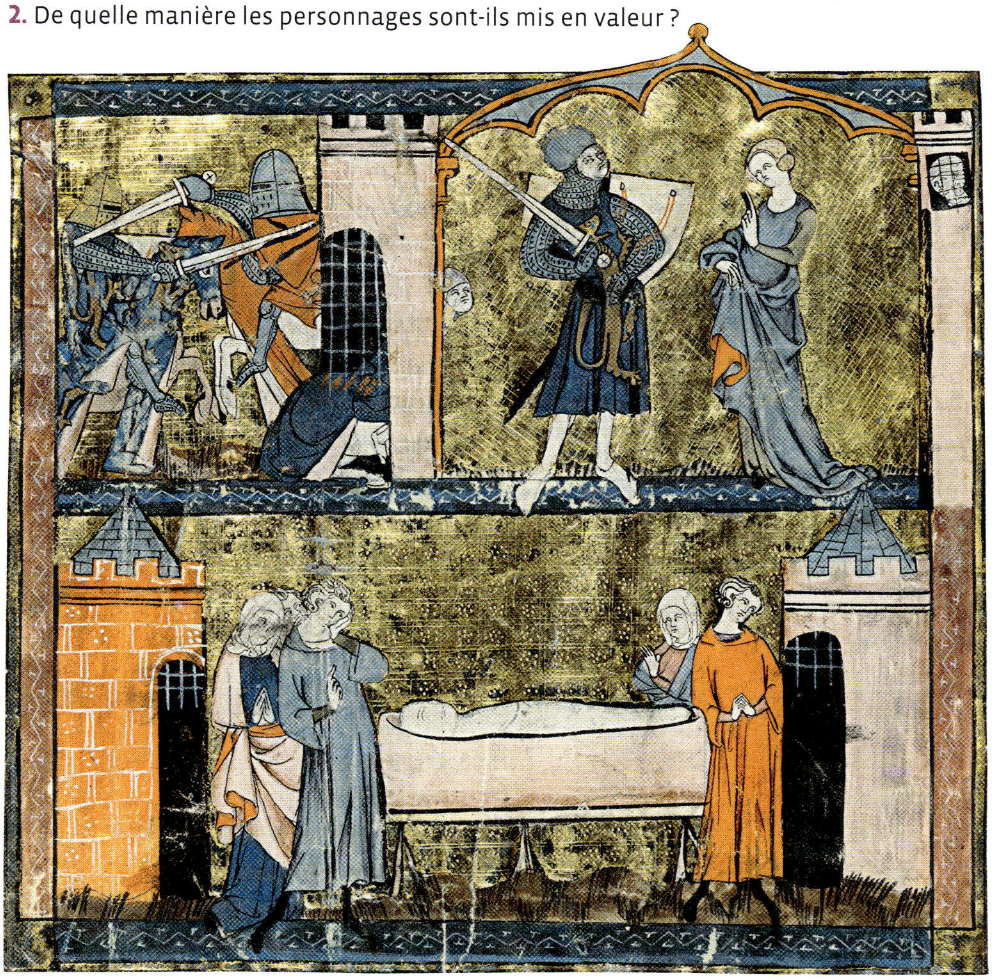

Chrétien de Troyes, *Yvain ou le Chevalier au lion*, « Combat d'Yvain et d'Esclados le roux – Yvain et Lunette – Lamentations sur Esclados », vers 1320-1330, Nord de la France, BNF, Paris.

Oral

LIRE À VOIX HAUTE

CONSEIL
Afin de bien lire un texte, assurez-vous que vous comprenez tous les mots. Sinon, vérifiez le sens dans un dictionnaire.

I. Lire seul

Duel entre Renart le goupil et Ysengrin le loup

Tous deux jettent leurs écus, se battent corps à corps, se déchirent à qui mieux mieux, font jaillir le sang de leur poitrine, de leur gorge et de leurs flancs. [...] Renart a recours au tour anglais : il serre Ysengrin en lui donnant un croc-en-jambe qui le renverse à terre. Sautant alors sur lui, il lui brise les dents, lui crache entre les lèvres, lui arrache les dents avec les ongles et lui poche les yeux de son bâton.

Le *Roman de Renart* (XIIe-XIIIe siècle), adaptation par Marie-Hélène Robinot-Bichet d'après la traduction de Paulin Paris, Hachette Bibliocollège, 1999.

1. Préparation
Lisez le texte en silence pour le connaître.

2. Lecture devant la classe
– Adaptez votre ton au texte : Le *Roman de Renart* est satirique, le ton est moqueur.
– Trouvez le bon rythme : il faut montrer que c'est une scène d'action rapide.
– Regardez votre public au cours de la lecture, lors des pauses (après un point ou une virgule).

II. Lire à plusieurs

Le chevalier Robin et le géant à trois têtes

Le chevalier Robin, accompagné de son ménestrel et de sa suite, rencontre un géant à trois têtes.

LES TROIS TÊTES ENSEMBLE. – Qui es-tu ?
LE MÉNESTREL. – C'est le valeureux Robin qui…
ROBIN. – Tais-toi ! Je… ne suis qu'un modeste… Je… ne fais que passer.
LES TROIS TÊTES ENSEMBLE. – Que veux-tu ?
LE MÉNESTREL. – Croiser le fer avec…
ROBIN. – Tais-toi ! Je… ne voulais… rien… rien que… aller de l'autre côté.
LES TROIS TÊTES ENSEMBLE. – Que veux-tu ?
ROBIN. – À vrai dire, je suis chevalier de la Table ronde.
LES TROIS TÊTES ENSEMBLE. – Chevalier de la Table ronde ?
ROBIN. – Eh oui !
TÊTE 1. – Alors je dois te tuer.
TÊTE 2. – Le dois-je ?
TÊTE 3. – Je ne le pense pas.
TÊTE 2. – Alors que penser ?

Transcription du dialogue du film *Monty Python : Sacré Graal*, de **Terry Gilliam** et **Terry Jones**, 1974.

Photogramme du film *Monty Python : Sacré Graal*, de **Terry Gilliam** et **Terry Jones**, 1974.

3. Préparation
Lisez le texte et répartissez les rôles : il faut cinq lecteurs.

4. Lecture devant la classe
– Respectez les enchaînements : d'une réplique à l'autre, le rythme est rapide.
– Robin a peur : les points de suspension marquent son embarras.
– Les tons sont variés : l'ordre – la dispute – la moquerie – l'hésitation.
Après la lecture, vous pouvez essayer de jouer cette scène ou imaginer la suite de la querelle entre les trois têtes du géant.

Écrit

DÉCRIRE UNE CRÉATURE MONSTRUEUSE

CONSEIL
Révisez
- les adjectifs
▸ GRAMMAIRE, FICHES 4 ET 5
- les comparaisons
▸ VOCABULAIRE, FICHE 44

I. Observer les documents

Document A – La victoire sur le dragon d'Irlande

Le dragon avait deux cornes au front, les oreilles longues et velues, les yeux étincelants à fleur de tête tels des charbons ardents, le mufle haut dressé comme celui d'une guivre, la langue hors de la gueule, crachant de toutes parts le feu et le venin, le corps écailleux, des griffes de lion et la queue d'un serpent.

Tristan et Iseult, renouvelé en français moderne par René Louis, Le Livre de poche, 1972.

Document B

Hybride vert ailé, mi-homme mi-bête, il a des pattes griffues comme celles d'un lion et sa queue ressemble à celle d'un renard. Il porte une capuche. Le vert est la couleur du diable.

Guiart des Moulins, *Bible historiale*, détail : hybride vert ailé, mi-homme mi-bête, début du XIVe siècle, BNF, Paris.

Document C

Hybride rouge à tête d'homme encapuchonné, il a des ailes de chauve-souris, des pattes griffues et une longue queue. Sa bouche est cernée de petites dents pointues comme celles des vampires.

Guiart des Moulins, *Bible historiale*, détail : hybride rouge à tête d'homme encapuchonné, début du XIVe siècle, BNF, Paris.

II. Trouver des comparaisons

1. Dans chaque document, relevez deux comparaisons.

2. Dans le tableau suivant, associez chaque partie du corps à une comparaison :

Le museau allongé	comme la pleine lune
Les pattes robustes	pareilles à de larges voiles de bateau
Le corps immense	avait l'air d'une poire blette
Les ailes déployées	semblables à de grossiers épieux mal taillés
La tête ronde	tel un énorme et lourd rocher bosselé

3. Pour chaque partie du corps, inventez une autre comparaison en variant les outils.

III. Décrire une créature monstrueuse

Imaginez un monstre et décrivez-le.
- Donnez-lui un nom que vous inventerez.
- Indiquez les différents animaux dont il est constitué.
- Décrivez son aspect extérieur en utilisant des adjectifs et des comparaisons.
- Décrivez la manière dont il se déplace et les sentiments qu'il inspire.

Vous pouvez ensuite le dessiner ou chercher une illustration.

Lecture de texte / Étude de la langue

La fontaine bouillante

Gauvain et Yvain ont été blessés en combattant ; le roi Arthur appelle un médecin pour les guérir.

Quand ils furent guéris tous les deux, monseigneur Yvain, qui avait définitivement confié son cœur à l'amour, comprit très bien qu'il ne **pourrait** plus continuer à vivre. Il **finirait** même par mourir si sa dame n'accordait pas son pardon à celui qui se mourait pour elle. Il décida alors de quitter seul la cour et de guerroyer près de sa fontaine[1]. Là-bas, il **déchaînerait** tellement de tonnerre, de vent et de pluie que sa dame serait contrainte à faire la paix avec lui ; si tel n'était pas le cas, il déchaînerait pour toujours la tourmente, la pluie et le vent de la fontaine. Dès que monseigneur Yvain se sentit guéri et en parfaite santé, il partit incognito. Toutefois, son lion l'accompagnait, car la bête ne voulait jamais l'abandonner. Ils finirent par arriver à la fontaine, et provoquèrent la pluie. Et, croyez-moi, car je vous dis la vérité, la tourmente se déchaîna à un point que nul ne **saurait** raconter le dixième de ses effets. On **aurait dit** que la forêt était appelée à sombrer dans un abîme. La dame craignait de voir son château s'effondrer. Les murs vacillaient, le donjon chancelait et manquait de s'écrouler.

Chrétien de Troyes, *Yvain ou le Chevalier au lion* (XIIe siècle), édition Philippe Walter, Gallimard, Bibliothèque de la Pléiade, 1994.

1. Qui est Yvain ?
2. [L. 2] Quelle métaphore montre la force de l'amour d'Yvain pour sa dame ?
3. [L.5] Relevez une proposition relative qui souligne les sentiments d'Yvain. Indiquez son antécédent.
4. Qu'espère Yvain de la part de la dame ?
5. Précisez le mode et le temps de chacun des cinq verbes en gras.
6. Relevez une proposition par laquelle le narrateur s'adresse directement au lecteur.
7. [L. 6] Indiquez la formation du verbe « *guerroyer* ». Proposez un nom dérivé du même radical.
8. En quoi la fontaine et le lion sont-ils merveilleux ?

1. Si de l'eau est versée sur la fontaine, la tempête se déchaîne.

Orthographe

ROM **PRÉPAREZ** la dictée n° 5 avec le CD-Rom.

À REVOIR
– La formation des mots
▸ VOCABULAIRE, FICHE 37
– La conjugaison du verbe « faire »
▸ VERBE, FICHE 23

Perceval

Le gentilhomme était passé maître dans le **maniement** du bouclier, du cheval et de la lance, car il l'avait appris dès l'enfance. Aussi le jeune homme éprouva-t-il un vif plaisir à regarder tout ce que faisait le gentilhomme. Quand il eut parfaitement terminé sa démonstration sous les yeux du garçon qui l'avait suivie avec une grande attention, il revint vers lui, lance levée, et lui demanda :
« Ami, sauriez-vous, vous aussi, manier la lance et le bouclier, éperonner et conduire le cheval ? »

Chrétien de Troyes, *Perceval ou le Conte du Graal* (XIIe siècle), traduction de Jean Dufournet, Flammarion, 2006.

1. Cherchez dans le texte un verbe de la même famille que le mot en gras.
2. Révisez les particularités de conjugaison du verbe encadré.
3. Apprenez par cœur les mots « *gentilhomme* » et « *éperonner* ».

Lecture d'image / Histoire des arts

« Yvain et le lion », enluminure du manuscrit de ***Lancelot-Graal : la Quête du Saint-Graal***, XVe siècle, BNF, Paris.

1. Comment appelle-t-on ce type d'illustration ?
2. Que symbolise la couleur blanche du lion ?
3. Quels éléments de l'équipement d'un chevalier identifiez-vous ?

Connaissance de l'auteur et de ses œuvres

1. Histoire littéraire

a. Chrétien de Troyes a-t-il vécu : au XIe ? au XVIe siècle ? au XIXe siècle ?
b. Est-il : l'auteur ? le narrateur ? le copiste du roman *Yvain* ?
c. Les premiers romans se passent-ils : en Angleterre ? en Bretagne ? en Auvergne ?
d. Le roi qui préside la Table ronde se nomme-t-il : Louis ? Henri ? Arthur ?

2. Connaissance des premiers romans

a. Le mot « courtois » vient-il du mot : *cour* ? *cours* ? *court* ?
b. Rendez à chaque roman son sous-titre :

● Yvain	◆ le Conte du Graal
● Lancelot	◆ le Chevalier au lion
● Perceval	◆ le Chevalier à la charrette

POUR RÉPONDRE, relisez bien la page « Et si les auteurs nous parlaient ? », p. 110-111.

Un roman de chevalerie

Lancelot ou le Chevalier à la charrette (XIIe siècle)

CHRÉTIEN DE TROYES

Pour tous

Pour lecteurs confirmés

I. LES CHEVALIERS ET LA QUÊTE

Entrez dans la lecture

a. Dans la liste des chapitres ci-dessous, relevez les mots annonçant des aventures périlleuses.

1. *Méléagant enlève Guenièvre*
2. *Le chevalier à la charrette*
3. *Le lit interdit*
4. *Le gué périlleux*
5. *Le chevalier provocateur*
6. *Le Pont-de-l'Épée*
7. *Premier combat contre Méléagant*
8. *La froideur de Guenièvre*
9. *Fausses nouvelles, désespoir et réconciliation*
10. *Nuit d'amour*
11. *La dernière perfidie de Méléagant*
12. *Libération de Lancelot*
13. *Mort de Méléagant*

Lancelot et Guenièvre au lit, miniature extraite du manuscrit de *Lancelot*, vers 1316, British Library, Londres.

b. La quête. Relisez les titres des chapitres et reliez chaque personnage à son nom et à sa fonction

● Le héros	◆ Méléagant	✶ La reine
● L'opposant	◆ Guenièvre	✶ Preux chevalier
● L'objet de la quête	◆ Lancelot	✶ Mauvais chevalier

c. Par quel événement l'action est-elle déclenchée ? Quelle est la situation finale ?

Livre en main

a. Relisez la quête du héros dans les chapitres 1 à 7 et complétez le tableau.

Adjuvants	Opposants

b. Complétez le tableau en cherchant ce qui distingue le preux chevalier et les mauvais chevaliers :

Chap. 2-4-5-6-9	Chap. 1-6-7-11
Lancelot	Keu et Méléagant

c. D'après le roman, nommez les qualités que doit avoir un bon chevalier, ainsi que les règles qu'il doit suivre.

II. L'AMOUR

Entrez dans la lecture

« Le chevalier a une courte hésitation avant de sauter dans la charrette […] : Raison qui s'oppose à Amour lui ordonne de se retenir de monter ; elle le sermonne et lui enseigne à

ne rien faire dont il pourrait avoir honte ou qu'il pourrait se reprocher. Raison, qui ose lui tenir ce discours, n'a pas son siège dans son cœur mais seulement dans la bouche. Alors qu'Amour, lui, qui l'exhorte[1] à sauter rapidement dans la charrette, réside au fond du cœur. Puisque Amour l'ordonne, le chevalier bondit dans la charrette : que lui importe la honte puisque tel est le commandement de l'Amour ! »

Chapitre 2, p. 30.

1. l'invite à.

a. Pourquoi le chevalier choisit-il de monter dans la charrette ?

Livre en main

a. Cherchez, dans le chapitre 9, pourquoi Guenièvre fait preuve de froideur envers Lancelot.
b. Comment réagit Lancelot à cette attitude de la reine ?
c. Quelles autres preuves d'amour Lancelot donne-t-il à la reine ?

III. LE MERVEILLEUX

Entrez dans la lecture

Ce royaume dont nul étranger ne revient car il est contraint par la force d'y finir sa vie dans la servitude. […] on n'entre pas aisément dans ce pays si l'on n'a pas la permission expresse du roi, qui se nomme Baudemagus. Pourtant on peut y pénétrer par deux routes périlleuses qui aboutissent à deux passages terriblement dangereux. L'un s'appelle le Pont-sous-les-eaux car il est entièrement sous l'eau et il y a autant d'eau au-dessous qu'au dessus, ni plus, ni moins : il est très exactement à mi-profondeur et il n'a qu'un pied et demi de large et autant d'épaisseur. Le traverser est un plaisir qu'on se refuse volontiers et pourtant c'est le passage le moins périlleux.

Chapitre 3, pages 38-39.

a. Quels sont les aspects merveilleux du lieu où arrive Lancelot ?

Livre en main

b. Complétez le tableau suivant :

	Propriétés merveilleuses
Un personnage (chapitre 2)	
Le lit (chapitre 3)	
Le royaume de Gorre (chapitre 6)	

c. Que peuvent signifier ou symboliser ces éléments merveilleux ?

Prolongez la lecture…

Connaissez-vous des films ou des romans dans lesquels on retrouve des chevaliers, en quête d'amour et d'aventures ? Choisissez-en un à présenter à vos camarades.

MÉTHODE POUR LIRE UN ROMAN DE CHEVALERIE

- **La quête**
  - comprendre ce que cherche le chevalier ;
  - distinguer les opposants et les adjuvants ;
  - indiquer les principales épreuves traversées.
- **L'amour courtois**
  - décrire la dame du chevalier ;
  - indiquer les prouesses faites pour la dame ;
  - identifier la fonction des autres personnages féminins.
- **Le merveilleux**
  - relever les principaux éléments merveilleux ;
  - résumer un épisode merveilleux ;
  - préciser son rôle dans l'action.

Lancelot lutte contre le dragon, miniature extraite du *Roman de Lancelot du Lac*, 1344, BNF, Paris.

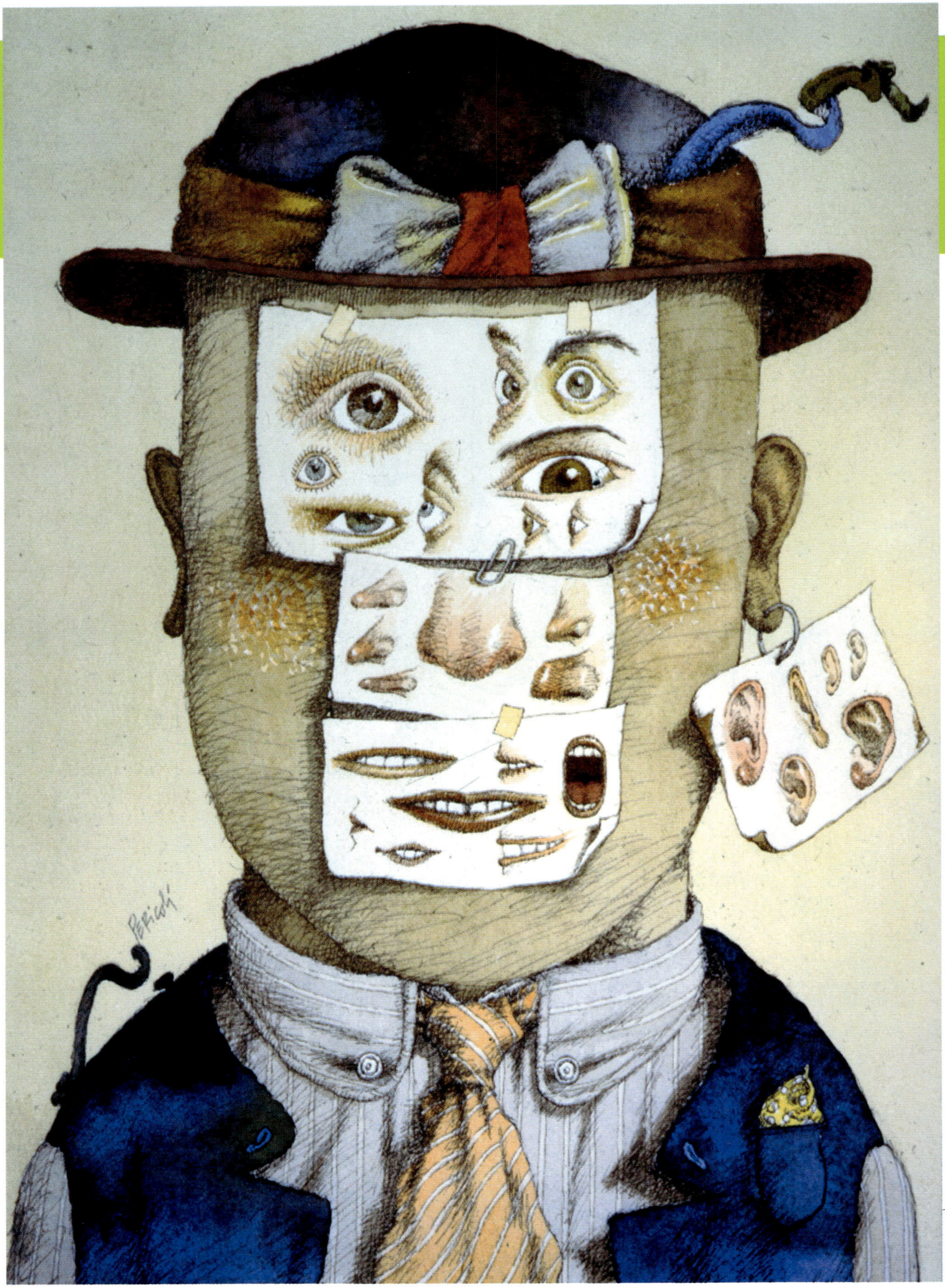

Tullio Pericoli, *Portrait inachevé*, 1985, aquarelle et encre sur papier, 23 x 38 cm.

6 Portrait des personnages

Qu'est-ce qu'un personnage romanesque ?

Parcours textes et images

S'exercer

Évaluation

LIRE L'IMAGE

1. Pourquoi ce portrait est-il intitulé « Portrait inachevé » ?
2. Quelles sont les différentes expressions des yeux et des bouches ?

ÉTUDE DE LA LANGUE

- Les adjectifs qualificatifs et les adjectifs de couleur p. 137, 139 – la phrase négative p. 143
- L'infinitif p. 137 – le présent de l'indicatif p. 139 – le passé simple et l'imparfait de l'indicatif p. 141, 143

Et si les auteurs nous parlaient ?

Joseph Kessel à son bureau, 1968.

Joseph Kessel, vous êtes-vous battu comme un lion ?

J'ai participé à la Première Guerre mondiale et j'ai écrit plusieurs romans d'action sur la fraternité des combattants. Journaliste et écrivain, je suis allé sur le terrain pour mes reportages... J'ai sillonné le monde : né en Argentine en **1898**, j'ai fait mes études en Russie avant de vivre en France ; en **1958**, je suis allé au Kenya, là où se passe mon roman ***Le Lion***, qui m'a valu une gloire internationale, consacrée par mon élection à l'Académie française en **1962**. Ma vie, qui s'est terminée en **1979**, a été bien remplie !

Michel Tournier, parlez-nous du personnage de Vendredi...

« Mon propos était de faire un roman où Vendredi jouerait un rôle important et même, à la fin, primordial. Et donc, ce roman s'appellerait non pas *Robinson* mais *Vendredi* [...] Voilà pourquoi, dans mon roman, Vendredi joue un rôle essentiel : il ouvre l'avenir, il aide Robinson à faire du nouveau et non pas à se confiner dans une reconstitution du passé. »

Propos recueillis par Arlette Bouloumié, *Magazine Littéraire* n° 226, janvier 1986.

Michel Tournier, 2000.

MICHEL TOURNIER NE MÈNE PAS UNE VIE DE ROBINSON...

...même s'il habite au calme dans un presbytère ! Né en **1924**, il fait partie de l'Académie Goncourt dont il rencontre régulièrement les autres membres et il aime aussi débattre dans les collèges ou les lycées, lui qui voulait enseigner la philosophie. En **1977**, il publie ***Vendredi ou la Vie sauvage***, un roman d'aventures qui est aussi une réflexion sur la solitude et le rapport à l'autre, lorsque Vendredi arrive sur l'île.

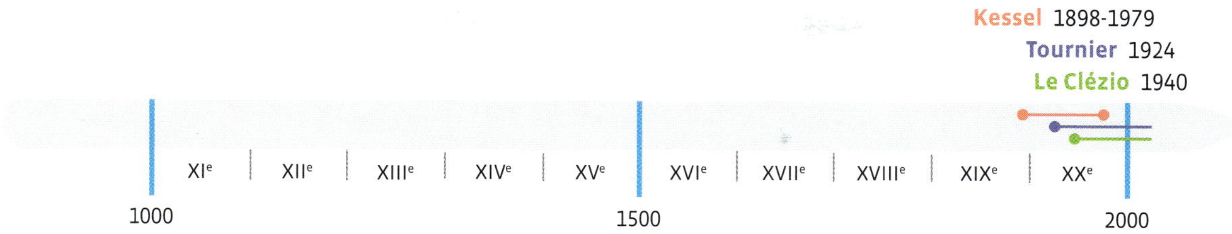

Jean-Marie Gustave Le Clézio,
vous demandez-vous encore comment vous allez être accueilli et lu ?

« Qu'un livre se vende ou ne se vende pas, qu'il plaise ou non, ça n'a pour moi aucune importance. Mais qu'il fasse écho, qu'il suscite des réactions, c'est capital. Pourquoi écrire, sinon ? L'âge, l'expérience n'y changent rien, au contraire : je mets trop de moi-même dans chacune de mes pages pour ne pas vivre dans l'espoir qu'elles toucheront quelqu'un. »

Propos recueillis par Jérôme Garcin,
Le Nouvel Observateur, 30 janvier 2003.

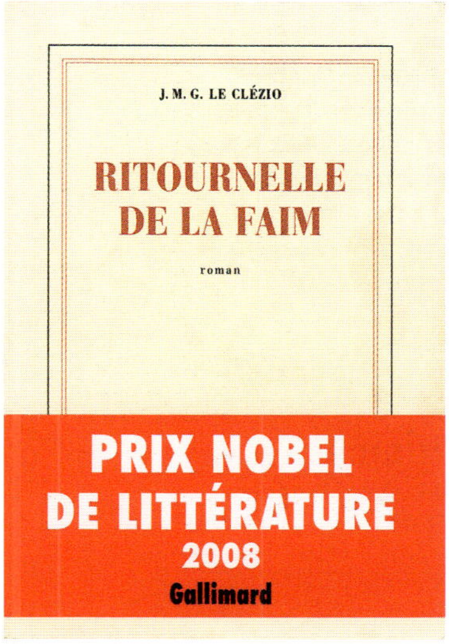

J.-M. G. LE CLÉZIO CONSIDÈRE SES LIVRES COMME SA SEULE PATRIE...

Né en France en **1940**, où il a suivi ses études, britannique de père, il est lié à l'île Maurice par sa famille, il a des ancêtres bretons, il est profondément attaché à l'Afrique et vit en grande partie au Mexique. Il a publié ***Mondo et autres histoires*** en **1978** et il a reçu le prix Nobel en **2008**.

Jean-Marie Gustave Le Clézio à Cimiez, 1985

1 Découvrir l'identité d'un personnage

Un mot à la loupe

Le mot **enfant** vient du latin ***infantem*** signifiant **qui ne parle pas**. Au Moyen Âge, un **enfant** désigne d'abord celui qui est trop petit pour savoir parler ; très vite ce mot désignera ceux qui ne sont pas encore adultes d'une manière plus générale, même s'ils savent parler.

Art musical

Opéra de **Richard Wagner**, ouverture de *Tristan et Isolde*, 1859.

Naissance et enfance de Tristan

Pendant que le roi Rivalen est à la guerre, son épouse Blanchefleur, qui est la sœur du roi Marc[1], meurt en donnant naissance à un garçon.

Quand Rivalen, quelques semaines plus tard, revint victorieux de la guerre, il éprouva une cruelle douleur et tomba d'abord dans un profond désespoir. Après avoir rendu les honneurs funèbres à la chère morte, il envoya des messagers au roi Marc pour lui annoncer à la fois ses noces avec Blanchefleur et comment celle-ci était morte en donnant naissance à un garçon. Puis il fit baptiser l'enfant sans aucune démonstration publique de joie et lui donna le nom celtique de « Drustan » : les conteurs et la tradition populaire l'ont transformé en « Tristan » pour mieux signifier la tristesse de ses parents au moment de sa naissance, tristesse qui n'était qu'un présage des épreuves que le destin réservait au nouveau-né. [...]

Tristan, durant ses premières années, fut nourri par des servantes de la maison de son père. Quand il eut sept ans révolus, Rivalen jugea que le temps était venu de le reprendre aux femmes et il le confia à un sage écuyer nommé Gorneval, qui se chargea de son éducation. Tristan apprit à courir, sauter, nager, manier l'écu et la lance. Il excella bientôt dans l'art de vénerie[2] et de fauconnerie, expert à reconnaître les qualités et les défauts d'un cheval, les vertus d'un fer bien trempé et l'art de tailler le bois. Il y joignit le chant et le jeu des instruments, car il jouait à merveille de la harpe et de la rote[3], et composait des lais[4] à la manière des chanteurs bretons. Chose plus rare, il imitait à s'y méprendre le chant du rossignol et des autres oiseaux.

Il venait d'atteindre ses quinze ans quand son père, le roi Rivalen, fut tué dans un guet-apens[5].

Anonyme, *Tristan et Iseult* (XIIe et XIIIe siècles), transposé en français moderne par René Louis, Le Livre de poche, 1972.

1. **Marc :** roi de Cornouailles (en Bretagne armoricaine ou petite Bretagne ► p. 110) ; il est l'oncle de Tristan.
2. **vénerie :** chasse.
3. **rote :** instrument médiéval à cordes.
4. **lais :** poèmes.
5. **guet-apens :** embuscade.

LIRE L'IMAGE

• Observez les regards des personnages sur cette enluminure : qui regarde l'enfant ? qui l'enfant regarde-t-il ?
• Quel passage du texte ci-contre cette image illustre-t-elle ?

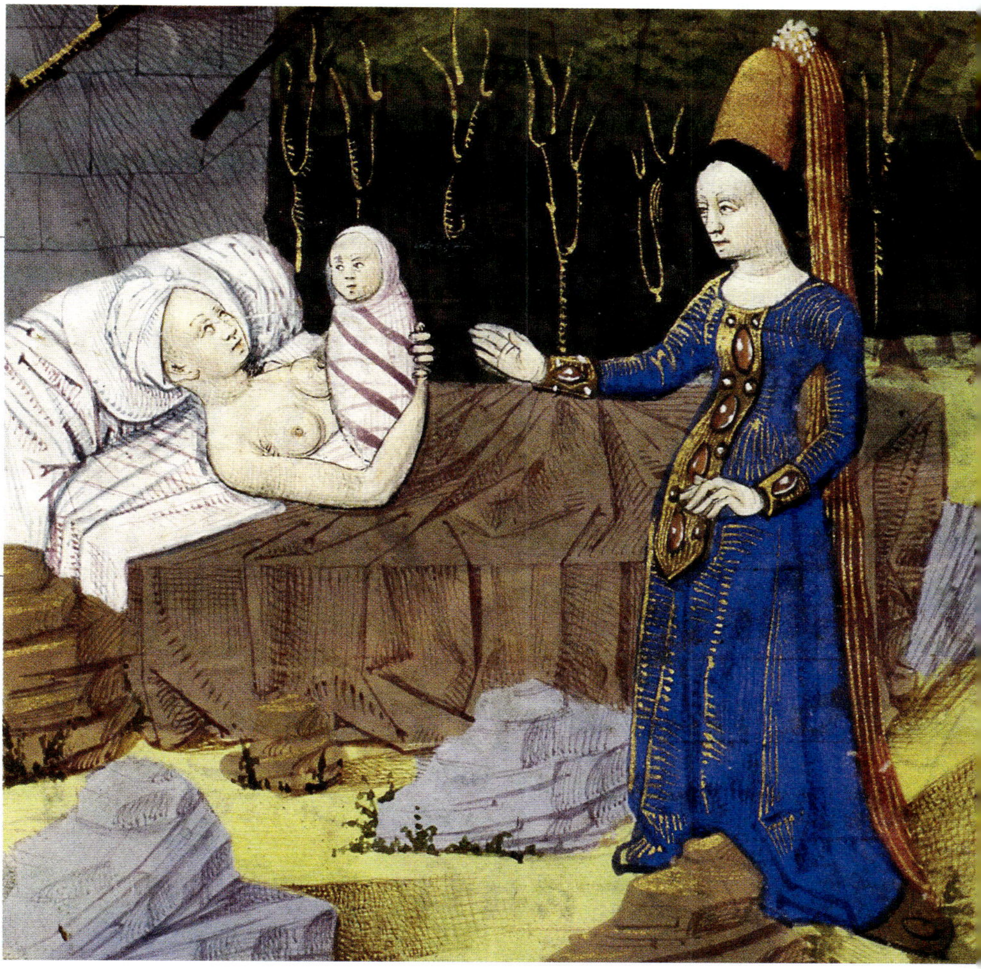

« Naissance de Tristan », enluminure pour le manuscrit de *Tristan de Léonois*, vers 1470, BNF, Paris.

LIRE LE TEXTE

L'identité des personnages

1. Faites la liste des informations que le texte vous donne sur Rivalen.

2. [L. 1 et 2] Relevez un adjectif qui qualifie Rivalen de façon positive et donnez sa fonction. ▸ GRAMMAIRE, FICHE 4

3. Que nous apprennent les noms de « *Blanchefleur* » et « *Tristan* » ?

4. Expliquez en quoi Tristan a un nom qui lui correspond parfaitement.

La particularité du héros

5. Quelles expressions montrent que Tristan est un héros légendaire ?

6. [L. 17 à 20] Relevez les verbes à l'infinitif soulignant les actions de Tristan et donnez leur fonction. ▸ VERBE, FICHE 27

7. Quelles sont les qualités de Tristan ?

8. Quel don particulier a-t-il ?

ORTHOGRAPHE ▸ FICHE 32

9. [L. 7] Doit-on prononcer la lettre p du verbe « *baptiser* » ? Indiquez si le p se prononce ou non dans les mots suivants : *com**p**ter – se**p**t – dom**p**ter – le tem**p**s – un ba**p**tistère – il rom**p**t.*

VOCABULAIRE ▸ FICHE 42

10. Relevez dans le premier paragraphe tous les mots appartenant au champ lexical du chagrin.

L'ESSENTIEL

– Le **personnage** est un être **imaginaire** qui a les caractéristiques d'une personne réelle : il a un **passé**, une **famille** ; il est doté d'un **physique** et d'un **caractère**.
– Son **nom** permet de **l'identifier** et reflète souvent une partie de sa **personnalité**.
– Le **personnage principal** est généralement présenté en détail car il est au **centre** de l'action.

EXPRESSION ÉCRITE

Imaginez la naissance et l'enfance de Blanchefleur, la sœur du roi Marc.
– Soulignez le lien entre le personnage et son nom.
– Rédigez votre texte au passé simple et à l'imparfait.

2 Comparer deux portraits

Deux demoiselles

Texte A

Quand la demoiselle qui s'approchait était plus gracieuse, vive, élégante qu'épervier ou papegai[1]. Son manteau et son bliaut[2] étaient de pourpre sombre, étoilés de vair[3], garnis d'hermine (garniture non point pelée, croyez-le bien) avec un beau collet[4] de martre zibeline[5] noire et blanche.

Si j'ai déjà décrit la beauté que Dieu peut mettre en un corps ou en un visage de femme, je veux le faire une autre fois sans mentir d'une seule parole. On eût cru ses cheveux d'or fin, qui flottaient sur ses épaules tant ils étaient blonds et luisants. Son front était haut, blanc et lisse, comme taillé de main d'homme dans le marbre ou l'ivoire ou un bois précieux : large entre-œil, sourcils brunets, les yeux vairs, bien fendus et riants. Elle avait le nez droit. Le blanc sur le vermeil éclairait son visage mieux que sinople[6] sur argent. Pour en ravir le cœur des gens, Dieu avait fait d'elle la Passe-Merveille. Jamais Dieu n'en avait fait telle. Plus jamais n'en devait créer.

Chrétien de Troyes, *Perceval ou le Conte du Graal* (XIIe siècle), édition traduite par Michèle Gally, Petits Classiques Larousse, 2004.

Texte B

Quand ce même soir, le roi, la reine et les barons font grande fête à Perceval qu'ils conduisent à Carlion. Toute la nuit c'est fête, encore le lendemain. Puis, le troisième jour, devant eux voient venir une pucelle allant sur une mule jaune, tenant un fouet en sa main droite, deux tresses noires sur le dos. Jamais vit-on être aussi laid, même en enfer ! Jamais vit-on métal si terne que cette couleur de son cou ou de ses mains. Mais autre chose était bien pire : ses deux yeux n'étaient que des trous, pas plus gros que des yeux de rat. Son nez était un nez de chat, ses lèvres d'âne ou bien de bœuf, ses dents jaunes comme jaune d'œuf. Sa barbe était celle d'un bouc. Sa poitrine toute bossue, son échine toute tordue. Reins et épaules très bien faits pour mener le bal ! Une autre bosse dans le dos, jambes tordues comme verge d'osier[7] très convenables aussi pour la danse.

La pucelle pousse sa mule jusque devant le roi Arthur. Avait-on jamais vu déjà pareille fille en cour du roi ?

Chrétien de Troyes, *Perceval ou le Conte du Graal* (XIIe siècle), édition traduite par Michèle Gally, Petits Classiques Larousse, 2004.

Chrétien de Troyes ▸ p. 110

Un mot à la loupe

Le mot **demoiselle**, issu du latin ***domnicellam***, désigne au Moyen Âge une jeune fille noble. Le possessif **ma** s'est placé devant pour former le nom **Mademoiselle**. De nos jours, « mademoiselle » désigne les femmes non mariées, en opposition au terme « madame » utilisé pour les femmes mariées.

1. **épervier et papegai :** oiseaux.
2. **bliaut :** tunique portée par les hommes et les femmes au Moyen Âge.
3. **vair :** couleur entre le bleu et le marron.
4. **collet :** tour de cou plissé.
5. **martre zibeline :** fourrure d'un petit mammifère de Sibérie au pelage noir.
6. **sinople :** couleur verte.
7. **verge d'osier :** baguette longue et flexible de bois.

LIRE L'IMAGE

• Quel angle de vue adopte chaque peintre pour représenter son modèle ?
• Associez chaque portrait à un texte de la page 136 en expliquant votre choix.

A. Quinten Massys (1466-1530), *Vieille Femme grotesque*, 1525-1530, huile sur bois, 64 x 45,5 cm, National Gallery, Londres.

B. Baldovinetti Alessio (1425-1499), *Portrait d'une dame*, vers 1465, huile sur bois, 62,9 x 40,6 cm, National Gallery, Londres.

LIRE LES TEXTES

Deux portraits féminins

1. Lequel de ces personnages est-il mis en valeur ? Lequel est dévalorisé ?

2. [L. 18 à 20] Relevez deux formes conjuguées du verbe « *voir* » servant à décrire le personnage. Indiquez le temps et le mode. ▸ VERBE, FICHE 20

3. S'agit-il de portraits physiques ou de portraits moraux ? Expliquez.

4. Relevez dans chaque texte une phrase où le narrateur donne son avis.

Deux portraits opposés

5. Quelles sont les parties du corps décrites dans chaque texte ? Dans quel ordre ?

6. Relevez deux comparaisons valorisantes et deux comparaisons dévalorisantes.

7. Relevez deux adjectifs de couleur dans chaque texte permettant de distinguer les personnages qui sont décrits. Donnez leur fonction. ▸ GRAMMAIRE, FICHE 4

8. Comparez les visages décrits en relevant trois différences marquantes.

ORTHOGRAPHE ▸ FICHE 4

9. Réécrivez la phrase « *Son front était haut, blanc et lisse* » en remplaçant le sujet « *son front* » par « *sa figure* » et faites tous les accords nécessaires.

VOCABULAIRE ▸ FICHE 41

10. Trouvez dans le texte A deux synonymes de « belle ». Trouvez dans le texte B un antonyme de « beau ».

L'ESSENTIEL

– Le **portrait physique** permet de présenter le personnage au lecteur. Il repose sur des éléments **visuels** (couleurs et formes) et s'appuie sur le champ lexical du **corps** ou du **vêtement**.
– Le portrait peut s'accompagner de **jugements** ou de **réflexions** du **narrateur**.
– Un portrait **mélioratif** est valorisant alors qu'un portrait **péjoratif** est dévalorisant.

EXPRESSION ÉCRITE

Rédigez le portrait mélioratif de quelqu'un – un(e) ami(e), une personne célèbre –, en cinq à dix lignes.
– Faites attention à l'ordre de la description.
– Utilisez des éléments de comparaison et des adjectifs de couleur.
– Transformez ensuite votre portrait, en le rendant péjoratif.

3 Analyser la caractérisation d'un personnage

Joseph Kessel ▸ p. 134

Un mot à la loupe

Étienne **Silhouette** ne fut contrôleur général que quelques mois. Ce passage rapide a donné l'expression **à la silhouette** (à la manière de M. Silhouette), puis on a désigné par le nom de **silhouette** une forme schématique.

Une silhouette au milieu des bêtes sauvages

AUDIO

En Afrique, le narrateur s'approche des bêtes sauvages.

J'entendis alors ces mots, en anglais : «Vous ne pouvez pas aller plus loin. »

Deux ou trois pas me séparaient au plus de la silhouette fragile que je découvris dans l'ombre d'un épineux géant. Elle ne cherchait pas à se cacher. Mais comme elle était parfaitement immobile et portait une salopette d'un gris éteint, elle semblait faire partie du tronc auquel elle s'appuyait.

J'avais en face de moi un enfant d'une dizaine d'années, tête nue. Une frange de cheveux noirs et coupés en boule couvrait le front. Le visage était rond, très hâlé, très lisse. Le cou, long et tendre. De grands yeux bruns qui semblaient ne pas me voir étaient fixés sans ciller sur les bêtes. À cause d'eux, j'éprouvais le sentiment très gênant de me voir surpris par un enfant à être plus enfant que lui.

Je demandai à voix basse : « On ne peut pas aller là-bas ? C'est défendu ? »

La tête coiffée en boule confirma d'un signe bref, mais son regard demeurait attaché au mouvement des bêtes.

Je demandai encore : « C'est sûr ?

– Qui peut le savoir mieux que moi ? dit l'enfant. Mon père est l'administrateur de ce Parc royal.

– Je comprends tout, dis-je. Il a chargé son fils de la surveillance. »

Les grands yeux bruns me regardèrent enfin. Pour la première fois la petite figure hâlée prit une expression en harmonie avec son âge.

« Vous vous trompez, je ne suis pas un garçon, dit l'enfant en salopette grise. Je suis une fille et je m'appelle Patricia. »

Je fis un pas vers la clairière.

Patricia ne détourna pas la tête, mais dit : « N'allez pas là-bas.

– Vous avertirez votre père et il m'éloignera du Parc ? demandai-je.

– Je ne suis pas une rapporteuse », dit Patricia.

Elle me défia du regard. L'honneur de l'enfance était tout entier dans ses yeux.

« Alors vous avez peur pour moi ? demandai-je encore. [...]

Ma lenteur d'esprit commençait à l'irriter. Des étincelles éclairaient ses grands yeux sombres.

« Vous devez bien voir, reprit-elle, combien les bêtes sont tranquilles et à l'aise l'une avec l'autre. »

Joseph Kessel, *Le Lion*, Gallimard, 1958.

LIRE L'IMAGE

• Qui distingue-t-on, dans la jungle, au bord de l'eau ?
• Pourquoi la silhouette est-elle difficile à percevoir ? Comparez avec les lignes 2 à 7 du texte.

Henri Rousseau, dit **Le Douanier Rousseau** (1844-1910), *La Charmeuse de serpents*, 1907, huile sur toile, 169 x 189,3 cm, musée d'Orsay, Paris.

LIRE LE TEXTE

Un garçon ou une fille ?

1. [L. 3 à 7] Pourquoi le narrateur ne voit-il pas tout de suite l'enfant ?

2. Le narrateur est-il lui aussi un enfant ? Expliquez.

3. [L. 5 à 13] À quel temps les verbes sont-ils conjugués ? Quelle est la valeur de ce temps ? ▸ VERBE, FICHE 20

4. L'enfant est-il un garçon ou une fille ? Relevez quatre noms ou expressions qui le désignent et montrent la découverte progressive.

Une enfant particulière

5. [L. 13] « *me voir surpris par un enfant à être plus enfant que lui* » : pourquoi le mot « *enfant* » est-il répété ? Relevez une autre phrase montrant que le narrateur est surpris par la maturité de l'enfant.

6. Dressez le portrait physique précis du personnage en complétant le tableau suivant par un relevé d'adjectifs qualificatifs. ▸ GRAMMAIRE, FICHE 4

Parties du corps	Adjectifs qualificatifs
Tête	
Visage	
Cheveux	
Cou	
Yeux	

7. Pourquoi le narrateur est-il marqué par le visage du personnage ?

8. Relevez ce qui montre que l'enfant est proche des animaux.

ORTHOGRAPHE ▸ FICHE 32

9. Complétez les mots suivants avec la lettre finale qui convient : *un tron... – un ron... – un fron... – lon...*

VOCABULAIRE ▸ FICHE 45

10. Trouvez dans le texte la métaphore caractérisant le regard de l'enfant.

L'ESSENTIEL

– Le **portrait s'organise** dans un **cadre** : le personnage est **caractérisé** par son portrait **physique** mais aussi par ses **paroles**, ses **actes** et le **décor** dans lequel il se trouve.
– Le regard peut être **fixe**, se rapprocher progressivement du personnage, d'une **vision d'ensemble** à une **vision plus précise**.
– La caractérisation change selon celui **qui regarde le personnage**.

EXPRESSION ÉCRITE

Imaginez que vous rencontrez une étrange personnalité. Décrivez progressivement cette personne (cadre, silhouette puis plan rapproché et concentré sur le visage), en insistant sur ce qui vous a surpris.
– Pensez à donner un prénom à la personne que vous présenterez.
– Utilisez de nombreux adjectifs qualificatifs.
– Rédigez votre texte à l'imparfait.

4 Comprendre la fonction du portrait

J.-M. G. Le Clézio ▸ p. 135

Un mot à la loupe

Le mot **cargo** est une abréviation de l'anglais ***cargo-boat*** désignant un navire de charge. Ce mot anglais est lui-même issu de l'espagnol ***cargar*** signifiant « charger ». Le mot **cargo** a servi à former le mot composé un **avion-cargo**.

Mondo

Personne n'aurait pu dire d'où venait Mondo. Il était arrivé un jour, par hasard, ici dans notre ville, sans qu'on s'en aperçoive, et puis on s'était habitué à lui. C'était un garçon d'une dizaine d'années, avec un visage tout rond et tranquille, et de beaux yeux noirs un peu obliques. Mais c'était surtout ses cheveux qu'on remarquait, des cheveux brun cendré qui changeaient de couleur selon la lumière, et qui paraissaient presque gris à la tombée de la nuit.

On ne savait rien de sa famille, ni de sa maison. Peut-être qu'il n'en avait pas. Toujours, quand on ne s'y attendait pas, quand on ne pensait pas à lui, il apparaissait au coin d'une rue, près de la plage, ou sur la place du marché. Il marchait seul, l'air décidé, en regardant autour de lui. Il était habillé tous les jours de la même façon, un pantalon bleu en denim, des chaussures de tennis, et un T-shirt vert un peu trop grand pour lui.

Quand il arrivait vers vous, il vous regardait bien en face, et ses yeux étroits devenaient deux fentes brillantes. C'était sa façon de saluer. Quand il y avait quelqu'un qui lui plaisait, il l'arrêtait et lui demandait tout simplement : « Est-ce que vous voulez m'adopter ? »

Et avant que les gens soient revenus de leur surprise, il était déjà loin.

Qu'est-ce qu'il était venu faire ici, dans cette ville ? Peut-être qu'il était arrivé après avoir voyagé longtemps dans la soute d'un cargo, ou dans le dernier wagon d'un train de marchandises qui avait roulé lentement à travers le pays, jour après jour, nuit après nuit. Peut-être qu'il avait décidé de s'arrêter, quand il avait vu le soleil et la mer. Rien qu'à le voir, on savait qu'il n'était pas d'ici, et qu'il avait vu beaucoup de pays. Il avait ce regard noir et brillant, cette peau couleur de cuivre, et cette démarche légère, silencieuse, un peu de travers, comme les chiens. Il avait surtout une élégance et une assurance que les enfants n'ont pas d'ordinaire à cet âge, et il aimait poser des questions étranges qui ressemblaient à des devinettes. Pourtant il ne savait pas lire ni écrire.

J.-M. G. Le Clézio, *Mondo et autres histoires*, Gallimard, 1978.

LIRE L'IMAGE

• Que nous apprend cette photographie sur cet enfant :
- où se trouve-t-il ?
- peut-on deviner son âge ? ses pensées ?

Henri Cartier-Bresson, *Enfant*, photographie, 1959.

LIRE LE TEXTE

La description d'un enfant

1. C'est le début du récit : que nous apprend le nom de l'enfant ?

2. Que savons-nous de son âge et de son physique ?

3. [L. 3 à 7] Dans la description du visage de l'enfant, à quel temps sont les verbes conjugués ? Quelle est la valeur de ce temps ? ▸ VERBE, FICHE 20

4. Comment l'enfant est-il vêtu ?

Un personnage bohème et mystérieux

5. Relevez deux phrases de forme négative indiquant qu'on ne sait pas d'où vient Mondo ni où il habite. ▸ GRAMMAIRE, FICHE 16

6. [L. 21 et 25] Que montre la répétition de l'adverbe « *peut-être* » ?

7. [L. 21] Quelle question pose le narrateur ? Que veut-il faire sentir au lecteur ?

8. Dans la description, quels éléments évoquent l'errance de Mondo ?

ORTHOGRAPHE ▸ FICHE 4

9. [L. 4 à 7] Relevez les adjectifs de couleur. Indiquez avec quel mot ils s'accordent. Rappelez la règle quand ils ne s'accordent pas.

VOCABULAIRE ▸ FICHE 44

10. Retrouvez la comparaison qui caractérise la démarche de l'enfant.

L'ESSENTIEL

– La **description** d'un personnage a toujours une **fonction**. Elle donne des **informations** pour comprendre le **caractère** du personnage et ses **relations** avec les autres.
– Dans l'**incipit** (début d'un récit), une description permet **d'annoncer la suite de l'histoire** : elle remplit alors une **fonction narrative**.

EXPRESSION ÉCRITE

À votre tour de « présenter » un personnage.
– Décrivez en un paragraphe un personnage que vous avez rencontré et qui vous a paru un peu étrange.
– Prenez exemple sur la façon dont Mondo est décrit.

Construire le bilan

LIRE LE TEXTE

1 Relevez une métaphore et une comparaison qui soulignent le physique du personnage.
2 Quels sont les traits de caractère de Daniel ?
3 Trouvez deux expressions par lesquelles le narrateur s'exprime directement.
4 Quel sera le thème de ce récit, sachant que cet extrait est l'incipit ?

Celui qui n'avait jamais vu la mer

Il s'appelait Daniel, mais il aurait bien aimé s'appeler Sindbad, parce qu'il avait lu ses aventures dans un gros livre relié en rouge qu'il portait toujours avec lui, en classe et dans le dortoir. En fait, je crois qu'il n'avait jamais lu que ce livre-là. Il n'en parlait pas, sauf quelquefois quand on lui demandait. Alors ses yeux noirs brillaient plus fort, et son visage en lame de couteau semblait s'animer tout à coup. Mais c'était un garçon qui ne parlait pas beaucoup. Il ne se mêlait pas aux conversations des autres, sauf quand il était question de la mer, ou de voyages. La plupart des hommes sont des terriens, c'est comme cela. Ils sont nés sur la terre, et c'est la terre et les choses de la terre qui les intéressent. Même les marins sont souvent des gens de la terre ; ils aiment les maisons et les femmes, ils parlent de politique et de voitures. Mais lui, Daniel, c'était comme s'il était d'une autre race. Les choses de la terre l'ennuyaient, les magasins, les voitures, la musique, les films et naturellement les cours du Lycée. Il ne disait rien, il ne bâillait même pas pour montrer son ennui. Mais il restait sur place, assis sur un banc, ou bien sur les marches de l'escalier, devant le préau, à regarder dans le vide. C'était un élève médiocre, qui réunissait chaque trimestre juste ce qu'il fallait de points pour subsister. Quand un professeur prononçait son nom, il se levait et récitait sa leçon, puis il se rasseyait et c'était fini. C'était comme s'il dormait les yeux ouverts.

J.-M. G. Le Clézio, « Celui qui n'avait jamais vu la mer »,
Mondo et autres histoires, Gallimard, 1978.

BILAN SUR… le portrait des personnages

- On appelle **portrait** la **description** d'un personnage : elle s'appuie sur des adjectifs qualificatifs, des métaphores et des comparaisons. Textes 1 à 4
- Le portrait peut **caractériser** le personnage sur le **plan physique**, le **plan moral** ou encore sur le **plan social**. Textes 1 à 4
- Le personnage peut être décrit **à travers les yeux d'un narrateur** qui révèle parfois sa présence et donne son avis sur le personnage. La description est alors **subjective**. Texte 3
- Le portrait a une réelle **fonction dans le récit** puisqu'il permet de mieux **connaître** le personnage, d'être informé de ses **relations** avec les autres personnages, voire de deviner la **suite du récit**. Textes 1, 3 et 4

Multiples visages de Mona Lisa

❶ La Joconde de Marcel Duchamp

Marcel Duchamp, *L.H.O.O.Q. La Joconde*, ready-made (carte postale retouchée), 1919, Musée national d'Art moderne, Paris.

❷ La Joconde d'Andy Warhol

Andy Warhol, *Mona Lisa*, 1963, sérigraphie et acrylique, 320 x 208,5 cm.

❸ Points de vue farfelus sur la Joconde

a. *Le point de vue du mathématicien booléen*

Soit grand *B* l'ensemble de femmes brunes portant un filet de soie noire sur la tête, soit grand *I* l'ensemble des personnes douées d'un sourire indéfinissable, soit grand *P* l'ensemble des tableaux d'un peintre donnée petit *p*. Montrer que si l'intersection de grand *I*, grand *B* et grand *P* est la Joconde, alors petit *p* est Léonard de Vinci.

b. *Le point de vue du pizzaiolo à domicile*

Alors, je répète : une Mona Lisa Crusty Crunch pour trois, avec supplément crème fraîche, et une da Vinci végétarienne pour une personne. Ça vous fera 94 plus 8 plus 39, 141 francs.

Pour le 34-36, quai du Louvre, salle 306, troisième étage. Téléphone 01 40 20 51 51.

Vous serez livré dans vingt minutes environ.

c. *Le point de vue de Sherlock Holmes*

Cette dame habite Florence, Watson ; sa coiffure et sa façon de disposer son châle sont tout à fait caractéristiques, et elle est de bonne famille, car ses vêtements sont d'excellente facture. Étant donné son visage avenant, son âge et sa condition, elle est très vraisemblablement déjà mariée, bien qu'elle ne porte pas son alliance. Elle est venue en calèche, abritée du vent, puisque son voile de soie est délicatement posé sur sa chevelure soignée. Et elle s'appelle Mona Lisa.

– Ah, pour ça, Holmes, comment le savez-vous ?

– Enfin quoi, Watson, vous ne reconnaissez pas la Joconde ?

Hervé le Tellier, *Joconde jusqu'à 100*, Le Castor astral, 1998.

1. Quels liens les trois documents présentés ont-ils avec la Joconde ?

2. [Doc 1 et 2] Comment chaque artiste utilise-t-il le tableau de Léonard de Vinci (▸ p. 146) ?

3. [Doc. 1, 2 et 3] Quels documents produisent un effet comique ? Pourquoi ?

À VOUS

– Reportez-vous à la p. 146 pour observer la Joconde et rédigez un point de vue en vous inspirant du document 3 ci-dessus : par exemple le point de vue du commentateur sportif, du médecin, du fils ou de la fille de Mona Lisa, de sa meilleure amie...

– Utilisez le vocabulaire et le niveau de langue adaptés à la personne qui donne son point de vue.

ENQUÊT'ART

La Joconde, un portrait modèle

Léonard de Vinci est un peintre de la Renaissance qui réalisa avec le portrait de *La Joconde* un chef-d'œuvre mondialement connu.

▶ Pourquoi ce portrait est-il devenu une référence ?

OUVRONS L'ENQUÊTE

Document 1 - Hans Memling (v. 1433-1494), volet droit du triptyque *Portinari*, 1487, huile sur bois, 43 x 32 cm, galerie des Offices, Florence.

Document 2 - Sandro Botticelli (v. 1445-1510), *Portrait présumé de Smeralda Brandini*, vers 1490, huile sur bois, 66 x 41 cm, musée Victoria et Albert, Londres.

Document 3 - Léonard de Vinci (1452-1519), *La Joconde, portrait de Mona Lisa*, 1503-1506, huile sur bois, 77 x 53 cm, musée du Louvre, Paris.

Le portrait à la fin du XVe siècle

1. Dans les trois tableaux, comparez :
- ce que vous voyez en arrière-plan ;
- la position des personnages (de face, de trois quarts ou de profil) ;
- la position des mains et la direction du regard.

L'originalité de la Joconde

2. Comment la Joconde est-elle rendue plus proche du spectateur ?

3. Quels liens voyez-vous entre l'arrière-plan et le personnage (couleurs, lignes) ?

4. D'où vient la lumière et que met-elle en valeur ?

COMPLÉMENT D'ENQUÊTE

Document 4 - Raphaël (1483-1520), *Portrait de Maddalena Doni*, vers 1505, huile sur bois, 63 x 44 cm, palais Pitti, Florence.

Document 5 - Jean-Baptiste Camille Corot (1796-1875), *Femme à la perle*, 1868-1870, huile sur toile, 70 x 55 cm, musée du Louvre, Paris.

[Documents 4 et 5]

Observez

1. Décrivez la position de chaque personnage, ses mains, son regard : quels sont les points communs avec *La Joconde* ?

2. Comparez les arrière-plans avec celui de *La Joconde* : indiquez les ressemblances et les différences.

Analysez

3. Qu'indique l'expression de chaque personnage ?

4. Selon leurs vêtements, leurs bijoux ou leurs coiffes, quelle impression domine dans chaque tableau ?

Interprétez

5. Pourquoi les peintres ont-ils pris modèle sur *La Joconde* ?

6. Peut-on créer une œuvre originale en imitant quelqu'un ?

lexiqu'art

Huile sur bois *(n. f.)* : tableau réalisé avec de la peinture à l'huile sur un support en bois. Jusqu'au XVIe siècle, les peintres peignent principalement sur du bois, préparé soigneusement car ce matériau est sensible à l'humidité et à la sécheresse. Une ancienne fente est encore visible au-dessus de la tête de la Joconde.

RAPPORT D'ENQUÊTE

- **L'histoire de l'art** permet de mieux comprendre la **naissance d'un chef-d'œuvre** comme *La Joconde*. Ce tableau du XVIe siècle exploite avec génie les **recherches picturales** des peintres du XVe siècle, pour aboutir à la **perfection**.
- La Joconde sera ensuite **admirée** et **imitée**. Mais l'imitation n'est pas une copie servile : elle permet de **créer des œuvres originales** tout en rendant **hommage** aux maîtres du passé.

Mieux connaître les mots

ÉVOLUTION DE LA LANGUE LE MOT « PERSONNE »

histoire du mot

Personne Les masques grecs s'appelaient ***prosopon***, ce qui signifie « qui a des yeux ». Déformé par les Étrusques puis par les Romains, le mot devient ***persona***. Il désigne le **masque** puis le personnage qui le porte, et enfin *tout* **individu**, même celui qui ne joue pas de rôle. En français, le mot a gardé ce dernier sens.

I. Observer

LATIN ⟶ FRANÇAIS

personam → **personne**

1. Que sont devenues les lettres finales du mot latin ?

2. Quelle autre modification constatez-vous ?

II. Comprendre

3. Remplacez les mots en gras par l'un des mots suivants :
la personnalité – le personnage – le personnel – personnifié – impersonnel – personnalisé
a. Le décor de son appartement est très **original**. **b.** Elle s'habille de manière **banale**. **c.** Les animaux du *Roman de Renart* sont **humanisés**. **d.** Le directeur a un **caractère** détestable. **e.** Le comédien joue parfaitement son **rôle**. **f.** L'**ensemble des employés** de cet hôtel est aimable.

4. Indiquez le sens du mot **personne** dans les emplois suivants :
a. Il n'y a **personne**. **b.** L'enfant écoute les **grandes personnes**. **c.** Ce verbe est conjugué à la **première personne**. **d.** Elle est venue **en personne**.

III. Manipuler

5. Recopiez le tableau puis classez les mots complexes suivants à l'intérieur : un **personnage** – un **pèse-personne** – **impersonnel**
Suivez ensuite les consignes.

Mot(s) composé(s)	Mot(s) dérivé(s)
… → Indiquez les radicaux	… → Encadrez le radical → Indiquez le préfixe ou/et le suffixe

JOUONS AVEC LES MOTS QUEL SKETCH !

- Quel jeu de mots anime ce texte ?
- Lisez ce sketch puis essayez de le jouer, tout seul ou à plusieurs.

Personne

Récemment, je me rendais chez quelqu'un… Je ne me souviens plus du nom de la personne. […] Bref ! J'arrive devant la porte de cette personne. Je frappe… pas de réponse. La porte n'était pas fermée. Je la pousse. Personne ne me dit d'entrer.
Je crie : « Il y a quelqu'un ! »
Quelqu'un me répond : « Non, il n'y a personne ! »
Je me dis : si quelqu'un répond qu'il n'y a personne, c'est qu'il y a quelqu'un ! Là-dessus, le téléphone sonne. Je m'attendais à ce que quelqu'un réponde. Personne.
Je décroche : « Allô ? »
Une voix : « Il y a quelqu'un ? »
Je réponds : « À part moi, il n'y a personne ! »
La voix : « Ça ne fait rien. Je rappellerai lorsqu'il y aura quelqu'un ! » […]
À devenir fou ! Ah !... Si quelqu'un me demande, **je n'y suis pour personne** !

Raymond Devos

ENRICHIR SON VOCABULAIRE LE LEXIQUE DU PORTRAIT

1. Dans la liste des mots proposés ci-dessous, quels sont ceux qui relèvent d'un niveau de langue familier ?

air – **allure** – **apparence** – **aspect** – **comportement** – **dégaine** – **look** – **physionomie** – **silhouette**

2. À quelle partie du visage correspond chaque groupe d'adjectifs suivants ?

A	B	C	D	E
pâle / mat incarnat basané terne éclatant	fins / épais frisés / ondulés raides / bouclés filasses / crépus	droit / crochu pointu / aquilin busqué / camus	exorbités bridés pétillants globuleux	petite grande mince lippue

3. Retrouvez dans les adjectifs précédents ceux qui conviennent pour décrire ce visage : un nez **aplati** – des lèvres **épaisses** – la peau **brune** – les cheveux **ternes** – des yeux **grands ouverts**

DES MOTS POUR LIRE L'IMAGE LE CADRE

COMPLÉTEZ la lecture d'image n° 6 avec le CD-Rom.

Pour mettre en valeur un portrait ou une scène, l'artiste peut souligner le cadre.

1. Observez le schéma et indiquez ce qui constitue le cadre 1 de l'œuvre.

2. Quel élément peint encadre le portrait ?

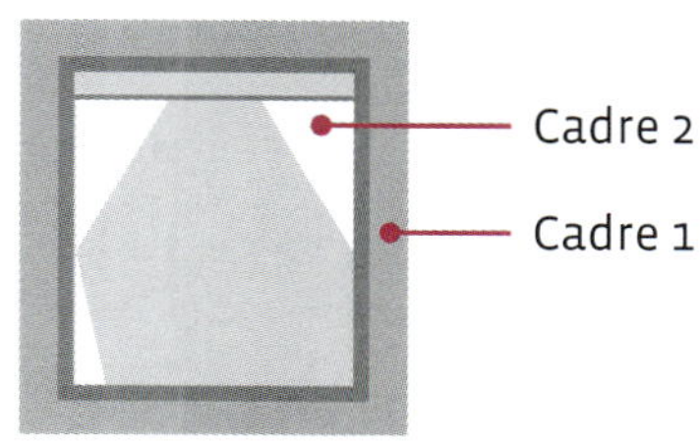

Jean Fouquet (1415-1480), *Portrait de Charles VII, roi de France*, vers 1450-1455, huile sur bois, 98,8 x 84,5 cm, musée du Louvre, Paris.

Analyse

LA PRÉSENTATION DU PERSONNAGE : SON PORTRAIT, SES ACTIONS, SES PAROLES

CONSEIL
Révisez les temps des verbes de l'indicatif ▸ VERBE, FICHES 20 ET 21 et la ponctuation du dialogue ▸ ORTHOGRAPHE, FICHE 33.

Texte 1

– J'ai fait un tour de deux heures dans la brousse pour répandre du sel dans les endroits où les bêtes vont souvent. Elles ont du goût pour le sel. Ça les fortifie. Vous me direz que ce n'est pas mon seul devoir qui me pousse à leur en donner.

Bullit marchait plus vite de son grand pas juste, élastique et muet à travers la pièce encombrée.

– Et les barrages de terre que je construis, et les rigoles que je fais creuser pour qu'il y ait partout et en toute saison des abreuvoirs, ce n'est pas davantage l'obligation de mon poste. Et je vide sans pitié les visiteurs quand, avec les trompes de leurs voitures, ils empêchent les bêtes de se sentir chez elles.

Bullit arrêta brusquement la lancée de son corps avec cette facilité que je lui avais déjà vue. Il était alors près de moi et grondait :

– Les bêtes, ici, ont tous les droits. Je les veux tranquilles. À l'abri du besoin. Protégées des hommes. Heureuses. Et dans la mesure de mes forces, il en sera ainsi, vous m'entendez.

Joseph Kessel, *Le Lion*, Gallimard, 1958.

Document A

Alain Delon joue John Bullit dans le film *Le Lion*, réalisé par **José Pinheiro** en 2003.

Texte 2

Il était d'une beauté vraiment exceptionnelle dans l'ordre de la plénitude et de la puissance. Très grand, très long de jambes, son ossature massive se trouvait enrobée d'une chair qui, pour être dense, épaisse et même pesante, n'embarrassait en rien la vitesse et la souplesse de ses mouvements. Cette substance ferme et active était simplement une source de vitalité, une réserve de force. Et le soleil qui l'avait cuit et recuit jusqu'à lui donner un teint de bois brûlé n'avait pu entamer sa surface. […]

Ses narines bien dessinées se dilataient et se contractaient rapidement. La mâchoire carrée avançait un peu et avec elle la lèvre inférieure, vigoureuse et vermeille. Les cheveux drus, emmêlés, crêtaient d'une broussaille rousse, presque rouge, le front bombé, les joues pleines et dures. C'était, plutôt qu'un visage, un masque, un mufle. Mais par son relief, sa densité, son expression, il exerçait un pouvoir, un attrait singuliers.

Joseph Kessel, *Le Lion*, Gallimard, 1958.

Document B

Illustration de **Philippe Mignon** pour *Le Lion* de Joseph Kessel, Gallimard, 1982.

Texte 3

Alors la troupe du vieil éléphant se redressa, se recourba et un barrissement plus sonore, plus aigu, plus effrayant que l'éclat de cent trompettes de guerre retentit dans la sérénité de la brousse. Toute la harde rejoignit le chef, les mâles derrière lui, les femelles protégeant les enfants. Bullit arrêta la voiture face aux éléphants serrés en une seule masse de nuques, d'épaules et d'échines colossales, leurs trompes convulsées comme des serpents furieux. Et ce fut seulement à la seconde même où de toutes ses trompes jaillit la même stridence enragée et où la phalange[1] formidable se mit en branle que Bullit fit pivoter la Land Rover et la lança à toute vitesse sur une bonne piste qu'une chance merveilleuse me sembla ouvrir soudain parmi les buissons, mais que lui, à coup sûr, avait depuis longtemps repérée, et aménagée.

Joseph Kessel, *Le Lion*, Gallimard, 1958.

1. phalange : armée des éléphants.

I. Comparer les présentations du personnage

1. Relevez les ressemblances de Bullit avec un lion :
texte 1, l. 5 et 13 – texte 2 – texte 3, l. 11 et 12.

2. Montrez l'amour que porte Bullit aux animaux :
– [Texte 1] Que fait-il pour aider les animaux ?
– [Texte 3] Avec quels animaux joue-t-il et à quel jeu ?

II. Différencier les formes de présentation

3. Suivez les consignes figurant dans le tableau.

	Texte 1	**Texte 2**	**Texte 3**
Indiquez	la marque de ponctuation qui introduit les paroles	le temps des verbes conjugués	le temps des verbes conjugués [l. 1 à 10]
Relevez	deux verbes à la deuxième personne du pluriel, montrant que Bullit s'adresse à quelqu'un	les mots appartenant au champ lexical du corps	quatre mots qui sont des indications temporelles

4. À partir des indices précédents, précisez quel texte est un portrait, lequel est un dialogue et lequel présente le personnage en action.

III. Étudier le choix des illustrations

5. [Doc. A et B] L'aspect physique du personnage est-il fidèle au texte ?
6. Comment le lien de Bullit avec les animaux est-il traduit ?
7. Sur quel aspect du personnage chaque document met-il l'accent ?

Écrit

RÉDIGER UN PORTRAIT

Imaginez un homme ou une femme dont le physique est en rapport avec son caractère et sa vie (un marin, un paysan ou un homme de la ville) :
– faites son portrait à l'imparfait ;
– utilisez des adjectifs, des comparaisons et des métaphores pour caractériser le personnage.

Lecture de texte / Étude de la langue

Un nouveau Robinson

Robinson vit maintenant avec Vendredi, l'indigène qu'il a recueilli.

De son côté, Robinson avait commencé à se transformer complètement. Avant il portait des cheveux très courts, presque ras, et au contraire une grande barbe qui lui donnait un air de grand-père. Il coupa sa barbe – qui avait été d'ailleurs déjà abîmée par l'explosion – et il laissa pousser ses cheveux qui formèrent des boucles dorées sur toute sa tête. Du coup il paraissait beaucoup plus jeune, presque le frère de Vendredi. Il n'avait plus du tout la tête d'un gouverneur et encore moins d'un général.

Son corps aussi s'était transformé. Il avait toujours craint les coups de soleil, d'autant plus qu'il était roux. Quand il devait rester au soleil, il se couvrait des pieds à la tête, mettait un chapeau et n'oubliait pas de surcroît sa grande ombrelle en peau de chèvre. Aussi il avait une peau blanche et fragile comme celle d'une poule plumée.

Encouragé par Vendredi, il commença à s'exposer nu au soleil. D'abord il avait été tout recroquevillé, laid et honteux. Puis il s'était épanoui. Sa peau avait durci et avait une teinte cuivrée. Il était fier maintenant de sa poitrine bombée et de ses muscles saillants. [...] Mais surtout il regardait faire Vendredi, il l'observait, et il apprenait grâce à lui comment on doit vivre sur une île déserte du Pacifique.

Michel Tournier, *Vendredi ou la Vie sauvage*, Gallimard, 1977.

1. À quel type d'homme ressemblait Robinson avant son changement ?
2. [L. 1 à 9] Quels sont les quatre verbes conjugués à l'imparfait ?
3. [L. 3 et 4] Relevez trois expansions du nom « *barbe* » et donnez leur fonction.
4. Que faisait Robinson auparavant pour se protéger du soleil ?
5. Quelle est la comparaison qui décrit sa peau avant sa transformation ? Précisez le comparé, le comparant et l'outil de comparaison.
6. [L. 8] En quoi Robinson est-il devenu le « *frère de Vendredi* » ?
7. [L. 18 à 20] Relevez les antonymes de « *recroquevillé* » et « *honteux* ».
8. Le changement de Robinson est-il physique, moral ou les deux ? Expliquez.

Orthographe

ROM **PRÉPAREZ** la dictée n° 6 avec le CD-Rom.

À REVOIR
Le passé simple et l'imparfait des verbes du 1er groupe à la 1re personne du singulier
▸ VERBE, FICHE 20

Un petit singe curieux

J'avais bien eu le sentiment, au sortir du sommeil, qu'un pinceau léger et râpeux s'était promené le long de mon visage, mais, quand je <u>m'éveillai</u> vraiment, je le <u>trouvai</u> assis, très attentif, au niveau de l'oreiller, et qui <u>m'examinait</u> avec insistance.
Sa taille ne <u>dépassait</u> pas celle d'une noix de coco. Sa courte fourrure en avait aussi la couleur. Ainsi vêtu depuis les orteils jusqu'au crâne, il <u>semblait</u> en peluche. Seul, le museau était couvert d'un loup[1] en satin noir à travers lequel <u>brillaient</u> deux gouttes : les yeux.

Joseph Kessel, *Le Lion*, Gallimard, 1958.

1. Indiquez le temps de chaque verbe souligné et indiquez son sujet.
2. Retenez les différentes orthographes du son [j] : *le somm**eil** – év**eill**ai – l'or**eill**er – sa ta**ille** – les ort**eils** – br**ill**aient*.
3. N'oubliez pas les lettres finales muettes des mots *noi**x** – lou**p***.

1. **un loup :** un masque.

Lecture d'image / Histoire des arts

Sainte Constance, dite La Belle Florentine, XVe siècle, École florentine, sculpture en polychromie, 55 x 41 x 23 cm, musée du Louvre, Paris.

1. En quoi s'agit-il d'un portrait ?
2. Quelles informations nous donne-t-il ?
3. Comparez cette œuvre avec le tableau de la p. 139.

Connaissance des auteurs et de leurs œuvres

1. À travers ces portraits chinois, identifiez chaque personnage :
Robinson – Patricia – Mondo

Si j'étais un pays, je serais une île du Pacifique.
Si j'étais un fruit, je serais un ananas.

Si j'étais un pays, je serais nulle part.
Si j'étais un bateau, je serais un cargo.

Si j'étais un pays, je serais le Kenya.
Si j'étais une voiture, je serais une Jeep.

POUR RÉPONDRE, relisez bien la page « Et si les auteurs nous parlaient ? », p. 134-135.

2. Voici trois têtes avec des indices. Retrouvez à quel auteur correspond chaque tête :
Joseph Kessel – Michel Tournier – J.-M. G. Le Clézio

Andô Hiroshige, *La Mer à Satta dans la province de Suruga*, XIXe siècle, lithographie en couleur, 33,9 x 22 cm, Ashmolean Museum, University of Oxford.

7 Description des lieux

Comment définir un lieu romanesque ?

Parcours textes et images

S'exercer

Évaluation

LIRE L'IMAGE

1. Au premier plan, comment le peintre a-t-il montré la mer déchaînée ?
2. À l'arrière-plan, comment le calme est-il traduit ?
3. Quels indices montrent qu'il s'agit d'un pays lointain ?

ÉTUDE DE LA LANGUE

• Les degrés de l'adjectif qualificatif p. 159 – le complément d'agent p. 159 – la proposition subordonnée relative p. 161 – les pronoms personnels p. 163 – les prépositions p. 165

• La voix passive p. 159 – l'imparfait de l'indicatif p. 163, 165, 174 – le passé simple p. 161, 165 – le plus-que-parfait p. 174

Et si les auteurs nous parlaient ?

Daniel Defoe, gravure de **Michael Van der Gucht**, XVIIIe siècle.

Daniel Defoe, avez-vous vécu sur une île comme Robinson ?

La seule île où j'ai vécu est l'Angleterre, où je suis né en **1660** ! Passionné d'écriture jusqu'à ma mort, en **1731**, je crois que c'est dans les livres qu'on voyage le plus… C'est pour cela qu'en **1719** j'ai écrit ***Les Aventures de Robinson Crusoé***. Pour créer ce personnage si débrouillard, je me suis inspiré de l'histoire vraie d'Alexandre Silkirk, abandonné sur une île pendant plus de quatre ans et dont le sort passionna toute l'Angleterre !

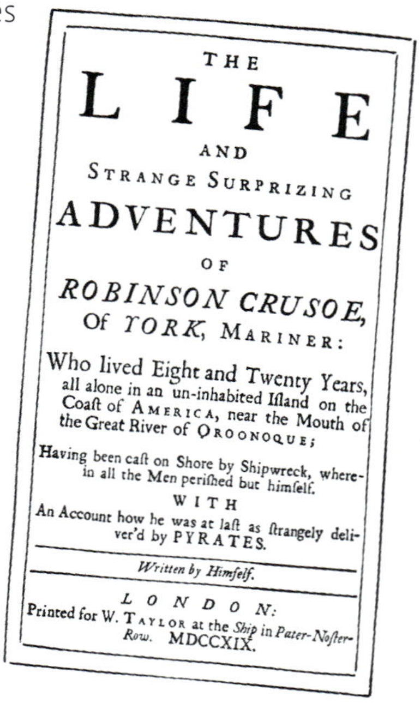

THE
LIFE
AND
STRANGE SURPRIZING
ADVENTURES
OF
ROBINSON CRUSOE,
Of *YORK*, MARINER:
Who lived Eight and Twenty Years, all alone in an un-inhabited Island on the Coast of AMERICA, near the Mouth of the Great River of OROONOQUE;
Having been cast on Shore by Shipwreck, wherein all the Men perished but himself.
WITH
An Account how he was at last as strangely deliver'd by PYRATES.
Written by Himself.
LONDON:
Printed for W. TAYLOR at the *Ship* in *Pater-Noster-Row*. MDCCXIX.

Frontispice de la première édition de *Robinson Crusoé*, parue à Londres en 1719.

Robert Louis Stevenson, pour vous la mer est-elle synonyme d'aventure ?

Oh que oui ! L'Écosse, où je suis né en **1850**, est une contrée ouverte sur la mer. Mon père m'a donné le goût du voyage et j'ai effectué la grande traversée de l'Atlantique, puis à trente-huit ans j'ai traversé le Pacifique ! J'ai été fasciné par la mer : mon roman d'aventures ***L'Île au trésor***, paru en 1883, en témoigne. Jusqu'à la fin de ma vie, en **1894**, j'ai pris tous les bateaux possibles !

Photographie de *Robert Louis Stevenson*, 1894.

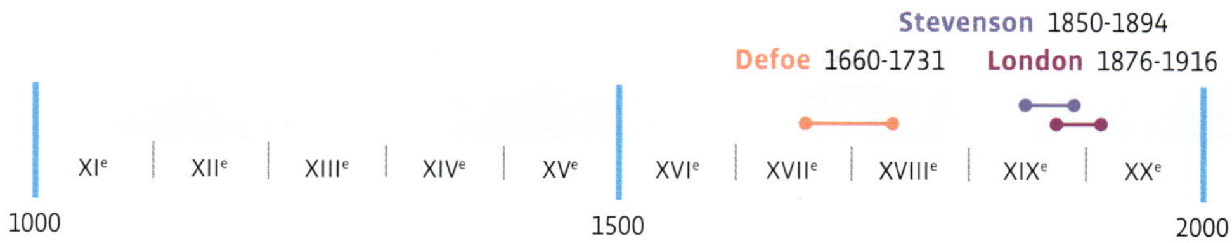

Et vous, **Jack London**, étiez-vous un aventurier de la banquise ?

Depuis ma naissance à San Francisco en **1876**, jusqu'à ma mort en **1916**, quelle vie mouvementée ! Tour à tour marin, pilleur d'huîtres ou chercheur d'or, j'ai bourlingué jusqu'au Grand Nord… qui m'a inspiré mes deux célèbres romans ***L'Appel de la forêt*** en **1903** et ***Croc-Blanc*** en **1906**. À partir de 1900, j'ai publié un livre par an, parfois deux, trois ou quatre !

Photographie de *Jack London*, XXe siècle.

Illustration du livre *L'Histoire de Jack London* le représentant, XXe siècle, lithographie en couleur.

1 Observer l'organisation d'un lieu

Chrétien de Troyes ► p. 62

Un mot à la loupe

La demeure de l'empereur Auguste (63 av. J.-C.-14 ap. J.-C.) s'appelait ***palatinium*** (le palatin) car elle était construite sur le **mont Palatin**, l'une des sept collines de Rome. Par la suite, *palatium* est devenu **palais**. Puis toutes les demeures impériales, même en dehors de Rome, s'appelleront des **palais**.

Le château aux merveilles

Malgré les avertissements qu'il a reçus, le chevalier Gauvain, accompagné de son prisonnier, se rend au château construit sur la falaise.

C'est ainsi qu'ils passent tous deux sans encombre pour arriver au palais dont l'entrée était très haute, les portes riches et belles, car tous les gonds et toutes les gâches[1] étaient en or fin, nous dit l'histoire. L'une des portes était d'ivoire ciselé en surface, l'autre porte était d'ébène, également sculptée en surface, et chacune d'elles était ornée d'or et de pierres précieuses. Le sol du palais était fait de carreaux verts, vermeils, violets et bleus ; avec cette diversité de couleurs, c'était un très bel ouvrage poli à la perfection. Au milieu de la salle du palais il y avait un lit qui ne comportait aucune pièce en bois, tout étant en or, si ce n'est les cordages, qui étaient tous en argent.

En ce qui concerne le lit, je ne fabule pas ; à chaque nœud du sommier était suspendue une cloche ! Sur le lit on avait étendu une grande couverture de soie ; chaque colonne du lit était garnie d'une escarboucle[2], et ensemble elles répandaient une clarté bien plus grande que celle de quatre cierges allumés. Le lit reposait sur des têtes grotesques aux joues grimaçantes, et ces têtes munies de quatre roues étaient si rapides et mobiles qu'un seul doigt d'une petite poussée suffisait à faire aller le lit partout, d'un bout à l'autre de la salle. Un tel lit, à vrai dire, n'a jamais été fait pour un roi ni pour un comte, et ne le sera jamais. Et le palais était tout couvert de tentures neuves, et je veux qu'on me croie, il n'y avait pas trace d'enduit ; les murs étaient de marbre ; au-dessus il y avait des verrières si claires que, si l'on y prêtait attention, on voyait à travers les vitres tous ceux qui entraient dans le palais et passaient par la porte. Les vitres étaient teintes des couleurs les plus belles et de la meilleure qualité que l'on puisse définir et réaliser. Mais je ne veux pas tout décrire, ni énumérer toutes choses en détail. Au palais, il y avait bien quatre cents fenêtres fermées et une centaine d'ouvertes. Monseigneur Gauvain inspecta tranquillement le palais de haut en bas, et de tous les côtés.

Chrétien de Troyes, *Perceval ou le Conte du Graal* (XIIe siècle), traduction de Daniel Poirion, Gallimard, Bibliothèque de la Pléiade, 1994.

1. **gâche :** partie d'une serrure.
2. **escarboucle :** pierre précieuse rouge foncé.

LIRE L'IMAGE

• Quels éléments de l'architecture d'un château-fort identifiez-vous ?
• Quelle impression s'en dégage ?

Château médiéval de Warkworth, XIIe siècle, Angleterre.

LIRE LE TEXTE

La découverte du château

1. Remettez les lieux décrits dans l'ordre de la description : fenêtres – murs – portes – lit – sol.

2. Pour chaque élément de la question 1, indiquez la direction du regard : en haut – en bas – au milieu – sur les côtés. Retrouvez dans le texte ces indications.

3. [L. 6 et 7] Relevez deux verbes à la voix passive. Indiquez leur temps et leur complément d'agent ▸ GRAMMAIRE, FICHE 17, ET VERBE, FICHE 24

4. Relevez deux interventions du narrateur où il prétend dire la stricte vérité.

Un château merveilleux

5. Relevez deux éléments en or, un en argent, un en marbre, un en soie. Qu'expriment ces différentes matières ?

6. [L. 7 et 26] Qu'est-ce qui est en couleur ? Précisez ce qui caractérise ces couleurs.

7. [L. 8 et 27] Relevez les adjectifs qualificatifs. Donnez leur fonction et précisez ceux qui sont au superlatif. ▸ GRAMMAIRE, FICHE 5

8. En quoi ce lit et ce palais sont-ils merveilleux ?

ORTHOGRAPHE ▸ FICHE 4

9. [L. 7] Remplacez « *carreaux* » par « plaques » et accordez les quatre adjectifs de couleur.
Ajoutez à la liste : jaune vif – rouge cerise – brun, et accordez-les selon la règle.

VOCABULAIRE ▸ FICHE 36

10. Indiquez le nom qui correspond à chacun de ces verbes (*sculpter* → une sculpture) :
broder – *enduire* – *orner* – *garnir* – *teindre*.

L'ESSENTIEL

– La **description** d'un **lieu** s'appuie sur des éléments **visuels** : couleurs, matières, formes. Elle est **organisée** par des **indications spatiales** précisant la direction du regard (en haut, en bas, sur les côtés, au milieu...).
– Le **temps principal** de la description dans un récit au passé est l'**imparfait de l'indicatif**. Généralement la description marque une **pause** dans le récit.

EXPRESSION ÉCRITE

– Décrivez une chambre imaginaire de manière organisée (haut – bas – à droite – à gauche – au fond – au milieu).
– Utilisez l'imparfait de l'indicatif comme temps principal.
– Employez des adjectifs de couleur, des superlatifs et des comparaisons.

2 Étudier une description en mouvement

Daniel Defoe ► p. 156

Un mot à la loupe

Le mot latin ***silvam*** désigne la forêt et ***silvaticum*** celui qui est fait pour la forêt. Il deviendra ***salvage*** en ancien français puis **sauvage**. À l'origine, l'homme sauvage est donc celui qui vit dans la forêt, à l'état de nature.

Marty dans le rôle de Robinson au Théâtre de la Gaîté, 1813, eau-forte coloriée par L. Maleuvre d'après un dessin de J. E. Chaponnier, BNF, Paris.

La découverte de l'île

Ce fut le 15 que je commençai à faire cette visite exacte de mon île. J'allai d'abord à la crique dont j'ai déjà parlé, et où j'avais abordé avec mes radeaux. Quand j'eus fait environ deux milles en la côtoyant, je trouvai que le flot de la marée ne remontait pas plus haut, et que ce n'était plus qu'un petit ruisseau d'eau courante très douce et très bonne. Comme c'était dans la saison sèche, il n'y avait presque point d'eau dans certains endroits, ou au moins point assez pour que le courant fût sensible.

Sur les bords de ce ruisseau je trouvai plusieurs belles savanes ou prairies unies, douces et couvertes de verdures. Dans leurs parties élevées proche des hautes terres qui, selon toute apparence, ne devaient jamais être inondées, je découvris une grande quantité de tabacs verts, qui jetaient de grandes et fortes tiges. Il y avait là diverses autres plantes que je ne connaissais point, et qui peut-être avaient des vertus que je ne pouvais imaginer.

Je me mis à chercher le manioc, dont la racine ou cassave sert à faire du pain aux Indiens de tout ce climat ; il me fut impossible d'en découvrir. Je vis d'énormes plantes d'aloès, mais je n'en connaissais pas encore les propriétés. Je vis aussi quelques cannes à sucre sauvages et, faute de culture, imparfaites. Je me contentai de ces découvertes pour cette fois, et je m'en revins en réfléchissant au moyen par lequel je pourrais m'instruire de la vertu et de la bonté des plantes et des fruits que je découvrirais ; mais je n'en vins à aucune conclusion ; car j'avais si peu observé pendant mon séjour au Brésil, que je connaissais peu les plantes des champs, ou du moins le peu de connaissance que j'en avais acquis ne pouvait alors me servir de rien dans ma détresse.

Le lendemain, le 16, je repris le même chemin et, après m'être avancé un peu plus que je n'avais fait la veille, je vis que le ruisseau et les savanes ne s'étendaient pas au-delà, et que la campagne commençait à être plus boisée. Là je trouvai différents fruits, particulièrement des melons en abondance sur le sol, et des raisins sur les arbres, où les vignes s'étaient entrelacées ; les grappes étaient juste dans leur primeur, bien fournies et bien mûres. C'était là une surprenante découverte, j'en fus excessivement content ; mais je savais par expérience qu'il ne fallait user que modérément de ces fruits.

Daniel Defoe, *Robinson Crusoé* (1719), traduction de Pétrus Borel, Gallimard, 1959.

LIRE L'IMAGE

• Que fait le peintre pour guider le regard du spectateur vers le fond ?
• Qu'est-ce qui permet d'avoir une échelle de grandeur ?
• Quel sentiment et quelle sensation sont donnés par les couleurs du tableau ?

Paul Gauguin (1848-1903), *Montagnes tahitiennes*, 1893, huile sur toile, 68 x 92 cm, Mineapolis Institute of arts.

LIRE LE TEXTE

La découverte des lieux

1. Relevez les mots qui appartiennent au champ lexical de la vue.

2. [L. 18] « *Je vis* » : à quelle personne et à quel temps ce verbe est-il conjugué ? ▸ VERBE, FICHE 20 Qui est le narrateur ?

3. [L. 1 à 27] Dans cette description en mouvement, quels sont les trois lieux différents par lesquels passe Robinson ?

4. Sur combien de jours cette découverte se déroule-t-elle ? Relevez les indications temporelles qui l'indiquent.

L'observation des plantes

5. Quelle plante Robinson n'arrive-t-il pas à trouver et pourquoi la cherche-t-il ? Recopiez la proposition relative qui le précise. ▸ GRAMMAIRE, FICHE 15

6. Dans un tableau en 2 colonnes, écrivez les vertus suivantes des plantes que découvre Robinson et complétez de quelle plante il s'agit : *il pourra en tirer le jus pour sucrer ses aliments – il n'en connaît pas les vertus – il peut les manger – il ne doit pas en manger trop.*

7. Pourquoi Robinson s'intéresse-t-il tant aux plantes ou aux fruits de son île ?

ORTHOGRAPHE ▸ FICHE 28

9. [L. 10 à 12] Relevez quatre participes passés. Indiquez leur genre et leur nombre. Précisez pour chacun le nom avec lequel il s'accorde.

VOCABULAIRE ▸ FICHE 41

10. Les fruits et les plantes ont certaines qualités recherchées par Robinson. Trouvez trois noms dans le texte qui sont synonymes de « *qualité* ».

L'ESSENTIEL

– On distingue deux manières principales de décrire un lieu : la description **statique** (celui qui décrit les lieux ne bouge pas) et la description **en mouvement** (les lieux sont décrits au fur et à mesure d'un déplacement).
– La **manière** dont le personnage **regarde** les lieux permet souvent de comprendre ses **motivations** et ses **préoccupations**.

EXPRESSION ÉCRITE

Rédigez une fiche, telle que vous pourriez la trouver dans un livre de sciences de la vie et de la terre, sur l'un des fruits ou l'une des plantes du texte :
– votre fiche comportera le nom du fruit ou de la plante, son origine, sa culture, sa récolte ;
– vous utiliserez le présent de l'indicatif et un vocabulaire précis ;
– vous ajouterez un dessin ou une photo pour illustrer votre fiche.

3 Comprendre l'atmosphère d'un lieu

R. L. Stevenson ▶ p. 156

Art musical
Poème symphonique de **Rachmaninov**, *L'Île des morts*, 1909.

Où commence mon aventure à terre

AUDIO

*Le narrateur Jim Hawkins arrive, à bord du navire l'*Hispanolia*, sur les rives de l'île au trésor, pour rechercher le fameux trésor amassé par le pirate Flint.*

Quand, le lendemain matin, je montai sur le pont, l'île avait entièrement changé d'aspect. Nous avions parcouru une bonne distance pendant la nuit. Maintenant, la brise était complètement tombée, et nous étions immobilisés à un demi-mille au sud-est de la basse côte orientale. Des bois de couleur grisâtre couvraient une grande partie de l'île. Cette teinte uniforme était en vérité interrompue par des bandes de sable jaune dans les creux du terrain et par de nombreux arbres géants, de la famille du pin, qui dépassaient les autres – soit isolément, soit par bouquets. Mais l'ensemble était terne et triste. Les collines dressaient au-dessus de cette végétation leurs pitons de roc dénudé. Elles avaient toutes une forme étrange, et la Longue-Vue[1], la plus haute par trois ou quatre cents pieds, était aussi la plus bizarre par sa forme ; montant à pic presque de chaque côté, et ensuite, tronquée net en son sommet comme un piédestal qui attend sa statue.

L'*Hispaniola* roulait bord à bord dans la houle de l'océan. Les arcs-boutants[2] tiraient sur les poulies, et la barre battait à droite et à gauche, et tout le navire craquait, grondait et frémissait comme une fabrique. Il fallait que je m'agrippe au galhauban[3], et tout tournait vertigineusement autour de moi, car si j'étais assez bon marin en marche, rester ainsi sur place secoué comme une bouteille vide est une chose que je n'ai jamais pu supporter sans être malade, surtout le matin, avec un estomac vide.

Était-ce ce malaise, ou bien était-ce l'aspect de l'île avec ses bois gris et maussades, ses farouches arêtes de pierre et le ressac[4], que nous pouvions à la fois voir et entendre, écumant sur le rivage avec un bruit de tonnerre ? Toujours est-il que, malgré le soleil chaud et brillant, malgré les oiseaux qui pêchaient et criaient alentour, malgré la joie qui aurait dû suivre après un si long voyage en mer, j'avais, comme on dit, le cœur retourné. Dès cet instant, je pris en haine l'idée même de l'île au trésor.

Robert Louis Stevenson, *L'Île au trésor* (1883), traduction d'André Bay, Le Livre de poche Jeunesse, 2007.

1. *Longue-Vue* : nom de la plus haute montagne de l'île.
2. arcs-boutants : câbles qui tiennent les voiles.
3. galhauban : câble servant à tenir le mât.
4. ressac : mouvement des vagues.

LIRE L'IMAGE

- Qu'est-ce qui rend l'île et le ciel menaçants sur cette couverture ?
- Comment le dessinateur donne-t-il de la profondeur à l'illustration ?
- Quel est le lien entre le titre de la bande dessinée et le dessin ?

Hergé, *Les Aventures de Tintin, L'Île noire*, 1965,
© Hergé/Moulinsart, 2010.

LIRE LE TEXTE

La description de l'île

1. Quel pronom personnel désigne le narrateur ? ▸ GRAMMAIRE, FICHE 6 S'agit-il de l'auteur ou d'un personnage du récit ?

2. Pour décrire la Longue-Vue, quelle précision géographique est donnée ? Quelle comparaison poétique est employée ? Lequel de ces deux procédés rend la description plus réaliste ?

3. Relevez dans le texte d'autres précisions géographiques et d'autres comparaisons poétiques.

Les sensations et les sentiments du personnage

4. [L. 16 à 18] À quel temps les verbes sont-ils conjugués ? ▸ VERBE, FICHE 20 Quels sont ceux qui traduisent un mouvement et ceux qui traduisent un son ?

5. [L. 5 à 13] Le narrateur emploie de nombreux adjectifs : « *grisâtre – uniforme – jaune – terne – triste – étrange – haute – bizarre* ». Classez-les dans le tableau suivant et précisez le degré d'intensité des adjectifs soulignés :

Adjectifs décrivant un aspect visuel	Adjectifs exprimant un sentiment

6. Dans le dernier paragraphe, relevez une métaphore montrant l'angoisse du narrateur.

ORTHOGRAPHE ▸ FICHE 31

7. [L. 27 à 29] Relevez quatre mots où l'on prononce le son [j] et indiquez les quatre différentes manières d'écrire ce son.

VOCABULAIRE ▸ FICHE 35

8. Quel est le préfixe commun aux mots « *malade* » (l. 23) et « *maussades* » (l. 25) ? Expliquez la différence de forme entre les deux mots. Trouvez dans le texte un autre mot avec ce préfixe.

L'ESSENTIEL

– La description d'un lieu permet d'**installer une atmosphère** qui prépare le lecteur à la **suite du récit** et **donne le ton** : joyeux, triste, effrayant…
– Cette mise en place s'appuie sur des **précisions géographiques** mais aussi sur des **comparaisons** ou des **métaphores**. Elle est liée à ce que **ressent** le personnage.

EXPRESSION ÉCRITE

« J'avais, comme on dit, le cœur retourné » *(l. 30) : et si Jim avait eu le « cœur réjoui » ?*
– Décrivez l'île au trésor en faisant comprendre que le jeune narrateur aime ce qu'il voit et se sent heureux et enthousiaste.
– Comme dans le texte, vous ferez correspondre ce qu'il voit et ce qu'il éprouve.

4 Analyser la fonction d'un lieu

Jack London ► p. 157

Texte A

Chapitre I – Vers un monde sauvage

Buck habitait une spacieuse maison dans la vallée ensoleillée de Santa Clara. On l'appelait la maison du juge Miller. Elle se dressait en retrait de la route, à demi cachée par les arbres. Un regard à travers le feuillage suffisait pour apercevoir la large et fraîche véranda qui la ceinturait entièrement, et les allées de gravier, jalonnées de peupliers, qui serpentaient sur des pelouses. Derrière la maison, tout était encore plus vaste que devant. Il y avait des écuries, où s'affairaient une douzaine de palefreniers[1], plusieurs rangées de maisonnettes couvertes de vigne vierge et réservées au personnel, des dépendances[2] bien alignées et en parfait état, des treilles[3] qui semblaient s'allonger à l'infini, des pâturages verdoyants et des vergers. Il y avait enfin la pompe mécanique du puits artésien[4] et une piscine en ciment où les domestiques et les ouvriers du juge faisaient le matin un plongeon et où, l'après-midi, quand la chaleur était intense, ils prenaient un bain rafraîchissant.

Sur cet impressionnant domaine, Buck régnait.

Texte B

Chapitre VII – L'appel

Buck n'avait jamais été aussi heureux. Rien ne lui était plus agréable que de chasser, de pêcher, d'aller sans cesse à l'aventure à travers des pays toujours nouveaux. [...]

Ils franchirent plusieurs lignes de partage des eaux, tandis que soufflait autour d'eux le vent glacial d'une tempête de neige, comme il s'en produit souvent l'été. Au sommet de montagnes nues, entre la lisière d'une forêt et des neiges éternelles, ils grelottèrent sous le soleil de minuit. Ils descendirent dans des vallées chaudes où grouillaient mouches et moustiques. Là, dans l'ombre des glaciers, ils cueillirent des fraises et des fleurs aussi belles que celles dont les pays du Sud sont si fiers. Vers la fin de l'année, ils se trouvèrent au seuil d'une étrange contrée, triste et silencieuse, semée de lacs fréquentés jadis par les oiseaux. Maintenant, plus le moindre signe de vie, sauf le sifflement d'une bise froide, des formations de glace aux endroits abrités et les ondulations mélancoliques des vaguelettes sur des grèves[5] solitaires.

Jack London, *L'Appel sauvage* (1903),
traduction de Jean Muray, Hachette, 1974.

Un mot à la loupe

Le mot espagnol ***mosquita*** (petite mouche) a donné le mot français **moustique**. De nombreux mots français sont empruntés à d'autres langues.

1. **palefreniers :** ouvriers chargés du soin des chevaux.
2. **dépendances :** bâtiments annexes.
3. **treilles :** vignes que l'on fait pousser sur un support.
4. **puits artésien :** trou foré jusqu'à une nappe d'eau souterraine.
5. **grèves :** rivages.

Maurice de Vlaminck (1876-1958), *Les Arbres rouges*, 1906, huile sur toile, 65 x 81 cm, musée national d'Art moderne, Paris.

Maurice de Vlaminck (1876-1958), *Tempête de neige*, 1934, huile sur toile, 81 x 100 cm, musée des Beaux-Arts, Lyon.

LIRE L'IMAGE

• Comparez les couleurs dans les deux tableaux : comment le peintre traduit la chaleur et le froid.
• Quels procédés le peintre utilise-t-il pour donner de la profondeur à ses paysages ?

LIRE LES TEXTES

Du sud au nord

1. [Texte A, l. 1 à 7] Relevez les différentes prépositions de lieu avec le nom qu'elles précèdent. ▸ GRAMMAIRE, FICHES 8 ET 10

2. Indiquez pour le texte A les différents éléments de la propriété que l'on voit, et pour le texte B les différents lieux décrits.

3. Dans quel texte les distances parcourues sont-elles les plus grandes ?

4. Dans quel texte la nature est-elle façonnée par l'homme et dans lequel est-elle sauvage ? Relevez les mots ou expressions qui le montrent.

Deux vies différentes

5. Quel est le personnage que l'on retrouve dans les textes A et B ? Qui est-il ?

6. Quel est le temps principalement employé dans le texte A ? dans le texte B ? ▸ VERBE, FICHE 20

7. Relevez dans le texte A une expression montrant que la vie est réglée par des habitudes, et dans le texte B une expression montrant que chaque jour est différent.

8. Expliquez le titre du roman *L'Appel sauvage* en comparant Buck au début et à la fin.

ORTHOGRAPHE ▸ FICHE 31

9. Quelle est la particularité du verbe « *cueillirent* » (texte B, l. 10) pour transcrire le son [œ] ? Trouvez un autre mot qui a la même caractéristique.

VOCABULAIRE ▸ FICHE 42

10. Dans le texte A, trouvez le terme générique qui correspond aux noms spécifiques « *maison* » (l. 1), « *arbres* » (l. 3) et « *véranda* » (l. 5). Puis relevez dans le texte trois autres mots spécifiques qui pourraient compléter cette liste.

L'ESSENTIEL

– Les différentes **descriptions** permettent de **situer les lieux** du récit et de connaître le **cadre** dans lequel évolue le personnage.
– Mais les lieux décrits ne sont pas de simples décors : ils peuvent indiquer le **mode de vie** du personnage, son **caractère** ou son **évolution.**
– Ils remplissent donc une **fonction** essentielle car ils permettent de mieux **comprendre le récit**.

EXPRESSION ÉCRITE

Buck va chasser : il poursuit un lapin ou un autre animal de votre choix.
– Décrivez les lieux qu'il traverse pour attraper sa proie.
– Organisez votre description en utilisant des indications de lieu et de temps.
– À la fin de votre description, Buck attrape sa proie et la mange ou bien sa proie lui échappe, selon votre choix.

Construire le bilan

LIRE LE TEXTE

1 À travers le regard de quel personnage le lecteur découvre-t-il la ville de San Francisco ?
2 À quel temps principal est menée cette description ?
3 Relevez des détails réalistes et des expansions du nom qui permettent de préciser la description des lieux.
4 En quoi cette description est-elle poétique ?
5 Que nous apprend cette description sur Passepartout ? Comparez la description de San Francisco avec celle qui est faite p. 174 : a-t-on la même vision de la ville ?

La découverte de San Francisco

Passepartout monta sur le siège, et le véhicule, à trois dollars la course, se dirigea vers *International Hotel.*

De la place élevée qu'il occupait, Passepartout observait avec curiosité la grande ville américaine : larges rues, maisons basses bien alignées, églises et temples d'un gothique anglo-saxon, docks immenses, entrepôts comme des palais, les uns en bois, les autres en brique ; dans les rues, voitures nombreuses, omnibus, « cars » de tramways, et sur les trottoirs encombrés, non seulement des Américains et des Européens, mais aussi des Chinois et des Indiens, enfin de quoi composer une population de plus de deux cent mille habitants.

Passepartout fut assez surpris de ce qu'il voyait. Il en était encore à la cité légendaire de 1849, à la ville des bandits, des incendiaires et des assassins, accourus à la conquête des pépites, immense capharnaüm de tous les déclassés, où l'on jouait la poudre d'or, un revolver d'une main et un couteau de l'autre. Mais ce « beau temps » était passé. San Francisco présentait l'aspect d'une grande ville commerçante. La haute tour de l'hôtel de ville, où veillent les guetteurs, dominait tout cet ensemble de rues et d'avenues, se coupant à angles droits, entre lesquels s'épanouissaient des squares verdoyants, puis une ville chinoise qui semblait avoir été importée du Céleste Empire dans une boîte à joujoux.

Jules Verne, *Le Tour du monde en 80 jours*, chapitre XXV, 1873.

BILAN SUR... la description des lieux

- Les lieux sont souvent décrits **à travers les yeux d'un personnage** auquel le lecteur peut s'identifier. Ce regard organise la description en **mode fixe** ou **en mouvement**. Textes 2 et 3
- Dans un **récit au passé**, la description est en général menée à l'**imparfait**. Textes 1, 2, 3 et 4
- Le lieu décrit est **caractérisé** par de nombreuses **expansions du nom** : adjectifs qualificatifs, compléments du nom ou propositions relatives. Textes 1, 2, 3 et 4
- La description s'appuie aussi sur des **images poétiques**, comme les métaphores ou les comparaisons. Textes 1 et 3
- Le lieu décrit n'est pas un simple décor : il permet de **comprendre la suite** du récit et de **mieux connaître les personnages**. Textes 3 et 4

Lieux réels extraordinaires

1 Journal de bord, 21 décembre 1991

Embarqué avec des explorateurs au pôle Sud en 1991, Yvon le Corre tient son journal de bord.

Si vous choisissez d'aller à l'île Déception, choisissez d'y arriver par temps bouché et entrez-y par ses portes monumentales, à l'aube, comme nous le fîmes ce 21 décembre : il y a de quoi se pâmer ; des falaises rouges d'oxyde ou noires de suie, vertigineuses, encapuchonnées de neige, s'estompant dans les rues basses.

Et tout à coup le calme d'un lac immense, l'abri total, on ignore le large et les icebergs ! De grandes plages de sable noir, violacé, et là, ce miracle : un petit lagon qui fume, vert Véronèse, pâle, sulfureux, immobile sauf ces légères et incessantes fumerolles.

Texte et illustration d'**Yvon le Corre**, *Antarctide, Journal de bord d'un peintre dans les glaces*, Gallimard Loisirs, 1992.

2 L'île Déception

Cratère d'un volcan dans l'île Déception.

1. Quel passage du texte décrit ce qu'on voit sur le dessin ?
2. Quelles sont les différentes couleurs nommées dans le texte ? Lesquelles correspondent à ce que représente le document 2 ?
3. Quels mots ou expressions du texte traduisent l'aspect extraordinaire du lieu ?

À VOUS

– Quels lieux vous font rêver ? Expliquez en quelques lignes le lieu que vous aimeriez découvrir : partir au milieu des glaces, explorer les fonds sous-marins, voyager dans l'espace…
– Accompagnez votre texte d'un dessin comme Yvon le Corre.

ENQUÊT'ART

Paysages marins

Attirés par l'aventure ou fascinés par la mer, de nombreux peintres ont fait des bateaux et des paysages marins leur sujet de prédilection.

▶ Comment les ont-ils représentés ?

OUVRONS L'ENQUÊTE

[Doc. 1 et 2]

1. À quel siècle chacun des documents a-t-il été réalisé ? Lequel est le plus ancien ?
2. Sur quel document la mer est-elle le plus proche de la réalité ?
3. Comment chaque peintre traduit-il la puissance des bateaux ?

Document 1 - Anonyme, *Débarquement des Grecs à Troie*, manuscrit français sur parchemin, vers 1400, BNF, Paris.

Document 2 - Joachim Patinir (1485-1524), *Armada portugaise*, vers 1540 , huile sur toile, 78,7 x 144,7 cm, National Maritime Museum, Greenwich, Londres.

COMPLÉMENT D'ENQUÊTE

Document 3 - Claude Monet (1840-1926), *Impression, soleil levant*, 1873, huile sur toile, 43 x 63 cm, musée Marmottan, Paris.

Document 4 - Nicolas de Staël (1914-1955), *Bateaux*, 1955, huile sur toile, 116 cm x 89 cm.

Observez

1. [Doc. 3 et 4] Quelles parties des bateaux peuvent être identifiées ?

2. Relevez des détails qui montrent que ce sont des peintures et non des photographies.

Analysez

3. Comparez les quatre documents : comment les peintres expriment-ils le mouvement de l'eau ? Pourquoi est-ce difficile à représenter ?

4. Sur les documents 1 et 2, comment la puissance des bateaux est-elle traduite ?

5. Sur quelles œuvres a-t-on une impression de profondeur ? Comment est-elle donnée ?

Interprétez

6. Selon vous, pourquoi chaque peintre a choisi ce thème des bateaux et de la mer : s'agit-il de témoigner, de raconter, de faire rêver ou d'autre chose encore ?

lexiqu'art

Marine *(n. f.)* : tableau représentant un paysage marin.

Impressionnisme *(n. m.)* : courant de peinture de la fin du XIXe siècle qui veut saisir les impressions fugitives, comme les reflets de la lumière sur l'eau. Le titre du tableau de Monet est à l'origine de ce nom.

RAPPORT D'ENQUÊTE

- Les peintres sont d'abord des témoins qui ont **représenté les batailles navales** en montrant la puissance des bateaux. Puis, au cours du temps, ils représentent les paysages marins pour leur **seule beauté** : cette peinture est devenue un genre spécifique appelé « **marine** ».
- Au XIXe siècle, les peintres **impressionnistes**, attachés à saisir les **effets de lumière** sur l'eau, ont produit de nombreuses « marines ».

Mieux connaître les mots

ÉVOLUTION DE LA LANGUE LE MOT « VOYAGE »

histoire du mot

Voyage À partir du latin ***via*** (« voie ») a été formé le mot ***viaticum*** (« provisions ou argent de voyage ») dont est issu le mot français « voyage ».

I. Observer

Évolution du mot du latin au français :

LATIN → **FRANÇAIS**

viaticum → veiage → veage → voiage → viage → **voyage**

1. Au cours de cette évolution, quelle lettre du mot latin disparaît dès le début ?

2. Quelle lettre subsiste toujours ?

II. Comprendre

3. Cherchez dans un dictionnaire ce que signifient ces mots de la famille de voyage : **un pigeon voyageur – un voyagiste – les gens du voyage**.

4. Cherchez le sens de chacun de ces verbes dérivés de *via* et employez-les dans une phrase : **dévier – convoyer – envoyer**.

III. Manipuler

5. Complétez le tableau en associant chaque mot français avec le mot latin dont il est issu :
- un **voyou** (bandit de grand chemin),
- un **voyeur** (qui épie les autres),
- une **voyelle** (se prononce avec la voix).

6. Selon ce tableau, quel mot est de la même famille que le mot **voyage** ?

Mots latins	Mots français
vocem (voix)	
videre (voir)	
viam (voie)	

JOUONS AVEC LES MOTS UN TEXTE PEUT EN CACHER UN AUTRE

• Deux textes ont été mélangés : une description romanesque et un texte documentaire. Saurez-vous « démêler » les deux extraits ?

De chaque côté de la rivière gelée s'élevait la forêt de sapins, sombre et peu engageante. Trois mille ans avant J.-C., les Inuits arrivent en Amérique. Ils baptisent la nouvelle terre « Alaska », qui signifie « continent » dans leur langue, et s'installent le long des côtes. Une récente bourrasque avait dépouillé les arbres de leur blanc manteau de givre et, dans le jour déclinant, ils semblaient se pencher les uns vers les autres, noirs et menaçants. En 1741, Vitus Béring, un navigateur danois, explore le Pacifique Nord. Il découvre le détroit qui portera son nom et offre l'Alaska aux Russes. Un immense silence régnait sur les alentours. Ces derniers installent des comptoirs pour faire le commerce de la peau de loutre. En 1867, les États-Unis achètent le continent. La région en elle-même était désolée, sans vie, figée, tellement solitaire et glacée que la principale caractéristique n'était même pas la tristesse. Mais ce n'est qu'en 1959 qu'il devient le 49e État de la confédération. Elle recelait un soupçon de raillerie, mais une raillerie plus terrible que n'importe quelle tristesse.

Texte 1 – **Jack London**, *Croc-Blanc* (1906), traduction de Noël Chassériau, Gallimard, 1993.
Texte 2 – D'après le texte documentaire établi par **Philippe Jacquin**, Gallimard, 1998.

ENRICHIR SON VOCABULAIRE

LE SENS FIGURÉ DES EXPRESSIONS DE LA MARINE

1. Remplacez chaque expression soulignée par l'une des expressions figurées suivantes, tirées du langage de la marine :
prendre les voiles – être à la remorque – être seul maître à bord – être en nage – avoir le vent en poupe – agir contre vents et marées – être la figure de proue

a. Brad Pitt a beaucoup de succès.
b. Elle est la patronne de ce restaurant.
c. Usein Bolt représente la Jamaïque aux championnats.
d. Nous sommes partis à quatre heures.
e. Pour réaliser leur rêve, ils ont durement lutté.
f. Cet athlète est toujours le dernier de l'équipe.
g. Les enfants ont tellement joué qu'ils transpirent.

DES MOTS POUR LIRE L'IMAGE LA LUMIÈRE

ROM

COMPLÉTEZ la lecture d'image n° 7 avec le CD-Rom.

L'artiste peut choisir de représenter une scène de manière lumineuse ou sombre, de mettre en lumière toute la scène ou seulement une partie. L'effet produit dépendra de la direction de la lumière et de son intensité.

1. Vers quel point lumineux est attiré l'œil du spectateur ?
2. Observez les ombres : d'où vient la lumière qui éclaire la scène ?

Claude Gellée, dit **Le Lorrain** (1600-1682), *Port de mer au soleil couchant*, 1639, huile sur toile, 103 x 137 cm, musée du Louvre, Paris.

Oral

DISCUTER ET DÉBATTRE

CONSEIL
Révisez les compléments circonstanciels de cause et de but.
▸ GRAMMAIRE, FICHE 10

I. Réfléchir

Seul sur son île, Robinson réfléchit aux inconvénients et aux avantages de sa situation. Il les inscrit dans un tableau en deux colonnes :

Le mal	*Le bien*
Je suis jeté sur une île horrible et désolée, sans espoir de délivrance.	*Mais je suis vivant ; mais je n'ai pas été noyé comme le furent tous mes compagnons de voyage.*
Je suis écarté et séparé, en quelque sorte, du monde entier pour être misérable.	*Mais j'ai été séparé du reste de l'équipage pour être préservé de la mort ; et Celui qui m'a miraculeusement sauvé de la mort peut aussi me délivrer de cette condition.*
Je suis retranché du nombre des hommes ; je suis un solitaire, un banni de la société humaine.	*Mais je ne suis point mourant de faim et expirant sur une terre stérile qui ne produise pas de substances.*
Je n'ai point de vêtements pour me couvrir.	*Mais je suis dans un climat chaud, où, si j'avais des vêtements, je pourrais à peine les porter.*
Je suis sans aucune défense, et sans moyen de résister à aucune attaque d'hommes ou de bêtes.	*Mais j'ai échoué sur une île où je ne vois nulle bête féroce qui puisse me nuire, comme j'en ai vu sur la côte d'Afrique ; et que serais-je si j'y avais naufragé ?*
Je n'ai pas une seule âme à qui parler, ou qui puisse me consoler.	*Mais Dieu, par un prodige, a envoyé le vaisseau assez près du rivage pour que je pusse en tirer tout ce qui m'était nécessaire pour suppléer à mes besoins ou me rendre capable d'y suppléer moi-même aussi longtemps que je vivrai.*

Daniel Defoe, *Robinson Crusoé* (1719), traduction de Pétrus Borel, Gallimard, 1959.

1. Poursuivez la réflexion de Robinson, en classe entière ou en groupes.
2. Dans son inventaire, la colonne du « bien » est plus fournie. Êtes-vous d'accord avec lui ? Choisissez deux arguments que vous trouvez les plus convaincants et expliquez aux autres pourquoi vous les avez retenus.

II. Préparer un débat

Relisez les textes A et B p. 164 et préparez le débat en trouvant des arguments pour ou contre. Écrivez un tableau pour comparer les deux situations.
– Quels sont les avantages et les inconvénients de la vie du chien Buck à Santa Clara ? Quels sont les avantages et les inconvénients de sa vie dans le Nord ?
– Pour Croc-Blanc, c'est l'inverse : il naît dans le Wild glacé et se retrouve ensuite dans le Sud : comparez le destin des deux chiens pour en débattre.

Écrit

RÉDIGER UNE DESCRIPTION FIXE ET EN MOUVEMENT

CONSEIL
– Révisez la conjugaison du présent, du passé simple et de l'imparfait de l'indicatif ▸ VERBE, FICHE 20
– Révisez les prépositions de lieu ▸ GRAMMAIRE, FICHE 8

Pieter Bruegel l'Ancien, *Le Retour des chasseurs*, « Janvier », 1565, huile sur bois, 117 x 162 cm, Kunsthistorisches Museum, Vienne.

I. Observer et décrire un paysage

1. Le tableau représente un paysage d'hiver. D'où part le regard du spectateur ?
2. Suivez ce regard : quels sont, dans l'ordre, les différents éléments du paysage qu'on voit en progressant dans le tableau jusqu'au fond ?
3. Pourquoi les patineurs sont-ils tout petits ?
4. Relevez tout ce qui évoque le froid de l'hiver.

II. Rédiger une description en « mode fixe »

5. Vous regardez ce paysage d'hiver à travers une fenêtre.
– Décrivez ce que vous voyez de gauche à droite, en utilisant des mots précisant le lieu : *à côté, devant, derrière, près, au bord...*
– Vous rédigerez votre description au présent de l'indicatif ou à l'imparfait selon votre choix.
6. Imaginez le même paysage en été.
Qu'est-ce qui a changé ? Les couleurs, les activités, les vêtements des personnages ? Imaginez ce que vous voyez par la fenêtre en organisant précisément votre description.

III. Rédiger une description en « mouvement »

7. Un personnage se trouvait avec les chasseurs : il a traversé le paysage jusqu'au pied de la montagne.
– Décrivez ce qu'il a vu au fur et à mesure de son déplacement en utilisant l'imparfait et le passé simple. Pensez à décrire ce qu'il voit à droite et à gauche en avançant.
– Vous commencerez par : « Il marchait lentement dans la neige en regardant le paysage... »
– Vous utiliserez les précisions de temps : *d'abord, ensuite, puis, enfin...* et des précisions de lieu.
8. L'été est arrivé : décrivez ce que verrait un personnage qui sortirait de la maison à gauche pour se diriger vers le montagne au fond.

Lecture de texte / Étude de la langue

1. À travers le regard de quel personnage la ville de San Francisco est-elle présentée ?
2. [L. 1 à 6] Relevez les verbes conjugués. Indiquez quels sont leurs temps et la valeur de ces temps.
3. À quoi les hommes blancs sont-ils comparés ? Pourquoi ?
4. Relevez le champ lexical de la peur.
5. Où habitait Croc-Blanc avant d'arriver à San Francisco ? Relevez deux indices qui vous permettent de répondre.
6. Relevez une métaphore et une comparaison servant à décrire les tramways.
7. Quel mot générique plus précis que « *ces choses* » pourrait désigner « *charrettes, fiacres, automobiles* » ? Quel autre mot du texte peut-on ajouter à cette liste ?
8. Observez le titre du chapitre : c'est la fin du roman. Que va-t-il se passer ?

Le pays du Sud

Croc-Blanc débarqua à San Francisco et en demeura interdit. Au plus profond de lui-même, indépendamment de tout raisonnement ou de toute pensée consciente, il avait toujours associé la puissance et la divinité, et jamais les hommes blancs ne lui avaient semblé des dieux aussi puissants que maintenant, en foulant les trottoirs boueux de San Francisco. Les cabanes de rondins auxquelles il était habitué avaient fait place à de gigantesques immeubles. Les rues étaient pleines de dangers : charrettes, fiacres, automobiles, énormes chevaux tirant péniblement de formidables tombereaux, et de monstrueux tramways tintinnabulaient dans le brouillard en poussant continuellement des rugissements menaçants, comme les lynx qui hantaient les forêts du Grand Nord.

Ces choses lui apparaissaient comme autant de démonstrations de puissance. Et derrière tout cela, il y avait l'homme, dirigeant, surveillant, se manifestant, comme toujours, par sa domination sur la matière. C'était colossal et terrifiant. Croc-Blanc fut terrorisé.

Jack London, *Croc-Blanc* (1906), cinquième partie : « La domestication », Le Livre de poche Jeunesse, 2008.

Orthographe

PRÉPAREZ la dictée n° 7 avec le CD-Rom.

À REVOIR
– L'accord du participe passé ► VERBE, FICHE 28
– L'accord de l'adjectif ► GRAMMAIRE, FICHE 4

Sur l'île

J'avais traversé un espace *(marécageux)*, *(encombré)* de saules, de joncs et d'arbres à l'aspect *(exotique)* et *(singulier)*. J'étais maintenant à la limite d'une *(vaste)* clairière, aux ondulations *(sablonneuse)*, *(longue)* d'un mille environ, *(tacheté)* de *(rare)* pins et de *(nombreux)* arbustes *(rabougri)* qui rappelaient nos chênes, mais dont le feuillage était *(argenté)* comme celui des saules. De l'autre côté de cet espace (*découvert*) apparaissait l'une des collines.

Robert Louis Stevenson, *L'Île au trésor* (1883), traduction d'André Bay, Librairie générale française, 1985.

1. Identifiez le nom avec lequel doit s'accorder chaque adjectif ou participe passé entre parenthèses.
2. Recopiez le texte en respectant tous les accords nécessaires.

Lecture d'image / Histoire des arts

CasparDavid Friedrich (1774-1840), *Première Neige*, 1828, huile sur toile, 43,8 cm x 34,5 cm, Hamburger Kunsthalle, Allemagne.

1. Comment le regard est-il entraîné au fond de la forêt ?
2. S'agit-il d'une forêt accueillante ? Pourquoi ?
3. Comment la force de la nature est-elle traduite ?

Connaissance des auteurs et de leurs œuvres

1. Associez le nom de lieu avec l'auteur qui convient :

- Daniel Defoe
- Robert Louis Stevenson
- Jack London

- Angleterre
- San Francisco
- Écosse

POUR RÉPONDRE, relisez bien la page « Et si les auteurs nous parlaient ? », p. 156-157.

2. Parmi les trois auteurs cités, quels sont ceux qui écrivent en anglais ?

3. Quelle œuvre et quel auteur sont évoqués par chacune des vignettes suivantes ?

Affiche pour le spectacle *Le Tour du monde en 80 jours* de Jules Verne au Théâtre du Châtelet, XIXe siècle.

8 Le Tour du monde en 80 jours

Qu'est-ce qu'un roman d'aventures ?

Parcours textes et images

S'exercer

Évaluation

LIRE L'IMAGE

1. Quels moyens de transports pouvez-vous identifier ?
2. Quelles aventures pouvez-vous imaginer à partir de cette affiche ?

ÉTUDE DE LA LANGUE

- Les degrés de l'adjectif p. 181 – la phrase exclamative p. 183 – la phrase injonctive p. 183 – la proposition relative p. 185 – les propositions p. 196
- L'imparfait et le passé simple de l'indicatif p. 181, 196 – le futur de l'indicatif p. 183 – le plus-que-parfait p. 187

Et si les auteurs nous parlaient ?

Portrait de **Jules Verne** à 45 ans par son ami Nadar, 1873.

Jules Verne, votre vie a-t-elle ressemblé à un voyage extraordinaire ?

Presque ! Mais j'ai voyagé seulement en imagination... Je suis né à Nantes en février **1828** et j'ai toujours eu la passion de l'écriture. En 1862, l'éditeur Pierre-Jules Hetzel m'a proposé d'écrire un roman scientifique qui est devenu ***Cinq Semaines en ballon***, mon premier succès littéraire ! J'ai publié ensuite deux à trois romans par an... dont beaucoup de best-sellers : en **1873**, j'ai publié ***Le Tour du monde en 80 jours***, mon plus grand succès.

Ressembliez-vous à votre célèbre personnage Phileas Fogg, réglé comme une horloge ?

C'est exact ! Je m'astreignais à écrire de 6 heures à 11 heures du matin dans le petit cabinet de ma maison d'Amiens ; suivaient le déjeuner, une séance de lecture et le conseil municipal. Mais la ressemblance avec mon héros s'arrête là, car je n'ai pas fait le tour du monde... Mes romans resteront mes seuls voyages jusqu'au 16 mars **1905**, où j'ai quitté ce monde.

Les voyages extraordinaires de Jules Verne

L'Île mystérieuse (1874)

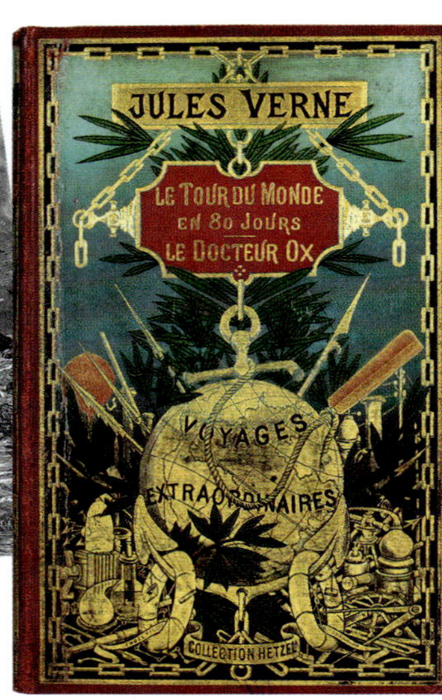

Vingt Mille Lieues sous les mers (1870)

Cinq Semaines en ballon (1863), *Voyage au centre de la Terre* (1864)

Collection Hetzel

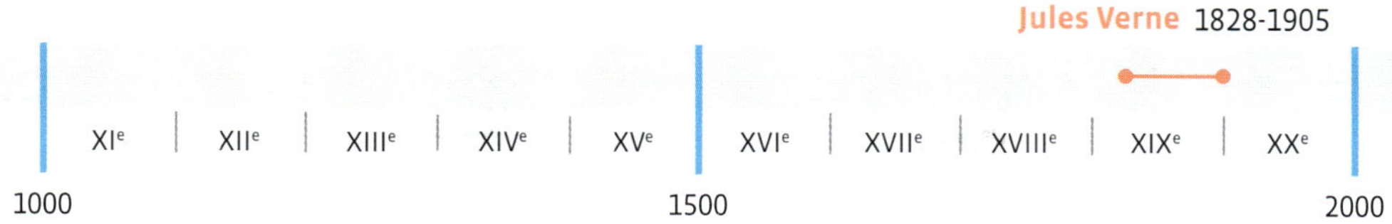

Le Tour du monde en 80 jours

Le Tour du monde en 80 jours est un roman d'aventures dont le héros, Phileas Fogg, à la suite d'un pari insensé, décide de faire le tour du monde, du 2 octobre au 21 décembre 1872, avec son domestique français Passepartout. Au fil des 37 chapitres, il traversera les continents et les océans, utilisant tous les moyens de transport possibles, entraînant le lecteur dans sa course contre la montre.

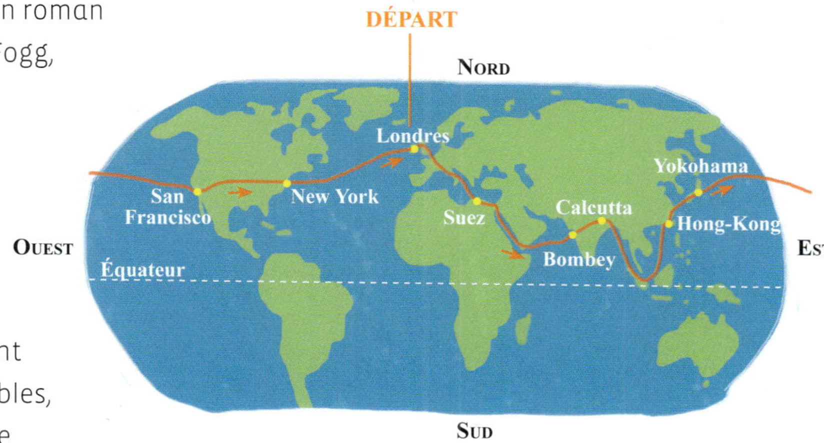

Les personnages du roman

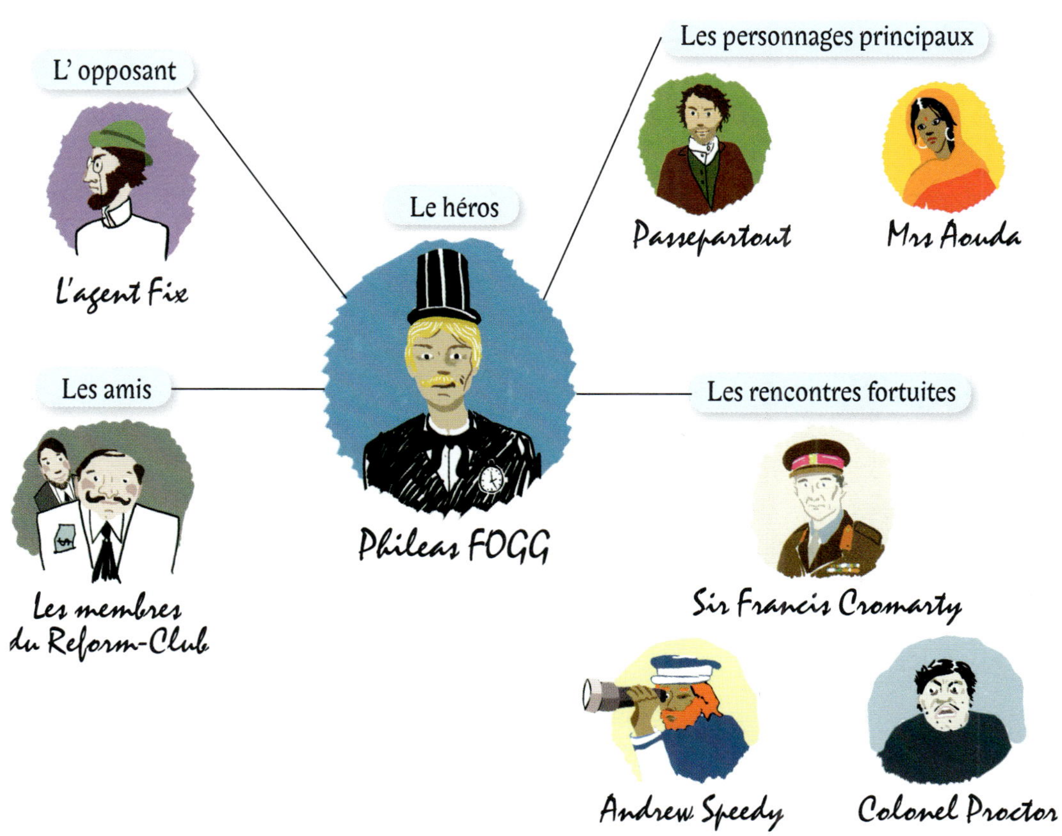

1 Découvrir le cadre et le héros

Chapitre I – Dans lequel Phileas Fogg et Passepartout s'acceptent réciproquement, l'un comme maître, l'autre comme domestique

En l'année 1872, la maison portant le numéro sept de Saville Row[1], Burlington Gardens – maison dans laquelle Sheridan[2] mourut en 1814 –, était habitée par Phileas Fogg, *esq.*[3], l'un des membres les plus singuliers et les plus remarqués du Reform-Club[4] de Londres, bien qu'il semblât prendre à tâche de ne rien faire qui pût attirer l'attention.

À l'un des plus grands orateurs qui honorent l'Angleterre[5], succédait donc ce Phileas Fogg, personnage énigmatique, dont on ne savait rien, sinon que c'était un fort galant homme et l'un des plus beaux gentlemen de la haute société anglaise. [...]

Ce qui était certain toutefois, c'est que depuis de longues années, Phileas Fogg n'avait pas quitté Londres. Ceux qui avaient l'honneur de le connaître un peu plus que les autres attestaient que – si ce n'est sur le chemin direct qu'il parcourait chaque jour pour venir de sa maison au club – personne ne pouvait prétendre l'avoir jamais vu ailleurs. Son seul passe-temps était de lire les journaux et de jouer au whist[6]. À ce jeu du silence, si bien approprié à sa nature, il gagnait souvent, mais ses gains n'entraient jamais dans sa bourse et figuraient pour une somme importante à son budget de charité. D'ailleurs, il faut le remarquer, Mr. Fogg jouait évidemment pour jouer, non pour gagner. Le jeu était pour lui un combat, une lutte contre une difficulté, mais une lutte sans mouvement, sans déplacement, sans fatigue, et cela allait à son caractère.

On ne connaissait à Phileas Fogg ni femme ni enfants, ce qui peut arriver aux gens les plus honnêtes, ni parents ni amis, ce qui est plus rare en vérité. Phileas Fogg vivait seul dans sa maison de Saville Row, où personne ne pénétrait. De son intérieur, jamais il n'était question. Un seul domestique suffisait à le servir. Déjeunant, dînant au club à des heures chronométriquement déterminées, dans la même salle, à la même table, ne traitant point ses collègues, n'invitant aucun étranger, il ne rentrait chez lui que pour se coucher, à minuit précis.

Jules Verne, *Le Tour du monde en 80 jours*, chapitre I, 1873.

Un mot à la loupe

Phileas Fogg a donné un nom commun, le **phileas**, qui désigne aux Pays-Bas, dans la région d'Eindhoven, un bus semi-électrique, aussi rapide et ponctuel que le héros de Jules Verne !

1. **Saville Row :** rue élégante de Londres.
2. **Sheridan :** écrivain et homme politique anglais.
3. **esq.** pour *esquire*, c'est-à-dire « monsieur ».
4. **Reform-Club :** un salon de gentlemen créé en 1836 à Londres.
5. **Sheridan,** cité plus haut.
6. **whist :** jeu de cartes.

LIRE L'IMAGE

• Comment le dialogue de la BD met-il en valeur la ponctualité de Phileas Fogg ?
• De quelle manière les dessins rappellent-ils que sa vie est minutée ?

Bande dessinée, *Le Tour du monde en 80 jours*, tome 1, scénario de **Loïc Dauvillier**, dessins d'**Aude Soleilhac**, éditions Delcourt, 2009.

LIRE LE TEXTE

L'action

1. [L. 1 à 6] Où et quand l'action se déroule-t-elle ?

2. [L. 8 à 23] Quel est le temps verbal dominant ? ▸ VERBE, FICHE 20

3. D'après le titre du chapitre, que va-t-il se passer juste après cet extrait ?

4. Qui est Jules Verne : le personnage, l'auteur ou le narrateur ?

Le portrait du héros

5. [L. 1 à 10] Relevez quatre adjectifs qualificatifs à la forme superlative. ▸ GRAMMAIRE, FICHE 5 Quelles sont les qualités de Phileas Fogg ?

6. Relevez les expressions montrant que Phileas Fogg a une vie très réglée.

7. Pourquoi est-il surprenant de trouver un tel personnage dans un roman d'aventures ?

8. [L. 8] Que comprend-on en lisant que Phileas Fogg est un « *personnage énigmatique* » ?

ORTHOGRAPHE ▸ FICHE 37

9. [L. 10] « *gentlemen* » est un mot directement importé en français de la langue anglaise : comment le prononce-t-on ? Quel est le singulier de ce nom ? Écrivez le pluriel des mots suivants : *un caïman – un barman – un rugbyman – un roman*.

VOCABULAIRE ▸ FICHE 37

10. Relevez dans le texte les noms propres et les noms communs d'origine anglaise. Connaissez-vous d'autres noms communs ayant la même origine ?

L'ESSENTIEL

– Le début d'un roman présente **le cadre spatio-temporel** (où et quand se passe l'action) et **le personnage principal** (son physique, son caractère et sa fonction) : il s'agit de **la situation initiale**.
– L'**incipit** (▸ p. 143) doit donner au lecteur **envie de connaître la suite** et lui réserver des **surprises**.

EXPRESSION ÉCRITE

À quoi peut ressembler la demeure de Phileas Fogg ?
– Faites une courte description du cabinet de travail de Saville Row, en tenant compte du caractère du personnage.
– Utilisez des mots d'origine anglaise et un vocabulaire qui montre que le héros vit dans un endroit cossu et bien rangé.

2 Analyser l'élément déclencheur

Phileas Fogg a répondu à un pari fou lancé par ses confrères du Reform-Club : faire le tour du monde en 80 jours ! De retour chez lui, il l'annonce à son domestique français.

Chapitre IV – Dans lequel Phileas Fogg stupéfie Passepartout, son domestique

AUDIO

« Nous partons dans dix minutes pour Douvres et Calais. »

Une sorte de grimace s'ébaucha sur la face ronde du Français. Il était évident qu'il avait mal entendu.

« Monsieur se déplace ? demanda-t-il.

– Oui, répondit Phileas Fogg. Nous allons faire le tour du monde. »

Passepartout, l'œil démesurément ouvert, la paupière et le sourcil surélevés, les bras détendus, le corps affaissé, présentait alors tous les symptômes de l'étonnement poussé jusqu'à la stupeur.

« Le tour du monde ! murmura-t-il.

– En quatre-vingts jours, répondit Mr. Fogg. Ainsi, nous n'avons pas un instant à perdre.

– Mais les malles ?... dit Passepartout, qui balançait inconsciemment sa tête de droite et de gauche.

– Pas de malles. Un sac de nuit seulement. Dedans, deux chemises de laine, trois paires de bas. Autant pour vous. Nous achèterons en route. Vous descendrez mon mackintosh[1] et ma couverture de voyage. Ayez de bonnes chaussures. D'ailleurs, nous marcherons peu ou pas. Allez. »

Passepartout aurait voulu répondre. Il ne put. Il quitta la chambre de Mr Fogg, monta dans la sienne, tomba sur une chaise et, employant une phrase assez vulgaire de son pays :

« Ah ! bien, se dit-il, elle est forte, celle-là ! Moi qui voulais rester tranquille !... »

Et, machinalement, il fit ses préparatifs de départ. Le tour du monde en quatre-vingts jours ! Avait-il affaire à un fou ?

Non... C'était une plaisanterie ? On allait à Douvres, bien. À Calais, soit. Après tout, cela ne pouvait notablement contrarier le brave garçon, qui, depuis cinq ans, n'avait pas foulé le sol de la patrie. Peut-être même irait-on jusqu'à Paris, et, ma foi, il reverrait avec plaisir la grande capitale. Mais, certainement, un gentleman aussi ménager de ses pas s'arrêterait là... Oui, sans doute, mais il n'en était pas moins vrai qu'il partait, qu'il se déplaçait, ce gentleman, si casanier jusqu'alors !

À huit heures, Passepartout avait préparé le modeste sac qui contenait sa garde-robe et celle de son maître ; puis, l'esprit encore troublé, il quitta sa chambre, dont il ferma soigneusement la porte, et il rejoignit Mr. Fogg.

Jules Verne, *Le Tour du monde en 80 jours*, chapitre IV, 1873.

Un mot à la loupe

Le nom du domestique **Passepartout** est tiré du nom commun invariable un **passe-partout** : il désigne une **clé** ouvrant plusieurs serrures ; on l'appelle en abrégé un **passe**.

Art musical

Mouvement symphonique d'**Arthur Honegger**, « Pacific 231 », 1923.

1. mackintosh : veste anglaise protégeant de la pluie.

LIRE L'IMAGE

- Observez les costumes et identifiez chaque personnage.
- Que traduit l'attitude de Phileas Fogg ?
- Quelle expression se lit sur le visage de Passepartout ?

Le Tour du monde en 80 jours, adaptation et mise en scène du roman par **Sébastien Azzopardi**, Café de la Gare, 2006.

LIRE LE TEXTE

Un départ précipité

1. Qu'annonce Phileas Fogg à Passepartout ?

2. Combien de fois l'expression « *le tour du monde* » est-elle répétée ?

3. En quoi est-ce une expression importante ?

4. [L. 34] Pour quelles raisons les deux hommes partent-ils avec un « *modeste sac* » ?

Le duo de l'aventure

5. Comment le titre du chapitre éveille-t-il la curiosité du lecteur ?

6. [L. 14 à 18] Relevez les verbes conjugués. Indiquez leur temps et leur mode. Quel est le ton de Phileas Fogg ? ▸ VERBE, FICHE 20

7. Quel type de phrase Passepartout emploie-t-il dans ses répliques ? Pourquoi ? ▸ GRAMMAIRE, FICHE 12

8. [L. 6 à 9] Quels « symptômes » physiques traduisent l'étonnement de Passepartout ?

ORTHOGRAPHE ▸ FICHE 22

9. [L. 13 et 32] Relevez les verbes comportant un ç. Mettez-les au présent, au passé simple et au futur.

VOCABULAIRE ▸ FICHE 37 ET 41

10. [L. 8] « *stupeur* » : quels autres mots composés sur le même radical connaissez-vous ?
Trouvez dans le texte un synonyme de ce nom.

L'ESSENTIEL

– Une **action soudaine et rapide** permet au récit d'aventures de commencer véritablement : c'est l'**élément déclencheur** (ou élément perturbateur).
– Cette action repose sur un **effet de surprise** : la situation initiale est perturbée, le cours des événements est changé.
– Le **rythme** narratif **s'accélère** alors : le dialogue est plus vif, l'emploi du passé simple dans certains passages de récit souligne la **brièveté de l'action**.

EXPRESSION ORALE

Jouez la scène avec un camarade, en lisant les paroles du dialogue, et en vous servant des indications du récit pour les gestes et les mimiques.

3 Suivre péripéties et rebondissements

Phileas Fogg et Passepartout se trouvent en Inde. Une nuit, dans la jungle, ils sont sur le point d'assister au sacrifice d'une jeune veuve, Mrs. Aouda : suivant une ancienne coutume hindoue, elle doit être brûlée vive avec le cadavre de son mari. Comment la sauver ?

Chapitre XIII – Dans lequel Passepartout prouve une fois de plus que la fortune sourit aux audacieux

Les heures s'écoulaient, et bientôt quelques nuances moins sombres annoncèrent l'approche du jour. Cependant l'obscurité était profonde encore.

C'était le moment. Il se fit comme une résurrection dans cette foule assoupie. Les groupes s'animèrent. Des coups de tam-tam retentirent. Chants et cris éclatèrent de nouveau. L'heure était venue à laquelle l'infortunée allait mourir. [...]

À ce moment, Sir Francis Cromarty[1] et le guide retinrent Phileas Fogg, qui, dans un moment de folie généreuse, s'élançait vers le bûcher...

Mais Phileas Fogg les avait déjà repoussés, quand la scène changea soudain. Un cri de terreur s'éleva. Toute cette foule se précipita à terre, épouvantée.

Le vieux rajah n'était donc pas mort, qu'on le vît se redresser tout à coup, comme un fantôme, soulever la jeune femme dans ses bras, descendre du bûcher au milieu des tourbillons de vapeurs qui lui donnaient une apparence spectrale[2] ?

Les fakirs, les gardes, les prêtres, pris d'une terreur subite, étaient là, face à terre, n'osant lever les yeux et regarder un tel prodige !

La victime inanimée passa entre les bras vigoureux qui la portaient, et sans qu'elle parût leur peser. Mr. Fogg et Sir Francis Cromarty étaient demeurés debout. Le parsi[3] avait courbé la tête, et Passepartout, sans doute, n'était pas moins stupéfié !...

Ce ressuscité arriva ainsi près de l'endroit où se tenaient Mr. Fogg et Sir Francis Cromarty, et là, d'une voix brève :

« Filons !... » dit-il.

C'était Passepartout lui-même qui s'était glissé vers le bûcher au milieu de la fumée épaisse ! C'était Passepartout qui, profitant de l'obscurité profonde encore, avait arraché la jeune femme à la mort ! C'était Passepartout qui, jouant son rôle avec un audacieux bonheur, passait au milieu de l'épouvante générale !

Un instant après, tous quatre disparaissaient dans le bois, et l'éléphant les emportait d'un trot rapide.

Jules Verne, *Le Tour du monde en 80 jours*, chapitre XIII, 1873.

Un mot à la loupe

Le **tam-tam** est un tambour indien ou africain : c'est le **son** de cet instrument qui a donné le mot. Par extension, le terme désigne aussi un **bruit étourdissant**.

1. **Sir Francis Cromarty :** rencontré sur le bateau qui les mena en Inde, accompagne Phileas Fogg et Passepartout durant toute la traversée du pays.
2. **spectrale :** fantomatique.
3. **parsi :** guide indien des voyageurs.

LIRE L'IMAGE

- Qui est représenté sur cette illustration ?
- Quels détails rappellent que la fuite est précipitée ?
- À quels indices voit-on que nous sommes en Inde ?

Auguste Leroux (1871-1954), « Passepartout enlève Mrs. Aouda sur l'éléphant », illustration pour *Le Tour du monde en 80 jours*.

LIRE LE TEXTE

Un rythme rapide

1. Par quel danger Mrs. Aouda est-elle menacée ?

2. [L. 1 à 7] Relevez les expressions qui marquent l'écoulement du temps. Quel rôle ces expressions jouent-elles dans l'épisode ?

3. [L. 8 à 13] Quels sont les mots ou expressions qui indiquent la rapidité des actions ?

4. [L. 5 et 6] Relevez les verbes conjugués au passé simple. Quelle est la valeur de ce temps ? ▸ VERBE, FICHE 20

Un rebondissement spectaculaire

5. Relevez le champ lexical de la peur : qu'est-ce qui effraie la foule ?

6. Pourquoi le narrateur ne dit-il pas tout de suite que Passepartout est le sauveur ?

7. [L. 27 à 31] Relevez trois propositions relatives. Qu'indiquent-elles ? ▸ GRAMMAIRE, FICHE 15

8. Comment Passepartout est-il mis en valeur ?

9. Quelle fonction le titre du chapitre a-t-il ?

ORTHOGRAPHE ▸ FICHE 1

10. [L. 19] Le mot « *prodige* » est-il masculin ou féminin ? Désigne-t-il ici une action ou une personne ?

VOCABULAIRE ▸ FICHE 35

11. [L. 4] « *une résurrection* » : que signifie le préfixe *-ré* ? Trouvez dans le texte un nom de la même famille formé sur un participe passé. Quel est le verbe correspondant ?

L'ESSENTIEL

– Le **roman d'aventures** comporte de nombreuses **péripéties** et de multiples **rebondissements.**

– Les **titres** des chapitres et les **actions** qui s'enchaînent tiennent **en haleine** le lecteur.

– La **dramatisation** souligne les **temps forts** de l'action et les **qualités du héros**.

EXPRESSION ÉCRITE

Phileas Fogg demande à Passepartout comment il a fait pour se faufiler jusqu'au bûcher. Rédigez la réponse de Passepartout :

– en imaginant les difficultés rencontrées et les dangers qu'il a su éviter ;

– en employant la première personne du singulier et le passé composé ;

– en utilisant des exclamations et des interrogations.

4 Étudier le dénouement

Au Reform-Club, le samedi 21 décembre, dernier jour pour gagner ou perdre le pari, il est bientôt 20 heures 45…

Chapitre XXXVII – Dans lequel il est prouvé que Phileas Fogg n'a rien gagné à faire ce tour du monde, si ce n'est le bonheur

Plus qu'une minute et le pari était gagné. Andrew Stuart et ses collègues ne jouaient plus. Ils avaient abandonné les cartes ! Ils comptaient les secondes !

À la quarantième seconde, rien. À la cinquantième, rien encore !

À la cinquante-cinquième, on entendit comme un tonnerre au-dehors, des applaudissements, des hurrahs, et même des imprécations, qui se propagèrent dans un roulement continu.

Les joueurs se levèrent.

À la cinquante-septième seconde, la porte du salon s'ouvrit, et le balancier n'avait pas battu la soixantième seconde que Phileas Fogg apparaissait, suivi d'une foule en délire qui avait forcé l'entrée du club, et de sa voix calme :

« Me voici, messieurs », disait-il. […]

On comprend bien que le mariage se fit quarante-huit heures plus tard, et Passepartout, superbe, resplendissant, éblouissant, y figura comme témoin de la jeune femme. Ne l'avait-il pas sauvée, et ne lui devait-on pas cet honneur[1] ? […]

Ainsi donc Phileas Fogg avait gagné son pari. Il avait accompli en quatre-vingts jours ce voyage autour du monde ! Il avait employé pour ce faire tous les moyens de transport, paquebots, railways, voitures, yachts[2], bâtiments de commerce, traîneaux, éléphant. L'excentrique gentleman avait déployé dans cette affaire ses merveilleuses qualités de sang-froid et d'exactitude. Mais après ? Qu'avait-il gagné à ce déplacement ? Qu'avait-il rapporté de ce voyage ?

Rien, dira-t-on ? Rien, soit, si ce n'est une charmante femme, qui – quelque invraisemblable que cela puisse paraître – le rendit le plus heureux des hommes !

En vérité, ne ferait-on pas, pour moins que cela, le tour du monde ?

Jules Verne, *Le Tour du monde en 80 jours*, chapitre XXXVII, 1873.

Un mot à la loupe

Paquebot vient de l'anglais ***packet-boat*** : à l'origine, le mot désigne un navire transportant le **courrier** (*packet* en anglais). L'habitude de prendre des **passagers** à bord a changé le sens du mot.

1. Voir texte p. 184, chapitre XIII.
2. **yachts** : bateaux.

LIRE L'IMAGE

• La photographie est-elle prise en plongée ou en contre-plongée ? Quel est l'effet produit ?
• Quels détails montrent qu'il s'agit d'une fête grandiose ?

L'accueil triomphal de l'homme d'affaires américain **Howard Hughes** à l'issue de son tour du monde de trois jours à bord d'un avion de sa conception, New York, juillet 1938 (photographie).

LIRE LE TEXTE

Une fin heureuse ?

1. [L. 1 à 13] Comment le temps est-il décompté ? Quel effet ce décompte produit-il ?
2. Par quel événement le roman s'achève-t-il ?
3. [L. 15] Quelle est la fonction des trois adjectifs ? Pourquoi avoir utilisé trois adjectifs synonymes à la suite ? ▸ GRAMMAIRE, FICHE 4

Le bilan de l'aventure

4. Comment le narrateur montre-t-il que l'histoire a été riche en péripéties ?
5. [L. 18 à 25] Quel est le temps et le mode des verbes conjugués ? ▸ VERBE, FICHE 21
6. Pourquoi ce voyage a-t-il changé Phileas Fogg ?
7. [L. 24 et 25] Transformez les questions posées en subordonnées interrogatives indirectes introduites par « je vous demande... ». À qui s'adressent ces questions ? ▸ GRAMMAIRE, FICHE 19
8. Observez le titre du chapitre et indiquez la « leçon » de ce roman.

ORTHOGRAPHE ▸ FICHE 37

9. Relevez les mots ou expressions contenant un tiret. Expliquez s'il s'agit d'un nom composé ou d'un pronom sujet inversé. Dans quel cas a-t-on ajouté une lettre euphonique ?

VOCABULAIRE ▸ FICHE 42

10. Relevez le champ lexical du triomphe.

L'ESSENTIEL

– L'**épilogue** constitue la **fin** de l'aventure : c'est la **situation finale**.
– Ce **dénouement** permet de régler le **sort des personnages** : la **quête** est accomplie, le héros est **victorieux**.
– Il se termine sur un événement **heureux** ou une action qui permet de **prévoir une suite**.

EXPRESSION ÉCRITE

Un article paraît dans le journal avec pour titre « UN GENTLEMAN GAGNE UN PARI INSENSÉ ».
Rédigez cet article, en imitant les journalistes qui rendent les événements sensationnels.

Construire le bilan

Pari gagné !

Au bout de quatre-vingts jours, Phileas Fogg croit avoir perdu son pari. Passepartout l'entraîne au Reform-Club…

Passepartout avait saisi son maître au collet, et il l'entraînait avec une force irrésistible !

Phileas Fogg, ainsi enlevé, sans avoir le temps de réfléchir, quitta sa chambre, quitta sa maison, sauta dans un cab, promit cent livres au cocher, et après avoir écrasé deux chiens et accroché cinq voitures, il arriva au Reform-Club.

L'horloge marquait huit heures quarante-cinq, quand il parut dans le grand salon…

Phileas Fogg avait accompli ce tour du monde en quatre-vingts jours !…

Phileas Fogg avait gagné son pari de vingt mille livres !

Et maintenant, comment un homme si exact, si méticuleux, avait-il pu commettre cette erreur de jour ? Comment se croyait-il au samedi soir, 21 décembre, quand il débarqua à Londres, alors qu'il n'était qu'au vendredi, 20 décembre, soixante-dix-neuf jours seulement après son départ ?

Voici la raison de cette erreur. Elle est fort simple.

Phileas Fogg avait, « sans s'en douter », gagné un jour sur son itinéraire – et cela uniquement parce qu'il avait fait le tour du monde en allant vers l'est, et il eût, au contraire, perdu ce jour en allant en sens inverse, soit vers l'ouest.

En effet, en marchant vers l'est, Phileas Fogg allait au-devant du soleil et, par conséquent, les jours diminuaient pour lui d'autant de fois quatre minutes qu'il franchissait de degrés dans cette direction. Or on compte trois cent soixante degrés sur la circonférence terrestre, et ces trois cent soixante degrés, multipliés par quatre minutes, donnent précisément vingt-quatre heures – c'est-à-dire ce jour inconsciemment gagné.

Jules Verne, *Le Tour du monde en 80 jours*, chapitre XXXVII, 1873.

LIRE LE TEXTE

1. Quel est le temps verbal de ces verbes ? Quelle est la valeur de ce temps ?
2. Quel est le type de phrase utilisé ? Justifiez cet emploi à ce moment précis de l'aventure.
3. À quel personnage correspondent ces deux adjectifs qualificatifs ? Quel est leur degré d'intensité ?
4. À qui le narrateur s'adresse-t-il ? [L. 17 à 29] Quelle raison permet d'expliquer la victoire de Phileas Fogg ?
5. Comment se termine le roman ?

BILAN SUR… *Le Tour du monde en 80 jours*

- Le **roman d'aventures** s'inspire du **monde moderne** ; les **héros** ont une **personnalité** énigmatique et attachante. Texte 1
- Ces héros sont rapidement confrontés au changement : ils connaissent alors des expériences **surprenantes** et **extraordinaires** et commencent un voyage aux multiples **épreuves**. Texte 2
- Les **péripéties** reposent sur l'**inattendu** et le **danger** : elles constituent des **obstacles** que les héros doivent surmonter et qui révèlent leur **ruse** et leur **courage**. Texte 3 Les actions sont souvent **dramatisées** et soulignées par les remarques du narrateur. Textes 3 et 4
- Le **voyage** est **initiatique**, les personnages ont changé. Le **dénouement**, après ces nombreuses mésaventures, est toujours **heureux** et donne la victoire aux héros. Texte 4

Tours du monde du XXIe siècle

1 Un roman au théâtre

« Adapter au théâtre le célèbre roman de Jules Verne est une véritable gageure[1]. Comment faire tenir quatre continents, trois océans, un paquebot, un train et un éléphant sur le plateau du Lucernaire ? Comment faire jouer trente-neuf personnages alors que la distribution ne compte que cinq acteurs ? Comment faire voyager les spectateurs ?

Quelques notes de musique et un bon nombre de costumes… et nous voilà en Angleterre, en Égypte, en Inde, en Chine, et en Amérique ! Sur scène, un petit théâtre de tréteaux est dressé : la *commedia dell'arte* peut commencer. En effet, ce roman d'aventures est adapté dans le dessein d'en faire un spectacle joyeux, ludique et festif. »

Sébastien Azzopardi, qui a adapté et mis en scène *Le Tour du monde en 80 jours* au Café de la Gare en 2010.

1. **gageure :** défi.

2 Une compétition sportive : le *Trophée Jules-Verne*

Le Trophée Jules-Verne *est une compétition nautique qui consiste à réaliser le tour du monde à la voile le plus rapide en équipage, sans escale et sans assistance.*

A. Bruno Peyron et son équipage, vainqueurs par deux fois du trophée, après leur première victoire en 1993.

B. Bruno Peyron approche des côtes de Brest en mars 2005 à bord de son catamaran.

1. [Doc. 1] Quelle difficulté représente le fait de jouer *Le Tour du monde en 80 jours* au théâtre ? Relevez des exemples précis donnés par le metteur en scène.

2. [Doc. 2A et 2B] Quels personnages du Tour du monde retrouvez-vous ?

3. [Doc. 2A et 2B] Pourquoi cette course porte-t-elle le nom de Jules Verne ?

À VOUS

Relisez le texte 3, p. 184 : vous devez jouer la scène du sauvetage de Mrs Aouda en classe. Indiquez quel décor vous installez, les costumes nécessaires, le nombre de personnages.

ENQUÊT'ART

Deux fontaines reflets du monde

La Terre est souvent représentée par des personnages qui symbolisent les continents ou les points cardinaux. Mais comment montrer que la Terre est ronde et qu'elle tourne ?

▶ Observons les fontaines de deux sculpteurs : Le Bernin et Jean-Baptiste Carpeaux.

OUVRONS L'ENQUÊTE

Document 1 - Le Bernin (1598-1680), la *Fontaine des Quatre Fleuves*, 1648-1651, marbre, Rome.

Document 2 - Jean-Baptiste Carpeaux (1827-1875), *Les Quatre Parties du monde soutenant la sphère céleste*, 1874, bronze, Paris.

lexiqu'art

Allégorie *(n. f.)* : personnage ou animal représentant symboliquement une idée, un sentiment, une région.

Obélisque *(n. m.)* : colonne en forme d'aiguille à quatre côtés, terminée par une pointe.

1. Si vous êtes devant chaque fontaine, que devrez-vous faire pour voir l'ensemble ?
2. Observez la légende et indiquez combien de personnages comporte chaque œuvre. En quoi ce chiffre est-il symbolique de la Terre ?
3. Dans chaque fontaine, quel élément invite le spectateur à lever les yeux ?
4. En quoi peut-on parler d'œuvres « monumentales » ?

COMPLÉMENT D'ENQUÊTE

Document 3 - Détails de la *Fontaine des Quatre Fleuves* : le Rio de la Plata et le Danube.

Document 4 - Le Rio de la Plata, l'un des quatre fleuves de la fontaine du Bernin.

Document 5 - Détails des quatre parties du monde de la fontaine de Carpeaux, musée d'Orsay, Paris.

Observez

1. [Doc. 4] À quoi identifie-t-on le Rio de la Plata, *plata* désignant en espagnol de l'argent ?

2. [Doc. 5] À quels détails reconnaît-on l'Asie et l'Amérique ?

Analysez

3. [Doc. 1 à 5] Qu'est-ce qui donne l'impression que les personnages bougent ?

4. Quels mouvements font-ils ?

Interprétez

5. [Doc. 3] Quel continent chaque fleuve représente-t-il ? Quel point cardinal ? (Vous pouvez vous aider d'une carte ou d'un dictionnaire.)

6. Pourquoi ces fontaines sont-elles allégoriques ?

RAPPORT D'ENQUÊTE

- Les **continents** peuvent être représentés par des **personnages allégoriques** : leurs **attributs** ou leurs **traits** permettent d'identifier la région du monde qu'ils incarnent.
- Leurs gestes soulignent l'aspect **circulaire** de l'œuvre autour de laquelle le spectateur est invité à **tourner**. Le **dynamisme** de l'ensemble rappelle que la Terre, source de **vie**, est sans cesse en **mouvement**.

ÉVOLUTION DE LA LANGUE LE MOT « MONDE »

histoire du mot

monde Le nom vient du latin *mundus*. Ce mot est polysémique : il désigne à la fois l'**Univers** (« la Création du monde »), **la Terre** (« faire le tour du monde ») et **les hommes** (« elle reçoit du monde »).

I. Observer

Évolution du mot du latin au français :

LATIN ⟶ FRANÇAIS

mundum → **monde**

1. Quelles sont les lettres latines qui ont été conservées en français ?

2. Indiquez le point commun entre l'évolution de *mundum* et celle des mots suivants :
truncum → le tronc ; *fundum* → le fond ; *rumpere* → rompre ; *cumpanionem* → le compagnon

II. Comprendre

3. Remplacez les mots soulignés par l'expression qui convient :
*être seul au **monde** – s'en faire tout un **monde** – se croire le centre du **monde** – envoyer dans l'autre **monde** – venir au **monde** – parcourir le **monde***

a. Il a voyagé toute sa vie. **b.** Arthur est né le jour de Noël. **c.** Le criminel a tué sa victime. **d.** Certaines stars sont très vaniteuses. **e.** Lila est orpheline. **f.** Avant de piloter un avion, Rudy s'en croyait incapable.

III. Manipuler

4. Complétez les mots issus du nom **monde** :
a. La Seconde Guerre **mond**.... s'est terminée en 1945. **b.** Cette courtisane est une demi-**mond**.... **c.** Les pays riches doivent aider le .....-**monde**. **d.** Une **map**......... représente les deux hémisphères. **e.** Ce couple bourgeois adore les **mondan**.... **f.** Certaines cultures sont menacées par la **mondia**.....

JOUONS AVEC LES MOTS MÉLI-MÉLO DE MOTS

Retrouvez le nom de ceux qui utilisent ou conduisent les moyens de locomotion illustrés en démêlant les syllabes mélangées :
pachiste – vélimobiliste – motineur – traplanlote – pitocycliste – autominot

ENRICHIR SON VOCABULAIRE — LE LEXIQUE DES ACTIONS

1. Classez les verbes d'action selon qu'ils s'appliquent, au sens propre, aux actions sur terre, dans l'air ou dans l'eau :
marcher – se traîner – émerger – nager – bondir – s'insinuer – barboter – ramper – voler – flotter – plonger – voltiger – s'immerger – planer – se faufiler – s'envoler – courir – se baigner

2. Complétez les cases blanches du tableau ci-dessous avec les verbes d'action encadrés du texte :

antonyme		synonyme
	se diriger (vers) →	
	← stopper →	
	s'agripper →	
	← fermer	
	s'insinuer →	

Phileas Fogg n'eut pas le temps d'arrêter ce courageux garçon, qui, ouvrant une portière sans être vu des Indiens, parvint à se glisser sous le wagon. Et alors, tandis que la lutte continuait, pendant que les balles se croisaient au-dessus de sa tête, retrouvant son agilité, sa souplesse de clown, se faufilant sous les wagons, s'accrochant aux chaînes, s'aidant du levier des freins et des longerons des châssis, rampant d'une voiture à l'autre avec une adresse merveilleuse, il gagna gagna l'avant du train.

Jules Verne, *Le Tour du monde en 80 jours*, chapitre XXIX, 1873.

3. Réécrivez le texte de l'exercice 2, en imaginant que Passepartout doive aller dans l'eau pour se retrouver à l'avant d'un bateau. Utilisez les verbes de l'exercice 1.

DES MOTS POUR LIRE L'IMAGE — LES COULEURS FROIDES

ROM

COMPLÉTEZ la lecture d'image n° 8 avec le CD-Rom.

Les couleurs regroupées autour du bleu et du vert sont appelées couleurs froides par leur proximité avec la couleur de l'eau. Elles expriment le calme, la tristesse ou la solitude.

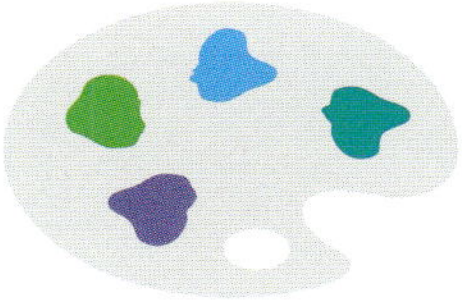

1. Quelle est la couleur dominante du tableau ?

2. Qu'est-ce qui indique la modernité de Paris au XIXe siècle ?

Gustave Caillebotte (1848-1894), *Le Pont de l'Europe*, 1877, huile sur toile, 106 x 130 cm, Kimbell Art Museum, Fort Worth, Texas.

Analyse

LE GENRE D'UN TEXTE : ROMAN, ARTICLE, POÈME

CONSEIL
Révisez les temps des verbes de l'indicatif
▸ VERBE, FICHES 20 ET 21
et la métaphore
▸ VOCABULAIRE, FICHE 45

I. Lire les textes

Texte 1

SNCF – Un train déraille au sud de Limoges : 13 blessés

L'accident s'est produit vendredi vers 20h40 : treize personnes ont été blessées, dont six gravement, dans le déraillement d'un train au sud de Limoges, selon le dernier bilan du groupement de la gendarmerie de la Haute-Vienne. La locomotive et deux voitures de voyageurs ont quitté les rails lorsque le train a heurté, selon les gendarmes, « *une remorque avec son chargement de paille* » renversée accidentellement sur les voies.

Site Internet de tf1, juillet 2009.

Texte 2

[…] Maintenant j'ai fait courir tous les trains tout le long de ma vie
Madrid-Stockholm
Et j'ai perdu tous mes paris
Il n'y a plus que la Patagonie, la Patagonie qui convienne à mon immense
[tristesse, la Patagonie, et un voyage dans les mers du Sud
Je suis en route
J'ai toujours été en route
Je suis en route avec la petite Jehanne de France
Le train fait un saut périlleux et retombe sur toutes ses roues
Le train retombe sur ses roues
Le train retombe toujours sur toutes ses roues […]

Blaise Cendrars, *La Prose du Transsibérien et de la petite Jehanne de France*, 1913.

Texte 3

Quand Roubaud se trouva seul sur le quai, il revint lentement vers le train de Montivilliers, qui attendait. Les portes des salles furent ouvertes, des voyageurs parurent, quelques chasseurs avec leurs chiens, deux ou trois familles de boutiquiers profitant du dimanche, peu de monde en somme. Mais, ce train-là parti, le premier de la journée, il n'eut pas de temps à perdre, il dut immédiatement faire former l'omnibus de cinq heures quarante-cinq, un train pour Rouen et Paris. À cette heure matinale, le personnel étant peu nombreux, la besogne du sous-chef de service se compliquait de toutes sortes de soins.

Émile Zola, *La Bête humaine*, chapitre II, 1890.

Document A

Claude Monet (1840-1926), *Gare Saint-Lazare*, 1877, huile sur toile, 80,3 x 98,1 cm, Fogg Art Museum, États-Unis.

Document B

Tony Soulié, *Paris 2008*, peinture sur photographie.

Document C

Accident à la gare de Montparnasse, octobre 1895, photographie.

II. Identifier le genre de chaque texte

1. Complétez le tableau en suivant les consignes données :

	Texte 1	Texte 2	Texte 3
Relevez	les détails réels précisés (temps, lieu, circonstances)	un sentiment exprimé et une métaphore	le nom du personnage
Indiquez	à quels temps les verbes sont conjugués et à quelle personne	à quelle personne les verbes sont conjugués	à quels temps les verbes sont conjugués et à quelle personne

2. À l'aide des indices du tableau, précisez le genre de chaque texte : lequel est un extrait de roman ? Lequel est un article de journal ? Lequel est un poème ?

III. Analyser les images

3. Observez les documents A, B et C.

a. Lequel présente la photographie d'un fait divers réel ?

b. [Doc. A et B] Où s'est placé chaque artiste pour réaliser son œuvre ?

c. Associez chaque document avec l'un des trois textes. Expliquez votre choix.

Écrit

RÉDIGER UN ÉPISODE ROMANESQUE

À partir du document C, racontez ce qui s'est passé :
- votre récit sera écrit au passé simple et à l'imparfait ;
- vous inventerez des personnages : le conducteur, les passagers ;
- vous mettrez quelques lignes de discours direct (réaction d'un passager, d'un passant) ;
- votre texte comportera environ 20 lignes.

Lecture de texte / Étude de la langue

1. Par quel danger les voyageurs sont-ils menacés ?
2. Relevez deux comparaisons. Qu'expriment-elles ?
3. En quoi ce passage constitue-t-il une péripétie ?
4. [L. 5 à 10] Comptez les propositions de la phrase.
5. Quel effet produit cette énumération de propositions ?
6. [L. 10 à 12] Relevez les verbes conjugués et indiquez leur temps. Qu'expriment-ils ?
7. Relevez le champ lexical du chemin de fer.
8. À quoi comprend-on qu'il s'agit d'un roman ?

1. **s'abîmer :** s'effondrer.
2. **le rapide :** le torrent.

Une traversée dangereuse

Le pont sur lequel doit passer le train conduisant les héros à New York menace de s'écrouler. Que faire ?

La locomotive siffla vigoureusement. Le mécanicien, renversant la vapeur, ramena son train en arrière pendant près d'un mille, reculant comme un sauteur qui veut prendre son élan.

Puis, à un second coup de sifflet, la marche en avant recommença : elle s'accéléra ; bientôt la vitesse devient effroyable ; on n'entendait plus qu'un seul hennissement sortant de la locomotive ; les pistons battaient vingt coups à la seconde ; les essieux des roues fumaient dans les boîtes à graisse. On sentait, pour ainsi dire, que le train tout entier, marchant avec une rapidité de cent milles à l'heure, ne pesait plus sur les rails. La vitesse mangeait la pesanteur.

Et l'on passa ! Et ce fut comme un éclair. On ne vit rien du pont. Le convoi sauta, on peut le dire, d'une rive à l'autre, et le mécanicien ne parvint à arrêter sa machine emportée qu'à cinq milles au-delà de la station.

Mais à peine le train avait-il franchi la rivière, que le pont, définitivement ruiné, s'abîmait[1] avec fracas dans le rapide[2] de Medicine Bow.

Jules Verne, *Le Tour du monde en 80 jours*, chapitre XXVIII « Dans lequel Passepartout ne put parvenir à faire entendre le langage de la raison », 1873.

Orthographe

PRÉPAREZ la dictée n° 8 avec le CD-Rom.

À REVOIR
- Les pronoms personnels et démonstratifs ▸ GRAMMAIRE, FICHE 6
- La graphie du son [e] ▸ VERBE, FICHES 27 ET 28

Le détachement

Le capitaine, extrêmement soucieux, ne savait quel parti prendre. Devait-il envoyer un second détachement au secours du premier ? Devait-il sacrifier de nouveaux hommes avec si peu de chances de sauver **ceux** qui étaient sacrifiés tout d'abord ? Mais son hésitation ne dura pas, et d'un geste, appelant l'un de **ses** lieutenants, il lui donnait l'ordre de pousser une reconnaissance dans le sud, quand des coups de feu éclatèrent. Était-**ce** un signal ? Les soldats **se** jetèrent hors du fort.

Jules Verne, *Le Tour du monde en 80 jours*, chapitre XXX « Dans lequel Phileas Fogg fait tout simplement son devoir », 1873.

1. Classez en deux colonnes les mots soulignés : les verbes à l'infinitif et les participes passés.
2. Distinguez bien *ce* – *ceux* – *ses* – *se* : quelles sont leurs classes grammaticales ?
3. Retenez l'orthographe du son [œ] : soucieux – peu – ceux – feu.

Lecture d'image / Histoire des arts

Frontispice de la première édition du roman (Hetzel), 1873, gravure.

1. Qui sont les deux personnages au premier plan ?
2. Quels sont les moyens de transport représentés sur cette gravure ?
3. Que représente la sphère en haut de l'image ? Comparez-la avec l'image d'ouverture de la séquence (► p. 176).

Connaissance de l'auteur et de l'œuvre

1. Lisez la liste des titres de chapitres du roman qui ont été mélangés.
a. *Dans lequel Phileas Fogg stupéfie Passepartout, son domestique.*
b. *Où il sera fait le récit d'incidents divers qui ne se rencontrent que sur les rails-roads de l'Union.*
c. *Dans lequel il est prouvé que Phileas Fogg n'a rien gagné à faire ce tour du monde, si ce n'est le bonheur.*
d. *Dans lequel Passepartout prouve une fois de plus que la fortune sourit aux audacieux.*
e. *Dans lequel Phileas Fogg et Passepartout s'acceptent réciproquement, l'un comme maître, l'autre comme domestique.*

POUR RÉPONDRE, relisez bien la page « Et si les auteurs nous parlaient ? », p. 178-179.

2. À quel chapitre correspond chaque étape du schéma narratif ?

Étapes du schéma narratif	Chapitre
Situation initiale (la rencontre des personnages)	
Élément déclencheur (le pari et le départ)	
Péripéties (le voyage autour du monde)	
Situation finale (la victoire et le mariage)	

3. D'après ces titres, dans quel sens s'effectue le tour du monde ?
Quels sont, dans l'ordre, les continents et océans traversés ?
Amérique Asie Europe Atlantique Pacifique

Un roman d'aventures

Le Tour du monde en 80 jours (1873)

Jules VERNE

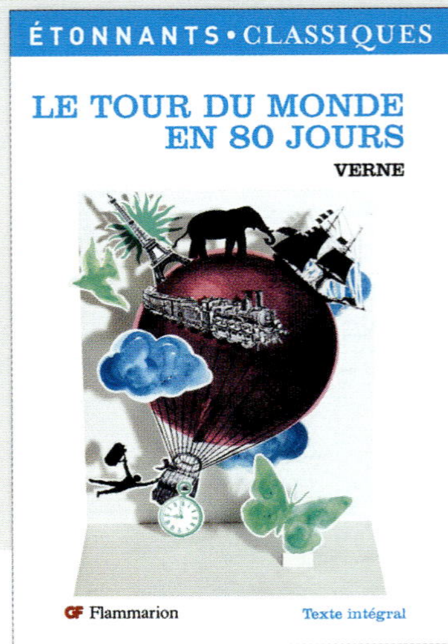

Pour tous

Pour lecteurs confirmés

I. LES AVENTURES

Entrez dans la lecture

a. Dans la liste de chapitres ci-dessous, relevez les mots annonçant des aventures périlleuses.

I. *Dans lequel Phileas Fogg et Passepartout s'acceptent réciproquement, l'un comme maître, l'autre comme domestique*

III. *Où s'engage une conversation qui pourra coûter cher à Phileas Fogg*

IV. *Dans lequel Phileas Fogg stupéfie Passepartout, son domestique*

IX. *Où la mer Rouge et la mer des Indes se montrent propices aux desseins de Phileas Fogg*

XII. *Où Phileas Fogg et ses compagnons s'aventurent à travers les forêts de l'Inde, et ce qui s'ensuit*

XXIV. *Pendant lequel s'accomplit la traversée de l'océan Pacifique*

XXIX. *Où il sera fait le récit d'incidents divers qui ne se rencontrent que sur les rails-roads de l'Union*

XXXII. *Dans lequel Phileas Fogg engage une lutte directe contre la mauvaise chance*

XXXVII. *Dans lequel il est prouvé que Phileas Fogg n'a rien gagné à faire ce tour du monde, si ce n'est le bonheur*

b. Retrouvez dans cette liste le(s) chapitre(s) correspondant(s) à chaque étape du schéma narratif :

Étapes du schéma narratif	Chapitre(s)
Situation initiale (la rencontre des personnages)	
Élément déclencheur (le pari et le départ)	
Péripéties (le voyage autour du monde)	
Résolution finale (le retour)	
Situation finale (la victoire et le mariage)	

Livre en main

c. Lisez le sommaire du livre et indiquez, d'après les titres des chapitres quels sont les pays et océans traversés.

d. Relisez les chapitres XIII et XXIII et comparez les épisodes indien et japonais :

Éléments du récit	Chapitre XIII	Chapitre XXIII
Personnage – victime	*Mrs. Aouda*	*Passepartout*
Lieux		
Événement principal du chapitre		
Dieu invoqué par ces individus		
Réactions de la foule		
Personnage sauveur		

Le Tour du monde en 80 jours, « Attaque du train par les Indiens aux États-Unis », illustration de **P. J. Andriessen**, 1876, musée Jules-Verne, Nantes.

II. LE RÉALISME

Entrez dans la lecture

a. Relisez le texte p. 184 du manuel : quelles informations sur les Indiens nous apprend le texte ?

Livre en main

b. Relevez dans les chapitres X, XXIII et XXV une indication sur les Indiens/Asiatiques/Américains (coutumes, caractères...).

c. Indiquez le nom d'une ville traversée par les personnages : en Inde, en Asie, aux États-Unis.

d. Racontez en le résumant (à l'oral ou à l'écrit) un épisode de l'aventure qui se passe dans l'un de ces trois lieux : insistez sur ce que découvrent les personnages et qui leur paraît exotique ou pittoresque.

III. LES PERSONNAGES

Entrez dans la lecture

« Passepartout se sentait de plus en plus envahir par l'ivresse. Fix, comprenant qu'il fallait à tout prix le séparer de son maître, voulut l'achever. Sur la table se trouvaient quelques pipes chargées d'opium. Fix en glissa une dans la main de Passepartout, qui la prit, la porta à ses lèvres, l'alluma, respira quelques bouffées, et retomba, la tête alourdie sous l'influence du narcotique.
"Enfin, dit Fix en voyant Passepartout anéanti, le sieur Fogg ne sera pas prévenu à temps du départ du Canartic, *et s'il part, du moins partira-t-il sans ce maudit Français !" »*

Fin du chapitre XIX.

a. Qui est, d'après cet extrait, le héros du roman ? Qui est l'adjuvant ? Qui est l'opposant ?

Livre en main

b. Sur les traces de Passepartout, complétez le tableau :

Passepartout, l'étourdi	Passepartout, l'intrépide
Chapitre IV Qu'a-t-il oublié de faire ? Chapitre X Quelle erreur a-t-il commise ? Chapitre XXII Où Passepartout se rend-il ?	Chapitres XIII et XXIX Quels actes héroïques accomplit-il ? Chapitre XXXVII Que découvre-t-il à la fin du roman avant son maître ?

c. Suivez les traces de Fix en relisant les chapitres VI, IX et XIX et trouvez deux adjectifs qui pourraient le qualifier.

Prolongez la lecture...

Connaissez-vous un pays qui est d'une autre culture que la nôtre et qui peut étonner par ses coutumes ou ses paysages ? Préparez un court exposé pour présenter ce pays à la classe.

MÉTHODE POUR LIRE UN ROMAN D'AVENTURES

- **Les aventures**
  - lire les titres de chapitre ;
  - établir le schéma narratif en insistant sur les principales péripéties ;
  - comparer la situation finale et la situation initiale.
- **Le réalisme**
  - préciser la durée de l'action ;
  - indiquer les différents lieux de l'action ;
  - trouver des informations (culturelles, historiques, géographiques) données par le texte.
- **Les personnages**
  - distinguer les personnages et leur fonctions ;
  - désigner le héros et ses caractéristiques ;
  - montrer si l'aventure a modifié le héros (sa vie, son comportement).

Le Tour du monde en 80 Jours, « Phileas Fogg donna à une mendiante les guinées qu'il avait gagnées au jeu », illustration (détail) d'**Auguste Leroux** (1871-1954), 1938.

DE LA CLASSE AU CDI

MÉTHODOLOGIE *Consulter une critique*

▶ **Un article critique peut aider le lecteur à déterminer son choix.**

I. Observez...

a. Dans quels ouvrages peut-on lire les articles suivants ? Quels sont les livres critiqués ?

b. Comment voit-on tout de suite si la critique est bonne ou mauvaise ?

c. Selon les critiques du livre intitulé *Les Cinq Ancêtres* de Jeff Stone : quelles sont ses qualités ? Quels sont ses défauts ?

C'est moi qui note — Livre

Les Cinq Ancêtres de Jeff Stone (Gallimard Jeunesse)

L'histoire : Chine, XVIIe siècle. Cinq moines enseignent différents styles de combat.

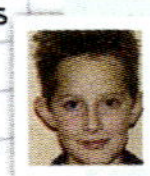

Passionnant ! Des combats, mais aussi de la morale : le personnage apprend à réfléchir avant de se battre, dans le respect des traditions chinoises. Thomas, 12 ans — 16/20

C'est original et le personnage du singe est marrant et malin. Dommage : les personnages sont si nombreux qu'on les mélange... Sophie, 14 ans — 13/20

Je l'ai dévoré ! J'ai appris que chaque moine est formé aux combats grâce à une figure d'animal. C'est bien fait, émouvant et captivant. J'ai hâte de lire la suite... Clément, 12 ans — 18/20

Journal *Okapi*, 1er avril 2008, Bayard Jeunesse.

***Toujours fâchée (le journal d'Aurore 2)*, par Marie Desplechin, l'École des Loisirs, collection "Médium", 238 pages, 10 €, à partir de 11 ans**

Les aventures d'Aurore, suite : ses parents l'envoient vivre quelque temps chez les "ancêtres", Papi et Mamie. Et c'est l'angoisse : la chambre rose saumon, les émissions de télé de Papi, la gentillesse de Mamie... Tiens, la gentillesse de Mamie, puisqu'on en parle, ça n'est pas si mal que ça, finalement. C'est toujours mieux que les parents qui se disputent ! Bon, bien sûr, Aurore a encore quelques soucis : ses notes en maths, les "ex" de sa copine Lola, ses sœurs insupportables. Et puis viennent les priorités, surtout lorsque pointe à l'horizon la première fête sans les parents.

L'avis de Hiatus : ☹

"Ce nouveau tome du journal d'Aurore tourne un peu à vide sur des thèmes éculés : l'amour, les garçons, les amies, le collège... Dans un style "adolescent", Marie Desplechin raconte, parfois avec humour, les petits riens de tous les jours. Une lecture plaisante, mais sans surprise."

L'avis de Catherine, 13 ans : ☺

"Ce livre raconte un an de la vie d'Aurore, une adolescente un peu bizarre. Pour pouvoir comprendre certains passages, il vaut mieux relire le premier tome d'abord."

Journal *Virgule* n° 42, juin 2007.

II. Vérifiez

Observez l'article paru ci-dessus dans le n° 42 du journal *Virgule* et où tout a été mélangé.

d. Identifiez la présentation du livre, le résumé, les deux critiques.

e. Retrouvez l'auteur de chaque critique et le code d'appréciation qui convient.

f. Utilisez les lettres pour indiquer dans quel ordre on doit présenter l'article.

"Parmi les désormais nombreuses adolescentes héroïnes de BD, Tamara n'est pas la plus originale, ni la plus attachante..."

A

L'avis de Virgule : ☹

B

L'avis de Catherine, 13 ans : ☺

C

La dictature des minces et les blagues des goujats de sa classe : quel quotidien, pour Tamara ! Son père oublie de lui souhaiter son anniversaire, sa mère continue à l'appeler par des surnoms ridicules, sa copine Jelilah doit négocier chaque sortie avec ses parents... Bref, heureusement qu'il y a l'amour, pour rêver un peu : Nguyen, le beau sportif, est un défi à la hauteur de la personnalité pétillante de Tamara !

D

"J'ai beaucoup aimé cette BD aux histoires courtes, sur le thème de l'amour. J'ai beaucoup ri."

E

***Tamara... à la folie !* (tome 5), par Darasse et Zidrou, éditions Dupuis, 46 pages, 8,50 €, à partir de 11 ans**

F

III. Lancez-vous !

Rédigez la critique du dernier ouvrage que vous venez de lire.

g. Présentez le livre (titre, auteur, éditeur, prix) et résumez le contenu.

h. Expliquez votre point de vue, en énonçant vos arguments avec précision.

i. Imaginez un code pour signaler si vous aimez un peu, beaucoup ou énormément le livre.

B2i *Créer un blog littéraire*

Adopter une attitude responsable ▸ Domaine 2
Communiquer, échanger ▸ Domaine 5

Un blog est un site personnel où un, ou plusieurs auteurs publient des articles pour parler de leur goûts, de leurs coups de cœurs, etc. On dit qu'on publie un article ou qu'on « poste un billet ». Ceux-ci s'affichent dans l'ordre chronologique et sont organisés en différentes catégories.

1. Rendez-vous à la page d'accueil du site : http://www.creerunblog.fr/
2. Première étape : tapez votre nom dans la case *Nom d'utilisateur*.
3. Deuxième étape : donnez ensuite un nom au blog.
4. Troisième étape : saisissez votre adresse de messagerie électronique afin qu'un mot de passe puisse vous être attribué.
5. Dernière étape : lisez et tapez le code.
6. Cochez la case « J'ai lu et j'accepte les conditions générales d'utilisation ».
7. Finaliser votre création du blog en cliquant sur l'onglet *Créer un blog*.
8. Vous pourrez, seul ou avec la classe, faire partager vos lectures. Si vous manquez d'inspiration pour la rédaction de vos articles, inspirez-vous des blogs faits par des élèves de collège comme par exemple http://blog.miroirdeslivres.fr

LECTURES PERSONNELLES *Le roman*

Au cœur du Moyen Âge, trois énigmes où seigneurs et moines deviennent tour à tour enquêteurs, suspects... et complices !
Double Meurtre à l'abbaye, Jacqueline Mirande, illustrations Wilfried Bartoli, Castor poche, 1998.

Découvrez ce roman historique mêlant merveilleux et fantastique. Vous y retrouverez le thème de la métamorphose, étudié en 6ᵉ.
Le Renard de Morlange, Philippe Mignon, Alain Surget, Nathan, collection Pleine lune, 1995.

À travers ce roman, voyagez de l'enfance vers la maturité en compagnie d'Arthur, un orphelin, puis en compagnie d'Allie, la fille d'Arthur.
Seul sur la mer immense, Michael Morpurgo, Gallimard jeunesse, Paris, 2008.

Un récit palpitant dans lequel l'héroïne fuit l'Italie fasciste, puis entraîne le lecteur dans le monde mystérieux de l'archéologie des sables.
La Fiancée du désert, Jean-Marie Defossez, Nathan Poche, 2006.

Mon Oncle, photogramme du film de **Jacques Tati**, 1958 © Les Films de Mon Oncle.

9 Farces et vaudevilles

Comment faire rire en quelques scènes ?

Parcours textes et images

S'exercer

Évaluation

LIRE L'IMAGE

1. Comparez l'attitude des deux personnages.
2. Quels détails vestimentaires sont comiques ?

ÉTUDE DE LA LANGUE

• Les types de phrases p. 207, 213, 222 – la juxtaposition p. 209 – les prépositions p. 211 – les propositions p. 222
• L'infinitif p. 207, 209 – le participe passé p. 211 – les verbes irréguliers p. 207 – le subjonctif présent p. 213

Et si les auteurs nous parlaient ?

Noble clerc, pourquoi n'avez-vous pas signé La Farce de maître Pathelin ?

Pour une bonne raison ! Vers **1460**, quand ***La Farce de maître Pathelin*** a été écrite, il n'était pas l'usage pour l'auteur de donner son nom : les auteurs du Moyen Âge sont pour la plupart restés anonymes. Ces courtes pièces de théâtre populaires avaient pour but de faire rire. En pleine rue ou sur une place de village, sur des tréteaux avec un simple rideau en guise de décor, les farceurs (des hommes uniquement) amusaient le public d'une histoire facile à comprendre, de bons mots et de gestes comiques.

Pieter Bruegel le Jeune (1543-1638), *La Kermesse villageoise avec un théâtre et une procession*, 1625-1630, huile sur toile, 152 x 283 cm, musée Calvet, Avignon.

Georges Courteline, on dit que vous aviez un nom d'oiseau ?

C'est un peu vrai car je suis né en **1858** sous le nom de Georges Moinaux. Avant de devenir un écrivain connu sous le pseudonyme de « Courteline », j'ai travaillé comme fonctionnaire. À l'armée puis dans les bureaux ou dans les cafés, j'ai longuement observé les gens. Rendu célèbre par ma comédie ***Boubouroche*** en **1893**, j'ai traqué la bêtise humaine pour amuser les spectateurs. J'ai su faire rire de la police, de la justice ou de la petite bourgeoisie avec ***La Paix chez soi*** en **1903**. Grâce à mes bons mots, j'ai connu un grand succès jusqu'à ma mort en **1929**.

Portrait de ***Courteline***, 1925.

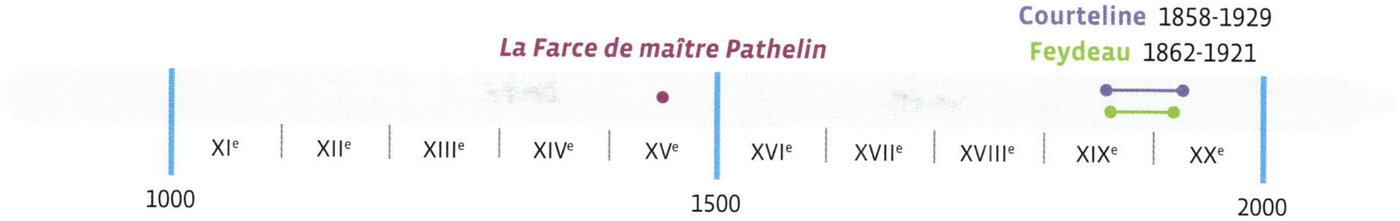

Charles Émile Auguste Carolus-Duran, *Portrait de **Georges Feydeau***, XIXe siècle, huile sur toile, 61 x 46 cm, Palais des Beaux-arts, Lille.

Georges Feydeau, seriez-vous un « pro » du quiproquo ?

Né en **1862**, je suis entré très tôt dans le monde des lettres, encouragé par mon père, qui était écrivain, et par Eugène Labiche, célèbre auteur de théâtre. Comme lui, j'ai écrit des **vaudevilles**, ces comédies légères dans lesquelles on rit des trompeurs trompés, des arroseurs arrosés, des maris cocus ou des bonnes impertinentes. Le public se pressait pour voir ***Monsieur chasse***, ***La Dame de chez Maxim's***, ***Le Dindon*** ou ***Feu la mère de Madame***. Mes pièces, souvent imitées, sont encore jouées aujourd'hui. Ma fin de vie prête moins à rire que mes pièces : je meurs en **1921** après avoir passé deux ans dans une maison de santé.

Jean Béraud (1849-1935), *Extérieur du Théâtre de Vaudeville à Paris*, huile sur toile, 600 x 407 cm.

1 Découvrir la farce

Un mot à la loupe

Pathelin : le nom du personnage théâtral est devenu si célèbre qu'il est passé dans le langage courant sous la forme d'un **adjectif** (orthographié sans la lettre h). *Un homme* ***patelin*** est un flatteur, faux, hypocrite.

1. **barboter :** dérober, voler.
2. **avocat de quatre sous :** expression péjorative qui signifie « avocat à la noix ».
3. **élimés jusqu'à la trame :** usés jusqu'au fil.
4. **chaperons :** chapeau entouré d'une sorte d'écharpe retombant sur l'épaule.
5. **faire montre :** montrer.

Un maître trompeur

AUDIO

Ici commence la farce de maître Pathelin à cinq personnages :

Maître Pierre, le Drapier, le Juge.
Sa Femme, le Berger,

SCÈNE 1 – MAÎTRE PIERRE, GUILLEMETTE

MAÎTRE PIERRE *commence.* – Sainte Marie ! Guillemette, malgré mes efforts pour barboter[1] et chiper, rien à faire, nous n'amassons rien. Il fut pourtant un temps où je faisais l'avocat.

GUILLEMETTE. – Par Notre Dame, dont on a plein la bouche dans les plaidoiries, j'y songeais ; c'est que le renom de votre habileté s'est envolé. Il fut un temps où chacun voulait vous avoir pour gagner son procès ; à présent, on vous appelle partout avocat de quatre sous[2]. [...] Nous mourons tout bonnement de faim, nos vêtements sont élimés jusqu'à la trame[3], et nous sommes bien en peine de savoir comment nous pourrions en avoir. Alors, à quoi bon toute votre science ?

PATHELIN. – Taisez-vous ! Par mon âme, si je veux faire travailler mes méninges, je saurai bien où en trouver, des vêtements et des chaperons[4] ! S'il plaît à Dieu, nous nous en tirerons et nous serons bientôt remis sur pied. Que diable, Dieu va vite en besogne ! S'il faut que je m'emploie à faire montre[5] de mes talents, on ne saura trouver mon égal.

GUILLEMETTE. – Par saint Jacques, sûrement pas pour ce qui est de tromper : vous en êtes parfaitement maître.

PATHELIN. – Par ce Dieu qui me fit naître, c'est du bel art de plaider que je parle !

GUILLEMETTE. – Par ma foi, non de tromper !

Auteur anonyme, *La Farce de maître Pathelin* (vers 1460), pièce en un acte, scène première, édition bilingue de Michel Rousse, Gallimard, 1999.

De l'ancien français au français moderne

Sainte Marie, Guillemette,
Pour quelque paine que je mette
A cabasser n'a ramasser,
Nous ne povons rien amasser.
Or viz-je que j'avocassoye.

1. Le texte ancien est-il écrit en vers ou en prose ?
2. Comment le verbe *avocassoye* a-t-il été traduit en français moderne (l. 2 à 4) ?

LIRE L'IMAGE

- Décrivez les costumes de Guillemette et de Pathelin sur les deux images.
- Quel est celui qui date approximativement de la même époque que le texte ?
- En quoi les documents sont-ils fidèles (ou non) aux indications du texte ?

Pierre Levet, « Pathelin comptant sur ses doigts devant Guillemette », gravure du livre *Maistre Pierre Pathelin*, vers 1489, BNF, Paris.

La Farce de maître Pathelin, mise en scène de Jean-Claude Martin, compagnie Artea, Théâtre Fontaine, Paris, 1984.

LIRE LE TEXTE

L'intrigue

1. La pièce est-elle découpée en actes, en scènes ? Qu'en déduisez-vous sur sa longueur ?

2. Qui sont les personnages en présence ? Quelle est leur situation financière ?

3. [L. 19 à 23] Relevez les verbes à l'infinitif. ▸ VERBE, FICHE 27

4. Comment Pathelin envisage-t-il de remédier à leur problème ? Guillemette est-elle convaincue ?

Les personnages

5. [L. 2] Pourquoi Pathelin est-il appelé « *Maître Pierre* » ?

6. Relevez les mots qui appartiennent au champ lexical de la tromperie. Dans quel domaine Pathelin est-il aussi un « *maître* » ?

7. Identifiez, parmi les reproches que Guillemette adresse à son mari, une phrase déclarative, une phrase interrogative et une phrase exclamative. ▸ GRAMMAIRE, FICHES 12 ET 16

8. Relevez les jurons utilisés par le couple et précisez leur point commun.

ORTHOGRAPHE ▸ FICHE 23

9. [L. 4] « *je **faisais** l'avocat* » : le verbe « faire » est irrégulier. Conjuguez-le aux temps simples de l'indicatif de la 1re personne du singulier et du pluriel.

VOCABULAIRE ▸ FICHE 42

10. Relevez les mots appartenant au champ lexical de la justice. Parmi eux, indiquez le mot qui appartient aussi au vocabulaire de la cuisine. Rédigez une phrase pour chacun des emplois de ce mot.

L'ESSENTIEL

– Les **farces** sont de **courtes pièces de théâtre**, destinées à un public **populaire**. Elles se jouent souvent en **plein air** sur des tréteaux.
– Les personnages sont **ordinaires** avec un langage souvent **familier**. Leur nom renvoie à leur **métier**, à leur **situation familiale** ou à leur **caractère** : Pathelin est un flatteur hypocrite.
– L'action est **simple** : il est souvent question de tromperie et de ruse.

EXPRESSION ÉCRITE

Dans la pièce, scène suivante, Pathelin se rend chez le drapier et exerce son art de trompeur. Imaginez le discours qu'il tient au marchand pour obtenir un morceau d'étoffe sans débourser un sou :
– vous inventerez un mensonge ;
– vous utiliserez des propos flatteurs ;
– vous chercherez à susciter la pitié de votre interlocuteur.

2 Étudier les procédés de la farce

À vos ordres !

La femme et la belle-mère de Jacquinot cherchent à lui imposer toutes les tâches domestiques.

LA MÈRE. – Eh bien ! pour mieux vous en souvenir, il vous faudra prendre un rôlet[1] et inscrire sur un feuillet tout ce qu'elle vous commandera.

JACQUINOT. – Qu'à cela ne tienne ! cela sera. Je vais commencer à écrire. (*Il va à la table, s'assied, prend un rouleau de papier et une plume d'oie.*) [...]

LA FEMME. – Tamiser[2], laver, décrasser...

LA MÈRE. – Aller, venir, trotter, courir, et vous démener comme un diable.

LA FEMME. – Faire le pain, chauffer le four...

LA MÈRE. – Mener la mouture[3] au moulin... [...] Bon ! écrivez donc, Jacquinot : pétrir...

LA FEMME. – Cuire le pain...

JACQUINOT, *vérifiant ce qu'il a déjà écrit.* – Lessiver.

LA FEMME. – Tamiser...

LA MÈRE. – Laver...

LA FEMME – Décrasser...

JACQUINOT, *feignant de ne plus suivre.* – Laver quoi ?

LA MÈRE. – Les pots et les plats.

JACQUINOT. – Attendez, ne vous hâtez pas. (*Écrivant.*) Les pots, les plats...

LA FEMME. – Et les écuelles...

JACQUINOT. – Palsambleu ! moi qui suis sans cervelle, je ne saurais tout retenir.

LA FEMME. – Aussi, écrivez pour vous en souvenir. Entendez-vous ? car je le veux.

JACQUINOT. – Bien. Laver les...

LA FEMME. – Langes merdeux de notre enfant à la rivière.

JACQUINOT. – À Dieu ne plaise ! La matière et les mots ne sont pas honnêtes.

LA FEMME. – Écrivez donc ! Allez, sotte bête ! Avez-vous honte de cela ?

Auteur anonyme, *La Farce du cuvier*, XVe siècle, traduit par André Tissier, © Flammarion.

Un mot à la loupe

Jacquinot : diminutif de **Jacques**, prénom souvent donné aux idiots et aux sots dans les farces médiévales. L'expression **faire le Jacques** signifiera plus tard « faire l'imbécile ».

1. **rôlet** : petite liste d'ordres ou de recommandations à suivre.
2. **tamiser** : passer dans un tamis.
3. **mouture** : farine obtenue à partir des grains de céréales.

De l'ancien français au français moderne

JACQUINOT. – *Attendez, ne vous hastez pas :*
Les potzs (et) les platz.

1. [L. 20] Qu'a rajouté le traducteur ? Pour quelles raisons ?
2. Qu'est devenu le s de « *hastez* » ?

LIRE L'IMAGE

- Situez les comédiens et le public.
- Quels éléments de la tenue des personnages rappellent le Moyen Âge ?
- Identifiez le personnage en colère et celui qui se défend.

Jean de Gourmont (1483-1551), *Représentation d'une farce*, XVIe siècle, gravure, musée des Arts décoratifs, Paris.

LIRE LE TEXTE

Mère et belle-mère

1. Au début de la scène, que demande la belle-mère à son gendre ?

2. [L. 5 à 14] Quels traits de caractère les deux femmes ont-elles en commun ? Relevez les verbes à l'infinitif qui le confirment. ▸ VERBE, FICHE 27

3. [L. 7 à 10] Les mots sont-ils juxtaposés ou coordonnés ? Quel rythme cela donne-t-il au dialogue ? ▸ GRAMMAIRE, FICHE 14

4. [L. 25 à 31] Identifiez les termes familiers et grossiers dans les paroles des deux femmes.

Le mari

5. Jacquinot accepte-t-il les devoirs que lui imposent sa femme et sa belle-mère ?

6. En quoi porte-t-il bien son nom ? (▸ « Un mot à la loupe »)

7. En vous aidant des didascalies, identifiez les gestes de Jacquinot. Comparez avec ses paroles.

8. Relevez les jurons qu'il emploie.

ORTHOGRAPHE ▸ FICHE 36

9. Quel est le suffixe commun aux mots « *rôlet* » (l. 1) et « *feuillet* » (l. 2) ? Quelle est sa signification ? Identifiez aux lignes 5, 6 et 23 trois noms auxquels vous pourriez ajouter ce suffixe.

VOCABULAIRE ▸ FICHE 43

10. Remplacez les verbes « *trotter* » (l. 8), « *hâtez* » (l. 20), ainsi que l'expression « *(se) démener comme un diable* » (l. 8 et 9) par des termes plus modernes.

L'ESSENTIEL

– La farce déclenche le **rire** grâce à des procédés **simples** et **efficaces.**
– Le **comique de situation** s'appuie souvent sur un bon tour joué à une victime.
– Le **comique de gestes** est visuel. Il repose sur les mouvements, les déplacements ou les mimiques du comédien. C'est souvent leur **répétition** qui déclenche le rire.
– Le **comique de mots** exploite toutes les ressources du **langage** : déformations verbales, expressions familières...

EXPRESSION ORALE

Jouez la scène en soulignant le comique.
– Forcez le caractère des personnages : autoritaire pour l'épouse et la mère, soumis pour Jacquinot.
– Enchaînez les répliques sans interruption.

3 Entrer dans le vaudeville

Georges Feydeau ▸ p. 205

Un mot à la loupe

Le mot pluriel **les bains** (= l'endroit du palais ou de la maison où l'on se baignait) a été remplacé par **la salle de bains**. Au singulier, **le bain** est une action : « prendre un bain » et un lieu le « grand bain » de la piscine).
On l'emploie aussi dans des expressions figurées « être dans le bain » (= être au courant) ou « un bain de foule » (= se trouver au milieu d'une foule).

Art musical

Opéra-bouffe de **Jacques Offenbach**, *La Vie parisienne*, fin de l'acte I, « L'air du brésilien », 1866.

Un retour bien mal venu

Dans une maison bourgeoise, profitant du départ de son maître Cocarel, la bonne Adélaïde décide de prendre un bain…

SCÈNE 7 – ADÉLAÏDE

ADÉLAÏDE. – *(Allant à la baignoire.)* Oui, mais avec tout ça, Madame ne prend pas son bain, un bain si apaisant. Quel coulage[1] ! Voilà un bain perdu… Oh ! quelle idée… il est encore tout chaud, Madame est couchée, Monsieur est sorti, ma foi… si je… Eh, allez donc !… *(Elle déboutonne son corsage[2].)* Comme cela, il n'y aura rien de gâché ! *(On entend le bruit d'une clef tournant dans la serrure de la porte de droite premier plan.)* Mon Dieu ! quelqu'un ! Ce doit être Monsieur ou Monsieur Catulle…

Elle éteint sa bougie et se cache derrière le paravent.

SCÈNE 8 – ADÉLAÏDE, COCAREL

ADÉLAÏDE, *à part*. – Est-ce qu'il ne va pas s'en aller ?

COCAREL. – Avec tout ça, je ne trouve pas les bougies. *(Il se cogne dans la baignoire.)* Crac ! allons bon !… Comment ? ma femme a déjà pris son bain ?… Oh ! elle aura changé d'idée. C'est si capricieux, les femmes ! Elle a fait préparer son bain et puis elle ne l'a pas pris… C'est bien ça !… non, c'est énorme ! Enfin ! *(Il se dirige vers la chambre.)* Allons, je trouverai de la lumière chez moi.

SCÈNE 9 – ADÉLAÏDE

ADÉLAÏDE. – Ouf ! j'ai cru qu'il allait coucher là. Me laissera-t-on enfin prendre mon bain bien tranquillement. *(Elle rallume sa bougie.)* Allons, Monsieur est rentré chez lui… Je crois qu'on peut y aller carrément. *(Elle retire son corsage.)* Ciel ! *(On entend tousser dans la chambre de Cocarel.)* Ciel ! Monsieur ! encore lui ! ah ! en voilà une colle !

Elle éteint la bougie et se réfugie derrière le paravent.

SCÈNE 10 – ADÉLAÏDE, COCAREL

Cocarel entre, une bougie d'une main, une bouillotte d'eau chaude de l'autre. Il est en pantalon et en pantoufles et tient sa robe de chambre sous le bras.

COCAREL. – Il m'est venu une idée… Je me suis dit « Voilà un bain qui ne fait rien… qui me tend les bras. Eh bien ! je vais le prendre. » *(Il pose sa bougie sur la chaise qui est contre le paravent.)* Eh, ma foi ! je viens prendre mon bain !

Il verse l'eau de la bouillotte dans le bain.

Georges Feydeau, *Un bain de ménage*, pièce en un acte, scènes 7 à 10, 1888.

1. **Quel coulage !** quel gaspillage ! quelle perte !
2. **corsage :** vêtement féminin qui recouvre le buste, chemisette.

LIRE L'IMAGE

- Quels détails indiquent que la scène se passe en pleine nuit ?
- Quel sentiment semble animer les trois personnages tournés vers l'homme en noir ?
- Relevez tout ce qui indique une scène de comédie (costumes, postures, expressions).

Georges Feydeau, *Quatre Pièces*, mise en scène de Gian Manuel Rau, au Théâtre du Vieux-Colombier, Paris, 2009.

LIRE LE TEXTE

Une pièce à rebondissements

1. [L. 1 à 10] Quelle est la situation initiale ? Relevez tous les participes passés et indiquez ce qu'ils font comprendre. ▸ VERBE, FICHE 28
2. À la fin de la scène 7, quelle péripétie perturbe la situation ?
3. Relevez les prépositions présentes dans les didascalies concernant la baignoire, le paravent, la chambre. ▸ GRAMMAIRE, FICHE 8
4. [L. 10 à 35] Complétez le tableau suivant avec les noms d'Adélaïde et Cocarel.

	Scène 8	Scène 9	Scène 10
Près de la baignoire			
Derrière le paravent			
Dans la chambre de Cocarel			

Le comique de situation

5. Sur quel malentendu la scène repose-t-elle ?
6. Dans quelle tenue Adélaïde et Cocarel apparaissent-ils tour à tour ?
7. Quels objets jouent un rôle essentiel dans la mise en scène ?

ORTHOGRAPHE ▸ FICHE 35

8. [L. 2 à 9] Identifiez un verbe formé à l'aide du préfixe *de-* et précisez le sens de ce dernier. Proposez d'autres verbes formés à partir du même préfixe.

VOCABULAIRE ▸ FICHE 37

9. Expliquez la formation des mots suivants appartenant à la famille de « *bain* » : *baignoire – bain-marie – baigner – balnéaire*.

L'ESSENTIEL

– Le mot **vaudeville** signifie à l'origine « **tourne et vire** » : au XIXe siècle, il désigne une courte pièce, riche en intrigues.

– Les **quiproquos** (malentendus comiques), les **renversements** de situation et les **coups de théâtre** (événements inattendus) engendrent des **rebondissements.** Ces **péripéties** amusent le spectateur et suscitent son intérêt.

EXPRESSION ORALE

Préparez-vous à jouer cette scène.

– Réunissez les accessoires dont vous avez besoin : une bougie, une chemisette.

– Réfléchissez aux éléments de décor qui pourraient figurer le paravent et la baignoire.

– En vous aidant du tableau ci-dessus, récapitulez les entrées et sorties de Cocarel ainsi que les déplacements d'Adélaïde.

4 Analyser la surprise finale

Georges Courteline ▸ p. 205

Un mot à la loupe

Le mot **chute** est formé sur le verbe ancien *choir*. Le verbe **tomber** l'a remplacé, mais on dit encore **laisser choir quelqu'un** pour dire « laisser tomber ».

Quelle chute !

Une mère inquiète vient consulter le médecin car son fils ne cesse de tomber par terre.

LE MÉDECIN. – Il est superbe, cet enfant-là !… Mettez-le à terre, je vous prie.

(La mère obéit. L'enfant tombe.)

LE MÉDECIN. – Encore une fois, s'il vous plaît.

(Même jeu que ci-dessus. L'enfant tombe.)

MADAME. – Encore.

(Troisième mise sur pieds, immédiatement suivie de chute, du petit malade qui tombe tout le temps.)

LE MÉDECIN, *rêveur.* – C'est inouï. (*Au petit malade que soutient sa mère sous les bras.*) Dis-moi, mon petit ami, tu as du bobo quelque part ?

TOTO. – Non, monsieur.

LE MÉDECIN. – Tu n'as pas mal à la tête ?

TOTO. – Non, monsieur.

LE MÉDECIN. – Cette nuit, tu as bien dormi ?

TOTO. – Oui, monsieur.

LE MÉDECIN. – Et tu as appétit, ce matin ? Mangerais-tu volontiers une petite sousoupe ?

TOTO. – Oui, monsieur.

LE MÉDECIN. – Parfaitement. C'est de la paralysie.

MADAME. – De la para !… Ah Dieu !

(Elle lève les bras au ciel. L'enfant tombe.)

LE MÉDECIN. – Hélas oui, madame. Paralysie complète des membres inférieurs. D'ailleurs vous allez voir vous-même que les chairs du petit malade sont frappées d'insensibilité absolue. (*Tout en parlant, il s'est approché du gamin et il s'apprête à faire l'expérience indiquée, mais tout à coup :*) Ah ça mais… ah ça mais… ah ça mais… (*Puis éclatant :*) Eh ! sacrédié, madame, qu'est-ce que vous venez me chanter, avec votre paralysie ?

MADAME. – Mais, docteur…

LE MÉDECIN. – Je le crois bien tonnerre de Dieu qu'il ne puisse tenir sur ses pieds… Vous lui avez mis les deux jambes dans la même jambe du pantalon !

Georges Courteline, *Le Petit Malade*, pièce en un acte, 1903.

Philippe Geluck, extrait de l'ouvrage *Le Chat 1999,9999*, © Casterman, 2001.

LIRE L'IMAGE

- Quelle est la chute de ce strip en trois cases du Chat ?
- Sur quel message repose-t-elle ?

LIRE LE TEXTE

La consultation

1. Sur quelle répétition comique le début de l'extrait est-il construit ?

2. Quel est le premier diagnostic du médecin ? Sur quoi est-il fondé ?

3. [L. 31 à 33] Identifiez le verbe au subjonctif. Relevez les deux verbes à l'indicatif. ▸ VERBE, FICHES 20, 21 ET 25

4. Quelle surprise finale les verbes soulignent-ils ?

Médecin et patients

5. Sur quel ton le médecin s'adresse-t-il à Toto ? Quel vocabulaire utilise-t-il ?

6. Pourquoi les réponses de l'enfant finissent-elles par faire rire ?

7. [L. 23 à 29] Identifiez la phrase interrogative et son mot introducteur. Sur quel ton le médecin s'adresse-t-il à la mère ? ▸ GRAMMAIRE, FICHES 11 ET 12

8. Relevez un geste et une parole de la mère qui montrent qu'elle s'étonne du diagnostic du médecin.

ORTHOGRAPHE ▸ FICHE 37

9. [L. 9 à 20] Relevez cinq noms ou adjectifs terminés par le son-voyelle [i] orthographié de manière différente.

VOCABULAIRE ▸ FICHES 36 ET 37

10. Indiquez ce que soigne : *le cardiologue – le podologue – le pédiatre – le psychiatre*.
Comment nomme-t-on le médecin soignant les dents ? les oreilles et le nez ? les yeux ?

L'ESSENTIEL

– Le **dénouement** d'une pièce courte comme la farce et le vaudeville doit être **rapide** et **inattendu** : cette fin surprenante est appelée la **chute** de la pièce.
– Elle est fondée sur une **surprise** et/ou un **retournement de situation** créant un effet **comique.**

EXPRESSION ÉCRITE

Écrivez à votre tour une saynète comportant une chute comique ayant pour thème un médecin posant un faux diagnostic avant de s'apercevoir de son erreur.
– Vous rédigerez la conversation entre le médecin et le malade en respectant les règles propres au dialogue théâtral.
– Vous pourrez relire des extraits de Molière avant de commencer (▸ séquence 10).

Construire le bilan

LIRE LE TEXTE

1 Combien la scène compte-t-elle de personnages ? Comment sont-ils désignés ?
2 Que cherche à obtenir Pathelin de la part d'Agnelet ?
3 Sur quel procédé comique les réponses d'Agnelet s'appuient-elles ?
4 En quoi peut-on dire que le trompeur Pathelin est ici trompé ?

Le silence est d'or

L'avocat Pathelin a conseillé au berger Agnelet de jouer l'idiot pour gagner son procès. Il veut être payé pour ses conseils.

PATHELIN *(s'approchant du Berger)*. – Dis, Agnelet.

LE BERGER. – Bée !

PATHELIN. – Approche, viens. Ton affaire est-elle bien réglée ?

LE BERGER. – Bée !

PATHELIN. – La partie adverse est partie, ne dis plus « bée », c'est inutile. L'ai-je bien emberlificotée ? Ne t'ai-je pas conseillé de belle façon ?

LE BERGER. – Bée ! [...]

PATHELIN. – Quoi, « bée » ? Il n'est plus besoin de le dire. Paie-moi bien gentiment.

LE BERGER. – Bée !

PATHELIN. – Quoi, « bée » ? Parle normalement et paie-moi, je m'en irai.

LE BERGER. – Bée !

PATHELIN. – Sais-tu quoi ? Je vais te le dire : je te prie, cesse de brailler et pense à me payer. Je ne veux plus de tes bêlements. Paie-moi vite.

LE BERGER. – Bée !

PATHELIN. – Te moques-tu ? Est-ce là tout ce que tu feras ? Bon sang, tu me paieras, comprends-tu ? si tu ne t'envoles pas. Çà, l'argent !

LE BERGER. – Bée !

PATHELIN. – Tu veux rire ! Comment ? N'en tirerai-je rien d'autre ?

LE BERGER. – Bée !

Auteur anonyme, *La Farce de maître Pathelin* (vers 1460), pièce en un acte, scène 5, édition bilingue de Michel Rousse Gallimard, 1999.

BILAN SUR... la farce et le vaudeville

- La farce et le vaudeville sont des **pièces brèves**, comportant des **personnages peu nombreux** et réduits, à travers leur nom, à une fonction ou à un trait de caractère. Texte 1
- L'**action** est souvent relancée, au moment où tout semblait s'arranger, par des **péripéties** ou des **rebondissements**. Texte 3
- Ces pièces ont pour fonction principale de **faire rire** le spectateur grâce à des procédés simples : **comique de situation**, de **mots**, de **gestes**. Texte 2
- Le **dénouement** de la farce ou du vaudeville repose sur un renversement de situation inattendu appelé **chute**. Texte 4

Gag sur grand écran

1 Dessin préparatoire du gag tourné dans le film de Jacques Tati *Les Vacances de Monsieur Hulot*

Dessin de **Jacques Lagrange** pour le film *Les Vacances de Monsieur Hulot* de Jacques Tati (1953).

2 Photogrammes du gag

Film *Les Vacances de Monsieur Hulot* de **Jacques Tati** (1953).

1. [Doc. 1] Expliquez en une ligne ce que vous voyez sur chaque dessin préparatoire du film.
2. [Doc. 1 et 2] Sur quel renversement de situation le gag repose-t-il ?
3. [Doc. 1 et 2] À quel animal finit par ressembler le bateau ?

À VOUS

Monsieur Hulot prend sa voiture ou son vélo, et il lui arrive une autre mésaventure technique (sa voiture se coupe en deux, son guidon se détache de son vélo...)
– Imaginez les gags auxquels le personnage Hulot pourrait être confronté ;
– Les effets comiques doivent être inattendus, se répéter, provoquer des catastrophes en chaîne.

ENQUÊT'ART

Rire et rêver au cirque

Au XVIIIe siècle, Philip Astley présente ses acrobaties équestres sur une piste circulaire de 13 mètres de diamètre : c'est le premier cirque. Il devient vite le lieu de multiples numéros qui font rêver et rire.

► Comment les artistes expriment-ils cet aspect magique et jubilatoire du cirque ?

OUVRONS L'ENQUÊTE

Document 1 - Georges Seurat (1859-1891), *Cirque*, 1890-1891, huile sur toile, 185 x 152 cm, musée d'Orsay, Paris.

Document 2 - Henri Matisse (1859-1954), *Le Cirque*, 1947, papiers découpés et collés, planche au pochoir (II), *Jazz*, Tériade éditeur.

1. À quoi peut-on savoir qu'il s'agit du cirque si on ne regarde pas le titre des œuvres ?

2. Quels sont les points communs des couleurs choisies par les artistes ?

3. Attribuez à chaque œuvre la technique qui correspond (→ lexiqu'art) :
- collage de papiers peints ;
- aplats de couleur ;
- peinture pointilliste.

4. Qu'est-ce qui « bouge » ou qui donne une impression de mouvement ?

Document 3 - Fernand Léger (1881-1955), *La Grande Parade sur fond rouge*, 1953, huile sur toile, 114,5 x 156,2 cm, musée national Fernand-Léger, Biot.

COMPLÉMENT D'ENQUÊTE

Document 4 - Robert Doisneau (1921-1994), *Trapèze aérien au cirque Pinder, 1949*. Photographie parue dans *Lumière et Beauté*, 1956.

Document 5 - Raymond Savignac (1907-2002), affiche, 1967, bibliothèque du musée des Arts décoratifs, Paris.

Observez pour comprendre

1. [Doc. 4] Où se situait le photographe pour prendre la photo ?

2. [Doc. 4 et 5] Comparez les costumes et les positions des personnages.

3. [Doc. 1 à 5] Quels métiers ou personnages de cirque identifiez-vous ?

Analysez

4. [Doc. 4] En quoi cette femme peut-elle faire penser à une araignée ?

5. [Doc. 1 à 5] Comment est rappelé et souligné l'aspect circulaire du cirque ?

6. [Doc. 1 à 5] Quels documents évoquent les prouesses acrobatiques ?

Interprétez

7. [Doc. 4 et 5] Pourquoi avoir choisi ces deux personnages pour représenter le cirque ?

8. [Doc. 1 à 5] *Lumière et beauté* est le titre d'une revue sur le cirque. Parmi les documents présentés, lesquels pourraient illustrer ce titre ? Expliquez.

lexiqu'art

Pointillisme *(n. m.)* : technique de peinture par petits points de couleurs.

Aplat *(n. m.)* : surface de couleur uniforme, sans nuance.

RAPPORT D'ENQUÊTE

- Pour **traiter un thème**, les artistes ne représentent pas fidèlement ce qu'ils voient : ils soulignent **ce qu'ils ressentent**.
- Ainsi, pour **exprimer l'ambiance du cirque**, ils s'appuient sur le pouvoir évocateur des **couleurs** et des **lignes** ou encore des **angles de prises de vue**. Parfois **un seul élément** suffit : une trapéziste ou un clown devient le **symbole** des acrobaties joyeuses et féeriques du cirque.

Mieux connaître les mots

ÉVOLUTION DE LA LANGUE — LE MOT « FARCE »

histoire du mot

Farce À partir du mot au sens propre ***farsus***, qui signifie « hachis » (du verbe *farcire*, « remplir »), a été créé le mot au sens figuré ***farsa*** désignant un intermède comique. Au Moyen Âge, *farsa* a donné **farce**, une « petite pièce comique ». La **farce**, à cette époque, venait en effet « garnir » un spectacle sérieux (à l'origine, des pièces religieuses) pour détendre le spectateur.

I. Observer

Évolution du mot du latin au français :

LATIN ⟶ **FRANÇAIS**

farsus → farsa → **farce**

1. Comment la voyelle finale évolue-t-elle du latin au français ?

2. Que devient le s ?

II. Comprendre

3. Complétez les phrases suivantes avec le synonyme du mot « farce » qui convient : **hachis – pièce comique – plaisanterie – objet truqué**.

a. Cet enfant s'est caché pour faire *une farce* à ses parents. **b.** Il met de *la farce* aux marrons dans la dinde de Noël. **c.** J'ai acheté ce faux sucre dans un magasin de *farces* et attrapes. **d.** Au Moyen Âge, les comédiens jouaient les *farces* en plein air.

4. Le mot **farceur** est formé à partir du verbe « farcir » (= jouer un bon tour) et du suffixe *-eur* (= personne qui fait l'action).

Employez le suffixe *-eur* pour désigner une personne **qui ment – qui boit – qui entreprend – qui dessine – qui domine – qui travaille – qui blague**.

III. Manipuler

4. Dans le tableau suivant qui présente les niveaux de langue, rangez les synonymes du mot « farce » : **canular – facétie – mystification – plaisanterie – tromperie – supercherie – blague – galéjade**.

familier	courant	soutenu

JOUONS AVEC LES MOTS — TOUS EN SCÈNE !

Redonnez à chaque lieu de spectacle le nom qui lui correspond et l'artiste qui convient.

● chœur ● vilain ● bourgeois ● clown

◆ théâtre à l'italienne ◆ hémicycle antique ◆ chapiteau ◆ tréteaux

ENRICHIR SON VOCABULAIRE — LES MÉTIERS DU MOYEN ÂGE

1. Rendez à chaque métier du Moyen Âge sa spécialité :

● potier	◆ pierres précieuses
● meunier	◆ bois
● menuisier	◆ chapeaux
● chapelier	◆ viande
● drapier	◆ cordes
● lapidaire	◆ peaux de brebis ou de moutons
● boucher	◆ blé
● cordiers	◆ pots et vaisselle de terre
● parcheminier	◆ étoffes, tissus

2. Regroupez les métiers selon leur catégorie : métiers de l'alimentation ; métiers de l'artisanat.

3. Trouvez l'intrus qui s'est glissé dans la liste des métiers : *cordonnier – serrurier – charpentier – mercier – panier – litier.*

DES MOTS POUR LIRE L'IMAGE — L'ÉCHELLE DES PLANS

ROM

COMPLÉTEZ la lecture d'image n° 9 avec le CD-Rom.

Une scène peut être vue de plus ou moins près, selon **l'échelle de plan** choisie. Le plan **large** est plus descriptif, le plan **rapproché** souligne les émotions, le plan **moyen** est proche de la vision habituelle du spectateur.

Gros plan

Plan rapproché

Plan moyen

Plan large

Charlie Chaplin, photogramme du film muet en noir et blanc *Circus*, 1928, États-Unis.

1. Le plan choisi est-il un gros plan, un plan rapproché, moyen ou large ? Expliquez.
2. Pourquoi est-il important de voir les pieds et le chapeau de Charlot ?

Analyse

LES PAROLES : DIALOGUE DE RÉCIT, DIALOGUE DE THÉÂTRE ET MONOLOGUE

CONSEIL Révisez la fiche sur le discours direct ▸ PHRASE, FICHE 18 et la fiche sur la ponctuation ▸ ORTHOGRAPHE, FICHE 33

Texte 1

SCÈNE 2

POIL DE CAROTTE, *seul*. – Par précaution, je vais renfermer le chien qui dort. (*Il ferme la porte d'un des petits toits.*) De cette façon, M. Lepic ne peut pas m'oublier, car il ne peut pas aller à la chasse sans le chien, et le chien ne peut pas aller à la chasse sans moi.

Jules Renard, *Poil de Carotte* (comédie en un acte), 1900.

Texte 2

« Dieu que je suis bête ! dit Mme Lepic. Je n'y pensais plus. Poil de Carotte, va fermer les poules ! »

Elle donne ce petit nom d'amour à son dernier-né, parce qu'il a les cheveux roux et la peau tachée. Poil de Carotte, qui joue à rien sous la table, se dresse et dit avec timidité :

« Mais maman, j'ai peur aussi, moi.

– Comment ? répond Mme Lepic, un grand gars comme toi ! c'est pour rire. Dépêchez-vous, s'il vous plaît !

– On le connaît ; il est hardi comme un bouc, dit sa sœur Ernestine.

– Il ne craint rien ni personne », dit Félix, son grand frère.

Jules Renard, *Poil de Carotte*, « Les Poules », 1894.

Texte 3

SCÈNE 3 – POIL DE CAROTTE, ANNETTE

POIL DE CAROTTE. – Mais chacun nos besognes, Annette : une des vôtres, d'après les instructions de Mme Lepic, c'est de fermer les bêtes le soir, et vous les fermerez.

ANNETTE. – Oh ! c'est inutile de nous chamailler déjà, je veux bien, je ne suis pas poltronne.

POIL DE CAROTTE. – Moi non plus ! Annette, je n'ai peur de rien, ni de personne. Parfaitement, de personne. (*Avec autorité.*) Mais il s'agit de savoir qui de nous deux ferme les bêtes ; or la volonté de Mme Lepic, sa volonté formelle…

MME LEPIC, *surgissant*. – Poil de Carotte, tu les fermeras tous les soirs.

Jules Renard, *Poil de Carotte* (comédie en un acte), 1900.

Document A

Jules Renart, *Poil de Carotte*, mise en scène de Patricia Houyoux au Théâtre royal du Parc, à Bruxelles, 2005.

Document B

Les Histoires très personnelles de François Lepic, dit Poil de Carotte, mise en scène de François Gérard à la Manivelle Théâtre, 2002.

Document C

Théophile Alexandre Steinlen, lithographie en couleur pour *Poil de Carotte* de Jules Renard, parue dans *Gil Blas* le 20 octobre. 1895.

I. Caractériser les paroles de chaque texte

1. Complétez le tableau :

	Texte 1	Texte 2	Texte 3
Relevez	les indications données par les didascalies	les verbes introducteurs de paroles et leurs sujets	les indications données par les didascalies
Indiquez	le nombre de personnage(s) présent(s)	les lignes où il n'y a pas de paroles	le nombre de personnage(s) présent(s)

2. À l'aide des indices du tableau, précisez la caractéristique des paroles : dialogue dans un récit – dialogue de théâtre – monologue de théâtre.

II. Analyser les images

3. Comment identifie-t-on Poil de Carotte sur chaque document ?

4. Lesquels sont des photographies de représentations théâtrales ?

5. Associez un document à chaque type de paroles : dialogue dans un récit, dialogue de théâtre, monologue. Expliquez votre choix.

Écrit

RÉDIGER UN DIALOGUE THÉÂTRAL

Transposez le récit en dialogue de théâtre

Vous respecterez l'exactitude des paroles ainsi que les règles d'écriture du théâtre :
- le numéro de la scène et le nom des personnages figurent en tête du dialogue ;
- la réplique est introduite par le nom du personnage et ne comporte pas de verbe de parole ;
- chaque prise de parole est signalée par un passage à la ligne ;
- mettez les didascalies qui informent sur les émotions et les gestes des personnages.

Votre scène comportera une quinzaine de lignes.

Lecture de texte / Étude de la langue

1. Qui sont les deux personnages sur scène et quel est leur lien hiérarchique ?
2. L'adjectif « *badin* » signifie « léger », « gai ». Pourquoi ce nom a-t-il ici un effet comique ?
3. [L. 2] Relevez la phrase exclamative. Indiquez les propositions et précisez si elles sont coordonnées ou juxtaposées.
4. Comment monsieur Badin cherche-t-il à émouvoir le directeur ?
5. Dans les didascalies, relevez les participes présents et les participes passés. Précisez s'ils indiquent un déplacement ou une expression.
6. Quelle interprétation différente les deux personnages font-ils de l'expression « *ce n'est plus tenable* » ? [l. 14] Comment appelle-t-on ce type de malentendu au théâtre ?
7. Sur quel verbe le nom « *augmentation* » est-il formé ? Trouvez dans le texte le verbe formé sur le nom « démission ».
8. Quelle est la chute de la pièce ? En quoi est-elle comique ?

1. **zèle :** dévouement, empressement.

Travailler, c'est trop dur !

Monsieur Badin, employé au ministère, est toujours absent. Il est convoqué par le directeur à ce sujet.

MONSIEUR BADIN. – Oui, ah ! Ce n'est pas gai, tout cela ! [...] Je n'ai plus de fesses, elles ont fondu ! [...] (*Hochant la tête.*) Ah ! ça finira mal, tout cela ; ça me jouera un mauvais tour.

LE DIRECTEUR (*ému*). – Eh bien ! Mais, venez au bureau, monsieur Badin.

MONSIEUR BADIN. – Impossible, monsieur le directeur.

LE DIRECTEUR. – Pourquoi ?

MONSIEUR BADIN. – Je ne peux pas... Ça m'embête.

LE DIRECTEUR. – Si tous vos collègues tenaient ce langage...

MONSIEUR BADIN (*un peu sec*). – [...] Mes collègues ne donnent au bureau que leur zèle[1], leur activité, leur intelligence et leur temps : moi, c'est ma vie que je sacrifie ! (*Désespéré.*) Ah ! tenez, monsieur, ce n'est plus tenable !

LE DIRECTEUR (*se levant*). – C'est assez mon avis.

MONSIEUR BADIN (*se levant également*). – N'est-ce pas ?

LE DIRECTEUR. – Absolument. Remettez-moi votre démission ; je la transmettrai au ministre.

MONSIEUR BADIN (*étonné*). – Ma démission ? Mais, Monsieur, je ne songe pas à démissionner ! Je demande seulement une augmentation.

LE DIRECTEUR. – Comment, une augmentation !

Georges Courteline, *Monsieur Badin*, 1897.

Orthographe

ROM **PRÉPAREZ** la dictée n° 9 avec le CD-Rom.

À REVOIR
- Le passé simple
▸ VERBE, FICHE 20
- Les pronoms
▸ GRAMMAIRE, FICHE 6

Une vie de chien

C'était, **cette** laisse, tout un bouleversement dans **sa** petite existence de chien. De l'instant, oui, de l'instant même où il cessa de **se** sentir libre, il **se** refusa systématiquement à me suivre, rivé des quatre pattes au sol. En vain je tâchai de le raisonner, m'excusant, invoquant le cas de force majeure, en appelant à **son** bon cœur et faisant surgir à **ses** yeux l'inquiétante silhouette du gendarme : peine perdue !

Georges Courteline, *Le gendarme est sans pitié*, 1899.

1. Relevez les différentes graphies du son [ã].
2. Révisez la conjugaison du passé simple des verbes du 1er groupe.
3. Indiquez la classe grammaticale des mots en gras.

Lecture d'image / Histoire des arts

Albert Dubout (1905-1976), illustration pour *Boubouroche* de Courteline paru aux éditions du Livre de Monte Carlo, 1958.

1. S'agit-il d'une scène de farce ou de vaudeville ? Expliquez.
2. Sur quels procédés comiques la scène repose-t-elle ?

Connaissance des œuvres et des auteurs

1. Distinguez les indications qui concernent le vaudeville et celles qui concernent la farce.
- Courte pièce comique jouée au Moyen Âge.
- Georges Feydeau en a écrit plusieurs.
- Un décor représentant souvent une maison bourgeoise.
- Pièce comique jouée sur des tréteaux.
- Courte pièce jouée en plein air.
- Courte pièce comique mettant en scène des fonctionnaires ridicules.

POUR RÉPONDRE, relisez bien la page « Et si les auteurs nous parlaient ? », p. 204-205.

2. Distribuez les rôles : associez chaque personnage de droite à une caractéristique de gauche.
- Mon nom est synonyme de sot.
- Mon nom me classe comme un bourgeois.
- Mon nom est formé à partir d'un redoublement de syllabe.
- Mon nom est synonyme d'hypocrite.

- Pathelin
- Jacquinot
- Toto
- Cocarel

Affiche du film *Molière* d'**Ariane Mnouchkine**, Théâtre du Soleil, 1978.

10 La comédie

En quoi Molière est-il un maître du genre ?

LIRE L'IMAGE

1. Quels détails indiquent que Molière vivait au XVIIe siècle ?

2. Comment la signature est-elle mise en évidence ? Pourquoi selon vous ?

ÉTUDE DE LA LANGUE

- Les pronoms personnels p. 229 – les types de phrases p. 229 à 235 – les prépositions p. 235
- La voix passive p. 229 – participe présent, adjectif verbal et gérondif p. 231, 233, 244 – l'impératif p. 235 – le subjonctif présent p. 235

Et si les auteurs nous parlaient ?

Gravure de **Bertall** représentant *La troupe de Molière*, musée des Familles, 1863.

Molière ou Jean-Baptiste Poquelin : comment doit-on vous appeler ?

Si vous parlez au jeune bourgeois, fils de tapissier du roi, né en **1622**, c'est Jean-Baptiste Poquelin que vous devez m'appeler. Mais si c'est à l'homme de théâtre que vous vous adressez, c'est le nom de *Molière* qu'il vous faut utiliser. J'ai choisi ce pseudonyme à vingt-deux ans, lorsque j'ai décidé de consacrer ma vie au théâtre en fondant, avec Madeleine Béjart, en **1643**, la troupe de *l'Illustre-Théâtre*. Pendant près de douze ans, nous sillonnons les routes de France avec des comédiens ambulants. C'est là que j'ai appris mon métier.

Pourquoi le roi Louis XIV vous a fait-il venir à Paris ?

Le roi et son frère adoraient les fêtes et le théâtre ; et j'avais la réputation d'être un grand comédien comique. Fort de leur soutien, j'ai décidé d'écrire moi-même des comédies.

Je n'ai pas pour autant été épargné par la censure qui a interdit certaines de mes pièces. En effet, malgré la bienveillance du souverain, j'ai dû lutter pour faire jouer mes plus grandes comédies : ***L'École des femmes*** en **1662**, ***Le Tartuffe*** en **1664**, ***Dom Juan*** en **1665**.

Dessin anonyme, *Louis XIV en Apollon dans le ballet* La Nuit, XVIIe siècle, Paris, BNF, Paris.

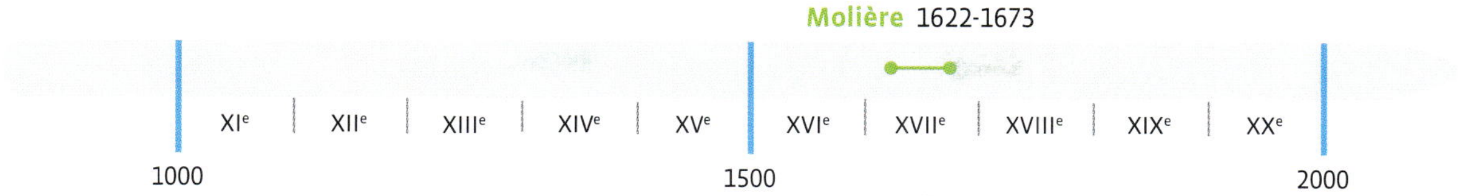

Nicolas Mignard (1606-1668), *Portrait de Jean-Baptiste Lully*, compositeur français (1632-1687), huile sur toile, musée Condé, Chantilly.

Est-il vrai que vous avez dansé aux côtés du Roi-Soleil ?

Tout à fait exact ! Pour Louis XIV, j'ai écrit des comédies-ballets : ce sont des comédies qui mêlent le théâtre, la musique et la danse.

À cet effet, je me suis associé au plus grand musicien de la cour : Jean-Baptiste Lully, et ensemble, nous créons, en **1670**, ***Le Bourgeois gentilhomme***. La pièce s'achève ainsi sur un ballet de plus d'une demi-heure ! Mais Lully n'était pas d'un caractère facile et nous nous sommes rapidement brouillés. J'ai payé cher le prix de cette dispute : le compositeur a tout fait pour m'évincer.

Vos dernières années ont-elles été difficiles ?

Je parviens néanmoins, en collaboration avec le musicien Marc-Antoine Charpentier à monter mon autre grande comédie-ballet : ***Le Malade imaginaire***. Hélas, l'acharnement de Lully, la disgrâce du roi et la maladie m'affaiblissent. Ma santé décline et, à la quatrième représentation de la pièce, je suis pris d'une convulsion alors que j'interprète le rôle principal. Je m'éteins le 17 février **1673**.

Anonyme du XVIIe siècle, *Portrait de Marc-Antoine Charpentier*, compositeur français (1643-1704).

1 Découvrir la scène d'exposition

Mauvaises nouvelles !

ARGANTE, *père d'Octave et de Zerbinette.*
GÉRONTE, *père de Léandre et de Hyacinte.*
OCTAVE, *fils d'Argante, et amant de Hyacinte.*
LÉANDRE, *fils de Géronte, et amant de Zerbinette.*
ZERBINETTE, *crue Égyptienne, et reconnue fille d'Argante, et amante de Léandre.*
HYACINTE, *fille de Géronte, et amante d'Octave.*
SCAPIN, *valet de Léandre, et fourbe.*
SYLVESTRE, *valet d'Octave.*
NÉRINE, *nourrice de Hyacinte.*
CARLE, *fourbe.*
Deux porteurs.

ACTE I, SCÈNE 1 – OCTAVE, SYLVESTRE

La scène est à Naples.

OCTAVE. – Ah ! fâcheuses[1] nouvelles pour un cœur amoureux ! Dures extrémités[2] où je me vois réduit ! Tu viens, Sylvestre, d'apprendre au port que mon père revient ?

SYLVESTRE. – Oui.

OCTAVE. – Qu'il arrive ce matin même ?

SYLVESTRE. – Ce matin même.

OCTAVE. – Et qu'il revient dans la résolution[3] de me marier ?

SYLVESTRE. – Oui.

OCTAVE. – Avec une fille du seigneur Géronte ?

SYLVESTRE. – Du seigneur Géronte.

OCTAVE. – Et que cette fille est mandée[4] de Tarente[5] ici pour cela ?

SYLVESTRE. – Oui.

OCTAVE. – Et tu tiens ces nouvelles de mon oncle ?

SYLVESTRE. – De votre oncle.

OCTAVE. – À qui mon père les a mandées[6] par une lettre ?

SYLVESTRE. – Par une lettre.

OCTAVE. – Et cet oncle, dis-tu, suit toutes nos affaires ?

SYLVESTRE. – Toutes nos affaires.

OCTAVE. – Ah ! parle, si tu veux, et ne te fais point, de la sorte, arracher les mots de la bouche.

SYLVESTRE. – Qu'ai-je à parler davantage ? Vous n'oubliez aucune circonstance, et vous dites les choses tout justement comme elles sont.

Molière, *Les Fourberies de Scapin*, comédie en trois actes, acte I, scène 1, 1671.

Un mot à la loupe

Géronte vient du grec *gérontos*, « vieillard ». **Géronte** est le nom des personnages de vieillards dans la comédie. Le **gérontologue** est le médecin des personnes âgées.

1. **fâcheuses :** mauvaises.
2. **dures extrémités :** pénible situation.
3. **dans la résolution :** avec la volonté.
4. **mandée :** venue.
5. **Tarente :** port de l'Italie du Sud.
6. **mandées :** envoyées.

LIRE L'IMAGE

• Que retrouvez-vous de la didascalie initiale dans le décor de la pièce ?
• Les costumes des personnages debout permettent-ils d'identifier Octave et Sylvestre ?

Molière, *Les Fourberies de Scapin*, mise en scène de Jacques Charon à la Comédie-Française, Paris, 1956.

LIRE LE TEXTE

Le lieu et les personnages

1. Où la scène se déroule-t-elle ? S'agit-il d'un lieu précis ?

2. Quel pronom personnel Octave utilise-t-il pour s'adresser à Sylvestre et Sylvestre à Octave ? Déduisez-en le lien qui unit les deux personnages. ▸ GRAMMAIRE, FICHE 6

3. Que fait comprendre la mention « *acte I, scène 1* » sur la structure et la longueur de la pièce ?

La situation

4. [L. 13 et 17] À quelle voix le verbe « *mander* » est-il conjugué ? ▸ VERBE, FICHE 24 Qui décide du mariage au XVIIe siècle ?

5. Quelles sont les trois nouvelles qu'Octave vient d'apprendre ?

6. Pourquoi les trouve-t-il « *fâcheuses* » ?

Le comique

7. Quel type de phrase Octave emploie-t-il ? ▸ GRAMMAIRE, FICHE 12 Pourquoi ?

8. En quoi les réponses de Sylvestre sont-elles comiques ?

ORTHOGRAPHE ▸ FICHE 28

9. [L. 13 et 17] Indiquez avec quel mot s'accorde le participe passé « *mandé* » ?

VOCABULAIRE ▸ FICHE 45

10. [L. 21 et 22] Relevez la métaphore. Trouvez une expression métaphorique synonyme parmi les propositions suivantes : « avoir du nez – tirer les vers du nez – se noyer dans un verre d'eau ».

L'ESSENTIEL

– La **comédie** est une **pièce de théâtre longue,** découpée en actes et en scènes.
– Elle se déroule dans un **lieu unique** susceptible de réunir tous les personnages.
– L'**intrigue** de la comédie classique repose sur des **difficultés familiales**, souvent un **mariage contrarié**.
– La première scène, appelée **scène d'exposition**, **informe** le public sur la situation. Elle **donne le ton** comique en faisant **rire** le spectateur.

EXPRESSION ÉCRITE

Géronte vient exposer à Octave les projets de mariage qu'il a pour lui. Rédigez leur dialogue sur le modèle de la scène d'exposition :
– le père emploie des interrogations : « Sais-tu que je pense à ton mariage ? » *;*
– le fils répond par « oui » *ou répète les trois derniers mots de la question.*

2 Étudier les personnages

Une leçon peu banale

Monsieur Jourdain est un bourgeois[1] enrichi qui rêve d'imiter la noblesse de la cour du roi. Il prend toutes sortes de leçons.

ACTE II, SCÈNE 4 – MAÎTRE DE PHILOSOPHIE, MONSIEUR JOURDAIN

MONSIEUR JOURDAIN. – Apprenez-moi l'orthographe. […]

MAÎTRE DE PHILOSOPHIE. – Soit. Pour bien suivre votre pensée et traiter cette matière en philosophe, il faut commencer selon l'ordre des choses, par une exacte connaissance de la nature des lettres, et de la différente manière de les prononcer toutes. Et là-dessus j'ai à vous dire que les lettres sont divisées en voyelles, ainsi dites voyelles parce qu'elles expriment les voix ; et en consonnes, ainsi appelées consonnes parce qu'elles sonnent avec les voyelles, et ne font que marquer les différentes articulations des voix. Il y a cinq voyelles ou voix : A, E, I, O, U.

MONSIEUR JOURDAIN. – J'entends tout cela.

MAÎTRE DE PHILOSOPHIE. – La voix A se forme en ouvrant fort la bouche : A.

MONSIEUR JOURDAIN. – A, A. Oui.

MAÎTRE DE PHILOSOPHIE. – La voix E se forme en rapprochant la mâchoire d'en bas de celle d'en haut : A, E.

MONSIEUR JOURDAIN. – A, E, A, E. Ma foi ! oui. Ah ! que cela est beau !

MAÎTRE DE PHILOSOPHIE. – Et la voix I en rapprochant encore davantage les mâchoires l'une de l'autre, et écartant les deux coins de la bouche vers les oreilles : A, E, I.

MONSIEUR JOURDAIN. – A, E, I, I, I, I. Cela est vrai. Vive la science !

MAÎTRE DE PHILOSOPHIE. – La voix O se forme en rouvrant les mâchoires, et rapprochant les lèvres par les deux coins, le haut et le bas : O.

MONSIEUR JOURDAIN. – O, O. Il n'y a rien de plus juste. A, E, I, O, I, O. Cela est admirable ! I, O, I, O.

MAÎTRE DE PHILOSOPHIE. – L'ouverture de la bouche fait justement comme un petit rond qui représente un O.

MONSIEUR JOURDAIN. – O, O, O. Vous avez raison, O. Ah ! la belle chose, que de savoir quelque chose !

MAÎTRE DE PHILOSOPHIE. – La voix U se forme en rapprochant les dents sans les joindre entièrement, et allongeant les deux lèvres en dehors, les approchant aussi l'une de l'autre sans les joindre tout à fait : U. […]

Molière, *Le Bourgeois gentilhomme*, comédie en cinq actes, acte II, scène 4, 1670.

Un mot à la loupe

Gentilhomme : en ancien français l'adjectif **gentil** signifie **noble**. Les *gentes dames* sont les dames nobles. En français moderne le sens de cet adjectif s'est affaibli pour devenir synonyme de **serviable**, **agréable**.

Art musical

Comédie-ballet de **Molière et Lully**, *Le Bourgeois gentilhomme*, « Marche pour la cérémonie des Turcs », 1670.

1. **bourgeois** : qualifie ici une personne riche, sans goût ni culture.

LIRE L'IMAGE

• Qui est le personnage en noir ? Qu'est-ce qui vous permet de l'identifier ?
• En quoi est-il comique ?

Molière, *Le Bourgeois gentilhomme*, film réalisé par Roger Coggio, avec Michel Galabru et Jean-Pierre Darras, 1982.

LIRE LE TEXTE

Le maître

1. Qui sont les personnages sur scène ?
2. Qu'est censé enseigner le maître et qu'enseigne-t-il en réalité ?
3. [L. 13 à 33] Relevez les formes en *-ant*. Associez chacune d'elles à un geste. ▸ VERBE, FICHE 29
4. Quel est le défaut du maître de philosophie ?

L'élève

5. Relevez les phrases exclamatives. Quel sentiment de Monsieur Jourdain traduisent-elles ? ▸ GRAMMAIRE, FICHE 12
6. L'élève remet-il en question le savoir de son professeur ?
7. Quelles sont les expressions qui montrent l'émerveillement de M. Jourdain ?
8. Quel effet leur répétition provoque-t-elle ?
9. Quel est le défaut de Monsieur Jourdain ?

ORTHOGRAPHE ▸ FICHE 35

10. [L. 8] Que devient le préfixe latin *cum-* dans le mot « *consonne* » ? Donnez sa signification en vous aidant de l'explication du maître de philosophie. Définissez ensuite les mots suivants : *confrère – concurrent – constellation – contenir – concentrer*.

VOCABULAIRE ▸ FICHE 39

11. [L. 12] Cherchez dans un dictionnaire les deux principaux sens du mot « *entendre* ». Précisez celui qui convient pour la réplique de M. Jourdain.

L'ESSENTIEL

– La comédie met en scène des **personnages ordinaires** : bourgeois, paysans ou valets.
– Comme dans la farce, elle s'appuie sur le **comique de caractère** : le personnage a souvent un défaut qui le rend **ridicule** et qui fait **rire** le public.

EXPRESSION ÉCRITE

Le maître de philosophie enseigne au bourgeois les trois consonnes « D, F, R ».
Rédigez la suite de la leçon en respectant le caractère de chaque personnage :
– le maître de philosophie fait une démonstration auditive et visuelle des consonnes ;
– le bourgeois est un élève enthousiaste et docile.

3 Analyser les ressorts du comique

Un valet bien déguisé

Pour soutirer deux cents pistoles au vieil Argante, Scapin invente une fourberie : il demande au valet Sylvestre de se déguiser en spadassin[1] afin d'effrayer Argante.

ACTE II, SCÈNE 6 – SYLVESTRE, ARGANTE, SCAPIN

SYLVESTRE, *déguisé en spadassin.* – Scapin, faites-moi connaître un peu cet Argante, qui est père d'Octave.

SCAPIN. – Pourquoi, Monsieur ?

SYLVESTRE. – Je viens d'apprendre qu'il veut me mettre en procès, et faire rompre par justice le mariage de ma sœur.

SCAPIN. – Je ne sais pas s'il a cette pensée ; mais il ne veut point consentir aux deux cents pistoles que vous voulez, et il dit que c'est trop.

SYLVESTRE. – Par la mort ! par la tête ! par le ventre ! si je le trouve, je le veux échiner[2], dussé-je être roué[3] tout vif.

(Argante, pour n'être point vu, se tient, en tremblant, couvert de Scapin.)

SCAPIN. – Monsieur, ce père d'Octave a du cœur, et peut-être ne vous craindra-t-il point.

SYLVESTRE. – Lui ? lui ? Par le sang ! par la tête ! s'il était là, je lui donnerais tout à l'heure de l'épée dans le ventre. *(Apercevant Argante.)* Qui est cet homme-là ?

SCAPIN. – Ce n'est pas lui, Monsieur, ce n'est pas lui.

SYLVESTRE. – N'est-ce point quelqu'un de ses amis ?

SCAPIN. – Non, Monsieur, au contraire, c'est son ennemi capital[4].

SYLVESTRE. – Son ennemi capital ?

SCAPIN. – Oui.

SYLVESTRE. – Ah, parbleu ! j'en suis ravi. *(À Argante.)* Vous êtes ennemi, Monsieur, de ce faquin d'Argante, eh ?

SCAPIN. – Oui, oui, je vous en réponds.

SYLVESTRE, *secouant la main d'Argante.* – Touchez là, touchez. Je vous donne ma parole, et vous jure sur mon honneur, par l'épée que je porte, par tous les serments que je saurais faire, qu'avant la fin du jour je vous déferai de ce maraud fieffé[5], de ce faquin d'Argante. Reposez-vous sur moi.

Molière, *Les Fourberies de Scapin*, comédie en trois actes, acte II, scène 6, 1671.

1. **spadassin :** homme d'épée.
2. **échiner :** frapper.
3. **roué :** condamné au supplice de la roue.
4. **capital :** mortel.
5. **maraud fieffé :** sacrée canaille.

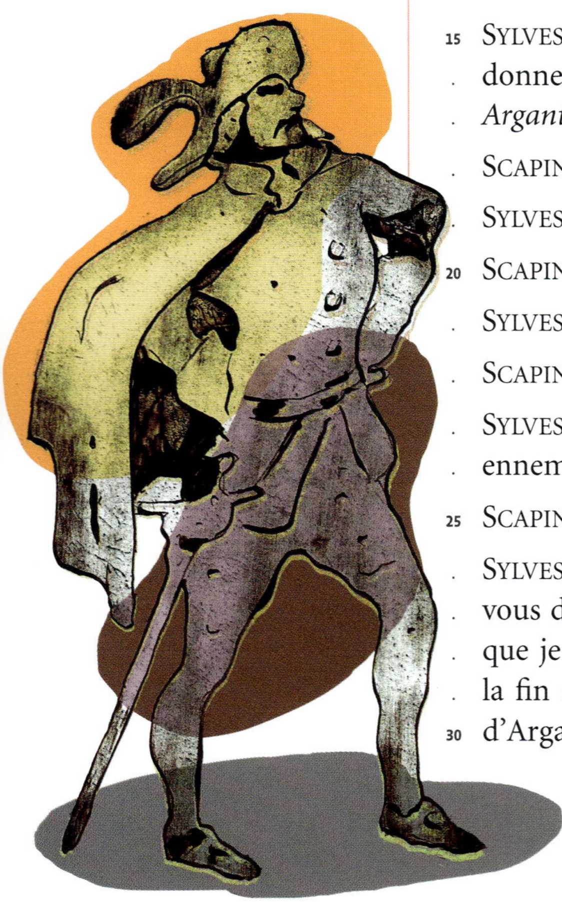

LIRE L'IMAGE

- Qu'expriment les gestes des deux personnages ?
- Comment peut-on comprendre qu'il s'agit d'une scène comique ?

Molière, *Les Fourberies de Scapin*, mise en scène de Hadib Kharrat au Théâtre du Lucernaire, Paris, mai 2006.

LIRE LE TEXTE

Une situation de farce

1. Qui sont les personnages présents ? Quels sont ceux qui ont la parole ?

2. Pour qui Sylvestre se fait-il passer dans la scène ?

3. Relevez les formes en *-ant* dans les didascalies. Quel sentiment Argante éprouve-t-il ? ▸ VERBE, FICHE 29

4. Quel est le rôle de Scapin dans cette scène ?

Un maître et des valets

5. Relevez des phrases non verbales employées par Sylvestre : quel est leur type ? Quel effet cherche-t-il à produire ? ▸ GRAMMAIRE, FICHE 12

6. [L. 19 à 22] Qu'est-ce que Sylvestre cherche à faire dire à Scapin ? Pourquoi ?

7. Relevez, dans les répliques de Sylvestre, les mots ou expressions qui humilient le vieil homme.

8. Qui est ridiculisé dans la scène ? Qui triomphe ?

ORTHOGRAPHE ▸ FICHE 32

9. [L. 15 à 27] : Relevez les trois mots commençant par un h. Précisez s'il s'agit d'un h aspiré ou d'un h muet.

VOCABULAIRE ▸ FICHE 40

10. Par quels termes plus modernes pourriez-vous remplacer le mot péjoratif de « *faquin* » [l. 24] ? et les jurons : « *Par la mort ! par la tête ! par le ventre !* » [l. 9].

L'ESSENTIEL

– La comédie s'appuie sur des **procédés simples** et **efficaces** hérités de la farce : le **comique** de **gestes** ou de **mots**, le comique de **situation** (▸ séquence 9).

– Le **valet** est un **personnage comique** qui fait rire de lui-même ou de son maître.

EXPRESSION ORALE

Entraînez-vous à jouer la scène. Pour en faire entendre le comique :

– exagérez le jeu des comédiens (la parole terrifiante de Sylvestre, le double jeu de Scapin, l'attitude terrorisée d'Argante) ;

– tenez compte des didascalies pour respecter les jeux de scène et les destinataires de chaque réplique.

4 Comprendre la fonction de la comédie

Une consultation caricaturale

Argan, le malade imaginaire, se croit perdu. Heureusement, un nouveau docteur se présente à lui : il s'agit de Toinette, la servante d'Argan, déguisée en médecin.

ACTE III, SCÈNE 10 – TOINETTE, *en médecin*, ARGAN, BÉRALDE

TOINETTE. – Donnez-moi votre pouls. Allons donc, que l'on batte comme il faut. Ah ! je vous ferai bien aller comme vous devez. Ouais ! ce pouls-là fait l'impertinent ; je vois bien que vous ne me connaissez pas encore. Qui est votre médecin ?

ARGAN. – Monsieur Purgon.

TOINETTE. – Cet homme-là n'est point écrit sur mes tablettes entre les grands médecins. De quoi dit-il que vous êtes malade ?

ARGAN. – Il dit que c'est du foie, et d'autres disent que c'est de la rate.

TOINETTE. – Ce sont tous des ignorants. C'est du poumon que vous êtes malade.

ARGAN. – Du poumon ?

TOINETTE. – Oui. Que sentez-vous ?

ARGAN. – Je sens de temps en temps des douleurs de tête.

TOINETTE. – Justement, le poumon.

ARGAN. – Il me semble parfois que j'ai un voile devant les yeux.

TOINETTE. – Le poumon.

ARGAN. – J'ai quelquefois des maux de cœur.

TOINETTE. – Le poumon.

ARGAN. – Je sens parfois des lassitudes par tous les membres.

TOINETTE. – Le poumon.

ARGAN. – Et quelquefois il me prend des douleurs dans le ventre, comme si c'étaient des coliques.

TOINETTE. – Le poumon. Vous avez appétit à ce que vous mangez ?

ARGAN. – Oui, monsieur.

TOINETTE. – Le poumon. Vous aimez à boire un peu de vin.

ARGAN. – Oui, monsieur.

TOINETTE. – Le poumon. Il vous prend un petit sommeil après le repas, et vous êtes bien aise de dormir ?

ARGAN. – Oui, monsieur.

TOINETTE. – Le poumon, le poumon, vous dis-je.

Molière, *Le Malade imaginaire*, comédie en trois actes, acte III, scène 10, 1673.

Un mot à la loupe

Purgon, le nom du médecin, est formé à partir du latin *purgare*, signifiant **purger**, stimuler les évacuations intestinales. Ce nom ridiculise le personnage et le réduit à sa fonction. En français moderne, **purger** peut être employé au sens figuré : « purger la mer de ses pirates » (la débarrasser de).

Art musical

Comédie-ballet de **Molière et Charpentier**, *Le Malade imaginaire*, « La cérémonie burlesque d'un homme qu'on fait médecin », 1673.

LIRE L'IMAGE

• Décrivez les costumes d'Argan.
• Par quels gestes, quelles expressions du visage, Argan traduit-il qu'il est malade ?

Molière, *Le Malade imaginaire*, mise en scène de Claude Stratz à la Comédie-Française, Paris, février 2001.

Wolf, « Le malade imaginaire : Argan méditant sur son triste état de santé », 1673, gravure dans les *Œuvres Complètes de Molière*.

LIRE LE TEXTE

Rire

1. Qui sait que Toinette se cache sous le déguisement du médecin : Argan ? le public ?

2. [L. 2] Donnez le temps, le mode et la valeur des trois premiers verbes. Sur quel ton Toinette s'adresse-t-elle à Argan ? ▸ VERBE, FICHE 20 ET 25

3. [L. 14 à 23] Dans les répliques d'Argan, relevez les prépositions et les groupes nominaux qu'elles précèdent. De quoi Argan souffre-t-il ? ▸ GRAMMAIRE, FICHE 8

4. Quel diagnostic Toinette fait-elle ? Pourquoi est-ce comique ?

Réfléchir

5. Argan est-il un malade docile ou insoumis ? Justifiez.

6. Quelle leçon Toinette veut-elle donner à Argan à travers cette fausse consultation ?

7. Quelle image des médecins cette scène offre-t-elle au spectateur ?

ORTHOGRAPHE ▸ FICHE 34

8. Trouvez un homophone pour « *pouls* » (l. 2), « *foie* » (l. 9) et « *maux* » (l. 18). Employez chacun d'eux dans une phrase de votre choix.

VOCABULAIRE ▸ FICHE 34

9. [L. 9] Proposez un homonyme du mot « *rate* » et précisez son sens.

L'ESSENTIEL

– La comédie **caricature** les **défauts** des hommes ou le **comportement** de certains groupes sociaux pour faire **réfléchir** les spectateurs.
– Elle remplit ainsi une double fonction : une **fonction comique** en faisant rire le public, et une **fonction morale** en corrigeant les mœurs.

EXPRESSION ORALE

Entraînez-vous à jouer l'extrait en insistant sur :
– la maladie d'Argan ;
– le jeu exubérant de Toinette.

Construire le bilan

Interdit de parler fort

Toinette, la servante, annonce la visite du jeune Cléante à son maître Argan, obsédé par des maladies imaginaires.

TOINETTE. – Monsieur, voilà un…

ARGAN. – Parle bas, pendarde, tu viens m'ébranler tout le cerveau, et tu ne songes pas qu'il ne faut point parler si haut à des malades.

TOINETTE. – Je voulais vous dire, Monsieur…

ARGAN. – Parle bas, te dis-je.

(Elle fait semblant de parler.)

ARGAN. – Eh ?

TOINETTE. – Je vous dis que… *(Elle fait semblant de parler.)*

ARGAN. – Qu'est-ce que tu dis ?

TOINETTE, *haut.* – Je dis que voilà un homme qui veut parler à vous.

ARGAN. – Qu'il vienne. *(Toinette fait signe à Cléante d'avancer.)*

CLÉANTE. – Monsieur…

TOINETTE, *raillant.* – Ne parlez pas si haut, de peur d'ébranler le cerveau de Monsieur.

CLÉANTE. – Monsieur, je suis ravi de vous trouver debout et de voir que vous vous portez mieux.

TOINETTE, *feignant d'être en colère.* – Comment « qu'il se porte mieux » ? Cela est faux, Monsieur se porte toujours mal.

CLÉANTE. – J'ai ouï dire que Monsieur était mieux, et je lui trouve bon visage.

TOINETTE. – Que voulez-vous dire avec votre bon visage ? Monsieur l'a fort mauvais, et ce sont des impertinents qui vous ont dit qu'il était mieux. Il ne s'est jamais si mal porté.

ARGAN. – Elle a raison.

TOINETTE. – Il marche, dort, mange, et boit tout comme les autres ; mais cela n'empêche pas qu'il ne soit fort malade.

ARGAN. – Cela est vrai.

Molière, *Le Malade imaginaire*, comédie en trois actes, acte II, scène 2, 1673.

LIRE LE TEXTE

1 Combien d'actes cette comédie comporte-t-elle ?

2 Quels sont les personnages en scène ?

3 Quels gestes de Toinette provoquent le rire ? Quelles paroles ? Pourquoi ?

4 Quel personnage est ridicule ? Sur quel défaut des hommes Molière veut-il faire réfléchir le spectateur ?

BILAN SUR... la comédie de Molière

- La comédie de Molière comporte généralement **trois ou cinq actes**, chacun divisé en **scènes**. Elle se déroule dans un **lieu unique**. Texte 1
- Les personnages de la comédie sont des **gens ordinaires** dans lesquels le public peut se **reconnaître** ou dont il peut **se moquer**. Texte 2
- Le **valet** ou la **servante** de comédie engendrent souvent le **rire** par leurs **gestes**, leurs **paroles** ou les **situations** qu'ils provoquent. Texte 3
- En montrant combien certains **défauts** sont **ridicules**, la comédie suscite le **rire** mais elle cherche aussi à faire **réfléchir** le spectateur. Texte 4

Scapin sous les projecteurs

1 Début de la farce *Ahmed le Subtil ou Scapin 84*

La scène est à Sarges-les-Cormeilles, grande cité de banlieue.

ACTE I, SCÈNE 1

Antoine, Camille. Sur un banc de pierre, dans la grande cour centrale de la cité. Pendant le début de la scène, on entend une sorte de hard-rock pâteux, issu du transistor que Camille a sur les genoux. […]

ANTOINE. – Tu dis que tu as vu Moustache, mon paternel, parler à la mère Pompestan ?

CAMILLE. – Ouais.

ANTOINE. – La mère Pompestan, qui est député du Parti républicain pour le rassemblement et le redressement de la France, le Pé-RRR-Fe, et qui est la femme du vieux Pompestan, qui est le patron de l'usine Capitou-Nuclée, où je bosse ?

CAMILLE. – Où tu bosses, ouais.

ANTOINE. – Et le vicieux paternel aurait dit à la Pompestan qu'il fallait lourder[1] Fenda de la boîte[2] ?

CAMILLE. – De la boîte.

ANTOINE. – Fenda qui est noire, qui est la plus belle, qui est ma nana ?

CAMILLE. – Ta nana, ouais.

ANTOINE. – Et Moustache disait qu'il fallait aussi faire expulser Fenda du territoire national, vu qu'elle avait des faux papiers ?

CAMILLE. – Complètement bidons, les papiers.

Alain Badiou, *Ahmed le Subtil ou Scapin 84*,
Actes Sud-Papiers, 1994.

1. **lourder :** licencier.
2. **la boîte :** l'usine.

2 *Les Fourberies de Scapin* en 1994

Molière, *Les Fourberies de Scapin*, mise en scène de Jean-Luc Moreau avec Smaïn et Mouss Diouf au Théâtre du Gymnase, 1994.

1. [Doc. 1] Quelles indications montrent que la pièce d'Alain Badiou est contemporaine ?
2. [Doc. 1] Comparez la scène d'exposition avec celle des *Fourberies de Scapin* p. 228 : quelles ressemblances trouvez-vous ?
3. [Doc. 2] Comment le metteur en scène a-t-il actualisé la pièce de Molière ?

À VOUS

Actualisez Les Fourberies de Scapin *:*
– trouvez un nouveau titre à la pièce ;
– en vous aidant de la p. 228, dressez une nouvelle liste des personnages en modernisant leur prénom et leur origine sociale ;
– rédigez la didascalie initiale en situant l'action dans un lieu qui convient à notre époque.

ENQUÊT'ART

De la comédie-ballet au ballet contemporain

Créés pour divertir les cours italiennes de la Renaissance, les ballets associent peinture, musique, poésie et danses. Ils seront très prisés des nobles et des rois, tels Louis XIV.

▶ Que nous apprennent les costumes de ballet sur l'évolution de ce genre ?

OUVRONS L'ENQUÊTE

Document 1 - Charles Nicolas Cochin, le Jeune, (1715-1790), estampe représentant la comédie-ballet *La Princesse de Navarre* à Versailles à l'occasion du mariage de Louis, dauphin de France, le 23 février 1745.

Document 2 - Costume porté par Lully dans le ballet *La Nuit*, dessin anonyme du XVIIe siècle, bibliothèque de l'Institut, Paris.

Document 3 - Molière *Le Bourgeois gentilhomme*, comédie-ballet mise en scène par Jean-Laurent Cochet à la Comédie-Française, septembre 1980, Paris.

1. [Doc. 1] Quels détails montrent que le spectacle est fastueux ?
2. [Doc. 1, 2 et 3] Qu'est-ce qui indique que les personnages sont en train de danser ?
3. [Doc. 3] À quoi comprend-on que la comédie-ballet est un mélange de danse et de théâtre ?

COMPLÉMENT D'ENQUÊTE

Document 4 - Rudolf Noureev d'après Petipa, *La Belle au bois dormant*, 1999, ballet sur la musique de Piotr Ilitch Tchaïkovski, Opéra Bastille, Paris.

Document 5 - Maurice Béjart, *La Flûte enchantée*, ballet sur la musique de Mozart créé à Lausanne en 1981.

lexiqu'art

Comédie-ballet *(n. f.)* : genre inventé par Molière et le compositeur Lully, mettant en scène une pièce de théâtre avec des intermèdes dansés sur une musique accompagnée de chants.

Ballet *(n. m.)* : spectacle de danse, accompagné de musique.

Tutu *(n. m.)* : jupe transparente portée par la danseuse Marie Taglioni dans la *Sylphide* en 1832. Au cours du XIXe siècle, il se raccourcit et devient le costume des ballerines.

Observez

1. Sur quel(s) document(s) le corps est-il très visible ?
2. [Doc. 1 à 5] Identifiez et nommez les costumes ou accessoires spécifiques à la danse.

Analysez

3. Quel(s) document(s) donne(nt) l'idée d'un art « noble » ?
4. [Doc. 1 à 5] Y a-t-il des positions ou des mouvements propres à la danse ?

Interprétez

5. Le costume porté par les danseurs a-t-il une influence sur leur manière de danser ?
6. Que peut-on éprouver en allant voir un spectacle de danse ?

RAPPORT D'ENQUÊTE

- Les premiers **ballets** ressemblent à du **théâtre dansé** et, dans les **comédies-ballets**, ils sont intégrés à la pièce. Par la suite, les ballets ne conserveront que la **danse** et la **musique**.
- Si les ballets **classiques** racontent une histoire en **tutus**, dans les ballets **contemporains**, l'histoire peut disparaître. Le **corps**, très visible, devient le principal sujet du spectacle.

ÉVOLUTION DE LA LANGUE LE MOT « PAROLE »

histoire du mot

Parole Issu du bas latin ***parabola*** (comparaison, récit imagé qui raconte la vie du Christ), le mot a évolué pour désigner la **parole de Dieu** puis s'est atténué et exprime aujourd'hui le fait de **parler** tout court.

I. Observer

Évolution du mot du latin au français :

LATIN ⟶ **FRANÇAIS**

parabolam → parabla → paraula → **parole**

1. Au cours de cette évolution, quelle consonne du mot latin disparaît ?
Que devient la voyelle finale a ?

II. Comprendre

2. Parmi les expressions suivantes, précisez si le mot « parole » renvoie au **sens premier** du mot de **promesse**, **engagement** ou au **sens second** affaibli de **suite de mots**.

a. Couper la parole.
b. Prendre la parole.
c. Croire sur parole.
d. Adresser la parole à quelqu'un.
e. Manquer à sa parole.
f. N'avoir qu'une parole.

III. Manipuler

3. Cherchez dans un dictionnaire ce que signifient ces mots de la famille de « parole » puis employez chacun d'eux dans une phrase :
un parloir – **un beau-parleur** – **une parlotte** – **des pourparlers**.

JOUONS AVEC LES MOTS LANGAGES CROISÉS

Les personnages de Molière sont toujours prêts à inventer des jargons ou, à imiter des dialectes pour jouer de bons tours à leurs interlocuteurs. Rendez à chaque personnage son langage.

- Scapin imite le basque.
- Toinette s'essaie au latin.
- Argan, le bourgeois, imite le langage de la noblesse.
- Cléonte invente un sabir turc.
- Toinette joue au médecin.

◆ *« Ignorantus, ignoranta, ignorantum. »*

◆ *« Ambousahim oqui boraf, Iordina salamalequi. »*

◆ *« Dites-moi-le vous frenchemente, moi li fouloir pas grande chose à lui. L'est seulemente pour li donnair un petite régale sur le dos d'un douzaine de coups de bastonne. »*

◆ *« Je veux des maladies d'importance, de bonnes fièvres continues, avec des transports au cerveau, de bonnes fièvres pourprées, de bonnes hydropisies formées, de bonnes pleurésies, avec des inflammations de poitrine. »*

◆ *« Belle Marquise, vos beaux yeux me font mourir d'amour ».*

ENRICHIR SON VOCABULAIRE LES EXPRESSIONS DU THÉÂTRE

1. Choisissez le mot technique qui convient dans les phrases suivantes :
a. Le comédien a un trou de mémoire : il a besoin d'un (*souffleur / moqueur*).
b. La première représentation n'est plus très loin : c'est ce soir la (*couturière / souricière*).
c. Au théâtre, je demande toujours à être installé en (*baignoire / douche*).
d. (*Quel rôle / quelle fonction*) avait Daniel Auteuil dans *Les Fourberies de Scapin* ?
e. Le comédien a fait son entrée sur scène (*côté cour / côté long*).
f. Dans un théâtre (*à l'italienne / à la romaine*), les places n'offrent pas toutes de visibilité.

2. Retrouvez dans l'exercice 1 les mots qui correspondent aux définitions suivantes :
a. Dernière répétition avant la générale ; on y fait les retouches aux costumes.
b. Côté droit de la scène, pour les spectateurs.
c. Théâtre en forme de fer à cheval.
d. Loge de rez-de-chaussée.
e. Personne chargée d'aider les comédiens à se souvenir de leurs répliques.
f. Ce que doit jouer un comédien.

DES MOTS POUR LIRE L'IMAGE LES COULEURS CHAUDES

ROM

COMPLÉTEZ la lecture d'image n° 10 avec le CD-Rom.

Les couleurs chaudes sont les couleurs du feu. Elles contiennent du rouge ou du jaune. On les utilise pour donner du dynamisme à un tableau : elles traduisent le mouvement et les émotions fortes.

Affiche du Théâtre de la Commune pour la saison 2009-2010.

1. Quelles sont les couleurs chaudes de l'affiche ?
2. Qu'est-ce qui donne une impression de mouvement ?

Oral

JOUER UN DIALOGUE DE COMÉDIE

CONSEIL
Avant de jouer ces scènes, révisez les notions de :
- aparté (▸ p. 350),
- destinataire (▸ p. 351),
- didascalie ». (▸ p. 351).

I. Choisir les bonnes intonations

Extrait de l'ACTE III, SCÈNE 10 – TOINETTE, *en médecin*, ARGAN, BÉRALDE

TOINETTE. – Que vous ordonne votre médecin pour votre nourriture ?
ARGAN. – Il m'ordonne du potage.
TOINETTE. – Ignorant !
ARGAN. – De la volaille.
TOINETTE. – Ignorant !
ARGAN. – Du veau.
TOINETTE. – Ignorant !
ARGAN. – Des bouillons.
TOINETTE. – Ignorant !
ARGAN. – Des œufs frais.
TOINETTE. – Ignorant !
ARGAN. – Et, le soir, de petits pruneaux pour lâcher le ventre.
TOINETTE. – Ignorant !
ARGAN. – Et surtout de boire mon vin fort trempé.
TOINETTE. – *Ignorantus, ignoranta, ignorantum.*

Molière, *Le Malade imaginaire*, comédie en trois actes, acte III, scène 10, 1673.

1. Trouvez un partenaire dans la classe et répartissez-vous les rôles.
2. L'élève qui joue Toinette devra varier les émotions dans la répétition du mot « *ignorant* » : du ton le plus calme au ton le plus excédé.
3. Celui qui interprète Argan, le malade imaginaire, s'appliquera au contraire à dire chaque réplique avec la même intonation.

II. Tenir compte des différents destinataires

4. Numérotez les répliques de la scène suivante.
5. Précisez pour chacune d'elles le ou les destinataire(s) : Argante, Sylvestre, Scapin, le public.
6. Jouez l'extrait de la scène en tenant compte des différents destinataires.

Argante vient d'apprendre que son fils s'est marié sans son consentement.

ACTE I, SCÈNE 4 – ARGANTE, SCAPIN, SYLVESTRE

ARGANTE, *se croyant seul.* – A-t-on jamais ouï parler d'une action pareille à celle-là ?
SCAPIN, *à Sylvestre.* – Il a déjà appris l'affaire, et elle lui tient si fort en tête que tout seul il en parle haut.
ARGANTE, *se croyant seul.* – Voilà une témérité bien grande !
SCAPIN, *à Sylvestre.* – Écoutons-le un peu.
ARGANTE, *se croyant seul.* – Je voudrais savoir ce qu'ils me pourront dire sur ce beau mariage.
SCAPIN, *à part.* – Nous y avons songé.
ARGANTE, *se croyant seul.* – Tâcheront-ils de me nier la chose ?
SCAPIN, *à part.* – Non, nous n'y pensons pas.

Molière, *Les Fourberies de Scapin*, comédie en trois actes, acte III, scène 2, 1671.

RÉDIGER UN DIALOGUE DE COMÉDIE

CONSEIL
Révisez les notions de :
- renversements de situation (▸ p. 353)
- péripéties (▸ p. 352)
- chute (▸ p. 350)

Gotlib, *Gai-Luron en écrase méchamment*, 1975, extrait de *Gai-Luron L'Intégrale*, tome 1, © GOTLIB/FLUIDE GLACIAL.

I. Observer une situation comique

1. À quel détail voit-on que Jujube est un personnage très expressif ?
2. Le chien Gai-Luron porte-t-il bien son nom ?

II. Compléter les bulles

3. Imaginez la conversation entre Jujube et Gai-Luron en complétant les bulles :
- vous ferez parler les personnages au présent ;
- vous adapterez les paroles des personnages à leurs gestes et à leurs expressions.

III. Transformer les bulles de la BD en dialogue de théâtre

4. Vous rédigerez la conversation entre Jujube et Gai-Luron sous forme de dialogue de comédie. Vous respecterez les règles d'écriture du théâtre :
- chaque prise de parole est marquée par un passage à la ligne ;
- le nom du personnage suivi d'un tiret marque le début de la réplique ;
- les didascalies apportent des informations sur les gestes, les sentiments, les intonations. Elles sont écrites en italique et précèdent la prise de parole du personnage.

Lecture de texte / Étude de la langue

1. Quel est le titre de la pièce et le nombre d'actes qu'elle comporte ?
2. Quel est le sujet de cette scène : un aveu d'amitié, une déclaration d'amour, un étalage par Monsieur Jourdain de ses richesses ?
3. Identifiez le comique de gestes de la scène.
4. [L. 8 à 15] D'où vient le comique de mots ?
5. [L. 1 et 2] Identifiez la forme en *-ant* de la didascalie et trouvez-en une de votre choix pour compléter celle de la l. 19.
6. Quel est le défaut de Monsieur Jourdain ?
7. Relevez des phrases non verbales employées par Dorimène : quel est leur type ? Qu'expriment-elles ?
8. [L. 9] L'adjectif « *fortuné* » veut-il dire « favorisé par l'argent » ou « favorisé par le sort » ?

1. pour la troisième : pour la troisième révérence.
2. sait son monde : connaît les règles de la bonne société.
3. envieux : jaloux.

Un bourgeois amoureux

Le bourgeois Monsieur Jourdain rêve de devenir noble et cherche à conquérir la marquise Dorimène. Le comte Dorante est aussi amoureux d'elle.

MONSIEUR JOURDAIN, *après avoir fait deux révérences, se trouvant trop près de Dorimène.* – Un peu plus loin, Madame.
DORIMÈNE. – Comment ?
MONSIEUR JOURDAIN. – Un pas, s'il vous plaît.
DORIMÈNE. – Quoi donc ?
MONSIEUR JOURDAIN. – Reculez un peu, pour la troisième[1].
DORANTE. – Madame, Monsieur Jourdain sait son monde[2].
MONSIEUR JOURDAIN. – Madame, ce m'est une gloire bien grande de me voir assez fortuné pour être si heureux que d'avoir le bonheur que vous ayez eu la bonté de m'accorder la grâce de me faire l'honneur de m'honorer de la faveur de votre présence ; et si j'avais aussi le mérite pour mériter un mérite comme le vôtre, et que le Ciel… envieux[3] de mon bien… m'eût accordé… l'avantage de me voir digne… des…
DORANTE. – Monsieur Jourdain, en voilà assez : Madame n'aime pas les grands compliments, et elle sait que vous êtes homme d'esprit. (*Bas, à Dorimène.*) C'est un bon bourgeois assez ridicule, comme vous voyez, dans toutes ses manières.
DORIMÈNE, *bas, à Dorante.* – Il n'est pas malaisé de s'en apercevoir.

Molière, *Le Bourgeois gentilhomme*, acte III, scène 16, comédie en cinq actes, 1670.

Orthographe

ROM **PRÉPAREZ** la dictée n° 10 avec le CD-Rom.

À REVOIR
– L'accord du participe passé ▸ VERBE, FICHE 28
– L'infinitif ▸ VERBE, FICHE 27
– Les lettres muettes ▸ ORTHOGRAPHE, FICHE 32

Conseils d'un valet

SCAPIN. – Oh ! que de paroles perdues ! Laiss[e] là cette galère, et song[e] que le temps presse, et que vous cour[e] le risque de perdre votre fils. Hélas ! mon pauvre maître, peut-être que je ne te verrai de ma vie, et qu'à l'heure que je parle, on t'emmène esclave en Alg[e]. Mais le Ciel me sera t[e]moin que j'ai fait pour toi tout ce que j'ai pu, et que si tu manques à être rachet[e], il n'en faut accus[e] que le peu d'amiti[e] d'un père.

Molière, *Les Fourberies de Scapin*, comédie en trois actes, acte II, scène 7, 1671.

1. Recopiez le texte en remplaçant le son [e] par la bonne graphie. Faites les accords si nécessaires.
2. Retenez l'orthographe des mots : *temps* – *fils*.

Lecture d'image / Histoire des arts

Affiche du film *Molière*, réalisé en 2007 par Laurent Tirard.

1. Que nous apprend la manière dont est écrit « *Molière* » ?

2. Qu'est-ce qui donne l'impression que Molière est à la fois libre et déterminé ?

Connaissance de l'auteur et de ses œuvres

1. Complétez le texte suivant en démêlant les anagrammes.
Dans le texte suivant, les mots en lettres majuscules sont déguisés : par exemple le mot MUSIQUE devient MUSQUIE. Pour les décrypter, aidez-vous de vos connaissances sur Molière et sur la comédie.

POUR RÉPONDRE, relisez bien la page « Et si les auteurs nous parlaient ? », p. 226-227.

MORIÈLE, qui est né en 2612, est un auteur QUICOME ayant écrit des CODÉMIES. Après quinze ans passés à jouer en PRINVOCE, il installe sa troupe de comédiens à RAPIS où il est protégé par le roi LOISU IXV. Il joue souvent ses PECIÈS devant la cour. Il y fait la satire des MÉCENDIS et des BOEUGROIS. Il meurt en interprétant Le DAMALE MIGAINAIRE en 3716. C'est une comédie BATLEL qui mêle le théâtre, la MUSQUIE et la SANDE.

2. Rendez à chaque personnage de Molière son accessoire.

- Monsieur Jourdain
- Argan
- Sylvestre
- Toinette

- une épée
- un livre d'orthographe
- un bonnet blanc de malade
- un costume de médecin

Une courte pièce comique

Dormez, je le veux ! (1897)

Georges FEYDEAU

Pour tous

I. L'ACTION

Entrez dans la lecture

SCÈNE PREMIÈRE – ÉLOI, JUSTIN

JUSTIN. – Tu fais porter ses bagages à ton patron ?

ÉLOI – Ses bagages et les miens !

Pendant toute la scène, Justin, Éloi, la malle se trouve au milieu d'eux. [...]

JUSTIN (*jetant un coup d'œil vers la porte de droite*). – Seulement j'ai mon système... je le traite par les sciences occultes.

Se tournant un peu à droite.

ÉLOI. – Les sciences oc... quoi ?

JUSTIN, *se retournant sur Éloi*. – ... cultes.

ÉLOI. – Je ne connais pas ces parties-là.

JUSTIN. – Ah ! c'est merveilleux ! Tiens, j'entends le patron qui vient... Veux-tu que je lui fasse porter ta malle ? Eh ! bien, tu vas voir !...

a. Exposez la situation de départ.
- identifier les personnages : leur nom et leur fonction ;
- caractériser le projet de vengeance : l'initiateur, la victime, les moyens de le réaliser.

Sciences occultes : séance d'hypnotisme, dessin d'**Otto Reznicek**, 1905.

Livre en main

b. Remettez dans l'ordre les péripéties et rebondissements de l'intrigue puis complétez les numéros de scène en vous aidant de la liste ci-dessous.

Scènes 2, 7, 9, 13, 17, 18, 19 :

- Justin hypnotise Boriquet et lui fait imiter une femme. (*scène* ...)
- Hypnotisés par Justin, Boriquet imite le singe et Francine la gitane espagnole. (*scène* ...)
- Devant la folie de Boriquet, Valencourt annule le mariage. (*scène* ...)
- Justin apprend le futur mariage de son maître. (*scène* ...)
- Éloi essaie en vain d'hypnotiser Valencourt. (*scène* ...)
- Éloi dénonce les pouvoirs de son ami Justin. (*scène* ...)
- Boriquet, hypnotisé par Justin, reprend ses tâches domestiques, sous le regard médusé de sa sœur Francine. (*scène* ...)

c. Relisez le dénouement (scène 20).

Identifiez la chute sur laquelle il repose : retour à la situation de départ, principe de l'arroseur arrosé, fin absurde. Justifiez votre réponse.

II. LES PERSONNAGES

Entrez dans la lecture

La liste des personnages

Boriquet
Justin
Éloi, accent belge
Valencourt
Francine
Émilienne

a. Retrouvez le personnage qui a un nom ridicule. Précisez pourquoi Boriquet et Valencourt sont désignés par leur nom propre alors que Justin et Éloi le sont par leur prénom.

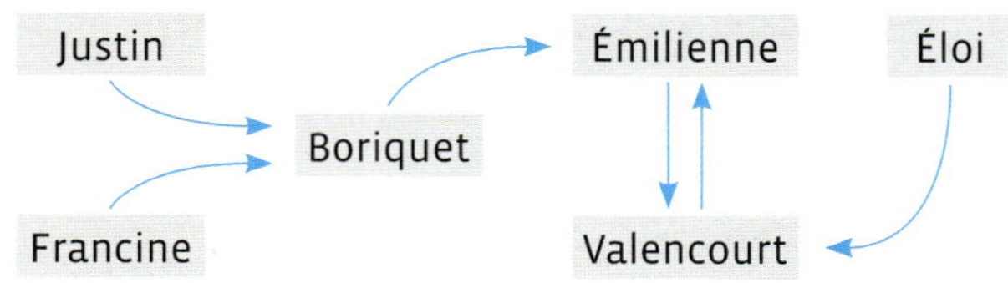

Livre en main

b. Complétez le schéma des relations entre les personnages avec les mots : *domestique – père – sœur – fille – fiancé*

c. Soulignez en bleu ceux qui sont hypnotisés – en rouge ceux qui hypnotisent.

III. LE COMIQUE

Entrez dans la lecture

a. Reliez chaque réplique de l'œuvre au procédé comique qu'elle illustre :

JUSTIN. – Voilà ce qu'on appelle les sciences occultes. ÉLOI. – C'est drôle, moi j'aurais plutôt appelé ça les coups de pied occultes. (*scène 2*)	
À ce moment, Boriquet fait un bond qu'il accompagne de claquements de langue et de gestes de singe. (*scène 17*)	**COMIQUE DE SITUATION**
BORIQUET. – Vous ? .... Oh ! qu'elle est laide ! Oh ! le monstre ! ÉMILIENNE, ahurie. – Hein ? (*scène 16*)	**COMIQUE DE MOTS**
JUSTIN. – Je regarde le patron en acuitant mes prunelles... comme ça... j'acuite et ça y est ! (*scène 3*)	**COMIQUE DES GESTES**
Ils sortent par le fond, tandis que Francine chante et danse avec furie, et que Boriquet, saisissant tous les papiers qui sont sur la table de droite, les leur lance à la tête (*scène 18*)	
ÉLOI. – J'ai endormi le patron... Ah ! bien, alors, ça va, à c't'heure ! (*scène 13*)	

Livre en main

b. Dans la scène 5, en quoi l'utilisation des accessoires révèle-t-elle une inversion des rôles ?
- Scène 5 : relevez les apartés. En quoi sont-ils comiques ?
- Scène 16 : quel est le quiproquo ?
- Scène 20 : relevez un comique de répétition.

De la lecture à la mise en scène...

Préparez-vous à jouer la pièce de Feydeau en dressant une liste des éléments nécessaires à la mise en scène : accessoires, décor, costumes...

MÉTHODE POUR LIRE UNE COURTE PIÈCE COMIQUE

- **L'action**
  - indiquer le lien du titre et de l'intrigue ;
  - présenter le décor et la durée de l'action ;
  - résumer les principales péripéties.
- **Les personnages**
  - chercher ce que révèle le nom de chaque personnage ;
  - classer les personnages selon leurs fonctions ;
  - préciser les relations entre les personnages
- **Le comique**
  - relever deux exemples de procédés comique (mots, gestes, de situation) ;
  - rechercher les situations de quiproquos ;
  - choisir un accessoire caractéristique et présenter sa fonction.

Georges Feydeau, *Dormez, je le veux !*, mise en scène de Lisa Wursmer, à la Comédie de Picardie, 2009.

MÉTHODOLOGIE *Constituer un dossier thématique*

▶ **Pour constituer un dossier, il faut savoir chercher des informations, les trier, les présenter.**

I. Observez...

a. Identifiez chacun des documents : quelles thématiques illustrent-ils ?
b. À quoi sert chacun des documents ? Quels renseignements comportent-ils ?
c. Où peut-on lire : le lieu du spectacle, la date, le metteur en scène, le nom des comédiens ?

Document A

Document B

II. Vérifiez

d. Recherchez dans le manuel trois documents différents pouvant être utiles à un dossier sur le costume de théâtre. Justifiez votre choix.

III. Lancez-vous !

Créez votre dossier thématique en suivant les conseils ci-dessous.
e. Choisissez un thème.
f. Diversifiez la nature des documents : tableaux, photographies, dessins...
g. Collectez des documents de sources différentes : interviews, presse, romans, reportages télévisés (sans oublier de noter les références).
h. Triez les documents, en conservant les plus variés et ceux qui répondent le mieux au thème.
i. Commentez en quelques lignes et avec vos propres mots chaque document.

B2i Visiter et utiliser le site d'un théâtre

S'informer, se documenter ▸ Domaine 4

Il est possible de visiter les sites de théâtres afin de s'informer sur le théâtre, de consulter leurs programmations de saison théâtrale. Il est même possible d'acheter les billets en ligne ou d'envoyer un mail contact pour demander davantage de renseignements.

1. Rendez-vous à la page d'accueil du site de la Comédie-Française : http://www.comedie-francaise.fr/
2. Choisissez, dans le menu principal, la saison théâtrale de l'année en cours.
3. Puis, dans le menu de gauche, sélectionnez la période voulue : avril – juillet.
4. Retrouvez alors les différents spectacles proposés dans *la salle Richelieu*.
Le théâtre vous ouvre ses portes en dehors des représentations.
5. Si vous êtes curieux de découvrir, entre autres, la salle à l'italienne et l'envers du décor du théâtre des Célestins de Lyon, tapez l'adresse suivante : http://www.celestins-lyon.org/
6. Dans le menu à droite, sélectionnez l'onglet *visite virtuelle*.
7. Sur le schéma du théâtre, cliquez, par exemple, sur le haut du théâtre et sur l'onglet *salle principale*.
8. Visitez *l'orchestre* ou *le balcon* de façon virtuelle en maintenant votre curseur appuyé à un endroit de l'image. Amusez-vous à vous déplacer !

LECTURES PERSONNELLES *Le théâtre*

Plongez dans un récit présentant l'univers de Molière à travers les yeux de Louison, une petite fille de dix ans, choisie par Molière pour jouer dans sa troupe.
Louison et Monsieur Molière, Marie-Christine Helgerson, Flammarion, collection Castor poche junior, numéro 4820, 2001.

Rencontrez, dans ce roman, quatre jeunes filles, Hortense, Isabeau, Charlotte et Louise qui vont jouer devant la cour du Roi Soleil.
Les Colombes du Roi-Soleil, « Les comédiennes de Monsieur Racine », Anne-Marie Desplat-Duc, Flammarion, collection Castor poche junior, numéro 1092, 2009.

Une pièce de théâtre abordant avec délicatesse des thèmes délicats tels que le handicap, la maltraitance, l'adoption ou encore la solitude.
Le Petit Violon, Jean-Claude Grumberg, Actes Sud-Papiers, 1999.

Un ouvrage documentaire proposant un panorama du théâtre dans la France du Roi Soleil.
À l'époque de Molière, Françoise Lebrun et Ginette Hoffmann, Casterman, collection « Des enfants dans l'histoire », 1999.

Sonia Delaunay (1885-1979), *Rythme*, 1938, huile sur toile, 182 x 149 cm, Musée national d'Art moderne, Paris.

Sommaire détaillé
Étude de la langue

GRAMMAIRE

Classes et fonctions des mots

La phrase

Le verbe

ORTHOGRAPHE

VOCABULAIRE

➤ Continuez à vous entraîner avec les exercices autocorrectifs du ROM

DES OUTILS POUR VOUS AIDER

1 Grammaire

LES CLASSES ET LES FONCTIONS

POUR COMMENCER

En grammaire, pour **analyser** un mot, il faut identifier sa **classe grammaticale** et sa **fonction**.

I. LES CLASSES GRAMMATICALES

Chaque classe grammaticale regroupe les mots ayant des **caractéristiques communes**.
La **classe grammaticale** constitue l'**identité** du mot. Elle est indiquée dans le dictionnaire.

On distingue :

les classes de mots variables Révision 6e

- Ces mots s'accordent avec d'autres mots.
- Ils peuvent **changer de forme** selon leur place et leur emploi dans la phrase.

– **Noms** ▸ FICHE 2
*une **histoire** / des **histoires**...*
– **Déterminants**
***la** fable – **cette** fable – **ses** fables...*
– **Pronoms** ▸ FICHE 6 ET TABLEAU P. 343
je** raconte – le livre de **celui-ci** – **le sien
– **Adjectifs** ▸ FICHES 4 ET 5
*le geai **prétentieux** – la **petite** sirène*
– **Verbes** ▸ FICHES 20 À 29
lire** – il **lit** – nous **lisons

les classes de mots invariables

- Ces mots ne s'accordent pas.
- Ils ont **toujours la même forme**, quelle que soit la phrase.

– **Prépositions** ▸ FICHE 8
à – avec – dans – de – en – par – pour...
– **Conjonctions** de coordination ▸ FICHE 14
car, donc, et, mais, ni, or, ou
– **Conjonctions** de subordination ▸ FICHE 13
depuis que – lorsque – parce que – quand...
– **Adverbes** ▸ ils seront étudiés EN 4e
aujourd'hui – ici – là – très bien...
– **Interjections** ▸ ils seront étudiés EN 4e
ah – aïe – mince – oh – parbleu...

Cas difficiles

- Un **même mot** peut parfois changer de **classe** grammaticale.
*Il va bientôt **dîner*** (verbe). – *Tu prépares **le dîner*** (nom commun).
- Des mots de **classes** grammaticales **différentes** ont parfois **la même forme**.
*La grenouille gobe **la*** (déterminant) *mouche.* – *Elle **la*** (pronom personnel) *gobe.*

II. LES FONCTIONS

La fonction indique **le lien** d'un mot avec d'autres mots.

- Lié au verbe, le mot appartient au **groupe verbal (GV)** :

– **sujet**
***Le loup** mange l'agneau.*
– **attribut du sujet** ▸ FICHE 4
*La fourmi n'est pas **prêteuse**.*
– **complément d'objet** ▸ FICHE 9
*Le renard prend **le fromage*** (COD).
– **complément d'agent** ▸ FICHE 17
*L'agneau est mangé **par le loup**.*

- Lié au nom, le mot appartient **au groupe nominal (GN)** :

– **épithète** ▸ FICHE 4
*le chien **gourmand***
– **complément du nom** ▸ FICHE 3
*le chien **de son maître***

- Lié **à l'ensemble de la phrase**, il est déplaçable et supprimable :

– **complément circonstanciel** ▸ FICHE 10
*La cigale a chanté **tout l'été**.*

La fonction d'un mot peut **changer selon sa place et son emploi** dans la phrase.

Le chien** aboie* (Sujet) — *La niche **du chien** est vide* (C. du nom) — *Il achète de la viande **pour son chien (CC de but)

À RETENIR

- Les mots ayant les mêmes caractéristiques appartiennent à la même **classe grammaticale**. On distingue les **mots variables** des **mots invariables**.
- Selon les phrases, un même mot peut remplir des **fonctions différentes**.

1 AVEZ-VOUS COMPRIS ?

Classez chaque mot de la fable dans un tableau : mots variables – mots invariables.

Il ne faut point juger des gens sur l'apparence.
Le conseil en est bon ; mais il n'est pas nouveau.

La Fontaine, *Le Paysan du Danube*, Livre XI, fable 7.

2 Parmi les mots en gras, trouvez un nom, un déterminant, un pronom, un adjectif, un verbe, un mot invariable. *

Un **riche** Laboureur sentant sa **mort** prochaine
Fit venir **ses** enfants, **leur** parla **sans** témoins.

La Fontaine, *Le Laboureur et ses enfants*, Livre V, fable 9.

3 Identifiez la classe grammaticale des mots variables en gras. *

Les vers de terre **sont** de **drôles** d'animaux. **Ils** n'ont pas d'yeux, pas d'oreilles et pas de **pattes**. Ils **passent leur** vie sous **la** terre à **creuser** des **tunnels**.

La Grande Encyclopédie des enfants.

4 Selon les phrases, indiquez si le mot en gras est un verbe, un adjectif ou un nom. **

a. Pour **pêcher**, il faut être patient.
b. Au printemps, les **pêchers** sont en fleur.
c. Son blouson **vert** est sale.
d. Le **vert** de ses yeux est très clair.
e. As-tu fini ton **goûter** ?
f. As-tu fini de **goûter** ?
g. En tombant, il s'est fait un gros **bleu**.
h. Prends ton crayon **bleu** et écris.

5 Indiquez le groupe nominal auquel appartient le nom en gras. Précisez la fonction de ce GN : sujet – attribut du sujet – COD – COI – C. circonstanciel de lieu. **

a. Lyon est une **ville** touristique.
b. Apprécies-tu cette **ville** ?
c. Dans la **ville**, on peut se perdre.
d. Nous aimons parler de notre **ville** natale.
e. La grande **ville** propose des animations variées.

6 Indiquez la classe grammaticale et la fonction des mots en gras. ***

Connaissez-**vous** le **célèbre** chien Croc-Blanc ? **Celui-ci** est le héros du roman de Jack London. **Il** habite le Grand Nord, là où sévit un froid **intense** toute l'année. Lorsqu'il perd sa **mère**, il devient **chien** de traîneau puis chien de combat. Ses **aventures** nous captivent !

7 Utilisez chaque groupe nominal dans une phrase où il sera sujet, une phrase où il sera COD, une phrase où il sera COI et une phrase où il sera complément circonstanciel. ***

le vélo – la souris – le repas

8 Exercice d'écriture

Décrivez l'image en utilisant toutes les classes grammaticales de mots variables. Dans vos phrases, soulignez en rouge les noms, en bleu les verbes, en vert les adjectifs. ***

9 Constituez des phrases en puisant dans la liste de verbes et en respectant la fonction de chaque nom ou GN. ***

Liste des verbes : *lâche – parle – peuplent – n'est pas – devient – chante*

Sujet	La cigale – Le corbeau – La fourmi – La grenouille – Le lion – Les animaux
COD	les fables – le fromage
COI	à ses sujets
Attribut du sujet	prêteuse – énorme
CC	tout l'été

10 FAITES LE BILAN

a. Relevez trois mots invariables.
b. Indiquez la classe grammaticale de chacun des dix mots en gras.
c. Donnez la fonction de chaque mot ou groupe de mots soulignés.

Les félins sont des carnivores. Pour chasser, ils se servent de leurs sens : l'ouïe, la vue et l'odorat. Leurs pattes sont protégées par des coussinets, qui leur permettent de s'approcher de leurs proies sans bruit. Puis, **ils les capturent** et **les tuent** grâce à **leurs griffes** et **leurs dents aiguisées.**

La Grande Encyclopédie des enfants.

➤ Continuez à vous entraîner avec les exercices autocorrectifs du ROM

2 Grammaire

LE GROUPE NOMINAL

POUR COMMENCER

Le groupe nominal peut se limiter à **deux mots** (déterminant + nom) ou **être accompagné d'autres mots** ou **groupes de mots** appelés **des expansions**.

I. LE NOM Révision 6[e]

1. Nom propre et nom commun

• Le nom **commun** est généralement précédé d'un déterminant.
__un__ poème – __des__ romans
• Parfois le déterminant est absent.
Aujourd'hui, __spectacle__ complet.

• Le nom **propre** commence par une majuscule.
__G__eorges __F__eydeau – la ville de __L__yon
• Il peut être précédé d'un déterminant.
les __F__rançais – la __B__elgique

2. Pluriel des noms communs

• Le pluriel des noms se forme en général avec un **s** ou un **x**.
un peintre / __des peintres__ – un pinceau / __des pinceaux__
• Les noms terminés par un **s** ou un **x** ne varient pas au pluriel.
une souri__s__ / des souri__s__ – une croi__x__ / des croi__x__
• Certains noms s'emploient toujours au pluriel.
des gens – des fiançailles

II. LE GROUPE NOMINAL

1. Le nom est le mot essentiel du groupe nominal ou GN : il en est le noyau

On distingue :

• Le groupe nominal **simple** qui comporte un **déterminant** et un **nom**.
__le__ [__poète__]

• Le groupe nominal **étendu** comportant des **expansions**.
__le célèbre__ [poète] __de la Renaissance__

2. Les expansions du nom

Le nom peut être précisé par différents mots, appelés des **expansions**.

• un adjectif épithète
▸ FICHE 4
un __grand__ [poète]

• un complément du nom
▸ FICHE 3
un [poète] __de la Renaissance__

• une subordonnée relative
▸ FICHE 15
un [poète] __que l'on admire__

Les différentes expansions du nom peuvent s'ajouter.
Ronsard est [__un grand__ [__poète__] __de la Renaissance que l'on admire__].

À RETENIR

• Le nom est le **noyau** du groupe nominal.
• On appelle **expansions** du nom les mots qui enrichissent le groupe nominal : ils **dépendent du nom-noyau et le précisent**. Les expansions du nom peuvent être un **adjectif**, un complément du **nom** ou/et une **proposition subordonnée relative**.

1 AVEZ-VOUS COMPRIS ?

a. Indiquez le nom-noyau du GN en gras.
b. Quels sont les autres noms ou GN du texte ?

Mon cher papa,
Mes parties de pêche des vacances m'ont mis l'humeur en mouvement. De gros clous me sortent des cuisses. Je suis au lit. Je reste couché sur le dos et madame l'infirmière me pose des cataplasmes. […]
Ton fils affectionné.

Jules Renard, *Poil de Carotte*.

2 Identifiez les GN en précisant s'il s'agit d'un GN simple ou d'un GN étendu. *

a. Pour combattre, le chevalier portait une lourde armure. **b.** Les cottes de mailles étaient constituées de nombreux anneaux métalliques entrelacés. **c.** Le pourpoint se portait sous l'armure. **d.** Les armes courantes étaient la lance, l'épée ou la hache.

3 Remplacez les compléments du nom par des adjectifs de même signification. *

a. le château du roi **b.** l'assemblée de la Nation **c.** les chevaliers du Moyen Âge **d.** la satire de la société **e.** le monument aux morts **f.** un personnage de caricature **g.** un oncle d'Amérique

4 Remplacez les adjectifs par des compléments du nom de même signification. *

a. un temps estival **b.** une grand-mère octogénaire **c.** un homme spirituel **d.** une idée géniale **e.** un vétérinaire canin **f.** un pain sucré

5 Identifiez le nom que chaque proposition relative vient compléter. Mettez-le au pluriel et faites les accords nécessaires. **

a. Un rhinocéros qui n'a pas de manières. **b.** Le crocodile dont je crains les dents. **c.** Un léopard qui n'arrive plus à chasser. **d.** Le bébé éléphant qui verse de grosses larmes. **e.** La réserve où j'ai grandi.

6 Mettez les noms en gras au pluriel et faites les accords nécessaires. **

a. un **abri** confortable **b.** un **gâteau** délicieux **c.** un **lieu** agréable **d.** un grand **espace** **e.** un petit **pays** **f.** un **animal** effrayant **g.** une lourde **croix**

7 Relevez les groupes nominaux et entourez le nom-noyau. **

a. Il lance une grosse boule de neige. **b.** La vitre arrière de sa voiture est cassée. **c.** Ma grand-mère maternelle qui habite en Bretagne vient me voir demain. **d.** Viendras-tu dans l'immense maison de vacances de ton cousin ? **e.** Nous aimons beaucoup ce nouveau spectacle de danse.

8 Complétez chaque nom avec l'expansion indiquée entre parenthèses. **

a. la farce (*adjectif*) **b.** la scène (*complément du nom*) **c.** le personnage (*proposition relative*) **d.** une pièce (*adjectif*) **e.** le comique (*complément du nom*)

9 Exercice d'écriture

Décrivez l'image à l'aide des expansions suivantes : ***de maître Pathelin – de draps – qui est très avare – magnifiques – du marchand – innocent.*** ***

La Farce de maître Pathelin, 1490.

10 Complétez le texte avec les expansions de la liste suivante puis relevez les noms ou GN qui acceptent plusieurs expansions. ***

de bois – bon – où il rencontra la femme – jolie – de ses manières – sèche – clair – de feuilles humides – de la caverne

Naturellement, l'homme était sauvage aussi. […] Il ne commença à s'apprivoiser que du jour ……………, et elle lui dit qu'elle n'aimait pas la sauvagerie …… Elle s'arrangea, pour y coucher, une … caverne … au lieu d'un tas … ; elle poudra le sol de sable … et elle fit un … feu … au fond …

Rudyard Kipling, *Histoires comme ça*.

11 FAITES LE BILAN

a. Relevez deux noms propres. Lequel est le noyau d'un GN étendu ?
b. Relevez les noms ou les GN simples.
c. Indiquez le nom-noyau et la nature grammaticale des expansions dans les GN en gras.

Mon cher Poil de Carotte,
Puisque tu prépares **ta première communion** et que tu vas au catéchisme, tu dois savoir que **l'espèce humaine** ne t'a pas attendu pour avoir des clous. Jésus-Christ en avait aux pieds et aux mains. Il ne se plaignait pas et pourtant les siens étaient vrais.
Ton père qui t'aime.

Jules Renard, *Poil de Carotte*.

➤ Continuez à vous entraîner avec les exercices autocorrectifs du ROM

LE COMPLÉMENT DU NOM

POUR COMMENCER

Le **complément du nom** fait partie du groupe nominal.
C'est une **expansion du nom** qui **précise** ou **complète** le sens **d'un autre nom**.

I. CLASSE GRAMMATICALE

Le complément du nom peut être

- **un nom ou un GN**
  *le récit **en vers***
  *le récit **des temps anciens***
- **un pronom**
  *un récit **pour toi***
  *la passion **de celui-ci***
- **un verbe à l'infinitif**
  *la passion **de lire***
  *un texte **à chanter***

II. CONSTRUCTION

Le complément du nom est toujours placé **après le nom** qu'il complète.
En général, il est introduit par une **préposition**. ▸ FICHE 8
*un roman **de** chevalerie – un roman **pour** garçon – une histoire **à** dormir debout*
Il permet de former **des noms composés**. *le chemin **de fer** – un pied-**à-terre***
Il est parfois construit directement, **sans préposition**. *la tour Eiffel (= de M. Eiffel) – un stylo **plume** (= à plume)*

Ne confondez pas le complément du nom et le complément circonstanciel

- Le **complément du nom** est toujours placé **après** le nom.
  *Nous cueillons les cerises **du jardin**.*
  → complément du nom *cerises*.
- Le **complément circonstanciel** peut se séparer du nom et se déplacer. ▸ FICHE 10
  ***Du jardin**, nous voyons la maison.*
  *Nous voyons la maison, **du jardin**.*
  → CC de lieu du verbe *voir*.

III. VALEURS

Le complément du nom a de nombreuses valeurs. Il peut préciser :

- **l'appartenance**
  *le livre **de Tom***
- **les circonstances**
  le **lieu** *la fille **sur le pont***
  le **temps** *un livre **du xxe siècle***
- **la description**
  *une œuvre **sans grâce***
  *une robe **à rayures***

La valeur peut changer selon la préposition :

*une cuillère **à café*** désigne la **taille**.

*une cuillère **de café*** désigne le **contenu**.

IV. ACCORD

En fonction du **sens**, le complément du nom sera :

- **au singulier** pour
  – **un nom que l'on ne peut pas compter**
  *des boîtes **à sucre**, un moteur **à essence***
  – une caractéristique **unique**
  *un bateau **à moteur** ; des bateaux **à moteur***
  (chaque bateau n'a qu'un moteur).
- **au pluriel** pour
  – **un nom comptable**
  *une pluie d'**étoiles** filantes*
  – une caractéristique **multipliée**
  *un bateau **à voiles** ; des bateaux **à voiles***
  (chaque bateau a plusieurs voiles).

À RETENIR

- Le complément du nom est une **expansion du nom** qui apporte une **information** sur le nom ou le GN. Il peut être un **nom**, un **GN**, un **pronom** ou un **infinitif.**
- Il est situé **après le nom** et il est généralement introduit par une **préposition**.

1 AVEZ-VOUS COMPRIS ?

a. Dans les GN soulignés, identifiez le nom noyau et indiquez son (ses) complément(s).
b. Relevez le complément du nom construit sans préposition.

Recette de cuisine

J'ai pu enregistrer dans le bac à légumes de mon réfrigérateur une conversation émouvante entre une pomme golden et une pomme de terre.

Bernard Friot, *Histoires pressées*, « Recette de cuisine ».

2 Relevez dans le texte suivant le complément de chaque nom en gras. *

Le terme « chimpanzé » désigne aujourd'hui deux **espèces** de grands singes qui forment la **tribu** des Panines, **membres** de la famille des Hominidés et de **l'ordre** des primates. Cet **animal** à la grande intelligence habite près des grands **lacs** d'Afrique.

3 Retrouvez la préposition sous-entendue dans les compléments du nom suivants. *

a. un appareil vidéo **b.** un cuit-vapeur **c.** l'assurance-maladie **d.** un thé menthe **e.** un polo grande taille **f.** un sac plastique **g.** un stylo bille **h.** un balcon terrasse **i.** la région Île-de-France

4 Complétez chaque nom par un complément du nom de la classe grammaticale indiquée. **

a. Elle a mis une robe *(GN)*. **b.** Ils ont réalisé cela pour l'amour *(pronom)*. **c.** On admire sa facilité *(verbe)*. **d.** La viande *(GN)* est chère. **e.** Je ne comprends pas son envie *(verbe)*. **f.** Une lettre *(pronom)* est arrivée.

5 Exercice d'écriture

Décrivez l'image suivante avec cinq compléments de nom apportant des précisions sur : l'appartenance, le lieu, le temps, la matière, la manière. **

6 Relevez les compléments du nom et indiquez leur classe grammaticale. ***

a. Prends cette photo en souvenir de lui. **b.** Nous goûtons le plaisir de lire tranquillement. **c.** Le couteau à pain est très pointu. **d.** Il remplit la machine à laver. **e.** Où as-tu mis le cartable de Safia ? **f.** Je ne supporte pas les chats à poils longs. **g.** Ayons confiance en elle.

7 Identifiez le complément du nom de chaque GN puis reliez-le à sa valeur. ***

● une fenêtre sur cour	◆ but
● un moulin à eau	◆ lieu
● des affaires à toi	◆ possession
● une promenade en ville	◆ moyen
● mon oncle d'Amérique	◆ origine
● les événements du jour	◆ lieu
● des rizières en espalier	◆ manière
● un service à fondue	◆ temps
● un tapis en soie	◆ matière
● une canne à pêche	◆ moyen

8 Complétez les noms suivants en choisissant entre le singulier et le pluriel, selon le sens. ***

a. un paquet de (*café/cafés*) **b.** une marmelade (*d'orange/d'oranges*) **c.** des pièces en (*or/ors*) **d.** des sacs de (*bille/billes*) **e.** des fruits à (*noyau/noyaux*) **f.** des fruits à (*pépin/pépins*) **g.** un kilo de (*noisette/noisettes*) **h.** des stylos à (*plume/plumes*) **i.** une nappe à (*fleur/fleurs*) **j.** un torchon à (*carreau/carreaux*)

9 Indiquez si les GN soulignés sont des compléments circonstanciels ou des compléments du nom. ***

a. Cette jeune fille porte une robe sans manches. **b.** Elle a cousu un écusson sur sa manche. **c.** Il construit une cheminée avec des briques. **d.** La cheminée en briques est en ruine. **e.** Dans cette maison vit la poupée Broutille. **f.** La poupée de la maison est très capricieuse. **g.** La traite des vaches se faisait à la main. **h.** Le sac à main de la dame est joli.

10 FAITES LE BILAN

a. [L. 1 à 6] Relevez les six compléments du nom. Précisez pour chacun le nom qu'il complète.
b. [L. 10] Quels sont les compléments du nom *carte* ?
c. Inventez une phrase où ce nom sera complété par un infinitif puis par un pronom.

Charles va chercher l'atlas dans le bureau de son père. Sur la carte de l'Islande, il écrase une glace à la vanille. Il laisse couler du ketchup sur la Pologne et du produit à vaisselle sur la Nouvelle-Calédonie. Pour l'Australie, il choisit du yaourt à la framboise et de l'encre de Chine pour la Somalie.

– Mon petit Charles, demande sa mère, tu ne t'ennuies pas ?

– Non maman, répond Charles, je fais de la géographie, la **carte** des océans avec les fleuves et les rivières.

Bernard Friot, *Histoires pressées*, « Exercices ».

Continuez à vous entraîner avec les exercices autocorrectifs du ROM

Grammaire 4

L'ADJECTIF QUALIFICATIF

POUR COMMENCER

L'adjectif qualificatif est une classe grammaticale **variable** qui permet de **caractériser** un nom ou un groupe nominal.

I. CARACTÉRISTIQUES DE L'ADJECTIF QUALIFICATIF Révision 6e

- Il exprime une **propriété** ou une **qualité**. *Elle semble **triste**.*
- Il **s'accorde** en genre et en nombre avec le mot qu'il qualifie. *de **grands** yeux **bleus***

Cas particuliers

- Quand l'adjectif qualifie **plusieurs noms de genres différents**, le masculin l'emporte sur le féminin.
*deux victoires **décisives** – un combat et une victoire **décisifs***
- Dans certains cas les **adjectifs de couleurs** ne s'accordent pas :
  - quand ils sont déterminés par un nom ou un adjectif. *des yeux **bleu ciel**, des cheveux **brun foncé***
  - quand ils sont dérivés d'un nom commun. *des yeux **azur**, des cheveux **poivre et sel**.*

II. FONCTIONS DE L'ADJECTIF QUALIFICATIF Révision 6e

1. Épithète

L'adjectif qualifie un nom, un pronom ou un GN **sans l'intermédiaire d'un verbe**.
C'est une expansion du nom, il appartient au **GN**.

- **Épithète liée**
L'adjectif n'est pas séparé du nom.
*Il affronte un chevalier **fier** et **habile**.*
- **Épithète détachée**
L'adjectif est séparé du nom par une virgule ou une pause. ***Courageux**, Yvain éperonne son cheval.*

2. Attribut du sujet

L'adjectif qualifie le sujet par l'intermédiaire d'un **verbe attributif**.
Il appartient au **groupe verbal** et ne peut pas être supprimé.
En général, il se place **après** le verbe attributif. *Cette demoiselle est **noble**.*

III. LE COMPLÉMENT DE L'ADJECTIF QUALIFICATIF

Si l'adjectif a un ou plusieurs compléments, il devient le **noyau** d'un **groupe adjectival**.

*Il regarda le chevalier [**heureux** de sa victoire].*

1. Des compléments de différentes classes grammaticales

- **nom ou GN** — *fier **de son exploit***
- **pronom** — *fier **de lui***
- **infinitif** — *fier **de voyager***
- **autre adjectif** — *gris **bleu***
- **subordonnée** — *fier **qu'il ait gagné***

2. Construction du complément de l'adjectif

- de manière directe, **sans préposition**
*vert **bleu** – rouge **profond***
- de manière indirecte, **avec une préposition**
*malheureux **au** jeu – content **pour** lui*

À RETENIR

- **L'adjectif qualificatif s'accorde** en genre et en nombre avec le nom, le pronom ou le GN auquel il se rapporte.
- L'adjectif **épithète** appartient au **groupe nominal**. L'**attribut** du sujet appartient au **groupe verbal**.
- Si l'adjectif a des **compléments**, il devient le **noyau** du **groupe adjectival**.

❶ AVEZ-VOUS COMPRIS ?

Relevez les adjectifs qualificatifs qui se rapportent aux mots en gras.

Il y avait à Abbeville un boucher fort estimé de ses voisins. **Il** n'était ni sournois ni médisant, mais sage, courtois et de grand mérite, honnête dans sa profession, et il venait souvent en aide à son pauvre **voisin. Il** n'était ni avide ni envieux.

Fabliau du Moyen Âge, *Le Boucher d'Abbeville*.

❷ Accordez les adjectifs entre parenthèses. *

a. Sa jupe (*blanc*) est trop (*long*). **b.** Elle portait une (*beau*) robe (*vert*), ornée de (*vrai*) dentelle. **c.** En hiver, un manteau et une écharpe (*chaud*) sont (*nécessaire*). **d.** Dans ces (*gros*) et (*lourd*) caisses se trouvent de (*vieux*) affaires. **e.** Où sont rangées les serviettes (*sec*) ? **f.** Vide cette (*grand*) armoire afin d'y mettre tes (*nouveau*) habits.

❸ Indiquez à quel(s) mot(s) se rapporte chaque adjectif en gras puis précisez le genre et le nombre de l'adjectif. *

On aurait dit une reine avec son diadème ; son front, d'une blancheur **bleuâtre** et **transparente**, s'étendait **large** et **serein** sur les arcs de deux cils presque **bruns**, singularité qui ajoutait encore à l'effet de prunelles **vert de mer** d'une vivacité et d'un éclat **insoutenables.**

Théophile Gautier, *La Morte amoureuse*.

❹ Précisez si chaque adjectif en gras est épithète liée, épithète détachée ou attribut du sujet, en relevant le nom qu'il qualifie. **

a. Prudente, la **vieille** dame resta **immobile**. **b.** Ces enfants ont l'air **gourmands** car ils ont mangé un **gros** et **bon** gâteau. **c.** Ses **mauvais** résultats sont **logiques** : il n'a pas travaillé. **d. Coupable**, ce criminel a subi une **sévère** sanction.

❺ Exercice d'écriture

Décrivez les personnages à l'aide d'un maximum d'adjectifs. Variez leurs fonctions et leurs compléments. **

Les clowns Martinis au Cirque d'Hiver.

❻ Soulignez le complément de chaque adjectif, donnez sa classe grammaticale et précisez s'il est construit avec ou sans proposition. **

a. Il est gentil de venir. **b.** Elle est impatiente qu'il arrive. **c.** Vous êtes trop grands pour ce jeu. **d.** Elle a un pull rose saumon. **e.** Ces fruits sont bons à manger. **f.** Nous sommes contents de lui.

❼ Avec les mots donnés, construisez quatre phrases contenant un sujet, un verbe attributif et un adjectif attribut. Attention aux accords. ***

paraissent – peureuses – semble – le coq et la poule – gourmande – les moutons – les vaches – la brebis – passent pour – dodus – craintifs – a l'air

❽ Accordez les adjectifs de couleur lorsque cela est nécessaire. ***

des chemises (*bleu*) – des cheveux (*blond clair*) – une voiture (*rouge foncé*) – des nuages (*blanc*) – un sac (*noir*) – une boîte (*violet*) – des bottes (*gris souris*) – une écharpe (*vert émeraude*)

❾ Trouvez pour chaque adjectif un complément de la classe grammaticale demandée, en vous aidant des prépositions. ***

a. Il est indispensable à .... (*GN*) **b.** J'ai pêché un merlan facile à .... (*infinitif*) **c.** Les infrarouges sont invisibles pour .... (*GN*) **d.** Je suis si fier de .... (*pronom*) **e.** Après ma bêtise, mon père était ivre de .... (*nom*) **f.** Quel égoïste : il n'est soucieux que de ...... (*pronom*) **g.** Il est triste de .... (*infinitif*)

❿ FAITES LE BILAN

a. Relevez les six adjectifs qualificatifs de la première phrase en précisant le nom que chacun qualifie.
b. Dans la première phrase, relevez deux compléments de l'adjectif.
c. Recopiez les adjectifs entre parenthèses avec le nom qu'ils qualifient, et accordez-les si nécessaire.
d. Donnez la fonction des trois adjectifs en gras.

Au large du vaste continent australien, la Grande Barrière de corail constitue un long récif, riche en surprises et magnifique à explorer. Dans une eau (*bleu turquoise*), on peut admirer des poissons (*bleu*), (*gris perle*) ou (*rouge*).

Conscients que la nature est un bien **précieux**, les Australiens préservent leur environnement et sont **écologistes**.

➤ Continuez à vous entraîner avec les exercices autocorrectifs du ROM

5 Grammaire

LES DEGRÉS DE L'ADJECTIF

POUR COMMENCER

Le **degré** d'intensité ou de comparaison est la **force plus ou moins grande** donnée au sens de l'adjectif.

I. LES DEGRÉS D'INTENSITÉ

- **Caractéristique**

L'intensité est mesurée sans point de comparaison

- **intensité faible** *Mehdi est* ***peu bavard****.*
- **intensité moyenne** *Mehdi est* ***assez bavard****.*
- **intensité forte** *Mehdi est* ***très bavard****.*

- **Formation**

Le degré d'intensité de l'adjectif est marqué :

- par un adverbe *(**bien** bavard – **moyennement** bavard)*
- par un préfixe *(**sous**-alimenté – **hyper**sensible)*

II. LES DEGRÉS DE COMPARAISON

L'intensité de l'adjectif est exprimée par comparaison avec un ensemble.

1. Le comparatif

- **Formation**

L'adjectif est précédé des adverbes ***aussi***, ***plus*** ou ***moins*** :

- **comparatif d'infériorité** *Arthur est* ***moins*** *bavard que Malek.*
- **comparatif d'égalité** *Arthur est* ***aussi*** *bavard que Malek.*
- **comparatif de supériorité** *Arthur est* ***plus*** *bavard que Malek.*

- **Le complément du comparatif**

Il est introduit par ***que*** (ou ***qu'***) et désigne l'élément sur lequel porte la comparaison.
Arthur est moins bavard ***que Malek*** : *Arthur* est comparé à *Malek*.

2. Le superlatif relatif

Degré le plus élevé ou le plus bas par rapport à un ensemble.

- **Formation**

L'adjectif est précédé de :

- ***le plus (la plus, les plus)*** *Le roman* ***le plus intéressant*** *de tous.*
- ou ***le moins (la moins, les moins)*** *Le livre* ***le moins cher*** *de la boutique.*

- **Le complément du superlatif**

– Il est introduit par une **préposition** (*de, parmi, entre...*) et désigne l'ensemble sur lequel porte la comparaison.
Malika est ***la plus sage*** *de la classe. – Samy semble* ***le plus attentif*** *parmi les garçons.*
– Le complément du superlatif est parfois simplement **sous-entendu**.
C'est ***la plus célèbre*** *actrice (**au monde**). – Ce livre est* ***le moins cher*** *(de la boutique).*

3. Cas particuliers

Les adjectifs ***bon*** et ***mauvais*** ont une forme irrégulière :
– au comparatif de supériorité *bon* → ***meilleur*** – *mauvais* → ***pire***
– au superlatif ***le meilleur*** – ***le pire***

À RETENIR

- L'adjectif peut exprimer un **degré d'intensité** : faible, moyen ou fort, ou un **degré de comparaison** à l'aide du **comparatif** (d'infériorité, d'égalité ou de supériorité) ou du **superlatif**.

1 AVEZ-VOUS COMPRIS ?

Indiquez si les mots en gras expriment un degré d'intensité (faible, moyenne ou forte) ou un degré de comparaison (comparatif ou superlatif).

Les dinosaures avaient des formes et des tailles **très variées.** Ils pouvaient être immenses ou **pas plus gros** qu'un dindon [...]. Le compsognatus était **le plus petit** des dinosaures.

La Grande Encyclopédie des enfants.

2 Indiquez le degré d'intensité des adjectifs en gras. ✱

a. Nadal est donné **hyperfavori** pour le tournoi de Roland Garros. **b.** Alain Souchon chante « **l'ultramoderne** solitude ». **c.** J'ai acheté un détecteur d'ondes **infrarouges**. **d.** L'infirmière a utilisé une seringue **hypodermique**. **e.** Tu peux cueillir la pomme : elle est **quasi mûre**. **f.** J'ai acheté du miel **superfin**. **g.** Les chaussettes de la duchesse sont-elles **archisèches** ?

3 Variez les degrés de comparaison des adjectifs suivants : comparatif d'infériorité, d'égalité, de supériorité. ✱

grand – lourd – tendre – long – gros – petit – mauvais

4 Indiquez si l'adjectif est au comparatif ou au superlatif. Soulignez son complément. ✱

a. L'Europe est le plus petit des continents de la Terre. **b.** La Grèce est le pays le plus chaud d'Europe. **c.** La Chine est plus vaste que les États-Unis. **d.** La Hollande compte presque autant de tulipes que d'habitants. **e.** La pizza est moins célèbre en Italie qu'en France. **f.** Le plus petit des pays est le Vatican.

5 Mettez au superlatif les adjectifs des phrases suivantes. Attention aux pièges, certains adjectifs n'admettent pas la gradation. ✱✱

a. Mon père est un **bon** marchand. **b.** Ma sœur est **droite et aimable.** **c.** Ma tante a commis un **double** meurtre. **d.** Au restaurant, il a eu droit à un **mauvais** repas. **e.** La fille de Jeanne est **grande**. **f.** Mon oncle est l'attaché **parlementaire** du député.

6 Trouvez un complément pour les superlatifs suivants. ✱✱

a. La pêche est le fruit le meilleur (*de*) .... **b.** Cette femme est la meilleure cuisinière (*parmi*) .... **c.** C'est le plus long roman (*entre*) .... **d.** L'Everest est le plus haut sommet (*de*) ...... **e.** Samy est l'ami le plus gentil (*entre*) .... **f.** Le Concorde était l'avion le plus rapide (*de*) ....

7 ✍ Exercice d'écriture

Comparez les deux sujets de l'image en utilisant deux degrés d'intensité et de comparaison dont un comparatif et un superlatif. ✱✱

8 Complétez avec les degrés de comparaison qui conviennent : plus – si – moins – moindre – aussi. ✱✱✱

Brifaut est un vilain ... riche que sot. Alors qu'il va au marché vendre dix aunes de toile, il croise un loustic ... rusé qu'honnête qui lui vole sa toile. Brifaut, qui n'est pas ... calme que cela, hurle au voleur. Le loustic ne manque pas d'air ; c'est là son ... défaut. Le vilain revient tout penaud chez lui. Sa femme qui est ... bête que lui, comprend qu'il s'est fait berner.

D'après le fabliau du Moyen Âge, *Brifaut*.

9 Rédigez des phrases en variant les degrés de comparaison (infériorité, égalité, supériorité) et les compléments. ✱✱✱

l'école – les vacances. → Les vacances sont plus agréables que l'école.

a. les bonbons – les fruits **b.** une comédie musicale – un film de kung-fu **c.** l'hiver – l'été **d.** la jungle – le désert **e.** l'Everest – la mer Morte

10 FAITES LE BILAN

a. Classez le degré d'intensité de chaque adjectif souligné : faible, moyen ou fort.

b. Relevez deux adjectifs au comparatif et précisez leur(s) complément(s).

Un vilain fort <u>riche</u> mais très <u>avare</u> cherchait une épouse assez <u>dévouée</u> pour le supporter. Un jour, il rencontra un très <u>vieux</u> chevalier qui avait une fille, aussi belle que courtoise demoiselle. Comme il était excessivement <u>jaloux</u>, il la battait le matin pour qu'elle pleure toute la journée et que personne ne puisse lui faire la cour.

La femme organisa la meilleure vengeance au monde : un jour que deux messagers du roi étaient à la recherche d'un médecin, elle présenta son vilain comme plus fort en médecine qu'Hippocrate, à la condition d'être battu. Ainsi, elle joua un très <u>bon</u> tour à son mari.

D'après le fabliau du Moyen Âge, *Le Vilain Médecin*.

➤ Continuez à vous entraîner avec les exercices autocorrectifs du ROM

6 Grammaire

PRONOMS PERSONNELS, POSSESSIFS ET DÉMONSTRATIFS

POUR COMMENCER

Le **pronom** (du latin *pro* = **à la place de**, et *nomen* = **nom**) peut avoir les **mêmes fonctions que le nom**.
On distingue les pronoms **personnels**, **possessifs** et **démonstratifs**.

Révision 6e

I. LE PRONOM PERSONNEL ▸ VOIR TABLEAU P. 343

1. Formes

• Il varie **selon le nombre**.
Tu *manges.* → singulier
Vous *mangez.* → pluriel

• Il varie selon **sa fonction**.
Je *tiens.* → sujet
Elle ***me*** *tient.* → COD
Elle tient à ***moi****.* → COI

• Il varie **selon le genre** (à la 3e personne).
Il *est laid.* → masculin
Elle *est belle.* → féminin

Attention à ne pas confondre

• le **pronom** personnel qui précède un **verbe**.
Il ***la*** *mange tout crue.*

• **l'article** défini qui précède **un nom** ou **un GN**.
Il mange ***la*** *grenouille.*

2. Emplois

• Les pronoms de la 1re et 2e personne désignent l'**émetteur** et le **destinataire**.
Je te *donne encore une chance.*
Je est l'émetteur / ***te*** est le destinataire.

• Les pronoms de la 3e personne **représentent** un nom ou un GN. Ils évitent les répétitions.
Léa *est adorable.* ***Elle*** *m'a offert* ***une montre****.*
Mes frères *sont jaloux :* ***ils*** *veulent* ***la*** *même.*

II. LE PRONOM POSSESSIF ▸ VOIR TABLEAU P. 343

1. Formes

• Il varie selon le **genre** et le **nombre du nom qu'il remplace**.
son ami → ***le sien*** (masc. sing.)

• Il varie selon la **personne du possesseur**.
Nous *avons des projets : ce sont* ***les nôtres****.*
(possesseurs ***nous*** → 1re pers. plur.)

2. Emplois

Les pronoms possessifs représentent un mot précédé d'un déterminant possessif.
C'est ton manteau ? Non, c'est ***le sien****. (= son manteau)*

III. LE PRONOM DÉMONSTRATIF ▸ VOIR TABLEAU P. 343

1. Formes

• Il varie **en genre et en nombre** selon ce qui **est désigné**.
Quand la valise est arrivée, ***celle-ci*** *était ouverte.* (= ***cette valise-ci*** → féminin singulier)
• Il existe des formes **simples** (***celui***, ***celle***) et des formes **composées** (***celui-ci***, ***celles-là***) ;

2. Emplois

• Ils **désignent** une personne ou une chose présente dans la situation.
Donne-moi ***ça****, s'il te plaît.*
(***ça*** = *cette chose* que je te montre)

• Ils **représentent** un nom précédé d'un déterminant démonstratif.
Parmi ces cadeaux, prends ***celui*** *que tu veux.*
(***celui*** = *ce cadeau*)

À RETENIR

• Les **pronoms** appartiennent à une classe grammaticale **variable**.
• Le plus souvent, ils **remplacent** un nom, parfois ils **désignent** directement.

1 AVEZ-VOUS COMPRIS ?

a. Indiquez si les pronoms soulignés sont personnels, possessifs ou démonstratifs.

DORANTE. – Que voulez-**vous** dire, Madame Jourdain ? et quelles fantaisies sont **les vôtres**, de vous aller mettre en tête que votre mari dépense son bien, et que c'est lui qui donne ce régale[1] à Madame ?

Molière, *Le Bourgeois gentilhomme*.

1. régale : fête.

2 Remplacez les groupes nominaux soulignés par le pronom personnel qui convient. *

a. Ce soir, mon père et moi partons en voyage. **b.** Il aime faire des surprises à ses enfants. **c.** On laisse ma mère seule quelques jours. **d.** Mon grand-père viendra habiter avec ma mère. **e.** Les locataires vont en profiter pour inviter la voisine.

3 Remplacez les mots entre parenthèses par le pronom possessif qui convient. *

a. Mon frère aime raconter ses mésaventures alors que ma sœur déteste évoquer (*ses mésaventures*). **b.** Notre sapin de Noël est mieux décoré que (*votre sapin de Noël*). **c.** Je préfère mon pantalon (*à ton pantalon*). **d.** Il ne faut pas regarder dans l'assiette de son voisin mais dans (*son assiette*).

4 Précisez si chaque mot en gras est un pronom personnel ou un article défini. **

Edmond et Mercédès étaient dans **les** bras l'un de l'autre. **Le** soleil ardent à Marseille, qui pénétrait à travers **l'**ouverture de **la** porte, **les** inondait d'un flot de lumière. D'abord ils ne virent rien de ce qui **les** entourait. Un immense bonheur **les** isolait du monde.

Alexandre Dumas, *Le Comte de Monte-Cristo*.

5 Indiquez le nom que chaque pronom en gras remplace. **

a. Karim en a assez de son frère qui **lui** fait des misères. **b.** Sarah n'a pas retrouvé son chat. **Celle-ci** semblait mécontente. **c.** J'ai perdu ma gomme. As-tu **la tienne** ? **d.** Il se plaint de ses parents. Il est vrai qu'**ils** sont très sévères. **e.** Nous avons acheté une nouvelle voiture car **la nôtre** était cassée. **f.** Si sa mère est très calme, **la tienne** est plutôt tonique.

6 Complétez les phrases en choisissant la bonne orthographe entre parenthèses. **

a. Je (*leur/leurs*) dois une fière chandelle ! **b.** Parmi ces sucreries, mange (*celles/celle*) qui te plaisent. **c.** (*C'est/ces*) toi qui le diras. **d.** Comment vont-(*il/ils*) ? **e.** (*Ceux-là/cela*) m'importe peu. **f.** (*Ceux-là/cela*) m'intéressent. **g.** (*Nous/ils*) iront là-bas.

7 Relevez les pronoms de chaque phrase et classez-les (personnels, possessifs ou démonstratifs). **

a. J'ai invité Samir à mon anniversaire mais lui ne m'a pas invité au sien. **b.** « Méfiez-vous de l'eau qui dort », nous répétait notre grand-mère. **c.** C'est incroyable ce qu'il a grandi ! **d.** Tous ceux qui veulent participer sont les bienvenus. **e.** Mon ballon est plus solide que le tien. **f.** Il leur a dit qu'il ne voulait pas de leurs affaires chez lui.

8 Exercice d'écriture

Imaginez la conversation entre le maître et ses élèves. Votre dialogue comportera six répliques et un minimum de six pronoms personnels, deux pronoms démonstratifs et deux pronoms possessifs. ***

Manuscrit, *Valère Maxime écrivant*.

9 FAITES LE BILAN

a. Donnez la classe grammaticale des pronoms en gras.
b. Indiquez leur genre et leur nombre.
c. Relevez les pronoms personnels de la phrase soulignée en précisant leur emploi (émetteur, destinataire ou représentant).
d. [L. 2 et 10] Indiquez la classe grammaticale du mot *la*.

Monte-Cristo fit un pas vers elle et silencieusement **lui** tendit la main.

« Non, dit-elle en retirant doucement **la sienne**, non, mon ami, ne me touchez pas. vous **m'**avez épargnée, et cependant de tous **ceux** que **vous** avez frappés, j'étais la plus coupable. Tous les autres ont agi par haine, par cupidité, par égoïsme ; moi, j'ai agi par lâcheté. Eux désiraient, moi, j'ai eu peur. Non, ne pressez pas ma main. Edmond, vous méditez quelque parole affectueuse, je le sens, ne la dites pas : gardez-la pour une autre, je n'en suis plus digne, moi. »

Alexandre Dumas, *Le Comte de Monte-Cristo*.

➤ Continuez à vous entraîner avec les exercices autocorrectifs du ROM

LES PRONOMS RELATIFS

POUR COMMENCER

Le **pronom relatif** est un **mot subordonnant** qui appartient à la classe grammaticale des **pronoms**.
Il introduit la **proposition subordonnée relative**. ▸ FICHE 15

I. CARACTÉRISTIQUES

Le pronom relatif

- est un **mot subordonnant** qui introduit une **subordonnée relative**.
  *[Regardez la farce] [**qui** est **jouée**].*
  Principale — sub. relative
- **représente** un **antécédent** (nom, GN ou pronom qui le précède).
  → ***qui*** représente son antécédent ***la farce***.
- a toujours une **fonction** dans la subordonnée relative.
  → ***qui*** est **sujet** du verbe ***est jouée***.

II. FORMES ET FONCTIONS

On distingue les **formes simples** et les **formes composées**.

	Formes simples	Formes composées			
		singulier		pluriel	
		masculin	féminin	masculin	féminin
Sujet	**qui**	lequel	laquelle	lesquels	lesquelles
COD	**que ou qu' – quoi**	lequel	laquelle	lesquels	lesquelles
COI / COS	à qui – à quoi – de qui – de quoi – **dont**	duquel auquel	de laquelle à laquelle	desquels auxquels	desquelles auxquelles
C. du nom	**dont** – de qui – de quoi	duquel	de laquelle	desquels	desquelles
C. circonstanciel	**où** – **dont** préposition + quoi	préposition + lequel	préposition + laquelle	préposition + lesquels	préposition + lesquelles

1. La forme du pronom relatif

Elle **varie** selon sa **fonction** dans la proposition subordonnée relative.
Sujet *Voici le chien... **qui** aboie / **lequel** aboie* : ***qui*** / ***lequel*** → sujets du verbe ***aboie***.
COD *C'est le chien **que** je vois* : ***que*** → COD du verbe ***vois***.
COI *Un chien **dont** je m'occupe /... **duquel** je m'occupe* : ***dont*** / ***duquel*** → COI du verbe ***occupe***.
C. du nom *Ce chien **dont** les yeux sont noirs* : ***dont*** → C. du nom ***yeux***.
CC *Souviens-toi de la ville **où** j'habite /... **dans laquelle** j'habite* : ***où*** / ***dans laquelle*** → CC de lieu du verbe ***habite***.

2. L'accord selon l'antécédent

Il est nécessaire d'**identifier l'antécédent** pour **respecter les accords**.

- Singulier / pluriel
  *J'applaudis le comédien **qui** salue.*
  *... les comédiens **qui** salu**ent**.*
  *Voici le film **duquel** nous parlons*
  *... les films **desquels** nous parlons.*
- Féminin / masculin
  *Connais-tu la pièce **qui** est jou**ée** ?*
  *... le film **qui** est projet**é** ?*
  *Voici un spectacle **auquel** tu assistes*
  *... une pièce **à laquelle** tu assistes.*

À RETENIR

- Le **pronom relatif** représente un **antécédent**, placé **avant lui** dans la phrase.
- Il introduit une **proposition subordonnée relative** dans laquelle il a toujours une **fonction grammaticale**. Sa **forme varie** selon sa fonction et parfois selon son antécédent.

1 AVEZ-VOUS COMPRIS ?

a. Soulignez le pronom relatif qui introduit chaque proposition en gras.
b. Relevez pour chacun son antécédent.

Le frère **qui cueillait les choux** n'est pas moins ébahi que ceux qu'il **a fait fuir** : il ignore ce qui se passe. Toutefois il va prendre la chose blanche **qu'il voit pendre au pieu** et s'aperçoit que c'est un surplis.

Fabliau du Moyen Âge, *Estula*.

2 Trouvez le pronom relatif qui représente chaque antécédent en gras. *

Il y avait jadis **un pauvre homme** qui nourrissait à grand-peine sa femme et ses deux enfants en allant chaque jour, avec **un petit âne** qu'il avait, couper dans la forêt **des branchages** qu'il vendait à la ville.

Fabliau du Moyen Âge, *Merlin Merlot*.

3 Complétez les propositions relatives en fonction du pronom relatif. **

a. Le vent **que** ....
b. La pluie **qui** ....
c. Il a peur du chat **qui** ....
d. Il ne sait plus **où** ....
e. C'est le livre **dans lequel** ....
f. L'ombre, **laquelle** ...., sort de la pénombre.
g. C'est la peinture, **dont** ....
h. Nous regardions les montagnes, **lesquelles** ....

4 Complétez les phrases avec les pronoms relatifs *lequel*, *auquel* ou *duquel* que vous accorderez avec l'antécédent. **

a. Les acrobaties .... tu penses sont très difficiles.
b. Le fouet .... se sert le dresseur est une chambrière.
c. On tend une corde, sur .... le funambule dansera.
d. Observe les cartes avec .... le prestidigitateur crée des illusions.
e. Le clown fait rire les enfants .... il s'adresse.
f. Le jongleur prépare les ballons avec .... il fera son numéro.
g. Le dompteur, ... les tigres obéissent, entre en piste.

5 Identifiez l'antécédent du pronom relatif *qui* puis conjuguez le verbe entre parenthèses au présent de l'indicatif en respectant les accords. **

a. Écoute-moi, toi qui *(être)* mon ami.
b. Samy ignore les ennuis qui le *(guetter)*.
c. Qui est cette personne qui *(arriver)* ?
d. Vous regretterez les années qui *(passer)*.
e. C'est moi qui *(avoir)* raison.
f. Est-ce vous qui *(exposer)* ces toiles ?

David Aubert, *Le Roi Richier désarçonnant Guichart de la Morée au cours d'un tournoi*.

6 Exercice d'écriture

Décrivez les personnages de l'image en utilisant deux pronoms relatifs de forme simple et deux de forme composée. **

7 Trouvez la fonction des pronoms relatifs en gras dans les propositions relatives suivantes. ***

a. Un orchestre doit jouer dans une salle [***dans laquelle** l'acoustique est adaptée*].
b. Un chef d'orchestre est un musicien [**qui** dirige les autres membres de la formation].
c. Chaque orchestre est doté d'une sonorité particulière [***qui** le distingue d'un autre ensemble*].
d. Il existe de nombreux instruments à cordes, [***dont** le registre s'échelonne du grave à l'aigu*].
e. La partition comporte beaucoup de symboles [***qu'**il est facile d'apprendre*].
f. Berlioz est un compositeur [***à qui** l'on doit la Symphonie fantastique*.]

8 FAITES LE BILAN

a. Relevez cinq pronoms relatifs de forme simple et indiquez pour chacun son antécédent.
b. Relevez un pronom relatif de forme composée et donnez sa fonction.
c. Recopiez la phrase suivante en la complétant par un pronom relatif de forme simple, puis par un pronom relatif de forme composée : « *Il voyait une énorme foule, ... s'était rassemblée.* »

Une énorme foule s'était rassemblée, dans laquelle beaucoup de gens prenaient Nicolas pour un fou. Mais ce sont eux qui le sont ! Il le jure : par saint Paul, avec le gros maillet qu'il porte à son cou, il mettra en pièces le lardier[1] où se trouve le prêtre. Le malheureux prêtre, qui est enfermé à l'intérieur, s'inquiète. Il en perd presque la raison : il n'ose ni se taire ni parler ; il invoque le roi du ciel, dont la clémence est grande.

D'après le fabliau du Moyen Âge, *Le prêtre qui fut pris au lardier*.

1. **lardier :** coffre dans lequel était rangé le lard.

➤ Continuez à vous entraîner avec les exercices autocorrectifs du ROM

8 Grammaire — LES PRÉPOSITIONS

POUR COMMENCER

Le mot **préposition** comporte le préfixe latin *pré* = **avant**.
Les prépositions sont des mots de liaison **invariables** toujours placés **devant** un groupe nominal, un pronom ou un infinitif.

I. FORMES

1. Les prépositions sont une classe grammaticale de mots invariables

Elles sont :

• **de forme simple** → un seul mot
à, de, en , dans, par, pour, sans, sous, sur...

• **de forme composée** → plusieurs mots
Ces formes sont des **locutions prépositionnelles**.
à cause de, au-dessus de, au lieu de, grâce à, jusqu'à...

2. Les prépositions *à* et *de* peuvent se contracter avec l'article *le* ou *les*

*Se rendre **au** guichet* → ***au*** = à + le / *Parler **aux** comédiens* → ***aux*** = à + les
*Le directeur **du** théâtre* → ***du*** = de + le / *Le choix **des** programmes* → ***des*** = de + les

II. EMPLOIS

1. Une préposition se place toujours avant un autre mot

• un nom ou un GN
*Quel acteur **de talent** !*

• un verbe à l'infinitif
*Il commence **à jouer**.*

• un pronom
*Je le ferai **pour toi**.*

2. Elle permet d'introduire

– **un complément du nom**
*Une comédie **de** Molière*
– **un complément de l'adjectif**
*Une pièce facile **à** comprendre.*
– **un complément d'objet**
COI *Il s'occupe **de** ses enfants.*
COS *Il donne un rôle **à** Thomas.*

– **certains attributs du sujet**
*Il passe **pour** un génie.*
– **un complément d'agent**
*Le rôle est interprété **par** le comédien.*
– **un complément circonstanciel**
CC de temps ***Après** le spectacle, il se détend.*
CC de but *Il part **pour** le théâtre.*

III. SENS

Les prépositions donnent souvent des précisions de sens.

Temps : *avant, après, pendant, jusqu'à, depuis, dès...* ***Depuis** trois ans, il habite ici.*	**Cause** : *à cause de, en raison de, par...* ***À cause des** vacances, l'usine est fermée.*
Lieu : *dans, sous, sur, chez, à côté de, à, de, devant...* *Il s'assoit **sur** une chaise.*	**But** : *pour, de peur de, en vue de, afin de...* ***Afin de** réussir le contrôle, il révise.*
Manière : *avec, sans, par, à, en...* *Elle travaille **avec** soin.*	**Opposition** : *en dépit de, malgré...* ***Malgré** le soleil, la température est basse.*

Les prépositions peuvent aussi exprimer la conséquence, la comparaison, la condition...

Les prépositions sont parfois de simples outils de liaison imposés par la syntaxe.
*Il pense **à** ses amis. – Elle s'occupe **de** ses amis.*

À RETENIR

• Les prépositions sont **invariables** ; ***à*** et ***de*** sont **les plus fréquentes**.
• Toujours placée **devant un autre mot**, la préposition introduit divers compléments dont souvent elle précise le sens.
• Attention à ne pas confondre les **prépositions** et les **propositions**. ▸ FICHE 13

1 AVEZ-VOUS COMPRIS ?

a. Parmi les prépositions en gras, quelle est la locution prépositionnelle ?
b. Quelles sont les prépositions indiquant un lieu ?

Chez Jacquinot. Une salle commune. […] **Sur** un trépied, un cuvier **de** grande dimension. **Autour du** cuvier, deux tabourets. **Sur** une petite table, une écritoire **avec** des feuillets **de** papier.

La Farce du cuvier.

2 Complétez les expressions imagées avec la préposition qui convient. *

a. avoir la chair .... poule.
b. être un dur .... cuire
c. chercher midi ... quatorze heures
d. prendre ses jambes .... son cou
e. devenir rouge ... honte
f. avoir un cœur ... or
g. être blanc ... peur
h. connaître par le bouche ... oreille

3 Relevez dans le texte suivant six prépositions et une locution prépositionnelle. **

J'ai compté jusqu'à dix en déplaçant lentement ma main droite vers la lampe de chevet. À dix, j'ai allumé et j'ai sauté sur le tapis, le plus loin possible. Et qu'est-ce que j'ai vu sous mon lit ? Mes pantoufles !

Bernard Friot, *Histoires pressées*, « La chose ».

4 Lisez le texte suivant et repérez neuf prépositions simples, deux locutions prépositionnelles et trois articles contractés. **

Casser le chocolat en morceaux, placer dans un saladier. Faire fondre au micro-ondes pendant 1 min 30. Tamiser la farine et la levure avec une passoire à chocolat. Ajouter les œufs. Mélanger jusqu'à obtention d'une mousse. Verser la préparation dans le plat. Cuire au four en position cuisson. Regarder à travers la vitre. Une lame de couteau, plantée au centre, doit ressortir sans trace.

5 Complétez par la préposition *à* ou le verbe *a*. **

Le mari tarde … revenir et la femme, puisqu'elle en … l'occasion, mange les perdrix.
Le mari revient, et s'aperçoit que la femme … mangé les oiseaux. Le couteau … la main, il s'apprête … la tuer. Plus tard, la femme … une bonne idée : elle fait croire que le curé les … volés. Heureusement, le curé … de l'avance et le vilain ne peut le rattraper. La femme, par sa ruse, … berné les deux hommes !

D'après *Les Perdrix*, fabliau du Moyen Âge.

6 ✍ Exercice d'écriture
Décrivez cette chambre en utilisant au moins six prépositions différentes. **

Vincent Van Gogh, *La Chambre de Van Gogh à Arles*, 1889.

7 Soulignez chaque préposition puis précisez si elle introduit un nom, un verbe à l'infinitif ou un pronom. ***

a. Les deux tiers de la Terre sont recouverts d'eau.
b. Elle est indispensable à la vie : pour vous, pour nous.
c. Elle sert à boire, à cuisiner, à se laver.
d. Dans les usines, elle sert à nettoyer ou à refroidir.
e. Dans les champs, elle sert à arroser.
f. Aujourd'hui, il existe beaucoup de pays sans eau.

8 Soulignez les prépositions puis donnez leur sens. ***

a. venir avec un ami **b.** écrire avec un stylo **c.** danser avec grâce **d.** rouler en voiture **e.** rouler en liberté **f.** marcher dans la ville **g.** partir pour Rome **h.** passer par Paris **i.** délivrer quelqu'un par amour **j.** rêver dans son sommeil **k.** verser dans un verre

9 FAITES LE BILAN

a. [L. 1-3] Relevez les cinq prépositions simples.
b. [L. 2-3] Relevez un article contracté en précisant comment il est formé.
c. Trouvez dans le texte une locution prépositionnelle.
d. Remplacez les pointillés par *à* ou *a*.

– Moi, dit la pince en plastique, je rêve de me fixer sur un fil barbelé : j'aime le danger ! Ou sur le câble du téléphone, pour espionner des conversations secrètes !
– Pas d'histoires ! dit Mme Denis en suspendant une chaussette et un chiffon … poussière. Vous resterez sur mon fil … linge !
Et voilà : à cause d'elle, il ne se passe rien.

Bernard Friot, *Histoires pressées*, « Mme Denis ne veut pas d'histoires ».

➤ **Continuez à vous entraîner avec les exercices autocorrectifs du** ROM

9 Grammaire

LES COMPLÉMENTS D'OBJET

POUR COMMENCER

Les **compléments d'objet** sont des compléments **essentiels**. Ils appartiennent au **groupe verbal**. Ils ne peuvent être **ni supprimés ni déplacés** sans changer le sens de la phrase.

Révision 6e

I. LE COMPLEMENT D'OBJET DIRECT (COD)

• Il se trouve généralement **après le verbe** auquel il est relié **directement**, sans préposition.
*Le chevalier possède **une épée**.* (GN COD) – *Il veut **combattre**.* (infinitif COD)
• Le pronom personnel COD se place avant le verbe. *Il **la** possède.*

II. Le complément d'objet indirect (COI)

• Il se trouve généralement **après le verbe** auquel il est relié **par une préposition**.
*Lancelot se dévoue **à la reine**.* (GN) – *Lancelot se prépare **à partir**.* (infinitif)
*Elle se souvient **de lui*** (pronom personnel), ***de celui-ci*** (démonstratif), ***des siens*** (possessif).
• Si le pronom personnel COI est placé avant le verbe, dans ce cas on ne met pas de préposition.
*La reine **lui** sourit* (= sourit *à lui*).

III. Le complément d'objet second (COS)

• Le COS est le deuxième complément d'objet d'un verbe qui a déjà un COD ou un COI.
• Il est introduit par la préposition **à**, sauf lorsqu'il s'agit d'un pronom personnel placé avant le verbe.

*Laudine confie **un anneau** (COD) **à Yvain** (COS). – Laudine **lui** (COS) confie **un anneau** (COD)*

À RETENIR

• Le **COD** est relié **directement** au verbe, sans préposition.
• Le **COI** est construit **avec une préposition**, sauf s'il s'agit d'un pronom personnel qui précède le verbe.
• Le **COS** est un **deuxième complément d'objet**, généralement introduit par la **préposition à**.

1 AVEZ-VOUS COMPRIS ?

a. Relevez le COD des verbes soulignés.
b. Parmi les mots en gras, distinguez le COI et le COS.
Au sud du Mexique, on <u>cultive</u> le maïs. Cette céréale s'accommode **des pluies d'été** et <u>fournit</u> **aux habitants** leur principale ressource.

2 Relevez les COD et COI des verbes soulignés. *

Si l'on <u>croit</u> les experts et si l'on <u>se fie</u> à leurs recherches, le pin est très utile : son bois <u>sert</u> à la construction ; avec la résine on <u>produit</u> la térébenthine et avec la pulpe on <u>fabrique</u> le papier.

3 Indiquez si les mots soulignés sont COD, COI ou COS. Précisez leur classe grammaticale. **

a. L'affiche promet <u>au public</u> <u>un grand spectacle</u>. **b.** La troupe se prépare <u>à danser</u>. **c.** Les danseuses enfilent <u>leurs collants</u> et mettent <u>leurs chaussons</u>. **d.** Elles sourient <u>au public</u> qui <u>les</u> applaudit. **e.** Les spectateurs <u>les</u> guettent pour <u>leur</u> offrir <u>des fleurs</u>.

4 Relevez les COD, les COI et les COS. ***

a. Nous participons à une collecte car nous aidons les réfugiés. **b.** La ville construira des logements car elle se préoccupe des sans-abri. **c.** Cette famille demande une audience au maire.

5 FAITES LE BILAN

a. Relevez six COD, un COI et un COS. b. Précisez leur classe grammaticale.
Brun l'ours aime trop le miel. Quand Renart lui indique une ruche dans la forêt, Brun ne se méfie pas du goupil. Il gobe ses mensonges, le croit sur parole et suit ses indications. Malheureux ! Il met son museau dans le tronc !

➤ Continuez à vous entraîner avec les exercices autocorrectifs du ROM

10 Grammaire

LES COMPLÉMENTS CIRCONSTANCIELS

POUR COMMENCER

Les **circonstances** d'une action sont les conditions dans lesquelles elle se produit : **quand** l'action se passe-t-elle ? **Où** ? Dans quel **but** ? Avec **quelle conséquence** ? **Pour quelles raisons** ? Dans la phrase, les **compléments circonstanciels** permettent de répondre à ces questions.

I. CARACTÉRISTIQUES GÉNÉRALES

Le complément circonstanciel :

- **est mobile**
On peut le **déplacer** et le **détacher** par une virgule.
*À **Paris**, il a acheté un appartement.*
*Il a acheté un appartement **à Paris**.*

- **est facultatif**
On peut le **supprimer** sans changer le sens de la phrase.
*Il a acheté un appartement **(à Paris)**.*

- **n'est pas limité en nombre**
***Cet après-midi**, Lucie partira voir sa famille **en avion**.*

II. CLASSE GRAMMATICALE

Le complément circonstanciel peut être :

- **un nom, un pronom, un GN**
*Le chevalier part **au combat**.*

- **un infinitif ou un groupe infinitif**
*Le chevalier part **pour se battre**.*

- **un gérondif ou un groupe gérondif**
*Il part **en louant son destin**.*

Un adverbe ou une proposition subordonnée peuvent aussi être complément circonstanciel.
▸ Ils seront étudiés EN 4ᵉ.

III. LES COMPLÉMENTS CIRCONSTANCIELS DE TEMPS, LIEU, MANIÈRE ET MOYEN Révision 6ᵉ

1. Le complément circonstanciel de TEMPS

- Questions
Quand ? Depuis combien de temps ?
Pendant combien de temps ?
Combien de fois ?

- Il précise
– la **date**, l'époque, le moment *__Le matin__, il part travailler.*
– la **durée** de l'action *Il travaille **pendant une heure**.*
– la **fréquence** de l'action *Il travaille **tous les jours**.*

2. Le complément circonstanciel de LIEU

- Questions
Où ?
Par où ? Vers où ?
D'où à où ?

- Il précise
– la **localisation** *Marsile demeure **à Saragosse**.*
– une **origine** ou une destination *Ganelon se rend **en Espagne**.*
– un **passage**, un déplacement *L'armée se déplace **à travers les Pyrénées**.*

3. Le complément circonstanciel de MANIÈRE

- Question
Comment ?

- Il précise de quelle **façon** l'action est accomplie.
*Roland se comporte **avec bravoure**.*

Il est souvent introduit par les prépositions *à, avec, dans, sans, selon*

▶

LES COMPLÉMENTS CIRCONSTANCIELS (SUITE)

4. Le complément circonstanciel de MOYEN

• Questions **Par quel moyen** ? Comment ?	• Il précise **l'instrument** qui permet à l'action de se réaliser. *Roland combat* ***à l'aide de son épée Durendal****.*

Il est souvent introduit par les prépositions *à l'aide de, au moyen de, avec, sans*.

IV. LES COMPLÉMENTS CIRCONSTANCIELS DE BUT, CAUSE ET CONSÉQUENCE

1. Le complément circonstanciel de BUT

• Questions Dans quel **but** ? Pour quoi ? Pour qui ?	• Il précise dans quelle **intention** l'action est réalisée. *Tristan affronte le Morholt* ***pour la gloire****. Lancelot se bat* ***afin de délivrer Guenièvre****.*

Il est souvent introduit par *pour, en vue de, afin de, dans l'intention de*.

Après les verbes de mouvement, l'infinitif complément circonstanciel de but peut se construire directement. Il n'est alors pas déplaçable. *Il part* ***chercher sa mère****.*

2. Le complément circonstanciel de CAUSE

• Questions À cause de qui, de quoi ? **Pourquoi** ? Pour quelle raison ?	• Il précise les **raisons** d'une action ou d'un état. *Renart meurt* ***de faim****.* *Le loup n'a plus rien à manger* ***à cause de Renart****.*

Il est souvent introduit par *grâce à, à cause de, en raison de, par, pour, de*.

Ne confondez pas le complément circonstanciel de **but** et le complément circonstanciel de **cause** introduits par ***pour***.

• *Il a acheté des bonbons* ***pour sa fille****.* Le CC de **but** exprime un objectif = ***dans le but de*** *les donner à sa fille.*	• *Il a eu une amende* ***pour excès de vitesse****.* Le CC de **cause** exprime une explication = ***à cause d'****un excès de vitesse.*

3. Le complément circonstanciel de CONSÉQUENCE

• Questions Avec quel **résultat** ?	• Il précise le résultat de l'action exprimée, ses **conséquences**. Il s'agit toujours d'un **infinitif** ou d'un groupe infinitif. *Le renard est* ***trop*** *rusé* ***pour se faire attraper****.*

Il est souvent introduit par *à, au point de, assez ... pour, trop ... pour, pour, jusqu'à, de façon à, de manière à*.

Le complément circonstanciel de comparaison est étudié avec la comparaison. ▸ FICHE 44

À RETENIR

- Les compléments circonstanciels précisent **les circonstances** d'une action : temps, lieu, moyen, manière, but, cause ou conséquence. Ils sont en général mobiles, facultatifs et supprimables.
- Ils sont introduits par une préposition ▸ FICHE 8 et peuvent être un **groupe nominal** ▸ FICHE 2 un **verbe à l'infinitif** ▸ FICHE 27 **ou un gérondif** ▸ FICHE 29

❶ AVEZ-VOUS COMPRIS ?

Précisez si les compléments soulignés indiquent le lieu, la cause, le but ou la conséquence.
Le Grand Ascenseur s'ébranla. Tandis que l'énorme appareil gagnait de la vitesse, le vacarme du vent au-dehors se fit de plus en plus fort au point de percer les tympans. Il fallait hurler pour s'entendre. Les passagers avaient de plus en plus peur. À cause de la folie du fabricant de chocolat, l'ascenseur naviguait désormais dans l'espace.

D'après **Roald Dahl**, *Charlie et le grand ascenseur de verre.*

❷ Relevez les compléments circonstanciels introduits par les prépositions en gras. Indiquez leur valeur : lieu, temps ou manière. *

Le vingt novembre, ayant abandonné la terre, nos commençâmes à naviguer **sur** cette grande et impétueuse mer océane, nous découvrîmes et côtoyâmes l'Angleterre que nous laissions à droite, et dès lors nous fûmes pris d'un flot de mer qui dura douze jours [...].
Ceux qui n'avaient jamais senti l'air marin [...] pensaient **à** tout coup et **à** toute minute que les vagues devaient **à** coup sûr nous faire couler **par** le fond.

Jean de Léry, *Histoire d'un voyage en la terre du Brésil.*

❸ Complétez les phrases suivantes avec les compléments circonstanciels appropriés. *
afin de chercher leur gibier et leur pêcher au milieu des eaux – pour les sauver – au point de nager comme des poissons – pour les retirer de l'eau

Les hommes et les femmes de l'Amérique, ..., savent tous nager. Leurs enfants sont entraînés par leurs parents .... Mais les Français, qui ne connaissaient par leur aisance dans l'eau, se sont approchés des enfants .... et .... Les sauvages se sont bien moqués de leur ignorance.

D'après **Jean de Léry**, *Histoire d'un voyage en la terre du Brésil.*

❹ Trouvez la raison de voyager de chacun de ces voyageurs puis rédigez pour chacun d'eux une phrase qui comportera un complément circonstanciel de but. *

• Christophe Colomb	• l'or
• Les collégiens	• le travail
• Les hommes d'affaires	• découvrir de nouvelles terres
• Les Espagnols du XVIe siècle	• la passion de l'astronomie
• Les spationautes	• perfectionner leur anglais

❺ Indiquez les circonstances exprimées par les compléments circonstanciels en gras. **

a. À huit heures, Samantha partit **pour faire les courses**. **b. À cause de vous**, nous sommes arrivés **en retard**. **c.** L'amour est assez fort **pour changer le monde**. **d. Chez lui**, Tom fait de la musique **pour le plaisir**. **e.** Ce n'est pas **pour moi** que vous êtes venus **ce soir** ? **f.** Cet enfant est **trop** jeune **pour se poser des questions**. **g. Avec courage**, il a repeint sa chambre **à l'aide d'un rouleau**. **h.** Il a été félicité **pour ses bonnes notes**. **i.** Il pleure **de joie**.

❻ Identifiez les trois compléments circonstanciels de but. Transformez la proposition soulignée en groupe infinitif CC de conséquence. **

Pour les faire mourir [*les amazones*] les pendent par une jambe à quelque haute branche d'un arbre ; [...] et elles ne le mangent pas comme les autres sauvages, mais le passent par le feu, si bien qu'il est réduit en cendre. De plus, ces femmes, pour combattre, jettent d'horribles et étonnants cris pour épouvanter leurs ennemis...

Jean de Léry, *Histoire d'un voyage en la terre du Brésil.*

❼ Précisez si les compléments circonstanciels exprimés indiquent la cause ou le but. ***

a. Rudy a travaillé pour le prochain contrôle. **b.** Thomas a été félicité pour sa bonne note. **c.** Le loup attaque pour se défendre. **d.** Le loup est craint pour sa cruauté. **e.** L'étudiante part en Afrique du Sud pour observer les lions. **f.** Grâce à ses connaissances sur les lions, elle a remporté une bourse d'études.

❽ Complétez les phrases suivantes par les compléments circonstanciels demandés que vous placerez dans la phrase selon votre choix. ***

a. L'oiseau chante (*lieu et but*). **b.** Le chat est sorti (*temps et manière*). **c.** Le journaliste parle (*manière et temps*). **d.** L'enfant tremble (*lieu et cause*). **e.** Ma sœur s'est fait punir (*temps et cause*). **f.** J'ai été sauvé (*manière et cause*). **g.** Ma chambre est assez grande (*temps et but*).

❾ FAITES LE BILAN

1. Relevez un complément circonstanciel de cause, de lieu, de temps, de but, de manière et de moyen.
2. Indiquez pour chacun le verbe qu'il complète.
À cause de l'hiver, Renart n'a rien mangé depuis plusieurs jours. Il sort de son terrier pour chercher de la nourriture. Au détour d'un chemin, il aperçoit la charrette de deux vilains. Il s'allonge sans tarder sur la route et fait semblant d'être mort, afin de les tromper. Par cette ruse, il espère monter dans la charrette et manger toutes les anguilles.

Le *Roman de Renart*, « Renart et les anguilles ».

➤ Continuez à vous entraîner avec les exercices auto-correctifs du ROM

LES MOTS INTERROGATIFS

POUR COMMENCER

Pour poser une question on utilise des mots interrogatifs : les **déterminants** et les **pronoms interrogatifs** sont les principaux.

I. CLASSES GRAMMATICALES ET FORMES

1. Le déterminant interrogatif

Il s'accorde avec le nom auquel il se rapporte :

- **en genre**
  masculin ***Quel** récit ?* | féminin ***Quelle** histoire ?*
- **en nombre**
  masculin ***Quels** récits ?* | féminin ***Quelles** histoires ?*

2. Le pronom interrogatif

Il a trois formes : simple, renforcée ou composée.

- **Formes simple et renforcée**

	Question portant sur un **être**	Question portant sur une **chose**
Forme simple	*Qui* → ***Qui** vient ?*	*Quoi – Que / Qu'* → ***Que** faire ?*
Forme renforcée	*Qui est-ce qui ? Qui est-ce que ?*	*Qu'est-ce que ? Qu'est-ce qui ?*

Les formes simple et renforcée peuvent être **précédées** des **prépositions *à, de, pour***.
***À quoi** est-ce que cela rime ? **De quoi** est-ce que tu parles ? **Pour qui** a-t-il voyagé ?*

- **Forme composée**

Le pronom varie en **genre** et en **nombre**, selon le nom qu'il représente.

lequel – laquelle – lesquels – lesquelles ***Laquelle** de ces robes veux-tu ?*
+ à = auquel – à laquelle – auxquels – auxquelles ***Auxquels** de ses amis écrit-il ?*
+ de = duquel – de laquelle – desquels – desquelles *Parmi les problèmes, **duquel** s'occuper ?*

II. FONCTIONS ET EMPLOIS

Placés le plus souvent **en tête de phrase**, les mots interrogatifs apparaissent dans les **interrogations partielles** (questions auxquelles on répond par autre chose que oui ou non).
***Quel** conte préfères-tu ? → Je préfère Cendrillon. – **Que** lis-tu ? → Je lis un livre.*

1. Le déterminant interrogatif

- Il s'emploie comme **un déterminant du nom**
  Il **précède le nom**.
  ***Quel** écrivain aimes-tu ? – **Quels** récits lis-tu ?*
- Il est employé comme un **attribut du sujet**
  Il est employé **seul**.
  ***Quel** est cet écrivain ? – **Quels** sont ces récits ?*

2. Le pronom interrogatif

Il a les mêmes fonctions que les autres pronoms. ▸ FICHE 6
Sujet ***Qui** vient ?* – COD ***Lequel** veux-tu ?* – COI ***À quoi** rêve-t-elle ?*

3. L'inversion du sujet

a. L'inversion du sujet est **obligatoire** dans le langage de niveau **soutenu**. ▸ FICHE 43

***Qui** admires-**tu** ?* | ***Laquelle** de ces actrices admires-**tu** ?*

b. On n'inverse **jamais** le sujet avec le pronom de forme **renforcée**. ***Qui est-ce que tu** admires ?*

▸ L'adverbe interrogatif sera étudié EN 4e.

À RETENIR

- Les mots interrogatifs **apparaissent dans les phrases interrogatives partielles**, le plus souvent **en tête de phrase.**
- Ces mots sont des **déterminants** ou des **pronoms** interrogatifs, de forme simple, renforcée ou composée.

1 AVEZ-VOUS COMPRIS ?

a. Quelle est la classe grammaticale des mots ou groupes de mots en gras ?
b. Quelle est la classe grammaticale du mot souligné ?

[…] On m'a dérobé mon argent. **Qui** peut-ce être ? **Qu'**est-il devenu ? […] **Que** ferai-je pour le trouver ? […] Eh ! **de quoi est-ce qu'**on parle là ? De celui qui m'a dérobé ? Quel bruit fait-on là-haut ?

Molière, *L'Avare*, acte IV, scène 7.

2 Remettez dans un niveau de langue soutenu les interrogations suivantes avec le pronom interrogatif qui convient. *

a. Tu fais quoi ? **b.** Il appelle qui ? **c.** Elle parle à qui ? **d.** Il a acheté quelle maison ? **e.** C'est qui ? **f.** Tu penses à quoi ? **g.** Il croit quoi ? **h.** Il donne à manger auquel de ses chiens ?

3 Indiquez si les mots interrogatifs en gras sont de forme simple, renforcée ou composée. *

a. Quelle qualité préférez-vous chez une femme ? **b. Qu'est-ce que** vous appréciez le plus chez vos amis ? **c. Quel** est votre principal défaut ? **d. Laquelle** de ces personnes détestez-vous ? **e. Qui** voudriez-vous devenir ? **f. Duquel** de ces pays rêvez-vous ?

4 Retrouvez la question à partir de la réponse, comme sur l'exemple. **

Il est 3 heures. → Quelle heure est-il ?

a. Cette dame est ma mère. **b.** Je préfère l'été. **c.** Je fais du café. **d.** J'écoute de la musique berbère. **e.** C'est Paul qui est arrivé en retard.

5 Exercice d'écriture

a. Formulez une question pour chaque personnage à l'aide d'un déterminant interrogatif.
b. Utilisez deux pronoms interrogatifs pour comparer les deux personnages. **

École allemande, *Magiciens au carnaval de Berlin*, 1836.

6 Complétez chaque phrase avec le mot interrogatif qui convient et indiquez sa classe grammaticale : pronom ou déterminant. ***

a. Q… homme vient ?
b. Q… est là ?
c. Q… est-ce que j'appelle ?
d. Q… pâtisserie Charlotte mange-t-elle ?
e. De ces deux robes, l… préfères-tu ?
f. Q… faire ?
g. Q… devient-il ?
h. Q… que tu fais ?

7 Orthographiez correctement chaque mot interrogatif puis indiquez s'il est employé comme déterminant du nom ou comme attribut. ***

a. Qu… est ce film ?
b. Qu… acteur joue dedans ?
c. Qu… en est l'histoire ?
d. Pour qu… spectateurs le conseilles-tu ?
e. À qu… âge peut-on le voir ?
f. Qu… est le réalisateur ?

8 Complétez avec le pronom interrogatif composé *lequel* – *auquel* – *duquel* selon les phrases, en l'accordant comme il convient. ***

a. .... de tes amis penses-tu ? **b.** Paris a plusieurs gares : .... partirons-nous ? **c.** .... de ces films regarderez-vous ? **d.** Vous écrivez à une jeune fille : .... de mes cousines s'agit-il ? – **e.** .... de nos amis as-tu téléphoné ? **f.** Nous n'avons droit qu'à une confiserie : .... choisir ?

9 FAITES LE BILAN

a. Indiquez le nom que détermine chaque mot interrogatif en gras.
b. Complétez les pointillés avec le mot interrogatif qui convient en l'orthographiant correctement.
c. Indiquez la classe grammaticale et la fonction du mot interrogatif souligné.

Sondage

• **Quelle** définition donneriez-vous d'un fantôme ?
• Une pendulette, une mappemonde, une lunette astrologique : parmi ces objets, …… choisissez-vous ?
• **Quel** terme vous évoque le mot « intuition » ?
• Vous rêvez : autour d'une table, des personnes inconnues ont toutes votre visage. … est votre réaction au réveil ?
• … mots trouvent un écho favorable en vous ?
• Votre mari vous donne rendez-vous au restaurant. Au dernier moment, vous décidez d'aller chez votre mère. Il y est. Que vous dites-vous ?

Questionnaire Internet : « Avez-vous un sixième sens ? »

➤ Continuez à vous entraîner avec les exercices autocorrectifs du ROM

12 Grammaire

LA PHRASE (définition)

POUR COMMENCER

La **phrase** constitue **un énoncé** qui a **un sens**.
Elle commence par une **majuscule** et se termine par un **point**.

I. IDENTIFICATION

1. La phrase verbale et la phrase non verbale Révision 6e

• **La phrase verbale**
est construite autour d'un verbe.
Ce verbe peut être :
– un verbe conjugué *Il entre sur scène.*
– un verbe à l'infinitif *Ne pas entrer sur scène.*
– un verbe tout seul *Entrez !*

• **La phrase non verbale**
ne comporte pas de verbe principal.
Elle est utilisée pour :
– un titre *Les Fourberies de Scapin.*
– un slogan *Tous contre la vie chère.*
– une question *Avec ou sans sucre ?*
– une exclamation *Quelle drôle de pièce !*

2. La phrase verbale simple et la phrase verbale complexe

La phrase verbale comporte au moins un **verbe** principal.
– Chaque verbe est le centre d'une **proposition** qui comprend le verbe avec son sujet et ses compléments éventuels.
– Pour **compter les propositions** dans une phrase verbale, il faut **compter les verbes** principaux.

• **La phrase simple**
Elle n'a **qu'un seul verbe**, donc **une seule** proposition.
*[Molière **écrit** des comédies.]*

• **La phrase complexe**
Elle comporte **au moins deux verbes** principaux.
Elle a **autant** de propositions que de **verbes conjugués**.
*[Molière **écrit** des comédies][qu'il **met** en scène].*

Dans la phrase complexe, les propositions sont :

• **juxtaposées** ▸ FICHE 14
si elles sont séparées par une virgule, un point virgule ou deux points.
Scapin se venge de son maître ; il frappe Géronte.

• **coordonnées** ▸ FICHE 14
si elles sont reliées par une conjonction de coordination.
*Scapin frappe Géronte **et** l'enferme dans un sac.*

• **subordonnées** ▸ FICHE 13
si elles sont reliées par une conjonction de subordination.
*Scapin frappe Géronte **parce qu'il** veut se venger de son maître.*

II. TYPES ET FORMES Révision 6e

1. On distingue quatre types de phrases

• **la phrase déclarative**
Elle aime Molière.

• **la phrase interrogative**
Aimes-tu Molière ?

• **la phrase injonctive**
Aime Molière.

• **la phrase exclamative**
Ce qu'elle aime Molière !

2. On distingue deux formes de phrases

• **la phrase de forme affirmative** ▸ FICHE 16
Scapin bat Géronte. Battez Géronte.

• **la phrase de forme négative** ▸ FICHE 16
Scapin ne bat pas Géronte – Ne le battez pas.

À RETENIR

• La plupart des phrases sont des **phrases verbales**.
• La **phrase simple** est construite autour d'un seul verbe et **ne comporte qu'une seule proposition**. La **phrase complexe** comporte **plusieurs propositions** qui sont juxtaposées, coordonnées ou subordonnées.

1 AVEZ-VOUS COMPRIS ?

Comptez les verbes conjugués et repérez la phrase simple et la phrase complexe de ce texte.

Les Américains n'élisent pas directement leur président. Dans chaque État, ils votent pour des « grands électeurs », qui représentent chacun l'un des candidats.

Le Petit Quotidien, n° 2702.

2 Combien le texte suivant compte-t-il de phrases verbales ? Combien compte-t-il de phrases non verbales ? *

Deux garçons sortirent de la forêt côtière, à quelques centaines de pas de l'embouchure de la Cook River. Ils pouvaient avoir douze ou treize ans. Un Blanc et un Noir.

Jean Ollivier, *Le Cri du Kookabura*.

3 Repérez les verbes conjugués et distinguez dans le texte suivant les phrases simples et les phrases complexes. *

M. Seguin n'avait jamais eu de bonheur avec ses chèvres.

Il les perdait toutes de la même façon : un beau matin, elles cassaient leur corde, s'en allaient dans la montagne, et là-haut le loup les mangeait. Ni les caresses de leur maître, ni la peur du loup, rien ne les retenait.

Alphonse Daudet, *La Chèvre de monsieur Seguin*.

4 Comptez les verbes et indiquez combien de propositions comporte chaque phrase. Précisez si la phrase est simple ou complexe. **

a. Le chien mange l'os qu'il a trouvé dans l'herbe. **b.** N'activez pas l'alarme, c'est trop bruyant et cela ne sert à rien. **c.** Il faut passer à droite, puis vous tournerez à gauche et vous serez arrivés. **d.** Que faites-vous là, immobile et l'air ahuri ? **e.** Quand il a faim, le chat attrape une souris puis il la mange ! **f.** Chez l'opticien du quartier, elle a acheté des lunettes très chères mais très belles.

5 Reliez les deux phrases simples pour les transformer en phrases complexes. **

La Chanson de Roland *est ancienne. Elle est très célèbre.* → La Chanson de Roland *est ancienne mais elle est très célèbre.*

a. Roland est attaqué par les Sarrasins. Il n'a jamais cédé à la peur.

b. Il sonne du cor. Il espère être sauvé.

c. Il brise contre un rocher son épée Durendal. Elle ne doit pas tomber dans des mains indignes.

d. Charlemagne sort vainqueur du combat. Les Sarrasins sont écrasés.

e. Roland est mort. Il ne verra plus l'empereur.

6 Exercice d'écriture

Faites parler les personnages de l'image selon le modèle suivant. **

Élève 1 : 1 phrase simple + 1 phrase complexe.

Élève 2 : 1 phrase verbale + 1 phrase non verbale.

Élève 3 : 1 phrase affirmative + 1 phrase négative.

Le professeur : 1 phrase exclamative + 1 phrase injonctive.

7 Prolongez les phrases simples pour les transformer en phrases complexes. ***

a. En été, les enfants sont en vacances....

c. Jules Verne a écrit *Le Tour du monde en 80 jours*....

d. J'aime beaucoup la poésie de Victor Hugo....

e. Molière a eu du succès de son vivant....

f. Ses comédies ont fait rire la cour....

8 Pour chaque phrase, précisez si les signes en gras permettent de juxtaposer, de coordonner ou de subordonner les propositions entre elles. ***

Pierre Terrail vient d'avoir treize ans **lorsque** son père, le seigneur de Bayard, le convoque. Il doit faire ses valises **:** il est attendu à la cour du duc de Savoie pour y devenir page. [...] Il se met au service du roi Charles VIII **et** s'engage dans les guerres d'Italie afin de conquérir de nouveaux territoires.

Séverine Charon, *Les Chevaliers racontés par les peintres*.

9 FAITES LE BILAN

a. Relevez une phrase verbale et une phrase non verbale. b. [L. 7 et 8] Recopiez chaque proposition. c. Indiquez si ces propositions sont juxtaposées, coordonnées ou subordonnées.

– Eh ! est-ce que je te dis le contraire ? grommela le quartier-maître. Je demande seulement : pour quand est-ce ? Voilà tout ce que je dis.

– Pour quand ? Par tous les diables ! s'écria Silver. Eh bien donc, si tu veux le savoir, je vais te le dire, pour quand. Pour le plus tard qu'il me sera possible, voilà ! Nous avons un navigateur de première classe, le capitaine Smollet, qui dirige pour nous ce sacré navire.

Robert Louis Stevenson, *L'Île au trésor*.

➤ Continuez à vous entraîner avec les exercices autocorrectifs du ROM

13 Grammaire

LES PROPOSITIONS

POUR COMMENCER

Une **proposition** est une unité grammaticale organisée autour d'un **verbe conjugué**.
Une **phrase verbale** comporte autant de **propositions** que de **verbes conjugués**.

I. LA PHRASE VERBALE SIMPLE

Elle ne comporte **qu'une seule proposition**. Cette proposition est toujours **indépendante**.
*Elle **entre** dans le salon* → un seul verbe = une seule proposition.
Cette unité grammaticale est à la fois une phrase simple et une proposition indépendante.

II. LA PHRASE VERBALE COMPLEXE

Elle comporte **plusieurs verbes conjugués**, donc **plusieurs propositions**.
Pour **compter les propositions**, il faut **compter les verbes conjugués**.
On distingue les propositions **indépendantes**, **principales** et **subordonnées**.

1. Les propositions indépendantes

Chaque proposition indépendante **se suffit à elle-même**.
*Il **a** raison ; elle **a** tort.*
Chaque proposition indépendante pourrait se transformer en phrase simple.
*Il **a** raison. Elle **a** tort.*

Dans la **phrase complexe**, les propositions indépendantes peuvent être

- **juxtaposées** ▸ FICHE 14
  Le téléphone sonne : on m'appelle.
- **coordonnées** ▸ FICHE 14
  Le téléphone sonne car on m'appelle.

2. La proposition principale et la proposition subordonnée

a. La proposition **principale** est une proposition à laquelle sont attachées une ou plusieurs autres propositions appelées propositions **subordonnées**.

Il a un rhume des foins *[qui le **cloue** au lit].*
principale — subordonnée

*[Depuis qu'il **est rentré**], **il a un rhume des foins** [qui le **cloue** au lit].*
subordonnée — principale — subordonnée

b. La proposition **subordonnée** dépend toujours d'une proposition principale : elle ne peut jamais être employée seule. Elle commence toujours par un **mot subordonnant**.

On distingue :

- **La proposition subordonnée relative** ▸ FICHE 15
  – est introduite par un **pronom relatif** : *qui, que, quoi, dont, où, lequel, duquel...* ▸ FICHE 7
  – sa fonction est de **compléter un nom ou un pronom**, nommé **antécédent**.
  *Il a des **oreilles** [**qui** le font ressembler à un âne].*
- **La proposition subordonnée conjonctive**
  – est introduite par une **conjonction de subordination** : *dès que, parce que, quand, que...*
  – sa fonction est de **compléter un verbe**.
  *Il **pense** [**que** j'ai un menton de cheval].*

À RETENIR

- La phrase **simple** ne comporte qu'une seule proposition, appelée **proposition indépendante**.
La phrase **complexe** comporte **plusieurs propositions**.
- Une proposition **indépendante** se suffit à elle-même. Une **proposition subordonnée dépend** toujours d'une **proposition principale**.

1 AVEZ-VOUS COMPRIS ?

a. Comptez les phrases de ce texte.
b. Comptez les propositions de la phrase en gras.

Un muscle est un tissu élastique, composé d'un faisceau de fibres. **Attaché à un os, il s'étire, se contracte, réagit à une stimulation et se relâche après l'effort.** […] La pratique d'un sport développe les muscles et les rend plus puissants et plus résistants.

« Le corps humain », dans *L'Atlas des juniors*.

2 Chaque proposition indépendante est mise entre crochets. Précisez pour chacune si elle se situe dans une phrase simple ou complexe. *

[La peau est l'organe le plus étendu de notre corps] : [elle couvre pas moins de 2 m^2 !] […]
[La peau est l'enveloppe extérieure du corps.] [D'une élasticité et d'une résistance étonnantes, elle nous protège contre les microbes et les chocs], [contribue à maintenir l'organisme à une température constante], [élimine certains déchets par les pores] et [se régénère régulièrement.]

« Le corps humain », dans *L'Atlas des juniors*.

3 Recopiez les phrases puis soulignez les verbes conjugués. Distinguez la principale de la subordonnée en plaçant cette dernière entre crochets. *

a. Savez-vous que Pierre aime les romans de chevalerie ? **b.** Il apprécie ceux qui sont écrits par Chrétien de Troyes. **c.** Il trouve que les chevaliers y sont exemplaires de courage. **d.** Il lit aussi des romans d'aventures que lui conseille son père. **e.** Mais comme héros, il pense que Tristan surpasse Phileas Fogg.

4 Exercice d'écriture

Imaginez un court dialogue entre les aviateurs de la patrouille de France. Vous utiliserez trois propositions indépendantes, deux propositions principales et deux propositions relatives. **

5 Dans chaque phrase, recopiez la subordonnée en précisant s'il s'agit d'une conjonctive ou d'une relative. Pour répondre, observez si le mot qui précède la subordonnée est un verbe ou un nom. **

a. Autrefois vivaient des pirates qui sillonnaient les mers. **b.** Ils estimaient qu'ils étaient les plus forts. **c.** Ils attaquaient les navires qui passaient près d'eux. **d.** Ils pillaient toutes les richesses qu'ils trouvaient. **e.** Le chef des corsaires refusait que l'équipage quitte le navire. **f.** Et il n'aimait pas qu'on lui désobéisse.

6 Transformez les mots en gras en proposition subordonnée. ***

a. À son retour de Chine, le chien de M. Nô est tombé malade.
b. Il l'a emmené chez un vétérinaire **canin**.
c. Le vétérinaire a trouvé un traitement **miraculeux**.
d. Après plusieurs semaines, il a laissé sortir le chien **convalescent**.
e. Mais **par grand froid,** le maître n'oublie jamais de lui mettre une pelisse !

7 Recopiez les trois phrases du texte en comptant les propositions de chacune. Indiquez la nature de chaque proposition. ***

Jandira s'était occupée de Gloria et d'une autre sœur qui avait été donnée à des gens du Nord. Antonio était son chouchou. […] Le dimanche, quand on allait faire du « footing » du côté de la gare, […] il m'achetait des bonbons que j'aimais beaucoup.

José Mauro de Vasconcelos, *Mon Bel Oranger*.

8 FAITES LE BILAN

a. Recopiez les quatre propositions soulignées et précisez pour chacune sa nature : indépendante, principale ou subordonnée.
b. Parmi les deux propositions subordonnées en gras, laquelle est une relative, laquelle une conjonctive ? Pourquoi ?
c. Recopiez la dernière phrase en délimitant les propositions par des crochets.

Par cet exemple, ce fabliau nous montre **que fol est** qui ne se soumet pas. Celui-là est riche à qui Dieu fait des dons, et non celui **qui cache** et enfouit ses biens. Nul ne peut faire fructifier son avoir sans grande chance, c'est la première condition. Par chance, le vilain eut deux vaches et le prêtre aucune. Tel croit avancer qui recule.

Fabliau du Moyen Âge, *Brunain et Blérain*.

➤ Continuez à vous entraîner avec les exercices autocorrectifs du ROM

14 Grammaire

COORDINATION ET JUXTAPOSITION

POUR COMMENCER

Deux éléments **coordonnés** sont **reliés à l'aide d'une conjonction de coordination**.
Ils sont **juxtaposés** s'ils ne sont **reliés** par **aucun mot de liaison**.

I. CARACTÉRISTIQUES

La **coordination** et la **juxtaposition** sont deux moyens de **relier** des éléments.

- La **coordination** s'effectue avec l'une des sept conjonctions de coordination *car, donc, et, mais, ni, or, ou*.
  *Nous allons **et** nous venons.*

- La **juxtaposition** s'effectue avec deux points, une virgule, un point virgule ou un point.
  *Nous allons **;** nous venons.*

II. À L'INTÉRIEUR DE LA PHRASE

La coordination ou la juxtaposition permet de relier des éléments.

1. Relier des mots de même nature et de même fonction

noms *Il invitera Eddie **et** Marc.*
pronoms *Toi **et** moi sommes frères.*
adjectifs *Il a un pull vert **ou** bleu.*
verbes *Il passe **et** repasse sans cesse.*

*Il invitera **Eddie, Marc, Kamel**.*
***Toi, moi,** nous sommes frères.*
*Il a un pull **bicolore : vert, bleu**.*
Elle passe, repasse, s'arrête.

2. Relier des propositions indépendantes ▸ FICHE 13

*Ils s'enfuirent **car** un incendie s'était déclaré.*
Ils s'enfuirent : un incendie s'était déclaré.

Si les propositions coordonnées ou juxtaposées ont **le même sujet**, il peut être **sous-entendu**.

*Il s'est levé **et** (il) est parti.*
Il s'est levé, (il) a salué, (il) est parti.

III. ENTRE DEUX PHRASES

- **Phrases coordonnées**
  *On le cherchait. **Or** il était caché !*

- **Phrases juxtaposées**
  On le cherchait. Il était caché !

IV. PRINCIPALES VALEURS DES CONJONCTIONS DE COORDINATION

Et	**Addition** *un stylo, un feutre **et** une gomme* / **succession** *Il se leva **et** sortit.* Ne pas confondre ***et*** (= et aussi) avec ***est*** (verbe *être*).
Mais	**Opposition** *Il n'est pas français **mais** belge.*
Ou	**Alternative / choix** *Préfères-tu le poisson **ou** la viande ?* Ne pas confondre ***ou*** (= ou bien) avec ***où*** (pronom relatif).
Ni	remplace ***et*** et ***ou*** dans les **phrases négatives** *Je n'aime **ni** le poisson **ni** la viande.*
Car	**Cause** *Il court **car** il est en retard.*
Or	**Opposition** *Il mesure 1,75 mètre. **Or** il n'a que dix ans.*
Donc	**Conséquence** *Je grandis, **donc** je mange.*

À RETENIR

- Les mots, les propositions ou les phrases sont **coordonnés** s'ils sont reliés par l'une des **sept conjonctions de coordination** (*car, donc, et, mais, ni, or, ou*).
- Ils sont **juxtaposés** s'ils ne sont reliés que par **une marque de ponctuation** sans **aucun mot de liaison**.

1 AVEZ-VOUS COMPRIS ?

a. Relevez les cinq conjonctions de coordination du texte.
b. Les deux dernières phrases sont-elles coordonnées ou juxtaposées ?

Or il y avait une fois, voilà très longtemps, Mieux-Aimée, un homme du Néolithique. C'était un primitif qui vivait dans une grotte et portait très peu d'habits. Il ne savait ni lire ni écrire et ça lui était égal.

Rudyard Kipling, *Histoires comme ça.*

2 Complétez le texte avec les conjonctions de coordination *donc – et – mais – ou*. *

Pour la seconde fois, il partait vers les branches d'en bas, [...]. .... cette fois, il était tout seul, poursuivi par des centaines d'hommes .... par quelques redoutables fourmis de combat. Il lui fallait compter cinq .... six nuits depuis les Cimes pour rejoindre cette région sauvage [...].
La troupe des poursuivants avait voulu éviter la région. Ils étaient passés par d'autres branches moins accidentées. Tobie ne croisait .... que des hameaux de bûcherons, et quelques huttes de trappeurs.

Timothée de Fombelle, *Tobie Lolness.*

3 Relevez les conjonctions de coordination. Précisez pour chacune d'elles si elle relie deux mots, deux propositions ou deux phrases. *

a. Le langage est une chose nouvelle pour les enfants, donc il est normal qu'ils s'y perdent un peu. **b.** Les Argentins parlent espagnol mais les Brésiliens parlent portugais. **c.** Il est très utile de savoir parler anglais. Et celui qui pense le contraire a tort ! **d.** Préfères-tu l'anglais ou l'espagnol ? **e.** Il est difficile de voyager dans le monde si on ne parle ni l'anglais, ni l'espagnol, ni le chinois.

4 Complétez le menu avec les conjonctions de coordination qui conviennent. **

Consommé de lentilles ... chaud ... froid
Bœuf mode, pommes de terre ... haricots.
Œuf non pas mollet ... coque
Fromage ... dessert ; quelle chance !
Thé ... café ; dommage !

5 Transformez les propositions juxtaposées en propositions coordonnées. **

a. Les collégiens adorent l'ordinateur, ils tiennent davantage à leur téléphone portable. **b.** Je tenais beaucoup à ce vieil ami ; je ne le vois plus. **c.** Des voleurs ont pris son téléphone, il est allé porter plainte. **d.** Les jeunes passent des coups de téléphone, envoient des SMS. **e.** Ils n'aiment pas écrire des lettres, pas écrire des cartes : ils préfèrent téléphoner. **f.** Ils sont joignables à tout moment, ils ont toujours leur téléphone sur eux !

6 Relevez les conjonctions de coordination. Indiquez leur valeur. **

Le prince s'approcha car il voulait arriver jusqu'au château. Mais tout autour se trouvait quantité de grands arbres et de petits, de ronces et d'épines : ni bête ni homme n'aurait pu passer. Or, devant le prince, les ronces s'écartèrent miraculeusement : il put donc avancer.

7 Complétez les phrases avec l'un des deux mots entre parenthèses. ***

a. Fumes-tu la pipe *(ou/où)* le cigare ? **b.** Le Mans est la ville *(ou/où)* je suis née. **c.** Je ne peux te dire d'*(ou/où)* il a téléphoné *(ou/où)* alors je mentirai. **d.** Cette femme *(et/est)* prête : elle a mis son chapeau *(et/est)* ses gants. **e.** Quand il pleut *(et/est)* qu'il vente, il *(et/est)* préférable de s'abriter. **f.** Le menu *(et/est)* affiché *(et/est)* le prix *(et/est)* indiqué en rouge.

8 Exercice d'écriture

Imaginez ce qui se passe sur l'image en utilisant dans l'ordre les conjonctions de coordination *et – ni – mais – ou – or – car – donc*. ***

9 FAITES LE BILAN

a. Remplacez les ... par les marques de ponctuation qui conviennent.
b. Relevez les cinq conjonctions de coordination du texte et donnez leur valeur.
c. Les propositions en gras sont coordonnées. Transformez-les pour les juxtaposer.

Il était content et ravi car il allait déménager. Mettrait-il de la moquette ou du parquet ? Il hésitait encore. Il avait pensé acquérir un tapis, mais son budget était trop petit. Après les lampes ... le lit ... la commode et l'armoire, que pouvait-il ajouter ? Il compta son argent... il ne pourrait rien acheter de plus.

➤ Continuez à vous entraîner avec les exercices autocorrectifs du ROM

LA SUBORDONNÉE RELATIVE

POUR COMMENCER

La **subordonnée relative** fait partie des propositions de la phrase. Elle est toujours introduite par un **pronom relatif**.

I. CARACTÉRISTIQUES

Une proposition subordonnée relative est introduite par un **pronom relatif** ▸ FICHE 7
et comporte un **verbe conjugué**.

*L'île **dont** je te **parle** est belle. C'est une île **qui** me **fascine**.*

Elle complète un mot appelé **antécédent**. L'antécédent est toujours placé **avant la relative**.

*Il a vu les **pirates** qui ont pris le trésor.*
antécédent — proposition relative

L'antécédent peut être :

- un nom ou un GN *Il aime **les récits** qui racontent des aventures.*
- un pronom *Il lit **celui** que tu as conseillé.*

Quand l'antécédent est un nom, la proposition subordonnée relative appartient au GN :
elle est une **expansion du nom**. ▸ FICHE 2

II. FONCTION

La proposition relative a **toujours** la même fonction : **complément de l'antécédent**.

Ils cherchent le trésor [qui est caché dans l'île]. → complément de l'antécédent « *le trésor* »

Ne confondez pas la fonction :

- de la **proposition relative** *[qui est caché dans l'île]*
→ **complément de l'antécédent** « *le trésor* »
- du **pronom relatif** [*qui*]
→ **sujet** du verbe « *est caché* » ▸ FICHE 7

III. CONSTRUCTION

1. Place

La proposition subordonnée relative, généralement, se place **juste après son antécédent**.

*On admire **Robinson [qui doit survivre tout seul]**.*

Sauf s'il s'agit d'un pronom personnel complément. *On **le** voit **[qui cherche des solutions]**.*

2. Propositions subordonnées multiples

Plusieurs propositions subordonnées relatives peuvent avoir **le même antécédent**.

*Attention au **chien** qui paraît gentil et dont tu dois te méfier.*

Si elles ont le **même antécédent**, elles ont la **même fonction.**

qui paraît gentil →
dont tu dois te méfier → compléments de l'antécédent ***chien***

Ne confondez pas :

- la subordonnée **relative** introduite par ***que***.
Elle complète un nom ou un pronom.
*C'est la personne **que tu attends**.*
- la subordonnée **conjonctive** introduite par ***que***.
Elle complète un verbe.
*Elle sait **que tu attends**.*

À RETENIR

- Une **subordonnée relative** est une proposition qui commence par un **pronom relatif** et qui comporte un **verbe conjugué**.
- Elle a toujours pour fonction d'être **complément de son antécédent**.
- C'est en général un nom, dont la subordonnée relative est **une expansion**. ▸ FICHE 2

1 AVEZ-VOUS COMPRIS ?

Identifiez le pronom relatif et l'antécédent de chaque proposition relative en gras.

Gérande avait dix-huit ans ; l'ovale de son visage rappelait les naïves madones **que la vénération suspend au coin des rues** [...]. Ses vêtements blancs affectaient des couleurs peu voyantes et le linge blanc **qui se plissait sur ses épaules** avait cette teinte et cette senteur particulière au linge d'église.

Jules Verne, *Maître Zacharius*.

2 Recopiez la proposition subordonnée relative qui complète l'antécédent en gras. Soulignez le pronom relatif de chaque proposition. *

a. Il revient **d'Italie** où j'ai vécu pendant dix ans. **b.** Il y a **des repaires** où vivent les ours. **c.** On y trouve aussi **des lynx** qui vivent dans les montagnes. **d.** Les ours mangent **des marrons** dont ils se nourrissent jusqu'à satiété. **e.** J'ai gagné **le combat** pour lequel je me suis tant battu. **f.** Regarde, c'est **lui** dont je te parle.

3 En vous aidant des pronoms relatifs en gras, relevez les propositions subordonnées relatives du texte. *

Un orchestre est un ensemble de musiciens **qui** sont réunis pour jouer une œuvre musicale. Sa composition est différente suivant le type de musique **qu'**il joue : jazz, rock, musique classique... Le Zénith ou Bercy sont des lieux **où** l'on peut écouter de la musique « moderne ». Pleyel ou l'Opéra sont des salles **dans lesquelles** on assiste à des concerts classiques.

D'après *L'Orchestre*, Albin Michel Jeunesse.

4 Complétez les propositions principales de la première colonne avec les subordonnées relatives de la deuxième colonne en vous aidant du sens et des accords. **

● Ben-Hur combat sur un char...	◆ dans laquelle on se sent bien.
● Nous naviguons avec toi...	◆ qui étaient les plus riches.
● Les carrosses étaient réservés à ceux...	◆ dont les habitants se déplacent en bicyclette.
● Pour voyager, il vaut mieux avoir une voiture...	◆ qui es notre capitaine.
● Amsterdam est une ville...	◆ que tu as visité la semaine dernière.
● Il est monté dans le sous-marin...	◆ qui est tiré par des chevaux.

5 Transformez les propositions juxtaposées en une principale + une relative. **

Il goûte une fraise, elle n'est pas mûre. → Il goûte une fraise qui n'est pas mûre.

a. J'ai aperçu un louveteau, sa patte était cassée. **b.** Linda a pris un train, il est arrivé en retard. **c.** Simon a retrouvé le ballon ; c'était un cadeau de Sarah. **d.** Nous vivons en Provence : ma mère y a vécu. **e.** Rachid a vu le film, il est sorti mercredi dernier en salle. **f.** Vous aimez ce paysage, vous le photographiez.

6 Complétez le groupe antécédent + pronom relatif avec une proposition subordonnée relative. **

a. Les cinq sens nous permettent de découvrir **le monde où** ... **b.** Ce sont **nos yeux qui** .... **c.** Le goût nous informe sur la saveur **des aliments que** .... **d.** L'odorat nous permet de détecter **un danger qui** .... **e.** Grâce à l'ouïe, on perçoit **des bruits qui** ....

7 Relevez les huit propositions subordonnées relatives du texte. Indiquez leur fonction. ***

Pour mon anniversaire, j'inviterai tous ceux que je connais et que j'apprécie. Cette réception, que je prépare avec soin, nécessite plusieurs décorations : des ballons qui seront mis aux murs, des guirlandes qui orneront la table, des fleurs que je disposerai dans des vases. Je confectionnerai le gâteau que tu préfères : celui dont la recette est secrète !

8 Pour chaque phrase, précisez si *que* complète un nom ou un verbe ; indiquez ensuite s'il introduit une subordonnée relative ou conjonctive. ***

a. J'aime le pantalon **que** tu portes. **b.** On m'a raconté **que** le petit chat était mort. **c.** Samir est heureux **que** tu viennes. **d.** Je ne trouve pas le crayon **que** tu m'as offert. **e.** Il apprécie le cadeau **que** tu lui as fait. **f.** André comprend **qu'**il lui faut pédaler plus vite.

9 FAITES LE BILAN

a. Relevez les six propositions subordonnées relatives du texte et donnez leur fonction, en précisant la classe grammaticale de chaque antécédent.
b. [L. 2] Complétez le GN *des maisons* par deux propositions subordonnées relatives, qui seront introduites par deux pronoms relatifs différents.

La ville du Moyen Âge, dont l'espace est délimité par des remparts, abrite **des maisons** serrées les unes contre les autres. C'est une ville qui est très organisée et dans laquelle les métiers se regroupent par rue : la rue des bouchers, par exemple, sera celle où se trouvent les boucheries. Les activités qui sont polluantes, comme la tannerie ou la teinturerie, sont rejetées à la périphérie.

➤ Continuez à vous entraîner avec les exercices autocorrectifs du ROM

16 Grammaire

LES FORMES AFFIRMATIVE ET NÉGATIVE

POUR COMMENCER

La phrase est toujours de **forme affirmative** ou de **forme négative**. Une phrase à la **forme négative** comporte une ou plusieurs **marques de négation**.

I. CARACTÉRISTIQUES

On distingue :

- la forme **affirmative** ***Oui***, *ils* ***vont*** *au collège.*
- la forme **négative** ***Non***, *ils* ***ne vont pas*** *au collège.*

La forme négative concerne **les quatre types de phrases :**

- phrase **déclarative** *Tu* ***ne*** *prends* ***pas*** *le bus.*
- phrase **interrogative** ***Ne*** *prends-tu* ***pas*** *le bus ?*
- phrase **injonctive** ***Ne*** *prends* ***pas*** *le bus !*
- phrase **exclamative** *Tu* ***ne*** *prends* ***pas*** *le bus !*

II. LES MARQUES DE LA NÉGATION

1. La phrase verbale de forme négative

Quand la locution ***ne... pas*** (ou ***ne... guère***, ***ne... point***, ***ne... jamais***, ***ne... plus***) est employée.

- **Temps simple**
  Elle **encadre** le **verbe**
  Ils ***ne*** *mentent* ***jamais****.*
- **Temps composé**
  Elle **encadre l'auxiliaire**
  Ils ***n'ont jamais*** *menti.*
- **Infinitif**
  Elle se place **devant** le verbe
  Ne jamais *mentir.*

Attention à bien **orthographier la négation** quand elle ne s'entend pas à l'oral.
• Phrase affirmative *On apprend.* • Phrase négative *On* ***n'****apprend* ***pas****.*

Ne confondez pas

• Forme affirmative	• Forme négative
Je vais ***quelque part****.*	*Je* ***ne*** *vais* ***nulle part****.*
Tu sais ***toujours****.*	*Tu* ***ne*** *sais* ***jamais****.*
Elle regarde ***quelqu'un****.*	*Elle* ***ne*** *regarde* ***personne****.*
Il connaît ***tout****.*	*Il* ***ne*** *connaît* ***rien****.*
Nous le voulons ***aussi****.*	*Nous* ***ne*** *le voulons* ***pas non plus****.*

2. Autres formes négatives

a. Parfois **un seul mot** suffit à exprimer la négation.
Il ***ne*** *cesse de harceler son frère – C'est mon frère,* ***non*** *le sien.*
Dans les phrases non verbales ***Pas*** *de problème !*
À l'oral, dans un niveau de langue familier *Je sais* ***pas****.*

b. Dans une phrase négative, les éléments sont coordonnés par ***ni*** et non par ***et***.

• Phrase affirmative	• Phrase négative
Ils s'expriment à l'écrit ***et*** *à l'oral.*	*Ils* ***ne*** *s'expriment* ***ni*** *à l'écrit* ***ni*** *à l'oral.*
	Ils ***ne*** *s'expriment* ***pas*** *à l'écrit* ***ni*** *à l'oral.*

c. La **restriction** est une négation qui ne porte pas sur toute la phrase.
Elle ***ne*** *boit* ***que*** *de l'eau (= elle ne boit* ***rien sauf*** *de l'eau, elle boit* ***seulement*** *de l'eau).*

À RETENIR

• Une **phrase** verbale **affirmative** se transforme en **phrase de forme négative** par l'ajout d'une **marque de négation**. Il s'agit souvent de la locution « ***ne... pas*** ».

1 AVEZ-VOUS COMPRIS ?

Relevez les quatre propositions à la forme négative.

– Je n'aime pas cette croisière, je n'aime pas l'équipage et je n'aime pas mon second. Voilà qui est clair et net.
– Et peut-être, monsieur, n'aimez-vous pas le navire ? interrogea le chevalier, très irrité à ce que je pus voir.

Robert Louis Stevenson, *L'Île au trésor*.

2 Relevez dans le texte les marques de la négation. *

Elle n'avait rien de magique. Elle ne donnait ni la jeunesse éternelle, ni l'intelligence. Elle ne rendait pas invincible ou invisible. Elle ne permettait pas de voir au travers d'un mur, d'une robe ou d'un cerveau. Elle ne faisait pas voler, parler aux insectes, crier des phrases comme : « La force de l'arbre est avec moi ! » Elle ne se transformait pas en lutin sautillant, en fée pulpeuse, en dragon…

Timothée de Fombelle, *Tobie Lolness*.

3 Transformez les phrases affirmatives en phrases négatives. *

a. On arrive à la gare.
b. Il achète un billet.
c. A-t-il pris sa valise ?
d. Le train est toujours à l'heure.
e. On a le temps.
f. Poinçonnez votre billet !
g. Faire attention à la marche.
h. On entend quelque chose : c'est le train.

4 Construisez des phrases à la forme négative à l'aide de la marque « ne… que » que vous placerez au bon endroit. **

a. Tu – aimer – frites
b. Je – goûter – chocolat
c. Nous – voir – Isabelle
d. Ils – dormir – nuit
e. Il – apprécier – théâtre
f. Nous – regarder – journal télévisé

5 Répondez aux questions suivantes par une phrase à la forme négative. Variez les marques de négation. **

a. Aimez-vous les émissions de télé-réalité ?
b. Préférez-vous *Star Academy* ou *La Nouvelle Star* ?
c. Lire ou dormir, que préférez-vous ?
d. Les sorcières ont-elles existé ?
e. Savez-vous aussi nager ?
f. Connaissez-vous tout de lui ?

6 Exercice d'écriture

Décrivez le paysage à l'aide de phrases à la forme négative ; vous utiliserez comme marques de la négation : *ne… pas ; ne… personne ; ne… que ; ni… ni ; ne.* **

7 Transformez les phrases affirmatives en phrases négatives, en complétant les phrases avec les bonnes marques de négation. ***

a. Il a apprécié son attitude. / Il …'a … apprécié son attitude. **b.** Aimes-tu venir chez moi ? / … 'aimes-tu … venir chez moi ? **c.** Je souhaite à tout le monde cette aventure. / Je .. souhaite à … cette aventure. **d.** Sandro et Mohamed m'ont aidée à déménager. /… Sandro … Mohamed .. m'ont aidée à déménager. **e.** Il est généreux ; il donne tout. / Il … 'est … généreux ; il … donne … **f.** Il aide seulement sa femme. / Il … 'aide … sa femme.

8 Donnez le sens des mots ou des expressions suivants en utilisant une phrase verbale négative. ***

une personne athée → *une personne qui ne croit pas en Dieu*

a. un lieu vide **b.** une manifestation pacifique **c.** un lieu interdit aux fumeurs **d.** une parole inaudible **e.** un ignorant **f.** une épreuve impossible à réussir. **g.** une personne incompétente **h.** un texte incompréhensible

9 FAITES LE BILAN

a. Relevez les cinq propositions à la forme négative, encadrez les marques de la négation.
b. De quel type est la proposition soulignée ? Récrivez la phrase en mettant le verbe à l'infinitif.
c. [L. 5 et 6] Formulez l'expression en gras à l'aide d'une phrase verbale négative.
d. [L. 10] Quel mot négatif correspond au mot *quelque part* ?

« C'est convenu, mais, surtout, n'épargnez pas cet inepte rival ! […]. On voit quel danger menace encore cette honnête famille, si éprouvée déjà ! Elle ne peut pas s'en douter ! Elle ne sait pas le prince et l'enchanteur si près ! **Elle ignore** que Gardafour est à l'instant de recouvrer cette puissance, dont il va faire un si détestable usage ! Quant à la fée Formenta, toujours anxieuse, elle n'a qu'une hâte : c'est de voir si Gardafour n'est pas caché quelque part.

Jules Verne, *Aventures de la famille Raton*.

➤ Continuez à vous entraîner avec les exercices autocorrectifs du ROM

17 Grammaire

PHRASE PASSIVE ET COMPLÉMENT D'AGENT

POUR COMMENCER

On distingue les phrases de **forme active** et de **forme passive** : une phrase est de forme **passive** si son verbe est conjugué à la **voix passive**. ▸ FICHE 24

I. IDENTIFICATION ET TRANSFORMATION PASSIVE

1. Importance du COD

Si le verbe de la phrase **active** accepte un **COD** ▸ FICHE 9, la phrase peut se mettre à la forme **passive**.

• phrase à la forme active	• phrase à la forme passive
Jim découvre le trésor. Sujet verbe COD	*Le trésor est découvert par Jim.* Sujet verbe c. d'agent

Seuls les verbes acceptant un COD (sauf le verbe *avoir*) peuvent être mis à la voix passive. C'est pourquoi la forme passive permet d'identifier avec certitude le COD.

2. De la phrase active à la phrase passive

Pour devenir une phrase de forme passive, la phrase active subit **trois modifications**.

• Le **COD** devient **le sujet**.	• Le **verbe** est conjugué **à la voix passive**. ▸ FICHE 24	• Le **sujet** devient **le complément d'agent**.
Le trésor	*est découvert*	*par Jim.*

II. LE COMPLÉMENT D'AGENT

L'« agent » est celui « qui agit » (du latin *agere* = « agir »).
Le **sujet** de la phrase **active** devient **complément d'agent** dans la phrase **passive**.

Le complément d'agent

• est introduit par la préposition ***par*** ou ***de***	• est facultatif
*Le roman est lu **par** les élèves.* *Jim est saisi **de** peur.*	*Cette œuvre a été adaptée au cinéma (par de nombreux réalisateurs).*

Quand le sujet de la phrase active est le pronom ***on***, la phrase passive n'a pas de complément d'agent.
Phrase active → *On construit une maison.*
Phrase passive → *La maison est construite.*

Il ne faut pas confondre

• le complément d'agent	• le complément d'agent
Jim est fasciné par Billy Bones	*Jim est connu des pirates*
et le complément circonstanciel.	et le complément de l'adjectif.
Le pirate est passé par la forêt (CC de lieu).	→ *Jim est avide de découvertes.*

Pour éviter les erreurs, il faut vérifier que le verbe est conjugué à la voix passive et que la phrase peut être tournée à la voix active.

À RETENIR

- Pour transformer une **phrase** de **forme active** en phrase de **forme passive**, il faut que le verbe accepte un **COD**, à l'exception du verbe *avoir* ou d'un de ses synonymes.
- Le **COD** devient le **sujet** du verbe qui doit être conjugué à la **voix passive**. Le **sujet** de la phrase active devient le **complément d'agent** du verbe à la voix passive.

1 AVEZ-VOUS COMPRIS ?

a. Identifiez les phrases à la forme passive dont les verbes sont en gras.
b. Relevez le complément d'agent du verbe « *a été mordu* ».

Il y a deux mois, en Australie, Nari, un dauphin, **a été** gravement **mordu**, sur la tête et le dos, par un requin. Des vétérinaires l'ont alors recueilli et soigné. Mardi dernier, il **a été relâché**, en pleine forme, dans l'océan !

Le Petit Quotidien, n° 2829.

2 Indiquez si les phrases suivantes sont de forme active ou passive. *

a. Tout le monde connaît les romans de Jules Verne. **b.** Ils ont été publiés par Hetzel au XIXe siècle. **c.** Phileas Fogg est l'un de ses plus célèbres personnages. **d.** Il part en voyage autour du monde. **e.** Sa décision de partir a été prise très vite.

3 Mettez les phrases passives suivantes à la forme active, selon l'exemple. *

Un ballon est lancé par les enfants. → Les enfants lancent un ballon.

a. Le pain est pétri par le boulanger. **b.** La viande a été livrée très tôt par le boucher. **c.** Comme nous avons été surpris de cette invitation ! **d.** Pour elle, la robe sera retouchée par le couturier. **e.** Son costume est orné de fils d'or et d'argent.

4 Mettez les phrases suivantes à la forme passive, en transformant en sujet le COD en gras et en conjuguant le verbe à la voix passive. Attention aux accords. * *Les élèves ouvrent **les cahiers**. → **Les cahiers** sont ouverts par les élèves.*

a. La dame reçoit **un paquet**. **b.** Le pilote voit **la piste**. **c.** L'orage détruit **la forêt**. **d.** Nous apportons **la voiture** au garage. **e.** L'orage **nous** a surpris. **f.** La joie remplit **mon cœur**.

5 Construisez une phrase à la forme passive à partir de chaque groupe de mots. **

a. match – gagner – Tunisiens **b.** record – battre – nageur français **c.** compétition – perdre – équipe des poussins **d.** victoire – fêter – les Lyonnais **e.** exploit – renouveler – les Verts

6 Précisez si les groupes nominaux soulignés sont ou non des compléments d'agent. Pour éviter les erreurs, voyez si vous pouvez tourner la phrase à la forme active. **

a. Un courrier vous a été adressé <u>par nos services</u>.
b. J'irai <u>par la forêt</u>, j'irai <u>par la montagne</u>. (V. Hugo)
c. La réponse nous a été donnée <u>par le comité d'entreprise</u>.
d. L'ancien professeur était estimé <u>de ses collègues</u>.
e. Il l'a hébergée <u>par gentillesse</u>.

7 Exercice d'écriture En vous inspirant de l'image, racontez une histoire à l'aide de cinq phrases à la forme passive. Attention aux accords. **

8 Classez dans un tableau à trois colonnes chaque complément souligné, suivant sa nature : complément d'agent, complément d'adjectif ou complément circonstanciel de cause. ***

a. La cigale a été punie <u>par la fourmi</u>. **b.** La cigale a été punie <u>de sa légèreté</u>. **c.** L'agneau a été mangé <u>par gourmandise</u>. **d.** L'agneau a été mangé <u>par le lion</u>. **e.** L'âne a été victime <u>de sa bêtise</u>. **f.** L'âne a été trahi <u>par ses amis</u>.

9 Mettez ces phrases à la forme passive quand c'est possible. Quand ce n'est pas possible, précisez pourquoi. ***

a. Vauban a construit les remparts de Port-Louis. **b.** L'artiste habite un atelier à Montparnasse. **c.** Les musées parisiens regorgent de trésors. **d.** Chez nous, nous avons plusieurs films d'animation. **e.** Mozart a composé de célèbres opéras. **f.** On parle de la musique cubaine partout.

10 FAITES LE BILAN

a. Relevez les phrases à la voix passive dans le premier paragraphe et soulignez les compléments d'agent.
b. [L. 7] Proposez un complément d'agent pour le verbe à la voix passive qui est souligné.
c. [L. 9 et 10] Mettez la proposition en gras à la forme passive.
d. [L. 11] Mettez la proposition entre crochets à la forme active.

Le Comte de Monte-Cristo a été écrit par Alexandre Dumas. Dans le roman, Edmond Dantès est amoureux de Mercédès. Elle est aussi courtisée par Fernand Mondego, son cousin.

Fernand, rongé par la jalousie, complote pour empêcher le mariage. Il dénonce Dantès auprès de la police. Après un interrogatoire serré, il <u>est arrêté</u> et emprisonné au château d'If. Après quatorze ans de détention, il parvient à s'échapper. **Il découvre le trésor** qu'un vieux prisonnier lui avait indiqué. Riche d'une fortune considérable, [il est anobli par le pape] et devient le comte de Monte-Cristo.

D'après **Alexandre Dumas**, *Le Comte de Monte-Cristo*.

➤ Continuez à vous entraîner avec les exercices autocorrectifs du ROM

18 Grammaire

LE DISCOURS DIRECT

POUR COMMENCER

Le **discours direct** rapporte des **paroles** telles qu'elles ont été prononcées.
Il peut aussi rapporter des **pensées**.

I. CARACTÉRISTIQUES

1. Identification du discours direct

- Il est signalé par des **guillemets** et/ou **des tirets**.
Marion ajoute : « Ce que j'ai faim ! »
Marion ajoute : – Ce que j'ai faim !

- Il est introduit par une **proposition support** contenant un verbe de parole.
*Marion **ajoute** : « Ce que j'ai faim ! »*

II. LA PONCTUATION À L'INTÉRIEUR DES PAROLES

- Quand on **ouvre** les guillemets, il faut toujours les **refermer**.
- Chaque parole rapportée au discours direct commence par une lettre majuscule.

*Il pensa : « **O**ù vont-ils ? »*

III. LA PROPOSITION QUI INTRODUIT LE DISCOURS DIRECT

1. Construction

Elle a comme noyau un verbe de parole : *dire, demander, répondre...*
C'est une proposition indépendante ▸ FICHE 13
***Il déclara** : « Où allez-vous ? »*

2. Place dans le dialogue

- **Avant** le discours direct elle est suivie de deux points.
***Il demanda** : « Veux-tu du gratin ? »*

- **À l'intérieur** du discours direct ou **après** le discours direct elle commence par une minuscule ; son sujet est inversé.
  - C'est une *proposition incise* encadrée par des virgules.
  *« Dans la vie, **se disait-il**, il faut faire des choix. »*
  - Elle est séparée des paroles par une virgule.
  *« J'aime le chocolat ! », **s'exclama-t-il**.*

IV. ENCHAÎNEMENT DES PAROLES

Pour rapporter au discours direct les paroles de plusieurs personnages, il faut respecter **certaines règles de ponctuation**.

- Les **deux points :** marquent l'entrée dans le dialogue.
- Les **guillemets « »** signalent le début et la fin du dialogue.
- Le **tiret –** indique les répliques du dialogue.

En arrivant, il lui demanda :
« Comment allez-vous ?
– Très bien », répondit-elle.

Attention, certains auteurs prennent des libertés par rapport à ces règles de ponctuation.

À RETENIR

- Le **discours direct** reproduit **exactement** les **paroles** d'une personne ou d'un personnage.
- Les paroles sont signalées par les **guillemets** et/ou les **tirets**. Elles sont introduites par une **proposition support** comportant un **verbe de parole**.

❶ AVEZ-VOUS COMPRIS ?

a. Relevez les deux propositions contenant les verbes de parole.
b. Relevez les paroles rapportées au discours direct.

« C'était la seule lettre que vous eussiez ? dit-il.
– La seule.
– Faites-en serment. »
Dantès étendit la main.
« Je le jure », dit-il.

Alexandre Dumas, *Le Comte de Monte-Cristo*.

❷ Recopiez le texte en rétablissant les signes de ponctuation manquants dans le dialogue : guillemets et tirets. *

... Bonjour, petit.
... Vous voulez que je vous aide ? **...**
Je dévorais des yeux les bouts de chandelle.
... Pour que tu me mettes la pagaille ! Tu n'as pas été à l'école aujourd'hui ?
... Si. Mais la maîtresse n'est pas venue. Elle avait mal aux dents.
... Ah ! **...**

José Mauro de Vasconcelos, *Mon Bel Oranger*.

❸ Remplacez dans les phrases suivantes le verbe *dire* par l'un des verbes proposés, puis relevez dans chaque phrase les paroles rapportées au discours direct. **

se plaignit – interrogea – appela – répéta – nia – demanda

a. « Ohé, Marie », dit ma mère du fond du jardin. **b.** Mon frère dit : « Ce n'est pas moi qui ai cassé le vélo ». **c.** « Où est passé mon rasoir ?, dit mon père. Qui m'a pris mon blaireau ? » **d.** « Qu'avez-vous fait dans la nuit du 12 au 13 juillet ? », dit le policier. **e.** Il dit : « Je n'en peux plus des guêpes ! » **f.** L'instituteur pour la troisième fois dit : « Deux et deux font quatre. »

❹ Introduisez les paroles suivantes avec l'un des verbes proposés en respectant la ponctuation du discours direct. **

s'écrier – demander – déclarer – s'exclamer – affirmer – ordonner – dire – s'informer

a. Entrez, s'il vous plaît. **b.** Va-t-en. **c.** Que dis-tu ? **d.** Je suis malade ! **e.** Pierre ne viendra pas. **f.** Le spectacle est complet, Monsieur. **g.** Combien ces fruits coûtent-ils ? **h.** Comme ce paysage est beau !

❺ Recopiez les phrases en déplaçant la proposition en gras selon les indications entre parenthèses. Attention à la ponctuation. ***

a. « C'est une calomnie ! », **haleta le roi Léonce.** *(avant le discours direct)*
b. « Je l'ai vu de mes yeux, je le jure ! », **protesta le magicien.** *(avant le discours direct)*
c. Le grand-duc demandait : « Du nouveau ? » *(après le discours direct)*
d. « Mon Dieu, les ours ! », **gémit**, d'une loge du deuxième balcon, **l'épouse du landgrave.** *(avant le discours direct)*
e. L'astrologue répéta d'un air piqué : « Parfaitement, par un ours ! » *(à l'intérieur du discours direct)*

D'après **Dino Buzzati**, *La Fameuse Invasion de la Sicile par les ours*.

❻ Ajoutez la ponctuation pour relier ces propositions et marquer le discours direct. Attention à l'ordre des mots dans la proposition support. ***

a. Mon fils me demande – Que veut dire le mot constitution ? **b.** J'ai trouvé ce château très impressionnant – Antonin déclare. **c.** Ne touchez pas les gâteaux ! – Le boulanger ordonne aux enfants. **d.** Cindy avoue – J'ai volé ces bonbons à la boulangère. **e.** Je gagnerai le slalom géant. – Il affirme

❼ Exercice d'écriture

Imaginez le dialogue entre les deux personnages (environ six répliques). Vous respecterez les règles de ponctuation et prendrez soin de varier les verbes de parole. ***

❽ FAITES LE BILAN

a. [L. 1 à 3] Relevez les paroles au discours direct.
b. Qui prononce ces paroles ?
c. Relevez les deux propositions incises du texte.
d. [L. 9] Rédigez la proposition support qui manque.

« Ah ! c'est vous, Dantès ! cria l'homme à la barque ; qu'est-il donc arrivé, et pourquoi cet air de tristesse répandu sur tout votre bord ?
– Un grand malheur, monsieur Morrel ! répondit le jeune homme, un grand malheur, pour moi surtout : à la hauteur de Civita Vecchia, nous avons perdu ce brave capitaine Leclère.
– Et le chargement ? demanda vivement l'armateur.
– Il est arrivé à bon port, monsieur Morrel. »

Alexandre Dumas, *Le Comte de Monte-Cristo*.

➤ Continuez à vous entraîner avec les exercices autocorrectifs du ROM

19 Grammaire — LA SUBORDONNÉE INTERROGATIVE INDIRECTE

POUR COMMENCER

Une **interrogation** peut être rapportée par le **discours direct** ▸ FICHE 18 ou à l'aide d'une proposition **subordonnée** : il s'agit alors du **discours indirect**.

I. PROPOSITION INTERROGATIVE DIRECTE ET INDIRECTE

1. Interrogative directe ▸ FICHE 18

• L'interrogation est rapportée comme elle a été posée. ***« Quel est ce livre ? »***

• Elle comporte un **point d'interrogation** et une intonation montante.

2. Interrogative indirecte

• L'interrogation est rapportée par une **proposition subordonnée** qu'on appelle **proposition interrogative indirecte**.

*Il demande **quel est ce livre**.*

• Elle n'a **pas de point d'interrogation**. Son intonation est descendante.

II. CARACTÉRISTIQUES ET IDENTIFICATION

1. Transformation

La proposition **subordonnée interrogative indirecte** peut se **transformer en interrogative directe**.
Interrogative indirecte *Elle ignore **s'il viendra**.* – Interrogative directe *« Viendra-t-il ? »*

2. Sens du verbe

Le verbe qui l'introduit est en général un **verbe de sens interrogatif** : *(se) demander, ignorer, chercher...*

*La reine **se demande** si elle sera délivrée. [= « Serai-je délivrée ? », **se demande** la reine.]*
indirecte directe

III. INTERROGATIVE INDIRECTE TOTALE OU PARTIELLE

1. L'interrogative indirecte totale

• La réponse attendue est *oui/si* ou *non*. Son sujet n'est **jamais inversé**.

• Elle est introduite par la conjonction ***si***.

*Je me demande **[si Tristan aime Iseult]**.* → réponse : *oui* ou *non*.

2. L'interrogative indirecte partielle

• La réponse attendue est différente de *oui* ou *non*.

• Elle est introduite par un **mot interrogatif** ▸ FICHE 11 ***quel, qui, quoi, que, auquel, lequel***.

*J'ignore [**quel** est le plus vaillant des chevaliers].* → Réponse : *Yvain ou Lancelot*.

• **Cas particuliers** ***que, qu'est-ce que ?*** devient ***ce que***

Interrogative indirecte → *Je me demande **ce que** tu préfères lire.* → Réponse : *les romans ou les BD*.

IV. FONCTION

La subordonnée interrogative indirecte est toujours **COD** du verbe principal.

*Le lecteur se demande **[si le roi Arthur a vécu longtemps]**.* **Que** se demande le lecteur ?
COD du verbe ***se demande***

À RETENIR

• La **proposition interrogative indirecte** est une question rapportée par une proposition subordonnée.
• La subordonnée **interrogative totale** est introduite par ***si***.
• La subordonnée interrogative partielle est introduite par un **mot interrogatif**. ▸ FICHE 11
• Elle est COD d'un **verbe interrogatif**.

1 AVEZ-VOUS COMPRIS ?

Parmi les deux interrogations en gras, laquelle est une interrogative indirecte ?

LE COMMISSAIRE. – Moi, j'ai le droit de me demander **ce que vous pouviez fiche à trois heures du matin** au coin de la rue Monsieur-le-Prince, vous qui dites habiter rue Pétrelle, 47.
BRELOC. – **Comment, je dis ?**

Georges Courteline, *Le commissaire est bon enfant*.

2 Distinguez les interrogatives directes et les interrogatives indirectes. Précisez à chaque fois si l'interrogation est totale ou partielle. *

a. Il s'interroge : « Qui a frappé à la porte ? » **b.** « Viens-tu avec nous au cinéma ? », me demanda-t-elle tout à coup. **c.** Nous ne savons pas si nous pouvons emprunter cette bicyclette. **d.** Le professeur ignore à quoi pensent les élèves. **e.** « Dis-moi : quelle tarte as-tu choisie ? » **f.** Je cherche quelle est la bonne réponse.

3 Recopiez les interrogatives indirectes et indiquez le verbe introducteur. *

a. Le prince de Motordu ne sait pas s'il a toujours parlé avec des mots tordus. **b.** Il se demande si un « mouton ça se coud, et si un bouton ça se cuit ». **c.** Le prince ne sait pas quelle est la profession de la princesse Dézécolle. **d.** La princesse demande au prince s'il préfère avoir des petits glaçons ou des petites billes.

D'après **Pef**, *Les Quatre Belles Lisses Poires du prince de Motordu*.

4 Soulignez les mots interrogatifs qui introduisent la proposition interrogative indirecte et précisez si l'interrogation est partielle ou totale. **

a. Il n'ose demander à qui on réserve ce cadeau. **b.** Il se demande si tu viens. **c.** Il demande à qui c'est le tour. **d.** Dis-lui ce que tu fais. **e.** Vous ne savez pas si Rémi s'en sortira. **f.** Expliquez-moi ce que démontre le théorème de Pythagore. **g.** Il demande qui vient.

5 Transformez en interrogatives directes les interrogatives indirectes en gras. ***

a. J'ai demandé **si je pouvais mettre dessus la locomotive et le wagon de marchandises.** **b.** Pendant qu'on montait un grand escalier, je lui ai demandé **ce que c'était le caviar.** **c.** Papa se demandait **s'il ne valait pas mieux me mettre tout de suite comme apprenti.** **d.** Moi, je n'ai pas osé demander **quelle était l'histoire du ballon et de la fenêtre.**

Sempé Goscinny, *La Rentrée du Petit Nicolas*.

6 Transformez les interrogations indirectes en interrogations directes en vous aidant du verbe proposé entre parenthèses. Attention aux changements que cela nécessite. ***

a. Aimes-tu l'école ? (*je demande*) **b.** Préfères-tu le thé ou le café ? (*je ne pas sais pas*) **c.** Qui est venu chez toi aujourd'hui ? (*elle ignore*) **d.** Qu'est-ce qui ne va pas chez toi ? (*je me demande*) **e.** Que fais-tu ? (*raconte-lui*) **f.** Qu'as-tu compris de la leçon ? (*explique-nous*) **g.** As-tu compris l'histoire ? (*dis-moi*)

7 Faites suivre les verbes suivants d'une proposition interrogative indirecte. ***

se demander – ignorer – dire – ne pas savoir – demander – expliquer

8 Exercice d'écriture

Imaginez une phrase comportant une interrogation indirecte pour chaque vignette. ***

9 FAITES LE BILAN

a. Relevez les deux interrogatives indirectes.
b. Soulignez leur mot introducteur.
c. Précisez s'il s'agit d'une interrogative indirecte partielle ou totale.
d. Transformez en interrogative indirecte la question suivante. *Briss m'a demandé : « As-tu besoin de mon aide ? »*

Je ne sais pas ce que Briss fait sur cette Terre. C'est un ange. […]
Briss ne m'a pas demandé d'explication. Il a vu dans quel état j'étais. Il voulait savoir ce qu'il pouvait faire.

Timothée de Fombelle, *Céleste ma planète*.

➤ Continuez à vous entraîner avec les exercices autocorrectifs du ROM

20 Grammaire

LES TEMPS SIMPLES DE L'INDICATIF

POUR COMMENCER

Le mode **indicatif** comporte **quatre temps simples** : le **présent**, **l'imparfait**, le **passé simple** et le **futur simple**.
Ce sont des temps qui sont conjugués **sans auxiliaire**.

I. CONJUGAISON DES TEMPS SIMPLES Révision 6e

1. Au présent et au passé simple

Les terminaisons sont différentes selon les groupes. ▸ FICHE 27

	1er groupe → *chanter*	2e groupe → *finir*	3e groupe → *rendre*
Présent	*je chant**e**, nous chant**ons***	*je fini**s**, nous fini**ssons***	*je ren**ds**, nous rend**ons***
Passé simple	*je chant**ai**, nous chant**âmes***	*je fin**is**, nous fin**îmes***	*je rend**is**, nous rend**îmes***

2. À l'imparfait

La formation et les terminaisons sont identiques pour tous les groupes : ***-ais, -ais, -ait, -ions, -iez, -aient***.
*je chant**ais**, nous chant**ions** – je finiss**ais**, nous finiss**ions** – je rend**ais**, nous rend**ions***

3. Au futur simple

Les terminaisons sont les mêmes pour tous les groupes ***-ai, -as, -a, -ons, -ez, -ont***.

• 1er et 2e groupes
Elles s'ajoutent à l'infinitif du verbe
*je chanter**ai** – je finir**ai***

• 3e groupe
Elles s'ajoutent à l'infinitif sans le **-e**
*je rendr**ai** – nous rendr**ons***

II. PRINCIPALES VALEURS DES TEMPS SIMPLES

Présent	Présent d'énonciation *Comment **vas**-tu ?*	Présent de narration *Il lisait. Soudain, on **sonne**.*	Présent de vérité générale *Qui **vole** un œuf **vole** un bœuf.*
Imparfait	Action qui dure, un état (description) *Dans mon enfance, nous **habitions** à Paris.*	Habitude, répétition *Autrefois, je me **levais** tous les matins à 7h30.*	
Passé simple	Une succession de faits passés *Il se **leva**, **salua** et **sortit** en silence.*	Un fait ponctuel *Cette année-là, il **gela**.*	Un fait historique *Louis XIV **mourut** en 1715.*
Futur simple	Une action future certaine *Demain, il **pleuvra**.*	Une action possible *Si tu n'apprends pas la règle, tu **feras** des fautes !*	Une injonction (ordre, conseil) *Non, tu n'**iras** pas danser.*

III. EMPLOIS DANS LE RÉCIT

	Actions de 2nd plan descriptions et explications	**Actions de 1er plan**	**Actions à venir**
Récit au passé	Imparfait *La route **glissait**.*	Passé simple *Il **chaussa** ses skis.*	Futur du passé (conditionnel temps) *Il savait que la neige **tomberait**.*
Récit au présent	Présent *La route **glisse**.*	Présent *Il **chausse** ses skis.*	Futur simple *Il sait que la neige **tombera**.*

À RETENIR

• Le **présent** et le **passé simple** ont des terminaisons **différentes** selon le **groupe** du verbe.
• L'**imparfait** et le **futur** ont les **mêmes terminaisons** pour tous les groupes.
• Les temps permettent de situer une action dans une **chronologie**. Ils ont aussi d'autres **valeurs** permettant de **nuancer** et d'**enrichir** un récit.

1 AVEZ-VOUS COMPRIS ?

Relevez les verbes conjugués à un temps simple de l'indicatif.

Les marchands le poursuivent mais ils ne le rattraperont plus de la journée car son cheval est très rapide. Sans ralentir l'allure, à travers un vallon, il galopa jusqu'à sa propriété. Aussi les marchands ont-ils abandonné la partie tout en se traitant de tous les noms ; fourbus, ils firent demi-tour. Cependant notre goupil continuait à vive allure, habitué à sortir des pires difficultés.

Le *Roman de Renart*.

2 Conjuguez le verbe au temps indiqué entre parenthèses. *

je (crier – *présent*) – tu (courir – *imparfait*) – il (casser – *futur*) – nous (chanter – *passé simple*) – vous (parler – *futur*) – elles (diviser – *imparfait*) – je (finir – *présent*) – tu (vouloir – *passé simple*) – elle (courir – *futur*) – nous (prendre – *présent*)

3 Indiquez si les verbes sont conjugués à l'imparfait ou au futur. *

j'arrivais – je danserai – il prenait – elles agissaient – je prenais – il choisissait – il tournera – elles écrivaient – je jouerai – il faisait

4 Indiquez si les verbes sont conjugués au présent ou au passé simple. Attention, quelquefois deux solutions sont possibles ! **

je finis – il marie – je relis – il avertit – il produit – tu chéris – il gémit – tu repris – je pris – il prie

5 Dans les phrases suivantes, précisez la valeur du présent de l'indicatif. **

a. L'eau bout à 100 degrés. **b.** Le ciel était gris et menaçant ; subitement, un éclair illumine le ciel et on entend le tonnerre gronder. **c.** J'étais un enfant bagarreur ; je pense aujourd'hui que c'était à cause de ma timidité. **d.** Je pratique le judo. **e.** Qui aime bien châtie bien.

6 Dans les phrases suivantes, indiquez le temps des verbes et la valeur de chaque temps. **

a. Tu iras à la boulangerie acheter du pain, et tout de suite ! **b.** Demain, nous nous rendrons à la piscine sans faute. **c.** Le 14 juillet 1789, les insurgés assaillirent la prison de la Bastille. **d.** Il prenait le bus chaque matin, mais le jour de son anniversaire, il prit un taxi. **e.** Pendant les vacances, la famille se retrouvait et passait de bons moments. **f.** Si tu ne m'écoutes pas, il t'arrivera des ennuis.

7 Les temps du récit : dans le texte suivant, mettez les verbes à l'imparfait ou au passé simple. ***

Soudain un rayon de soleil *(attirer)* son regard. Dans le pâle soleil *(scintiller)* une épée étrangement plantée dans un rocher. Arthur *(s'approcher)* lentement. Autour de lui, tout était devenu silencieux. Avec douceur, il *(poser)* sa main sur le pommeau d'or. Il *(trouver)* le métal tiède sous sa paume. Quand il *(refermer)* les doigts, une vague de chaleur *(parcourir)* son bras. L'épée *(sembler)* faire partie de lui, depuis toujours. Calmement, il *(commencer)* à retirer l'arme de sa gangue de pierre ; sans la moindre résistance, la lame *(glisser)* hors du rocher.

Claudine Glot, *Sur les traces du roi Arthur*.

8 Exercice d'écriture

Imaginez un court récit à partir de cette scène, en utilisant le présent, l'imparfait et le futur simple. ***

Claude Monet, *Le Déjeuner sur l'herbe, à Chailly*.

9 FAITES LE BILAN

a. Relevez tous les verbes conjugués à un temps simple de l'indicatif et indiquez leur temps.
b. Indiquez la valeur du temps des verbes en gras.

Un jour, après la célébration de la messe que Renart avait fort dévotement écoutée, il sortit de l'église le tout dernier, tenant dans sa main un psautier[1]. Or un bourgeois du nom de Thibaud le riche avait donné aux moines quatre chapons[2] bien dodus : ce bourgeois **n'était** ni avare ni chiche envers eux. Renart a aperçu les chapons : il **regrettera** de ne pouvoir les croquer, il **pense** s'en régaler.

Le *Roman de Renart*.

1. livre de chants religieux.
2. poulets châtrés et engraissés pour être mangés.

➤ Continuez à vous entraîner avec les exercices autocorrectifs du ROM

21 Grammaire

LES TEMPS COMPOSÉS DE L'INDICATIF

POUR COMMENCER

Un **temps composé** est formé d'un **auxiliaire** (***être*** ou ***avoir***) et d'un **participe passé**.
Il y a **quatre** temps composés de l'indicatif, qui correspondent chacun à un temps simple. ▸ FICHE 20

I. FORMATION ET CONJUGAISON

Dans un temps composé, **l'auxiliaire** porte les marques de **conjugaison** : mode, temps et personne.
Le mode **indicatif** comporte **quatre** temps composés.

Temps simples

Présent	Imparfait	Futur	Passé simple
Il chante	*Il chantait*	*Il chantera*	*Il chanta*
Il part	*Il partait*	*Il partira*	*Il partit*

Temps composés

Passé composé	Plus-que-parfait	Futur antérieur	Passé antérieur
→ *Il **a chanté***	→ *Il **avait chanté***	→ *Il **aura chanté***	→ *Il **eut chanté***
→ *Elle **est partie***	→ *Elle **était partie***	→ *Elle **sera partie***	→ *Elle **fut partie***

Selon les phrases, le participe passé se trouve :

- juste après l'auxiliaire
  *Hier, elle **est venue**.*
- séparé par un sujet inversé
  ***Est**-elle **venue** hier ?*
- séparé par un complément
  *Elle **est** tout de suite **venue**.*

Les règles d'accord du participe passé sont expliquées ▸ FICHE 28

II. EMPLOIS ET VALEURS

1. Les temps composés expriment

- une action **accomplie** : elle est **achevée**.
  *Avant, il mentait. Maintenant, il **a changé**.*
- l'**antériorité** d'une action : elle se passe **avant** une autre action exprimée au **temps simple**.
  *Quand le chat **fut parti**, les souris dansèrent.*
  action **1** : *fut parti* – action **2** : *dansèrent*

2. Ordre chronologique des actions

L'observation des temps permet de rétablir l'**ordre chronologique** des actions :
*Il **mit** le pantalon qu'il **avait acheté** la veille.*
Ordre chronologique : action **1** → ***avait acheté*** – action **2** → ***mit***

Le temps principal du récit au passé est en général un temps simple. ▸ FICHE 20
Mais le **passé composé** peut aussi être utilisé comme **temps principal**.
Dans ce cas, le **plus-que-parfait** exprime l'antériorité du passé composé.
***J'ai pris** le train que j'**avais réservé** deux mois auparavant.*
Ordre chronologique : action **1** → ***avais réservé*** – action **2** → ***ai pris***

À RETENIR

- Les **temps composés** comportent toujours deux éléments : un **auxiliaire** (***être*** ou ***avoir***) et un **participe passé**, qui sont parfois **séparés** par un **sujet** inversé ou des **compléments**.
- Leur **valeur** principale est d'indiquer l'**antériorité** d'une action par rapport à une autre.

❶ AVEZ-VOUS COMPRIS ?

a. À quel temps composé de l'indicatif le verbe en gras est-il conjugué ?
b. Relevez les trois autres verbes conjugués au même temps composé.

[Le petit loup] **avait découvert** un aspect plus féroce de la vie, il s'était battu ; il avait senti le goût de la chair hostile sous sa dent et il avait survécu. Pour toutes ces raisons, on le voyait maintenant trotter avec un air hardi qu'il n'avait pas auparavant.

Jack London, *Croc-Blanc*.

❷ Précisez à quel temps composé est conjugué chaque verbe. Donnez son infinitif. ✱

j'ai vécu – tu avais vaincu – elle aura peint – nous sommes arrivés – vous étiez venus – ils eurent pris – on a lu – je serai descendu – nous avions menti – elles ont mis

❸ Précisez le temps simple de chaque verbe, puis mettez-le au temps composé correspondant. ✱

je pars – tu comptais – il prendra – nous vîmes – vous arrêterez – ils sourient – je tenais – tu fis – elle cassait – nous courions

❹ Mettez le verbe entre parenthèses au temps composé qui convient. ✱✱

a. Quand il *(finir)* de manger, il se levait pour jouer. **b.** Il sera agréable de se promener, une fois que la pluie *(cesser)*. **c.** Aussitôt que vous *(cueillir)* les fruits, vous les mangiez. **d.** Il vend sur le marché ce qu'il *(récolter)* dans son jardin. **e.** Il acheta cet appartement dès qu'il *(connaître)* son prix.

❺ Relevez dans chaque phrase les verbes conjugués à un temps composé en précisant le temps. ✱✱

a. Où avez-vous rangé les chaussures ? **b.** L'autobus a brusquement freiné devant un piéton. **c.** Je l'avais déjà rencontré. **d.** Dès que nous eûmes longuement discuté ensemble, le projet eut lieu. **e.** Vous serez bientôt, je l'espère, rentrés chez vous. **f.** Ils auront, comme toujours, extrêmement bien préparé leur discours.

❻ Composez des phrases en conjuguant un verbe au temps simple indiqué et un verbe au temps composé qui correspond. ✱✱

Éteindre la lumière, dormir (passé simple) → Quand il eut éteint la lumière, il dormit.

a. semer, récolter *(imparfait)* **b.** cuisiner, dîner *(présent)* **c.** mettre son armure, partir délivrer la princesse *(passé simple)* **d.** préparer ses armes, partir à la guerre *(futur)*

❼ Trouvez l'ordre chronologique des actions puis construisez une phrase avec les verbes proposés. Vous emploierez un temps composé et le temps simple qui correspond. ✱✱✱

Poster, écrire la lettre, mettre un timbre → Quand il eut écrit la lettre, il mit un timbre et la posta.

a. avoir une bonne note, apprendre, réciter la leçon **b.** se laver, s'habiller, se lever **c.** courir, boire, se reposer **d.** partir, fermer la porte, éteindre la lumière

❽ Observez les temps et numérotez les verbes dans l'ordre chronologique des actions. ✱✱✱

a. Demain, quand la neige aura cessé de tomber, elle plantera le sapin dans le jardin et le décorera avec les guirlandes qu'elle a choisies, parmi celles que sa voisine lui avait offertes. **b.** Le mécanicien lit les consignes que son chef a inscrites : il réparera la voiture bleue quand il aura identifié la panne. **c.** Quand il aura prévenu sa famille, il suivra sans doute les conseils du médecin qu'il avait déjà consulté l'an dernier et qu'il a revu hier.

❾ Exercice d'écriture

Imaginez les différentes actions effectuées par la femme ou par l'homme avant qu'ils se retrouvent à la gare. Employez un temps composé pour conjuguer les verbes. ✱✱✱

Avant d'arriver à la gare, elle (il) s'était préparé(e). Elle…

❿ FAITES LE BILAN

a. Relevez les verbes conjugués en soulignant en rouge les verbes conjugués à des temps simples, en vert ceux qui sont conjugués à des temps composés.
b. [L. 7 à 9] Reconstituez l'ordre chronologique des actions des deux dernières phrases, en numérotant les verbes conjugués.

Un jour qu'elle traversait un champ, triste et pensive, elle vit au loin, sur un rivage, en bordure d'un bras de mer, une tour isolée. Sur une bonne lieue à la ronde, il n'y avait ni maison, ni manoir, ni hutte de berger. C'était là la tour qu'avait fait construire Méléagant pour y enfermer Lancelot. Mais la demoiselle n'en savait rien. Dès qu'elle l'eut aperçue, elle la fixa sans pouvoir en détourner les yeux. Elle eut brusquement l'intime conviction que c'était là ce qu'elle avait tant cherché.

Chrétien de Troyes, *Lancelot ou le Chevalier à la charrette*.

➤ Continuez à vous entraîner avec les exercices autocorrectifs du ROM

CAS PARTICULIERS DES VERBES DU 1ER GROUPE

22 Grammaire

POUR COMMENCER

Les verbes du **1er groupe** se conjuguent comme ***chanter***, mais un certain nombre d'entre eux présente des particularités d'**orthographe** en fonction de la **dernière lettre de leur radical**.

I. INFINITIFS SE TERMINANT PAR *-AYER, -OYER, -UYER*

1. Verbes en *-uyer* et *-oyer*

• Le **y** se remplace par un **i** devant **e muet**.

*j'appu**ie**, ils appu**ient**, j'appu**ierai**, nous appu**ierons***

• Le **y** se maintient devant **a**, **o**, **è** et **e** prononcé [e].

*nous appu**yons**, vous appu**yez**, j'appu**yais**, ils appu**yèrent***

2. Verbes en *-ayer (payer)*

• Devant **e muet**, on peut écrire **i** ou **y**.

*je bala**ie** / bala**ye** – je bala**ierai** / bala**yerai** – tu bala**ies** / bala**yes** – il bala**iera** / bala**yera***

• Le **y** se maintient devant **a**, **o**, **è** et **e** prononcé [e].

*nous bala**yons**, vous bala**yez**, je bala**yais***

II. VERBES EN *-ELER (APPELER)* OU *-ETER (JETER)*

• Selon la prononciation, on **double la consonne -l** ou **-t** pour obtenir le son [ɛ].

*j'appe**lle*** [apɛl], *nous appe**lons*** [apəlɔ̃], *j'appe**lais**, j'appe**llerai***

*Je je**tte*** [ʒɛt], *nous je**tons*** [ʒətɔ̃], *je je**tais**, je je**tterai***

• **Sauf** pour certains verbes dans lesquels le son [ɛ] est noté par un **accent grave**.

***Modeler** → je mod**è**le, nous modelons – **Peler** → je p**è**le, nous pelons – **Geler** → je g**è**le, nous gelons*

***Acheter** → j'ach**è**te, nous achetons – **Haleter** → je hal**è**te, nous haletons*

III. VERBES EN *-CER* OU *-GER*

1. La lettre c

• devant **o** et **a**, la lettre **c** doit devenir **ç** pour traduire le son [s].

*nous commen**çons**, commen**çant**, il commen**ça***

• devant **e**, le **c** ne prend pas de cédille.

*je commen**ce**, il commen**cera***

2. La lettre g

• devant **o** et **a**, la lettre **g** doit devenir **ge** pour traduire le son [ʒ].

*nous voya**geons**, voya**geant**, il voya**gea***

• devant **e**, le **g** se maintient sans changement.

*je voya**ge**, il voya**gera***

IV. VERBES EN *-ÉER, -IER, -UER, -OUER (CRÉER, CRIER, LOUER, SECOUER)*

Il ne faut pas oublier le **e** muet qui caractérise les verbes du 1er groupe aux trois personnes du singulier.

*je cr**ée**, tu rem**ues**, il sec**oue**, il cr**ie***

À RETENIR

• La conjugaison des verbes du **premier groupe** a pour modèle le verbe ***chanter***.

• Mais il faut aussi apprendre par cœur certaines **règles orthographiques** : elles concernent le **radical** si celui-ci se termine par ***-ayer***, ***-oyer*** ou ***-uyer***, ainsi que par ***-eter***, ***-eler***, ***-cer*** ou ***-ger***.

1 AVEZ-VOUS COMPRIS ?

Indiquer l'infinitif des verbes en gras. Comment sait-on qu'il s'agit de verbes du 1er groupe ? Mettez ces verbes à la 1re personne du pluriel.

Alors le coq **commence** [à chanter] très fort. Il **chante** un vers, un œil clos, l'autre ouvert, car il se **méfie** fortement de Renard. Il **jette** souvent des regards de son côté.

Le *Roman de Renard*.

2 Indiquez l'infinitif et le groupe de chaque verbe. *

il offre – il marche – il pense – il cueille – il crie – il regarde – il souffre – il s'agite – il joue – il porte

3 Indiquez le groupe de chaque verbe entre parenthèses et mettez-le au présent. *

a. La glace (*fondre*)./Romulus (*fonder*) Rome. **b.** Il (*lire*) un livre./Il (*lier*) les deux gerbes de blé ensemble. **c.** Tu (*parier*)./tu (*sourire*). **d.** Tu (*avouer*) et tu (*coudre*). **e.** Je (*remuer*) et j'(*exclure*).

4 Conjuguez les verbes entre parenthèses au présent puis au futur. Quand il y a plusieurs possibilités, indiquez-les. **

a. Je (*balayer*) la chambre et tu (*nettoyer*) la salle de bains. **b.** Nous (*appuyer*) sur la sonnette, le chien (*aboyer*) et tu (*bégayer*) ! **c.** Nous, les chevaliers, nous (*festoyer*) les jours de victoire. **d.** Tu (*appuyer*) sur la sonnette pour appeler le serveur et nous (*payer*) l'addition. **e.** Il (*employer*) son tournevis pour débloquer la porte et (*rayer*) la peinture.

5 Conjuguez les verbes au présent puis au futur en mettant un accent grave ou en doublant la consonne. **

je (*acheter*) – tu (*appeler*) – il (*geler*) – nous (*jeter*) – vous (*modeler*) – ils (*peler*) – tu (*jeter*) – il (*rejeter*) – elle (*étinceler*) – on (*dégeler*)

6 Complétez avec g ou ge et identifiez les temps conjugués. **

– **Négliger** : tu négli...as – elle négli...ait – vous négli...iez.
– **Surgir** : ils sur...irent – je sur...irai – elles sur...issent.
– **Juger** : nous ju...ions – tu ju...ais – elles ju...aient.
– **Corriger** : on corri...ait – je corri...ai – vous corri...iez.

7 Complétez avec c ou ç et identifiez les temps conjugués. **

– **Menacer** : tu mena...ais – il mena...a – nous mena...ions.
– **Négocier** : nous négo...ions – il négo...ie – tu négo...iais.
– **Tracer** : vous tra...iez – elles tra...aient – il tra...a.
– **Financer** : tu finan...as – je finan...ais – nous finan...ons.

8 Conjuguez les verbes suivants à la 1re personne du pluriel du présent en vous interrogeant sur le radical : c ou ç ? g, gu ou ge ? **

Nous (*avancer*), (*partager*), (*fatiguer*), (*commencer*), (*ranger*), (*renoncer*), (*fuguer*), (*placer*), (*bouger*), (*mélanger*), (*conjuguer*), (*rincer*)

9 Mettez ces verbes du 1er groupe à la première personne du singulier. **

nous secouons – nous créons – nous remuons – nous situons – nous crions – nous envions – nous avouons – nous saluons

10 Associez à chaque nom l'infinitif du 1er groupe qui correspond, en orthographiant correctement le radical. **

la navigation – la propagation – la démangeaison – la fabrication – la conjugaison – la communication – la divagation – la complication

11 Conjuguez les verbes au temps indiqué entre parenthèses en orthographiant correctement le radical. ***

nous (*interroger – présent*) – il (*nager – imparfait*) – vous (*loger – présent*) – tu (*naviguer – imparfait*) – je (*ranger – futur*) – elles (*diriger – imparfait*) – tu (*voguer – futur*) – je (*manger – présent*)

12 Identifiez le groupe du verbe puis mettez-le à la 1re personne du singulier. ***

nous jouons – nous excluons – nous cousons – nous évacuons – nous plions – nous rions – nous nions – nous huons

13 FAITES LE BILAN

a. [L. 1 à 4] Récrivez le texte à la 2e personne du singulier du présent de l'indicatif. Mettez-le ensuite à la 1re personne du pluriel du futur.
b. Indiquez le verbe pour lequel deux formes sont possibles.
c. [L. 5 et 6] Orthographiez correctement la dernière phrase puis indiquez l'infinitif des deux verbes que vous avez conservés.

Nettoyer la cuisine. Commencer par la vaisselle. Essuyer les verres, ranger les assiettes. Secouer le tapis, changer les torchons. Jeter les restes de nourriture. Puis ne pas s'arrêter : balayer la pièce. Il (*relie/relit*) plusieurs fois les consignes et il (*s'écrit/s'écrie*) : « Au travail ! »

➤ Continuez à vous entraîner avec les exercices autocorrectifs du ROM

23 Grammaire

LES VERBES IRRÉGULIERS

POUR COMMENCER

Certains verbes sont dits **irréguliers**, c'est-à-dire qu'ils **ne suivent pas les règles** de conjugaison du groupe auquel ils appartiennent.

I. TERMINAISONS IRRÉGULIÈRES

Présent de l'indicatif

Pouvoir *je **peux** / tu **peux*** **Vouloir** *je **veux** / tu **veux***	**Faire** *vous **faites** / ils **font*** **Dire** *vous **dites** / ils **disent***
Vaincre *il vain**c***	

II. CHANGEMENTS DE RADICAL

1. Présent de l'indicatif

Aller	*je **vais***	*nous allons*	*ils **vont***
Savoir	*je **sais***	*nous savons*	*ils savent*
Vouloir	*je **veux***	*nous voulons*	*ils **veul**ent*
Pouvoir	*je **peux***	*nous pouvons*	*ils **peuv**ent*

2. Futur

Aller *j'**ir**ai* **Courir** *je cou**rr**ai* **Cueillir** *je cueill**er**ai* **Envoyer** *j'en**verr**ai* **Faire** *je **fer**ai* **Mourir** *je mou**rr**ai*	**Pouvoir** *je pou**rr**ai* **Recevoir** *je rece**vr**ai* **Savoir** *je **saur**ai* **Venir** *je **viendr**ai* **Voir** *je **verr**ai* **Vouloir** *je **voudr**ai*

3. Passé simple

Dire *il **dit***	**Conduire** *il condui**sit***	**Asseoir** *il **assit***	**Naître** *il **naquit***
Pouvoir *il **put***	**Vivre** *il **vécut***	**Mettre** *il **mit***	**Prendre** *il **prit***
Faire *il **fit***	**Voir** *il **vit***	**Mourir** *il **mourut***	**Vaincre** *il vain**quit***

III. CAS PARTICULIERS

1. Le verbe *asseoir*

Le verbe *asseoir* peut se conjuguer de deux façons différentes.

J'ass***eois***	Tu ass***eois***	Il ass***eoit***	Nous ass***oyons***	Vous ass***oyez***	Ils ass***eoient***
J'ass***ieds***	Tu ass***ieds***	Il ass***ied***	Nous ass***eyons***	Vous ass***eyez***	Ils ass***eyent***

2. Verbes du 3e groupe

Certains verbes du 3e groupe se conjuguent au présent comme des verbes du 1er groupe.
offrir → *il offre* – **cueillir** → *il cueille* – **souffrir** → *il souffre*

À RETENIR

- Les verbes du **troisième groupe** forment un ensemble varié dans lequel se trouvent de **nombreux cas particuliers**.
- Il faut apprendre **par cœur** la conjugaison des verbes très employés comme ***aller***, ***faire***, ***dire***, ***vouloir***, ***pouvoir*** et ***savoir***. ▸ TABLEAUX P. 347-348

1 AVEZ-VOUS COMPRIS ?

a. Donnez les infinitifs des verbes en gras.
b. Indiquez ceux qui sont irréguliers en précisant pourquoi.

La reine **mit** en garde la princesse : « **Assieds**-toi, je **veux** que tu **m'écoutes** : un jour tu te **piqueras** le doigt, mais tu ne **mourras** pas. Tu **dormiras**. Un prince **viendra** et te **réveillera**. »

2 Complétez les phrases suivantes en suivant les indications entre parenthèses. *

a. Vous (*présent – faire*) vos devoirs. **b.** Nous (*présent – faire*) des gâteaux pour le goûter. **c.** Ils (*futur – mourir*) si on ne les soigne pas. **d.** Vous (*présent – dire*) toujours la vérité. **e.** Je (*futur – courir*) le plus vite possible.

3 Mettez ces verbes réguliers entre parenthèses au passé simple. *

je (*chanter*) – tu (*finir*) – il (*rendre*) – nous (*danser*) – vous (*avertir*) – ils (*courir*) – elle (*être*) – on (*avoir*) – ils (*penser*) – elles (*grandir*)

4 Complétez les phrases suivantes avec la bonne forme au passé simple. **

a. Il (*faire*) un gâteau pour l'anniversaire de ma mère. **b.** Je (*rire*) aux larmes pendant tout le spectacle. **c.** Il (*prendre*) une douche après son excursion. **d.** Ils (*mourir*) pendant la guerre. **e.** Ils (*écrire*) des romans.

5 Complétez la phrase suivante au présent de l'indicatif, puis mettez les verbes à la troisième personne du singulier et à la deuxième du pluriel. **

a. Je (*savoir*) que j'ai raison et je ne (*vouloir*) rien savoir d'autre. **b.** Je le (*voir*) arriver, alors je (*s'en aller*). **c.** Je (*s'asseoir*) près du feu et je (*faire*) des mots croisés.

6 Mettez les verbes entre parenthèses au futur. **

a. Il ne (*vouloir*) pas venir, il (*faire*) bande à part. **b.** Efface nos traces ! Nul ne (*savoir*) que nous sommes passées par là. **c.** Qui (*vivre*) (*voir*). **d.** N'oubliez pas le guide touristique, sinon, quand vous (*aller*) en ville, vous ne (*savoir*) pas où aller.

e. Seigneur, dit Corentin [au roi], ainsi (*faire*)-je puisque c'est par votre bouche que Dieu daigne m'instruire. Mais, hélas ! […] que (*faire*) les brebis, si le pasteur les abandonne ? Comment (*vivre*) les enfants si le père leur manque ?

Charles Guyot, *La Légende la ville d'Ys.*

7 Exercice d'écriture

En utilisant les verbes *naître, mourir, vaincre* et *vivre* conjugués au passé simple à la troisième personne du singulier, rédigez en cinq lignes la notice biographique d'un chevalier imaginaire. ***

Monseigneur le connétable, chevalier de Saint-Pol.

8 Complétez le tableau en conjuguant les verbes aux personnes indiquées. ***

présent	imparfait	futur	passé simple
Je	J'allais		
Tu			Tu courus
Il meurt			
Nous		Nous voudrons	
Vous	Vous disiez		
Elles font			

9 FAITES LE BILAN

a. Recopiez ce texte en conjuguant au passé simple les verbes au passé composé.
b. Mettez au futur les verbes en gras.
c. Mettez au présent la phrase entre guillemets [l. 7].

Les joueurs **ont pris** le car et **sont allés** au Stade de France pour affronter des adversaires redoutables. Ils ont pu gagner car ils l'ont voulu de toutes leurs forces : après une lutte acharnée, l'équipe de France a vaincu ses adversaires. Les joueurs n'oublieront pas la journée qu'ils ont vécue ! Tout le monde **a vu** combien ils étaient admirables et leur a dit : « Vous **avez fait** un exploit ! »

➤ Continuez à vous entraîner avec les exercices autocorrectifs du ROM

24 Grammaire — LA VOIX PASSIVE

POUR COMMENCER

La **voix passive** du verbe met l'accent sur celui **qui n'agit pas**, contrairement à la voix **active**.

I. CARACTÉRISTIQUES

Seuls les verbes qui **acceptent un COD** peuvent se **conjuguer** à la **voix passive**. ▸ FICHE 17

- Voix **active** *Le chat **mange** un rat.*
Le **sujet** du verbe est *le chat*.
(c'est le *chat* qui mange → le *chat* est **actif**)

- Voix **passive** *Un rat **est mangé** par le chat.*
Le **sujet** du verbe est *un rat*.
(ce n'est pas le *rat* qui mange → le *rat* est **passif**)

II. FORMATION

La voix passive est formée de l'auxiliaire ***être*** suivi du **participe passé**.
*La maison **sera construite** par un architecte.*

L'auxiliaire ***être***

- indique le temps et le mode de la voix passive
*La maison **était achetée**.*
Imparfait passif → ***être*** est à **l'imparfait**.

- entraîne **l'accord du participe passé** ▸ FICHE 28
*Les châteaux sont construit**s**.*
*Les maisons sont construit**es**.*

III. TEMPS SIMPLES ET TEMPS COMPOSÉS

1. Temps simples à la voix passive

À la voix **passive**, un verbe conjugué à un temps **simple** comprend **deux éléments**.

- **Présent passif** *Le ballon **est lancé** par le joueur.*
- **Imparfait passif** *Le ballon **était lancé** par le joueur.*
- **Futur passif** *Le ballon **sera lancé** par le joueur.*
- **Passé simple passif** *Le ballon **fut lancé** par le joueur.*

2. Temps composés à la voix passive

À la voix **passive**, un temps composé comprend **trois éléments**.

- **Passé composé passif**
*Le ballon **a été lancé** par le joueur.*
- **Plus-que-parfait passif**
*Le ballon **avait été lancé** par le joueur.*

IV. DIFFICULTÉS

1. Ne confondez pas les auxiliaires *être* et *avoir*

- L'auxiliaire ***avoir*** d'un temps **composé actif**
*Le vent **avait** **emporté** les feuilles.*
Plus-que-parfait **actif**

- L'auxiliaire ***être*** d'un temps **composé passif**
*Les feuilles **avaient été** **emportées** par le vent.*
Plus-que-parfait **passif**

2. Certains verbes conjugués avec l'auxiliaire *être* sont à la voix active

- Les verbes attributifs
Il est devenu → ~~Il a devenu~~.
- Les verbes de mouvement
Il est parti → ~~Il a parti~~.
- Les verbes *naître* et *mourir*
Il est né → ~~Il a né~~.

Si l'on ne peut pas remplacer l'auxiliaire ***être*** par l'auxiliaire ***avoir***, le verbe est à la **voix active**.

Les conjugaisons de la voix passive sont détaillées ▸ P. 344 ET SUIVANTES

À RETENIR

- La voix **passive** se forme toujours avec l'auxiliaire ***être*** suivi du **participe passé**.
Le **temps** et le **mode** de l'auxiliaire ***être*** permettent d'**identifier** le temps et le mode du verbe à la voix **passive**.
- Attention, certains verbes conjugués avec l'auxiliaire ***être*** sont à la voix **active**.

1 AVEZ-VOUS COMPRIS ?

Les verbes en gras sont à la voix passive. Indiquez leur temps de l'indicatif.

Le roi Arthur n'est pas mort, il **est protégé** par la magie de Morgane et il reviendra un jour délivrer les Bretons de l'envahisseur saxon. Cette légende **a été créée** pour donner aux Bretons [...] l'espoir de prendre leur revanche.

Daniel Royo, *Le Dico des chevaliers.*

2 Observez les auxiliaires et indiquez si les verbes en gras sont conjugués à la voix passive ou à la voix active. *

a. Elle **fut encouragée** à continuer. **b.** Nous **sommes attendus** à midi. **c.** Combien de temps **as**-tu **attendu** ? **d.** Vous **aviez été défendus** par un bon avocat. **e.** Tout le monde nous **a encouragés** à poursuivre ! **f.** Il **a défendu** son idée.

3 Les verbes en gras sont tous à la voix passive. Identifiez leur temps, puis mettez-les à la voix active selon l'exemple. Attention aux accords avec le sujet. *

Tu étais puni par tes parents → imparfait passif.
Tes parents te punissaient → imparfait actif.

a. Tu **seras attrapé** par les gendarmes. **b.** Il **était dévoré** par le remords. **c.** Nous **étions entourés** d'eau. **d.** Vous **aviez été conduits** par l'instinct. **e.** Vous **aurez été cassés** par la fatigue. **f.** Elles **sont dirigées** par les panneaux. **g.** Il **a été renvoyé** par le directeur. **h.** Tu **avais été ridiculisé** par tes amis.

4 Essayez de remplacer l'auxiliaire *être* par l'auxiliaire *avoir* pour classer les verbes en deux colonnes, selon qu'ils sont conjugués à la voix active ou passive. **

je suis étonné – je suis restée – je suis tombée – il était échangé – il était venu – il était mort – vous serez montés – vous serez surpris – vous serez empoisonnés – nous étions arrivés

5 Parmi les verbes suivants, indiquez ceux qui ne peuvent pas être conjugués à la voix passive. **

tu paraîtras – il restait – lire – qu'il croie – ils moururent – vous aurez réparé – elles partent – avoir pris – nous avons décidé – tu aurais marqué

6 Dites si les formes verbales suivantes sont des présents passifs ou des passés composés actifs. **

je suis partie – tu es poussée – il est attaqué – nous sommes tombées – vous êtes appelés – ils sont arrivés – je suis né – tu es appelé – il est forcé

7 Exercice d'écriture

Vous êtes journaliste et vous commentez une épreuve sportive. Employez au moins trois des verbes suivants à la voix passive au temps de votre choix. ***

battre – poursuivre – jeter – encercler – projeter – embrasser – chanter

8 Indiquez les temps auxquels sont conjugués les verbes des phrases suivantes, puis transposez-les à la voix passive. Attention aux accords. ***

a. Le chien ronge un os. **b.** Les gardiens avaient surveillé les prisonniers. **c.** De longs cheveux encadraient son visage. **d.** L'ennemi attaqua le château à l'aube. **e.** Les enfants ont apprécié tous les gâteaux. **f.** Les gens avaient signé la pétition.

9 Dites à quel temps se trouve l'auxiliaire dans les phrases suivantes, puis récrivez les phrases à la forme active. ***

a. Ce château fut détruit par un ennemi supérieur en nombre. **b.** Les paysans sont protégés par leur seigneur. **c.** Les fauves étaient poursuivis par les chasseurs. **d.** Ysengrin sera trompé par Renart. **e.** Des mets extraordinaires avaient été disposés sur la table par les serviteurs. **f.** Je suis enchanté de votre venue.

10 FAITES LE BILAN

a. Relevez les six verbes dont l'auxiliaire est en gras. Un seul est à la voix active, lequel ?
b. Indiquez le temps et le mode des cinq verbes conjugués à la voix passive.

Bien avant que les nouvelles ne **soient** écrites, elles **étaient** déjà chantées. Le chant a été pendant longtemps le meilleur moyen de raconter un événement historique, tragique ou un fait divers. Ainsi, de bouche à oreille, de vieilles histoires de naufrages nous **sont** parvenues. D'autres **furent** imprimées, particulièrement au XIXe siècle. Ces « feuilles volantes », souvent pliées pour former des petits livrets de quelques pages, **étaient** vendues sur les marchés, dans les pardons[1] et les foires. [...] Et des complaintes[2] racontant des naufrages **ont** encore **été** racontées après la Seconde Guerre mondiale, voire bien plus tard.

Hervé Peaudecerf, *Naufrages et naufragés.*

1. Fête religieuse en l'honneur d'un saint.
2. Chanson qui rapporte un événement malheureux.

➤ Continuez à vous entraîner avec les exercices autocorrectifs du ROM

25 Grammaire

LE SUBJONCTIF PRÉSENT

POUR COMMENCER

Le **présent** du **subjonctif** peut se conjuguer en mettant *il faut que* avant le verbe : *(il faut que) je* ***vienne***.

I. FORMATION ET CONJUGAISON tableaux de conjugaison ▸ P. 344 À 349

1. Conjugaison pour tous les groupes

Radical de la 3e personne du pluriel de l'indicatif présent + les terminaisons *-e, -es, -e, -ions, -iez, -ent*

- Premier groupe *(Il faut) que je chante*
- Deuxième groupe *(Il faut) que je finisse*
- Troisième groupe *(Il faut) que je rende, que je vienne*

2. Difficultés

a. Le présent de l'indicatif et du subjonctif peuvent se confondre.

- Indicatif → *je **vois**, je **crois**, je **ris***
- Subjonctif → *que je **voie**, que je **croie**, que je **rie***

Pour ne pas les confondre, on peut mettre le verbe à la 1re personne du pluriel

- le présent de l'indicatif
  *Je chante → nous chant**ons***
  *Je cours → nous cour**ons***
- le présent du subjonctif.
  *(Il faut) que je chante → que nous chant**ions***
  *(Il faut) que je coure → que nous cour**ions***

b. Au subjonctif présent, il faut veiller à bien mettre les ***-i*** à la 1re et à la 2e personnes du pluriel pour les verbes en **-yer (*essuyer*), -ier (*crier*)** et ceux dont **le radical se termine par un -i** (comme ***rire***).
→ *(il faut) que nous essuy**ions**, que nous cri**ions**, que vous ri**iez**.*

3. Verbes irréguliers

Neuf verbes changent de radical au subjonctif présent.
Avoir → *Que j'aie, que tu aies, qu'il ait, que nous ayons, que vous ayez, qu'ils aient*
Être → *Que je sois, que tu sois, qu'il soit, que nous soyons, que vous soyez, qu'ils soient*
Aller → *qu'il aille* – **Faire** → *qu'il fasse* – **Pouvoir** → *qu'il puisse* – **Vouloir** → *qu'il veuille*
Savoir → *qu'il sache* – **Falloir** → *qu'il faille* – **Valoir** → *qu'il vaille*

II. EMPLOIS ET VALEURS

- **Le mode indicatif** ▸ FICHES 20 ET 21
  s'emploie pour une action certaine et clairement située dans le temps (passé, présent ou futur).
  *L'an dernier, **j'étais** en 6e ; cette année je **suis** en 5e ; l'an prochain, je **serai** en 4e.*

- **Le mode subjonctif**
  s'emploie pour une action souhaitée ou ordonnée, mais qui n'est pas encore réalisée :
  – un **sentiment**, un **souhait**
  *Pourvu qu'il **guérisse** vite !*
  – une **volonté**, un **ordre**
  *Qu'on **appelle** le médecin !*

▸ Les autres temps du mode subjonctif et le subjonctif dans les propositions subordonnées seront étudiés EN 4e

À RETENIR

- Les terminaisons du **subjonctif présent** sont **les mêmes pour tous les verbes**. Mais il ne faut pas confondre les **formes homophones** du présent de **l'indicatif** et du **subjonctif**.
- Contrairement à **l'indicatif**, qui exprime une action réelle, le **subjonctif** s'emploie pour exprimer une action qui n'est **pas encore réalisée**, comme un **souhait** ou un **ordre**.

1 AVEZ-VOUS COMPRIS ?

Les verbes soulignés sont conjugués au subjonctif présent. Indiquez leur infinitif et mettez-les à l'indicatif présent. Que constatez-vous ?

– Sire, qu'on <u>lise</u> ces noms et que <u>s'assoient</u> ceux qui sont désignés par Notre Seigneur pour entreprendre la quête du Graal.

Anne-Catherine Vivet-Rémy, *Lancelot*.

2 Conjuguez les verbes selon l'exemple à toutes les personnes de l'indicatif présent, puis du subjonctif présent. *

partir et courir → présent de l'indicatif : je pars, je cours – présent du subjonctif : (il faut que) je parte, (il faut que) je coure.

chanter et rire, faire un signe et s'en aller, avertir et crier, pouvoir et croire, savoir et connaître

3 Conjuguez les verbes entre parenthèses au subjonctif présent, puis à l'indicatif présent, même personne. Pour conjuguer au subjonctif, faites précéder le verbe d'« *Il faut que...* ». **

je *(être)* – tu *(croire)* – il *(avoir)* – nous *(manger)* – vous *(finir)* – ils *(croire)* – je *(mourir)* – tu *(courir)* – elle *(savoir)* – nous *(vouloir)* – vous *(rire)* – elles *(secouer)* – je *(aller)* – tu *(frire)* – on *(vivre)* – nous *(avancer)* – vous *(faire)* – ils *(aller)*.

4 Conjuguez les verbes entre parenthèses à l'indicatif ou au subjonctif. **

a. *(courir)* Je sais qu'il .... vite. / J'ordonne qu'il .... le plus vite possible.

b. *(voir)* Il est possible que tu .... mieux avec ces lunettes. / Est-ce que tu me .... bien ?

c. *(rire)* Il .... aux larmes chaque fois qu'il voit ce film. / Il ne faut pas qu'il .... trop fort.

d. *(conclure)* Je souhaite qu'il .... son discours par des promesses. /Il .... son film par la mort du héros.

e. *(croire)* Il .... que je mens. / Je souhaite qu'il me .... sur parole.

5 a. Relevez dans l'extrait suivant les verbes conjugués au présent et précisez leur mode : indicatif ou subjonctif ?
b. Réécrivez la phrase soulignée en ajoutant un verbe conjugué au subjonctif présent. ***

« Ce maudit tailleur me fait bien attendre pour un jour où j'ai tant d'affaires ! J'enrage. Que la fièvre quartaine puisse serrer bien fort le bourreau de tailleur ! <u>Au diable le tailleur !</u> La peste étouffe le tailleur ! Si je le tenais maintenant, ce tailleur détestable, ce chien de tailleur-là, ce traître de tailleur, je… »

Molière, *Le Bourgeois gentilhomme*, II, 4.

6 Subjonctif ou indicatif ? Pour le savoir,
– dites dans quel cas l'action est certaine ;
– mettez les verbes à la 1re personne du pluriel ou remplacez le verbe par *savoir* à la personne voulue. ***

a. Moi, que je mange cette horrible soupe ? / La soupe que tu manges est vraiment appétissante !

b. Que tu travailles bien en ce moment ! / Que tu travailles avec application, et nous te récompenserons.

c. Mon Dieu, qu'ils arrivent à temps à la gare ! / Je sais qu'ils arrivent toujours à l'heure en cours.

d. Je cueille des fleurs au lever du jour. / Il faut que je cueille des fleurs pour ma mère.

7 Exercice d'écriture

Rédigez ce que demande le personnage en utilisant quatre verbes au subjonctif présent : « s'il vous plaît, que... » ***

Arthur Rackham, illustration pour *L'Or du Rhin et la Valkyrie*.

8 FAITES LE BILAN

a. Relevez les verbes conjugués au présent de l'indicatif ou du subjonctif et classez-les.
b. Mettez au subjonctif les verbes à l'indicatif en les faisant précéder d'« Il faut que ».
c. Justifiez l'emploi de l'indicatif et du subjonctif dans les verbes des l. 1 à 3.

« En attendant, poursuivit Imhotep, veille à ce que tout se passe bien en mon absence. Que ma concubine soit bien traitée, avec le respect et la considération qui lui sont dus. Je te la confie. Il te revient de surveiller la conduite des femmes dans la maison. Que Satipi tienne sa langue. Et que Sobek fasse la leçon à Kait. Réninsenb, elle aussi, devra se montrer aimable envers Nofret. En outre, je tiens à ce que vous ne tourmentiez pas notre bonne Hénet. Les femmes, je le sais, la trouvent parfois exaspérante. […] Je ne veux ni qu'on la méprise ni qu'on en dise du mal. »

Agatha Christie, *La mort n'est pas une fin*.

➤ Continuez à vous entraîner avec les exercices autocorrectifs du ROM

26 Grammaire — LE CONDITIONNEL

POUR COMMENCER

Le **conditionnel** est employé comme un **mode personnel** du verbe ou comme un **temps**. Il comporte un temps **simple**, le **présent**, et un temps **composé**, le **passé**.

I. PRÉSENT DU CONDITIONNEL tableaux de conjugaison ▸ P. 344 À 349

1. Verbes du 1er groupe et du 2e groupe	**2. Verbes du 3e groupe**
Radical = infinitif du verbe en entier	Radical = infinitif du verbe moins le e

+ les terminaisons de l'imparfait.

*Je chanter**ais** – je finir**ais***	*Je prendr**ais** – je croir**ais***
*Tu chanter**ais** – tu finir**ais***	*Tu prendr**ais** – tu croir**ais***
*Il chanter**ait** – il finir**ait***	*Il prendr**ait** – il croir**ait***
*Nous chanter**ions** – nous finir**ions***	*Nous prendr**ions** – nous croir**ions***
*Vous chanter**iez** – vous finir**iez***	*Vous prendr**iez** – vous croir**iez***
*Ils / elles chanter**aient** – ils / elles finir**aient***	*Ils / elles prendr**aient** – ils / elles croir**aient***

3. Cas particuliers du 3e groupe

Être *je serais*	**Avoir** *j'aurais*	**Tenir** (et ses dérivés) *je tiendrais*
Devoir *je devrais*	**Faire** *je ferais*	**Venir** (et ses dérivés) *je viendrais*
Pouvoir *je pourrais*	**Savoir** *je saurais*	**Voir** *je verrais*
Falloir *il faudrait*	**Vouloir** *je voudrais*	**Valoir** *il vaudrait*

4. Ne confondez pas à la 1re personne du singulier

le futur de l'indicatif → ***-ai*** ▸ FICHE 20 et le conditionnel présent → ***-ais***

*Je suis sûr que **je réussirai**.* ≠ *J'étais sûr que **je réussirais**.*

Pour savoir duquel il s'agit, remplacez ***je*** par ***tu***. → *Je suis sûr que **tu réussiras**. ≠ J'étais sûr que **tu réussirais**.*

II. PASSÉ DU CONDITIONNEL tableaux de conjugaison ▸ P. 344 À 349

Pour tous les verbes : **auxiliaire** *avoir* ou *être* conjugué au présent du conditionnel + **participe passé** du verbe.
*j'**aurais chanté** – nous **aurions chanté** / je **serais parti** – nous **serions partis***

III. EMPLOIS ET VALEURS MODALES

On distingue trois emplois principaux du mode conditionnel :

l'information incertaine	**l'atténuation**	**le jeu, l'imaginaire**
*La banque a été cambriolée, les voleurs **se seraient enfuis**.* (= Ils se sont *peut-être* enfuis.)	**– formules de politesse** *Je **voudrais** un pain, s'il vous plaît.* **– conseils** *Vous **feriez** bien de partir.*	*– Jouons : je **serais** une princesse, tu **viendrais** me délivrer.* (= Nous *l'imaginons*, mais ce n'est pas réel.)

▸ La valeur temporelle du conditionnel appelée « futur dans le passé » sera étudiée EN 3e

À RETENIR

• Le **conditionnel** comporte **deux temps** : un **présent** et un **passé**. Il ne faut pas le confondre avec l'imparfait ou avec le futur de l'indicatif. ▸ FICHE 20
• Quand il s'emploie pour exprimer **l'incertitude**, le rêve ou pour **atténuer** un ordre ou donner un conseil, il a une **valeur modale**.

1 AVEZ-VOUS COMPRIS ?

Relevez les quatre verbes conjugués au conditionnel. Indiquez leur infinitif et leur groupe.

Sauf votre respect, monsieur, vous auriez tout à fait tort, déclara Silver. Vous y laisseriez votre précieuse vie, vous pouvez m'en croire. Je suis avec vous, maintenant, jusqu'au bout, et je ne voudrais pas voir notre parti diminué, surtout de votre personne, sachant ce que je vous dois.

Robert Louis Stevenson, *L'Île au trésor*.

2 Conjugaison. *

a. Relevez les verbes qui sont conjugués au conditionnel présent.

b. Indiquez à quel temps sont conjugués les autres verbes, puis mettez-les au conditionnel présent à la même personne.

je chanterai – je chanterais – nous aimerions – nous finissions – je partais – vous lanciez – ils finiront – il achèverait – on entreprendra – il mangeait

3 Mettez au conditionnel présent puis au conditionnel passé les verbes entre parenthèses. *

je *(mentir)* – tu *(apprendre)* – il *(crier)* – nous *(voir)* – vous *(manger)* – ils *(sentir)* – elles *(avoir)* – on *(être)* – on *(savoir)* – nous *(devoir)*

4 Emplois et valeurs. Parmi les verbes soulignés, quelles sont les deux valeurs du conditionnel représentées ? Quelle valeur n'est pas représentée ici ? **

« Tu ne sais pas ce que je <u>voudrais</u> être ? dit Marinette qui était un peu plus blonde que sa sœur. Un cheval. Oui, <u>j'aimerais</u> bien être un cheval. <u>J'aurais</u> quatre sabots aussi, <u>j'aurais</u> deux grandes oreilles que je <u>ferais</u> bouger pour m'amuser et surtout, <u>j'aurais</u> des yeux doux. »

Marcel Aymé, *Les Contes bleus du chat perché*.

5 Relevez les verbes au conditionnel et indiquez leur valeur. **

a. On ne sait pas ce qu'il est devenu : pour les uns, il serait parti en Amérique ; pour les autres, il se serait établi en Afrique. **b.** Ce que vous auriez de mieux à faire dans les circonstances présentes, c'est de quitter la pièce. **c.** Selon le quotidien *La Presse du soir*, l'essence devrait augmenter la semaine prochaine. **d.** Que diriez-vous d'aller explorer ce château ? **e.** Vous devriez arrêter de fumer. **f.** Ce vitrail raconte la vie légendaire de saint Taurin, évêque d'Évreux, qui serait né à Rome en 56 ap. J.-C.

6 Dans les couples de phrases suivantes, repérez si le verbe est à l'indicatif ou au conditionnel ; expliquez la différence de sens. ***

a. Vous devez rouler moins vite / vous devriez rouler moins vite. **b.** Il y a eu une explosion dans cet immeuble, il y aurait quatre blessés graves / il y a quatre blessés graves. **c.** Prendras-tu un dessert ? / prendrais-tu un dessert ? **d.** Le roi a séjourné dans ce château / le roi aurait séjourné dans le château. **e.** Nous serons dans le désert, nous voyagerons à dos de chameau / nous serions dans le désert, nous voyagerions à dos de chameau.

7 Exercice d'écriture

Choisissez l'une des images et employez le conditionnel pour rédiger en quelques lignes le scénario d'un jeu de rôles. Vous utiliserez les verbes *prendre, voir, faire, savoir*. ***

Je serais ...... tandis que toi, tu serais ...... Nous ...... Vous ......

8 FAITES LE BILAN

a. Relevez quatre verbes au conditionnel présent et donnez leur infinitif.

b. Quelle est ici la valeur du conditionnel ?

c. Mettez les verbes relevés au conditionnel passé.

d. Réécrivez les groupes en gras en remplaçant les participes soulignés par le verbe au conditionnel présent.

L'imagination du chevalier ambitieux vagabondait. Un jour, toute cette contrée qui s'étendait sous ses yeux deviendrait sienne, il le sentait, il le savait. Pour couler des jours heureux, il y construirait une magnifique forteresse ; il se représentait **tous les habitants des villes et des campagnes <u>devenus</u> ses esclaves et <u>travaillant</u> pour le satisfaire**. Il se figurait une vie de délices, après tant d'épreuves. Il régnerait enfin en maître et tous se prosterneraient devant sa grandeur. Un pauvre chevalier <u>consacré</u> roi ! Quel destin !

➤ Continuez à vous entraîner avec les exercices autocorrectifs du ROM

27 Grammaire

L'INFINITIF

POUR COMMENCER

L'infinitif est un mode **non personnel** : il **ne se conjugue pas**, il ne porte pas de marque de personne.

I. GROUPES ET FORMES

1. Les groupes de verbes

Verbes du 1er groupe	Verbes du 2e groupe	Verbes du 3e groupe
Infinitif ***-er*** *Chanter*	Infinitif ***-ir*** – Part. présent en ***-issant*** *Finir – finissant*	Tous les autres verbes *Prendre, croire, dire, partir*

Pour trouver un verbe dans le dictionnaire, il faut chercher son infinitif.

2. Les deux formes de l'infinitif

• Le **présent** est une forme **simple**
*Il voulait **chanter**.*

• Le **passé** est une forme **composée** d'un auxiliaire à l'infinitif suivi d'un participe passé
*Il était fatigué d'**avoir chanté**.*

II. EMPLOIS ET VALEURS

1. Emploi verbal

Le verbe à l'infinitif peut avoir la même fonction qu'un **verbe conjugué**.

a. Il est le **noyau d'une phrase ou d'une proposition** et il exprime différentes valeurs :

• **l'ordre, le conseil, la défense**
*Ne pas **dépasser** la dose prescrite.*

• **l'incertitude, le doute**
*Que **faire** ?*

• **l'étonnement ou l'indignation**
*Moi, **sortir** par ce temps !*

b. Il accepte des **compléments d'objet** ou des **compléments circonstanciels**.
*Que **penser** de cette situation ?* → *de cette situation* : COI de ***penser***.
*Ah, **partir** en Australie !* → *en Australie* : CC de lieu de ***partir***.

2. Emploi nominal

Le verbe à l'infinitif peut être l'équivalent d'un **nom**.

a. L'infinitif peut avoir toutes **les fonctions du nom**.
– Attribut du sujet *Mon rêve est **de chanter**.* COD : *il aime **chanter**.*
– Complément du nom ou de l'adjectif *Une machine à **laver**, il est capable de **mentir**.*
– Complément circonstanciel (précédé d'une préposition) ***Après avoir chanté**, il quitta la scène.*

b. Si l'infinitif a la **fonction d'un nom**, il peut **en même temps avoir un complément de verbe**.

*[**Danser** une valse] est agréable.*
(*une valse* : COD)
.... Sujet .... du verbe ***est***.

c. Parfois, l'infinitif peut **devenir un nom** commun variable : il est précédé dans ce cas d'un déterminant.
*le **dîner** – les **dîners***

À RETENIR

• **L'infinitif** existe au **présent** et au **passé**.
• Un verbe à l'infinitif peut être le **noyau d'une phrase verbale** ou avoir la même fonction qu'un **nom**. ► FICHE 2

1 AVEZ-VOUS COMPRIS ?

a. Relevez les quatre verbes à l'infinitif et indiquez leur groupe.
b. Relevez un verbe à l'infinitif devenu un nom commun avec un déterminant.

Le rire peut également faire un pied de nez à la mort : chaque année au Mexique, les vivants célèbrent les morts lors d'une grande fête durant laquelle il est coutume de rire et de s'amuser.

Géo ado, n° 68, octobre 2008.

2 Complétez les phrases avec les différentes formes de l'infinitif comme sur l'exemple. *

*Elle **envoie** un colis. → Elle doit **envoyer** un colis, elle devait **avoir envoyé** un colis.*

a. Il **porte** une lettre : il doit .... une lettre, il devait .... une lettre.
b. Je **fournis** un renseignement : je dois .... un renseignement, je devais .... un renseignement.
c. On **rend** des services : on doit .... des services, on devait .... des services.

3 Indiquez si les infinitifs sont employés comme noms ou comme verbes. *

a. La Joconde est mondialement réputée pour son **sourire** mystérieux. **b.** Il révise ses cours pour **savoir** ses leçons. **c.** L'enchanteur Merlin est réputé pour son immense **pouvoir** et son grand **savoir**. **d.** L'épreuve de **lancer** de poids est toujours spectaculaire. **e.** Ce clown nous fait **sourire**. **f.** Comment **lancer** le ballon dans le filet ? **g.** Le principal **devoir** du chevalier est de **servir** son roi.

4 Exercice d'écriture

Rédigez cinq consignes à l'infinitif pour des collégiens en sortie scolaire (au musée, au théâtre, à la bibliothèque...). Employez des verbes des trois groupes. *

5 Mettez à l'infinitif les verbes conjugués en gras. Donnez leur groupe et leur valeur. **

a. Que **faisons**-nous dans de telles circonstances ? **b.** Vous **verserez** le chocolat, puis vous le **mélangerez** avec le beurre. **c.** Ne **penchez** pas la tête au-dehors. **d.** Quoi ? Ils se **baigneraient** par ce temps ? **e.** Tu ne **stationneras** pas sur la bande d'arrêt d'urgence. **f.** Où **iront**-ils et que **mangeront**-ils ?

6 Indiquez la fonction des infinitifs en gras. **

a. Après **avoir fait** le tour du monde, Phileas Fogg rentra chez lui. **b.** Le renard est habile : **entrer** dans le poulailler ne lui prit que quelques secondes. **c.** Avant de **sortir**, il met ses gants. **d.** Elle arrivait sans **se presser**. **e.** Il porte des lunettes pour **lire**. **f.** **Fumer** est dangereux pour la santé.

7 Relevez les six verbes à l'infinitif et indiquez leur groupe et leur fonction. ***

Le bouffon est un pitre : son rôle est de déclencher le rire. Pour cela, il est capable de faire des grimaces, des jeux de mots, d'imiter les animaux et les humains. Il peut aussi jongler, faire des cabrioles et des sauts périlleux. Après avoir diverti les seigneurs comme artiste ambulant, il reste parfois attaché à la cour d'un prince.

8 Dans les phrases suivantes, relevez les infinitifs puis indiquez leur forme (simple ou composée). ***

a. Il était furieux d'avoir été reconnu. **b.** Avant qu'un chevalier subisse la dégradation, il doit être reconnu coupable des charges reconnues contre lui. **c.** Passepartout était anéanti. Avoir manqué le paquebot de quarante-cinq minutes, cela le tuait. **d.** Après être entrés dans le château, les ennemis firent prisonniers ses habitants. **e.** Avant le début d'une bataille ou d'un siège, il est indispensable de vérifier l'armement.

9 FAITES LE BILAN

a. [L. 8 et 9] Donnez le groupe et la fonction de *dormir* et *manger*.
b. Relevez un infinitif de forme composée puis donnez sa forme simple et indiquez son groupe.
c. [L. 1] Relevez un infinitif noyau d'une phrase. Donnez sa valeur. Indiquez quel est son complément.
d. Relevez un infinitif devenu nom commun.

– Pourquoi étudier les Moldus ? s'étonna Ron en lançant un regard effaré à Harry. Tu es née dans une famille de Moldus ! Tes parents sont des Moldus ! Tu sais déjà tout sur les Moldus !

– Ce qui me passionne, c'est de les étudier du point de vue des sorciers, répondit Hermione avec le plus grand sérieux.

– Est-ce que tu as quand même l'intention de dormir ou de manger un peu, cette année ? demanda Harry, tandis que Ron éclatait d'un rire goguenard.

Mais Hermione fit semblant de ne pas avoir entendu.

J. K. Rowling, *Harry Potter et le prisonnier d'Azkaban*.

➤ Continuez à vous entraîner avec les exercices autocorrectifs du ROM

28 Grammaire

LE PARTICIPE PASSÉ

POUR COMMENCER

Le **participe passé** est une des formes du **mode participe**.
Il peut aussi être employé comme un **adjectif**
ou dans les **temps composés**.
Il suit des **règles d'accord** qu'il faut connaître par cœur.

I. CARACTÉRISTIQUES ET EMPLOIS

Le terme **participe passé** désigne deux sortes d'emplois à ne pas confondre.

• La forme réduite qui entre dans la conjugaison des **temps composés** des modes personnels.
Elle a ***chanté****.*

• La forme verbale du **mode participe** qui comporte toujours deux éléments.
Ayant chanté*, elle salue le public.*

1. Le participe passé comme élément des temps composés

Le participe passé forme avec l'auxiliaire ***être*** ou ***avoir*** les temps composés.
tu es ***entré*** *– nous avions* ***fini*** *– vous aurez* ***mangé*** *– ils furent* ***vaincus****.*

2. Le participe passé employé comme un adjectif

Employé **sans auxiliaire**, il s'accorde en **genre** et en **nombre** avec le nom auquel il se rapporte.
Il a les mêmes fonctions que l'adjectif qualificatif.

• Épithète liée
Il danse les bras ***levés****.*

• Épithète détachée
Étonnées*, elles sursautèrent.*

• Attribut
Les danseurs sont ***musclés****.*

3. Le participe passé comme forme composée du mode participe

Il exprime le **résultat de l'action** et il accepte des **compléments**.
Ayant perdu *son manteau, elle pleura.*
Participe passé — COD

II. RÈGLES D'ACCORD DU PARTICIPE PASSÉ EMPLOYÉ AVEC UN AUXILIAIRE

1. Employé avec l'auxiliaire *être*

Le participe passé s'accorde en genre et en nombre avec le **sujet.** *Elles* ***sont allées*** *loin.*

2. Employé avec l'auxiliaire *avoir*

Le participe passé s'accorde avec **le COD** si ce dernier est **placé avant le verbe**.
– pronom relatif ***que***. *Les gâteaux* ***que*** *tu as apporté****s*** *sont bons.*
– pronom personnel COD (***me, te, nous, vous, la, le, les***). *Tu* ***les*** *as apporté****s****.*
– interrogation ou exclamation portant sur le COD. ***Quels gâteaux*** *as-tu mangé****s*** *?* ***Que de gâteaux*** *tu as apporté****s*** *!*

Quand le COD est placé **après le verbe** ou qu'il n'y a **pas de COD**, le participe passé conjugué avec *avoir* ne s'accorde pas. *Les jeunes filles* ***ont démasqué*** *le coupable. Elles* ***ont enquêté****.*

À RETENIR

• Le terme **participe passé** désigne à la fois une **forme composée** qui appartient au **mode participe** et une **forme réduite** accompagnée d'un auxiliaire conjugué dans les **temps composés**.
• Employé avec l'auxiliaire ***être***, le participe passé s'accorde avec le **sujet**.
• Employé avec l'auxiliaire ***avoir***, il s'accorde avec le **COD** si ce dernier est placé **avant le verbe**.

❶ AVEZ-VOUS COMPRIS ?

a. Relevez les quatre participes passés et dites s'ils sont employés sans auxiliaire ou bien avec un auxiliaire.

Tiécelin le corbeau, perché sur sa branche, ne s'aperçoit pas qu'une miette du fromage est tombée à terre, devant Renart. Celui-ci l'a vue et a reconnu le corbeau.

Le *Roman de Renart*.

❷ Relevez les participes passés et indiquez s'ils sont employés comme adjectifs ou dans un temps composé. *

a. Quand elle aura fini de travailler, elle sortira. **b.** Il courut, décoiffé et mal habillé, pour aider son fils en difficulté. **c.** Consternés par la nouvelle, nous avons téléphoné à notre avocat. **d.** Où as-tu acheté ces belles sandales pailletées ? **e.** La chienne restait assise, sans bouger, les pattes repliées. **f.** Cette carte détaillée nous permettra de repérer le lieu.

❸ Indiquez avec quel mot s'accordent les participes passés en gras. *

a. **Enthousiasmés** par le film, les spectateurs applaudirent. **b.** Les acteurs, **félicités** et **acclamés**, signèrent des autographes. **c.** Où sont **passées** les affaires que j'avais **rangées** dans le tiroir ? **d.** Ces chaises, je les ai **peintes** en rouge. **e.** Quelles chaussures avez-vous **choisies** pour la soirée **prévue** demain ? **f.** **Étant nommée** à la tête de l'usine, la nouvelle directrice nous a **accueillis** à bras **ouverts**.

❹ Complétez en choisissant le nom qui convient pour respecter les accords. *

Une fois les *(villages/étapes)* franchis, les *(voyageurs/paysannes)* brisés de fatigue s'assirent sur les *(sièges/chaises)* qui leur étaient proposées par l'aubergiste. Ils mangèrent des *(poulets/dindes)* grillés ainsi que des *(gâteaux/galettes)* que leur hôte avait confectionnées lui-même et burent *(du vin/de l'eau)* qui avait été rafraîchi à la cave.

❺ Accordez les participes passés entre parenthèses. Ils sont tous employés avec l'auxiliaire *être*. **

a. Mes cousines sont *(venu)* avec nous. **b.** Toute la famille a voulu être *(réuni)* pour les fêtes. **c.** Le père Noël est brusquement *(apparu)* dans son habit rouge. **d.** Mon frère et ma sœur étaient *(ébahi)* devant les cadeaux. **e.** On alluma les bougies qui étaient *(aligné)* sur la table. **f.** Quand la soirée fut *(fini)*, tout le monde se coucha.

❻ Accordez les participes passés entre parenthèses. Ils sont tous employés avec l'auxiliaire *avoir*. **

a. Les sportifs ont *(préparé)* le championnat. **b.** La gymnaste a *(mis)* son justaucorps. **c.** On observait les performances que le coureur avait *(accompli)*. **d.** Les nageurs, qui ont beaucoup *(travaillé)*, ont *(gagné)*. **e.** Quelle belle course ont *(réalisé)* les athlètes ! **f.** On a *(félicité)* les vainqueurs puis on les a *(photographié)*.

❼ Mettez les verbes entre parenthèses au mode participe selon l'exemple. Indiquez les compléments de chacun. **

(rater) son train, le voyageur fut en retard
→ *Ayant raté son train, le voyageur fut en retard.*

a. *(lacer)* ses chaussures, elle sortit. **b.** Mes amis, *(partir)* depuis dix ans à l'étranger, me voient rarement. **c.** Nous savons tout, *(écouter)* la radio depuis une semaine. **d.** Qui est l'homme *(voler)* mes lunettes ? **e.** À présent, *(prévoir)* le danger, vous resterez à l'abri. **f.** Pourquoi, *(naître)* en Savoie, habite-t-elle en Bretagne ?

❽ Modifiez les phrases ci-dessous selon l'exemple. ***

Ils ont chanté des chansons. → *Les chansons qu'ils ont chantées.*

a. Ils ont pris des fleurs pour leur amie. **b.** Elle a fait une erreur. **c.** Nous avons rencontré des étrangers. **d.** J'ai vu des chiens noirs. **e.** Elle met une robe. **f.** Il a cuit des pommes au four.

❾ Transformez les phrases en conjuguant les verbes au passé composé. Repérez les COD pour accorder comme il convient les participes. ***

a. La route qu'il prend est la plus rapide. **b.** Quelle surprise tu me fais ! **c.** Alice et Jeanne, papa vous appelle ! **d.** Les photographies qu'il prend sont toujours belles. **e.** Quels vêtements emportes-tu pour les vacances ? **f.** Les règles de grammaire, les comprends-tu ?

❿ FAITES LE BILAN

a. Accordez comme il convient les participes passés en gras.
b. Précisez avec quel(s) mot(s) chaque participe passé s'accorde.
c. Transformez la proposition soulignée en conjuguant le verbe au passé composé.
d. Puis mettez le verbe souligné à la forme composée du mode participe.

Denise était **ven…** à pied de la gare Saint-Lazare où le train de Cherbourg l'avait **débarqu…** avec ses deux frères, après une nuit **pass…** sur la dure banquette de troisième classe. Elle tenait par la main Pépé, et <u>Jean la suivait</u>, tous les trois **bris…** du voyage, **effar…**[1] et **perd…** au milieu du vaste Paris, le nez **lev…** sur les maisons.

Émile Zola, *Au Bonheur des Dames*.

1. effrayer.

➤ Continuez à vous entraîner avec les exercices autocorrectifs du ROM

29 Grammaire — PARTICIPE PRÉSENT, ADJECTIF VERBAL ET GÉRONDIF

POUR COMMENCER

Une **forme verbale terminée par *-ant*** peut être variable ou invariable selon qu'il s'agit d'un **participe présent**, d'un **adjectif verbal** ou d'un **gérondif**.

I. LE PARTICIPE PRÉSENT

1. Forme

Le participe présent est une **forme** du **mode participe** terminée par ***-ant*** qui est **invariable.**

*chant**ant**, finiss**ant**, part**ant**, rend**ant***

2. Emploi

Comme un verbe conjugué, il peut avoir des compléments. *Regarde les oiseaux **ouvrant** leurs ailes.* (leurs ailes : COD)

II. L'ADJECTIF VERBAL

1. Forme et fonctions

Le **participe présent employé comme un adjectif** est appelé **adjectif verbal**.

– Il est **variable** et il s'accorde comme un adjectif.

– Il a les mêmes **fonctions** que l'adjectif (épithète ou attribut).

→ *C'est une fillette **épuisante**, mais ses frères sont **charmants**.*

2. Savoir distinguer le participe présent et l'adjectif verbal

a. Il ne faut pas confondre

- l'adjectif verbal qui a la fonction d'un adjectif.
*Voici une fée **charmante*** (= qui est charmante).

- le participe présent qui a le rôle d'un verbe.
*Voici une fée **charmant** les lutins* (= qui charme).

b. La forme en *-ant* suivie d'un **complément** est **toujours** un **participe présent invariable**.

c. Parfois, le participe présent et l'adjectif verbal se distinguent par leur orthographe.

- Modification du radical

Participe présent	Adjectif verbal
*fati**guant***	*fati**gant** (e, s, es)*

- Modification de la terminaison

Participe présent	Adjectif verbal
*différ**ant***	*différ**ent** (e, s, es)*

III. LE GÉRONDIF

1. Forme

- Le **gérondif** est semblable au participe présent, mais **précédé de la préposition *en***.

- Il est **invariable**, comme le participe présent, et peut avoir des compléments de verbe.

→ *Les sept nains travaillent **en fredonnant** une chanson.*

2. Emploi et fonction

- **Il se rapporte toujours au sujet** du verbe conjugué : *chantant* concerne *les sept nains*.

- **Il est complément circonstanciel** du verbe : *en fredonnant* est CC de manière de *travaillent*.

À RETENIR

- Le **participe présent** et le **gérondif** sont toujours **invariables**. Ils peuvent accepter des **compléments**. Le **gérondif** est toujours précédé de la préposition *en*.
- L'**adjectif verbal** est **variable** : il s'accorde en **genre** et en **nombre** comme un **adjectif**.

1 AVEZ-VOUS COMPRIS ?

Dans l'extrait suivant, relevez les quatre formes verbales en *-ant*.

Dans les rues, ce n'était que fourmillement, va-et-vient incessant : bonzes passant processionnellement en frappant leurs tambourins monotones, yakounins, officiers de douane ou de police [...] portant deux sabres à leur ceinture.

Jules Verne, *Le Tour du monde en 80 jours*.

2 Indiquez si les formes en gras sont des gérondifs ou des adjectifs verbaux. *

a. [Croc-Blanc] ne savait manifester son amour autrement qu'**en se blottissant** contre son maître et **en poussant** son grondement particulier.

(**Jack London**, *Croc-Blanc*)

b. [Les arbres] semblaient se pencher les uns vers les autres, noirs et **inquiétants**, dans le jour **déclinant**.

(**Jack London**, *Croc-Blanc*)

c. Ron essaya d'arracher le sac des pattes du chat, mais Pattenrond s'y cramponnait de toutes ses forces **en crachant** et **en déchirant** le tissu.

(**J. K. Rowling**, *Harry Potter et le prisonnier d'Azkaban*)

3 Relevez les formes en *-ant* et distinguez les participes présents et les adjectifs verbaux. **

a. Ces hommes provocants ont été sermonnés. **b.** Il faut sermonner ces hommes provoquant du trouble. **c.** Elle a cessé les lectures fatiguant ses yeux. **d.** Elle a cessé les lectures trop fatigantes. **e.** Le personnel navigant voyage beaucoup. **f.** J'observe le bateau naviguant au loin.

4 Relevez les formes en *-ant* et indiquez s'il s'agit d'un participe présent, d'un adjectif verbal ou d'un gérondif. **

a. Elles revinrent en pleurant. **b.** Il fallait se méfier des chevaliers errants. **c.** Il est d'humeur changeante. **d.** Il regarde les vaches ruminant dans les prés. **e.** C'est en forgeant qu'on devient forgeron. **f.** Ils aiment regarder les étoiles brillant dans la nuit. **g.** Cette étoile, la plus brillante, est appelée « étoile du berger ». **h.** J'ai rencontré mes cousines marchant sur la plage. **i.** Je déteste les boissons brûlantes.

5 Remplacez les propositions soulignées par un gérondif, selon l'exemple. **

Quand il partit, il ferma la porte. → En partant, il ferma la porte.

a. Si tu lis la notice, tu sauras te servir de cet appareil. **b.** Pendant qu'il regarde le film, il mange des chips. **c.** Vous avez gagné le gros lot, parce que vous avez tiré le bon numéro. **d.** Tu sauras répondre, si tu apprends tes leçons. **e.** Nous rangerons nos affaires quand nous serons arrivés.

6 Dans les phrases suivantes, indiquez la fonction des gérondifs. **

a. En revenant de son usine, il mangea. **b.** Le chat s'avançait en montrant ses griffes. **c.** Le comédien parlait en agitant ses bras. **d.** En regardant sa montre, il s'aperçut qu'il était en retard. **e.** Il est tombé malade en restant dehors. **f.** En travaillant beaucoup, il a réussi son concours.

7 Relevez les adjectifs verbaux et indiquez leur fonction (épithète liée, détachée ou attribut). ***

a. Leurs costumes chatoyants brillaient sous les lampes. **b.** Comme ces étoiles paraissent étincelantes et brillantes ! **c.** Il broyait ses proies à l'aide de ses crocs, tranchants comme des rasoirs. **d.** Dans sa cape noire, il avait l'air inquiétant.

8 Complétez les phrases avec la forme entre parenthèses qui convient selon qu'il s'agit d'un participe présent ou d'un adjectif verbal. ***

a. C'est un homme (excellent/excellant) dans son travail. **b.** Ce plat est (excellent/excellant). **c.** Cet élève (négligent/négligeant) a oublié ses devoirs. **d.** L'élève (négligent/négligeant) ces devoirs aura une mauvaise note. **e.** Il est venu le jour (précédent/précédant). **f.** Le jour (précédent/précédant) ses noces, il était malade.

9 Complétez les phrases suivantes en accordant ou non les formes en *-ant*. ***

a. Les chevaliers laissèrent leurs ennemis mour... sur le champ de bataille. **b.** Ils les ont vaincus en les attir... dans un piège. **c.** Le roi et la reine les accueillent en les félicit.... **d.** Ils s'affrontèrent sous une pluie batt.... **e.** Ce ne sont pas des explications très convainc.....

10 FAITES LE BILAN

a. Identifiez la forme du mot en gras.
b. Relevez un adjectif verbal et donnez sa fonction.
c. Relevez un gérondif, indiquez sa fonction et son complément.
d. Donnez le participe présent des verbes soulignés.

Dans le désert.

Sur cette mer furieuse, muette et sans mouvement, le **dévorant** soleil du sud verse sa flamme implacable et directe. Il faut gravir ces lames de cendre d'or, redescendre, gravir encore, gravir sans cesse, sans repos, sans ombre. Les chevaux râlent, s'enfoncent jusqu'aux genoux et glissent en dévalant l'autre versant de ces surprenantes collines.

Guy de Maupassant, *La Peur*.

➤ Continuez à vous entraîner avec les exercices autocorrectifs du ROM

30 Orthographe — LETTRES ET SYLLABES

POUR COMMENCER

Le mot **alphabet** vient d'*alpha*, nom grec de la lettre a, et de *bêta*, nom grec de la lettre b.

I. LES LETTRES Révision 6e

L'alphabet français comporte **26 lettres**

• 6 voyelles
A E I O U Y
La lettre **y** prononcée [i] est une voyelle.
un cygne

• 20 consonnes
B C D F G H J K L M N P Q R S T V W X Z
La lettre **y** prononcée [j] est une consonne.
une rayure

L'ordre alphabétique

– Le **classement par ordre alphabétique** suit l'ordre des lettres dans l'alphabet qu'il faut connaître **par cœur**.
– Ce classement s'appuie d'abord sur la première lettre du mot 1 *amour* – 2 *bêtise* – 3 *chagrin*, puis sur la deuxième lettre 1 *aimer* – 2 *amour*, la troisième lettre, et les lettres suivantes 1 *amant* – 2 *amitié*

II. LES SYLLABES

1. L'écrit et l'oral Révision 6e

• **La syllabe écrite**
Elle s'appuie sur les voyelles, même le **e muet**.
lune a deux syllabes écrites : ***lu/ne***

• **La syllabe orale**
Elle se prononce en une seule émission de voix.
lune a une syllabe orale : ***[lyn]***

2. L'écrit

Le découpage en syllabes écrites

• Chaque syllabe comporte au moins une voyelle.
sa/lut – o/li/ve

• Un mot comprend une ou plusieurs syllabes écrites.
riz → une syllabe
gas/tro/no/mi/que → cinq syllabes

Quand deux ou trois consonnes se suivent dans un mot

• **au début du mot**, elles sont inséparables.
plu/me – cha/peau – scru/ter – splen/di/de

• **à l'intérieur d'un mot**, le découpage en syllabes les sépare.
don/ner – cous/sin – sor/tir – es/pé/rer – par/ler
La troisième consonne se sépare des deux premières.
domp/teur

Cas particuliers : il existe des consonnes que le découpage ne sépare jamais

• ch – ph – rh – th – gn
a/po/thé/ose – mor/pho/lo/gie

• une consonne suivie de **l** ou **r** comme bl, br, cl, cr…
per/dre – ré/flé/chir – ex/pli/quer

À l'écrit, pour couper un mot **à la fin d'une ligne**, il faut respecter **le découpage en syllabes**.

Cas particuliers : on ne coupe jamais à la fin d'une ligne

• entre deux voyelles
***maïs** ne se coupe pas.*

• avant ou après les consonnes x ou y placées entre deux voyelles
***vexé – crayon** ne se coupent pas.*

• avant ou après une voyelle isolée
***achat** ne se coupe pas.*

À RETENIR

• L'ordre **alphabétique** permet de retrouver facilement un mot dans le **dictionnaire**.
• Les mots sont composés d'une ou plusieurs **syllabes** qui comprennent obligatoirement une **voyelle**.
• À l'écrit, à la fin d'une ligne, il faut respecter les **règles du découpage** des mots en syllabes.

1 AVEZ-VOUS COMPRIS ?

a. Combien comptez-vous de mots en majuscules ?
b. Classez-les selon l'ordre alphabétique.
c. Découpez en syllabes écrites les quatre mots en gras.

Je viens de recevoir un étrange colis ! Au lieu de HAUT – BAS, sur toutes les faces, on peut lire ces inscriptions : TERRE – CÔTÉ SOLEIL LEVANT – CIEL – CÔTÉ SOLEIL COUCHANT – COLIS SPATIAL – **MANIER AVEC D'INFINIES PRÉCAUTIONS** – RETOUR À ENVOYEUR SI ERREUR

2 Classez par ordre alphabétique chaque liste de mots. *

A. chagrin – tendresse – émoi – crainte – inquiétude – angoisse – appréhension
B. ovale – rond – carré – rectangulaire – perpendiculaire – vertical – courbe
C. vermeil – pourpre – écarlate – rougeoyant – vermillon – purpurin – carmin – rougeâtre
D. sandale – scandale – scaphandre – sanguinaire – sang – sanglant – sangle – sangler
E. marteau – manteau – marche – manche – maigreur – maigrir – maigrelet

3 Recopiez ces mots découpés en syllabes écrites, soulignez ceux qui peuvent être coupés en fin de ligne et indiquez à quel endroit. *

dé/troit – é/troit – ra/yon – ar/ché/o/lo/gie – ob/scu/ri/té – é/lan – sa/vant – o/bé/ir – sa/voir

4 Retrouvez les deux syllabes écrites des mots suivants. **

argent – bronze – airain – philtre – potion – onguent – sceptre – spectre – grenier – sceller – rompre – fléchir – scier – espoir – exploit

5 Retrouvez les trois syllabes écrites des mots suivants. **

espagnol – brésilien – argentin – japonais – australien – finlandais – suédois – esquimaux – allemand – thaïlandais – égyptien

6 Indiquez le nombre de syllabes de chaque mot puis relevez les mots qui ont le même nombre de syllabes à l'oral et à l'écrit. **

fille – garçon – bulle – nul – seul – solitude – esseulé – féminité – femme – féminin – livre – livret

7 Découpez les mots suivants en syllabes écrites. Soulignez ceux que vous ne pouvez pas couper à la fin d'une ligne. **

poids – reçoit – espoir – épée – établi – panier – fruit – luire – lui – haïe

8 Corrigez les erreurs de découpage de mots faites par ce journal. ***

En raison de la panne d'un tra-
in venu de Strasbourg bloqué
dans un tunnel, le trafic ferr-
oviaire transalpin a été mome-
ntanément interrompu « pour u-
ne raison indépendante de no-
tre volonté », a dit le chef de train
de la compagnie qui semble av-
oir du mal à expliquer cet incident.

9 FAITES LE BILAN

a. Relevez les dix noms propres et classez-les par ordre alphabétique.
b. Découpez en syllabes écrites les mots en gras puis précisez lesquels ne peuvent pas être coupés à la fin d'une ligne et pourquoi.
c. Relevez deux noms ayant une syllabe écrite, puis un nom ayant deux syllabes écrites mais une seule syllabe orale.

Nouvelles observations

Là je rencontrai les Phlises, les Bourabous, les Cournouaques et des bandes de sauteurs plus agiles que des grillons, malgré leur taille et leur corpulence, les Buresques, écrasés et poilus comme des **paillassons**, les Noisis et les Ptériglottes ; les Burbumes qui chevauchent comme des vagues et sont **couverts** de longs **poils blancs soyeux** [...] les Chiripédodes qui ont un tas de pattes inutiles qui leur pendent comme des haillons, les Solidodiercules à colocos et les Criptostarsites **aux gros boyaux extérieurs.**

Henri Michaux, *L'Espace du dedans.*

Enluminures pour *Yvain ou le Chevalier au lion.*

➤ Continuez à vous entraîner avec les exercices autocorrectifs du ROM

31 Orthographe

ÉCRIT ET ORAL

POUR COMMENCER

Les **lettres** de l'alphabet se combinent pour former des **syllabes** et des **mots**.

I. UNE GRAPHIE ET PLUSIEURS SONS

1. La langue écrite n'étant pas phonétique, il existe plusieurs manières de prononcer la même lettre

• Exemple d'une **consonne**
vexer → **x** se prononce [ks]
soixante → **x** se prononce [s]
dix heures → **x** se prononce [z]
un examen → **x** se prononce [gz]
un prix → **x** ne se prononce pas

• Exemple d'une **voyelle**
le sel → **e** se prononce [ɛ]
un reçu → **e** se prononce [ə]
une femme → **e** se prononce [a]
une pente → **e** se prononce [ã]
une vie → **e** ne se prononce pas

2. L'écrit ne se prononce pas toujours de la même manière

– selon **les régions**
rose se prononce *[r o z]* ou *[r ɔ z]*

– selon le pays d'**origine des mots**
un week-end – un clown
[wikend] [klun]

II. UN SON ET PLUSIEURS GRAPHIES

Un même son peut **s'écrire de plusieurs façons différentes**

• Exemple d'un **son-consonne** [s] qui peut s'écrire
t *minutieux*
ss *la chasse*
c *la chance*

• Exemple d'un **son-voyelle** [a] qui peut s'écrire
a *une part*
e *prudemment*

Cela complique l'écriture, mais **facilite la lecture et la compréhension**
– en permettant de distinguer les homophones à l'écrit
*le **sel** de table – la **selle** du cheval*
– en permettant de comprendre l'origine du mot
feminam → ***femme***

Remarque :
À l'écrit, certains mots peuvent être abrégés ; quand on les lit à voix haute, il faut les prononcer en entier.
M. → *Monsieur*
etc. → *et caetera* [ɛtsetera]

À RETENIR

• Une **lettre** ne correspond pas à **un seul son**. Un **son** peut **s'écrire de différentes manières**.
• Pour transcrire les sons, on utilise **l'alphabet phonétique** ▸ P. 356

1 AVEZ-VOUS COMPRIS ?

a. Lisez à voix haute le paragraphe suivant.
b. Réécrivez les mots en les orthographiant correctement.

Potion magik

Allé tréto le matin dan lé boi. Cherché dé picenli, dé pacrète é des koklico. Mététou danzune kasrole avek de lo et chofé. Kan lo é chode, versé danzun flakon en filtran avekune paçoire. C pa cher é tré éfikace.

2 Chassez l'intrus dans chaque liste en observant la prononciation des consonnes en gras. *

A. un a**c**arien – une **c**ause – un **c**lou – une a**ccl**amation – une se**c**onde
B. un é**ch**o – un **ch**ameau – un or**ch**estre – un **ch**œur – la **ch**ronologie
C. un a**cc**ès – un su**cc**ès – une a**cc**almie – un a**cc**ident – l'O**cc**ident
D. un pla**t**ane – apla**t**ir – un pol**t**ron – impa**t**ient – un po**t**iron – un lu**t**in
E. une posi**t**ion – un quo**t**ient – impar**t**ial – pré**t**endre – une frac**t**ion – essen**t**iel

3 Dans les mots proposés, relevez ceux où l'on entend le son-voyelle [i]. *

l'ennui – l'envoi – le vin – en vain – le peintre – la souris – le puits – le trait

4 Complétez en écrivant correctement le son-voyelle [o]. **

A. Du h... du chât... d'..., les jeunes hirondelles s'entraînent à s'env...ler.
B. Il f... avoir un chap... quand il ne fait pas b... .
C. Qu'il est s... ! il a encore renversé son s... !
D. Je te confie sous le s... du secret que j'ai le d... en lamb... .

5 Choisissez la bonne graphie entre celles qui vous sont proposées au début de chaque liste. **

– **g/j** : une ...eune femme ...énéreuse – les ...ens ...oyeux – ...êner – un en...eu – ...énéral – la ...elée – les bou...ies – des ...umeaux
– **ill/y** : le mo...en – fourm...er – un b...et pa...ant – les ma...es du filet – un ra...on – vo...ager
– **f/ph** : La sorcière experte en malé...ices confectionna un ...iltre magique au pouvoir ...énoménal, qu'elle mit dans une ...iole et qu'elle con...ia au ...armacien du quartier.
– **t/ss** : po..éder – une po...ion – la fabrica...ion – une expre...ion – un poi..on – a...ez – réu...ir
– **s/z** : Les ois... du ...oo se po...ent sur le toit : ils font une pau...e et cau...ent de la douce sai...on qui approche.

6 Choisissez la bonne graphie entre les deux graphies du son-voyelle . **

[a] avec <u>a</u> ou <u>e</u> : une f...mme – s...vant – méch...mment – p...tient – réc...mment – une po...le à frire
[i] avec <u>y</u> ou <u>i</u> : Le c...clone a dévasté l'...le ; les secours sont venus rap...dement.
– Il est d...ff...c...le d'...mag...ner, dans la m...thologie, la m...stérieuse métamorphose de Zeus en c...gne.
[e] avec <u>é</u> ou <u>e</u> : Enfant, tu ...tais p...nible, tu ne m'...coutais pas, tu ne comprenais pas la n...c...ssit... de faire des ...fforts ; à pr...sent, tu t'es mis à r...fl...chir et tu as chang... .
[ɛ] avec <u>ê</u> ou <u>ai</u> : Tu as f...t la p...x avec moi – Samia r...ve qu'elle ira f...ter son annivers...re en for...t !

7 Exercice d'écriture

Trouvez toutes les solutions possibles de rébus en cherchant deux mots de deux syllabes et six mots d'une syllabe. ***

8 Complétez les rimes avec les mots qui conviennent, en les orthographiant correctement. ***

Ainsi lorsque deux belles âmes
Brûlent de mutuelles fl…,
L'amour en a plus d'agrém….
Il répand dans les cœurs une joie incroy…,
Et jamais il n'est plus charm…
Que quand il trouve son semb….

Charles Perrault, *Le Miroir ou la Métamorphose d'Orante.*

8 FAITES LE BILAN

a. Recopiez la petite annonce suivante en orthographiant correctement tous les mots et en ne laissant aucune abréviation.
b. Transformez la phrase en gras en ajoutant un déterminant et un auxiliaire conjugué.
c. Trouvez deux homophones du mot souligné et employez-les chacun dans une phrase.

Petite annonce

Jne. hom. vd une TV, un Vlo qui a 10 vitS, un KnaP. **Prix KC.** Tte pers. intéreC devra tél. au + vite av. dim. soir. Tél <u>au</u> même n° si vous cherchez qqu'un pour vs aiD à DménaG.

➤ Continuez à vous entraîner avec les exercices autocorrectifs du ROM

Orthographe

32 LETTRES MUETTES

POUR COMMENCER

Dans certains mots, on rencontre parfois une ou plusieurs **lettres muettes**, c'est-à-dire des lettres **que l'on n'entend pas**.

I. ORIGINES DE CERTAINES LETTRES MUETTES

1. Les lettres étymologiques

• Ce sont des lettres qui rappellent l'origine du mot.

• Certaines consonnes qui se prononçaient en latin sont restées dans le mot français mais ne se prononcent plus.

latin *corpus* ⟶ français ***corps*** [kɔr] – latin *autumnus* ⟶ français *automne* [otɔn]

2. Cas particulier de la lettre h initiale

Dans certains mots, la lettre muette h a été ajoutée pour distinguer deux homographes. Ce n'est pas une lettre étymologique, mais une lettre qui apparaît plus tardivement.

octo ⟶ ***huit*** (pour distinguer en ancien français *vit* et *uit*) mais ***octo**bre* – ***octo**gone*

oléum ⟶ ***huile*** (pour distinguer en ancien français *vile* et *uile*) mais ***oléa**gineux*

II. PRINCIPALES LETTRES MUETTES INTERCALÉES

1. La voyelle e

Les mots comprenant un e muet intercalé sont dérivés des verbes se terminant par ***-ier***, ***-ouer***, ***-uer***, ***-yer***.

*ralli**er*** ⟶ *un ralli**e**ment* – *dén**ouer*** ⟶ *un dénou**e**ment*

*t**uer*** ⟶ *une tu**e**rie* – *dépl**oyer*** ⟶ *un déploi**e**ment*

2. La consonne h

Il s'agit le plus souvent d'un mot dérivé : on a ajouté un préfixe devant un mot commençant par h.

***h**abituel* ⟶ *in**h**abituel* – ***h**abité* ⟶ *in**h**abité*

3. La consonne p

Elle se retrouve dans plusieurs familles de mots dont les principales sont celles des mots *ba**p**tême* *(ba**p**tiser, ba**p**tismaux)* – *com**p**te (com**p**ter, com**p**table)* – *scul**p**ter (scul**p**teur, scul**p**ture)* – *se**p**t (se**p**tième)*

III. POUR ORTHOGRAPHIER CORRECTEMENT LES MOTS

1. Mettre le mot au féminin

*blon**d*** ⟶ *blon**d**e* – *confu**s*** ⟶ *confu**s**e*

Au féminin parfois, la lettre muette finale est doublée. *genti**l*** ⟶ *genti**ll**e*

2. Trouver un mot de la même famille

Certaines de ces consonnes peuvent se retrouver dans les autres mots de la même famille dans lesquels elles se prononcent. *cor**ps*** ⟶ *cor**p**orel, cor**p**oration*

C'est souvent le cas de deux consonnes finales consécutives. *respe**ct*** ⟶ *respe**ct**er*

Attention cependant, car la lettre muette n'est pas toujours présente dans tous les mots de la même famille : *cauchemar**d**er* mais ⟶ *cauchema**r*** – *exclu**s**ion* mais ⟶ *exclu*

À RETENIR

• De nombreux mots comportent des **lettres muettes initiales**, **intercalées** ou **finales**. Pour orthographier correctement ces mots, on peut essayer de **former le féminin** ou de **chercher un mot de même famille**.

• En cas de doute, il convient de vérifier l'orthographe du mot dans le **dictionnaire**.

1 AVEZ-VOUS COMPRIS ?

a. Dans les mots en gras, quelles sont les lettres muettes ?
b. Quelle est la particularité de ces mots en gras ?

Il était une ***fois****,*
Une marchande de ***foie****,*
Qui vendait du ***foie****,*
Dans la ville de ***Foix****.*
Elle se dit : Ma ***foi****,*
C'est la première ***fois***
Et la dernière ***fois****,*
Que je vends du ***foie****,*
Dans la ville de ***Foix****.*

Comptine enfantine.

2 Réécrivez uniquement les mots contenant une ou plusieurs lettres muettes. Soulignez, pour chaque mot, la ou les lettres muettes. *

sirop – été – automne – chaud – rangée – rang – galop – galopin – souhait – dévouement – indulgence – vingt

3 a. Écrivez les mots illustrés en images.
b. Soulignez, pour chacun d'eux, la ou les lettres muettes. **

4 Soulignez les lettres muettes et expliquez-les en formant le féminin du mot proposé. **

confus – gris – grand – vivant – marchand – client – roux – fort

5 Identifiez les lettres muettes et expliquez-les à l'aide d'un mot de même famille. **

a. bord **b.** outil **c.** climat **d.** respect **e.** plomb

6 Complétez ces mots en ajoutant une seule lettre muette. Attention, il existe parfois plusieurs possibilités. ***

intru... / por... / étan... / rally... / chan... / cham... / repa... / sourci... / étan... / bor...

7 Complétez ces mots en ajoutant deux lettres muettes. ***

poi... / succin... / cor... / tem... / doi... / suspe... / pou... / remor... / prom... / aspe...

8 Distinguez les homophones en ajoutant une ou deux consonnes finales muettes. ***

a. Matthieu a donné un coup de poin... à son camarade qui lui avait volé son sac à dos.
Le pôle Nord est un poin... de repère.
b. Le cour... du fleuve est assez rapide.
Je préfère le cour... de tennis en terre battue plutôt que celui sur gazon.
c. Tou... le monde attend l'ouverture des portes du grand magasin.
Il a de la fièvre et une tou... assez sèche.
d. Ce poète récite des ver... par cœur.
Il a plu ces derniers jours, par conséquent, le gazon est bien ver...

9 Recopiez ces phrases en complétant, si nécessaire, les mots par des lettres muettes. ***

a. Ce chocola... chau... est vraiment délicieu...
b. En ...oût, ver... la fin du moi..., on organisera une fête.
c. Le flan... au chocolat avec un couli... de crème anglaise est son dessert favori...
d. Marché conclu... !
e. Il fait une promenade au bor... de l'étan...

10 Recopiez les mots en remplaçant le ■ par une lettre muette intercalée ou pas, selon le cas. ***

A. Un balbuti■ment – une métai■rie – le chatoi■ment – un ralli■ment – une sci■rie
B. in■attendu – dés■abiller – in■abituel – dés■orienté – in■ospitalier
C. ba■tiser – racon■ter – com■tabiliser – se■tième – un com■toir
D. auto■nal – conda■ner – dî■ner – une conda■nation – une into■nation

11 FAITES LE BILAN

a. Remplacez les ■ par la lettre muette nécessaire.
b. Proposez, pour chaque mot en gras, un adjectif ou un participe dans lequel on prononce cette (ces) lettre(s).
c. Choisissez le mot entre parenthèses qui convient. Faites une phrase avec l'autre mot.

Du **nor■** au sud, on ne com■te plus les menaces qui pèsent sur notre planète. Partout, le **déser■** s'étend sous l'action du **clima■** ou des ■ommes. On abat la **forê■** pour récolter le **boi■**. Les océans sont à la merci d'un **acciden■** de pétrolier. La Terre sera-t-elle conda■née si les (*êtres / hêtres*) ■umains ne lui vouent pas un plus gran■ **respe■■** ?

➤ Continuez à vous entraîner avec les exercices autocorrectifs du ROM

33 Orthographe

LA PONCTUATION

POUR COMMENCER

Les **signes de ponctuation** sont des marques de la langue **écrite**. Ils **organisent** les divers éléments de la phrase ou les phrases entre elles selon des **règles**.

1. Les signes qui marquent la fin d'une phrase

Le point **.**	Il termine la phrase déclarative. *Je suis en colère ce matin.*
Le point d'interrogation **?**	Il termine la phrase interrogative. *As-tu pris ton petit déjeuner ?*
Le point d'exclamation **!**	Il termine la phrase exclamative. *Quelle perte de temps !*
Les points de suspension **...**	Ils achèvent une énumération. *Voici une gomme, un livre, un cahier...* Ils créent une attente, un suspense. *Vous pensez que...*

2. Les signes qui se trouvent à l'intérieur de la phrase

La virgule **,**	– Elle marque une pause brève. – Elle sépare les mots ou les groupes de mots. **Attention !** On ne sépare jamais par une virgule le verbe de son sujet ou le verbe de son complément.	*Le matin, il faut manger du pain, un fruit et un laitage.* ~~*Il faut, manger, un fruit.*~~
Les deux points **:**	– Ils marquent une pause courte. – Ils annoncent une suite : une explication, une conséquence, une énumération.	*David n'a eu peur de rien : il a même affronté le géant Goliath.* *Il avait sur sa liste de courses : du pain, du sucre, du café.*
Le point-virgule **;**	– Il marque une pause plus longue. – Il sépare deux propositions à l'intérieur d'une phrase.	*Le petit déjeuner est essentiel ; il apporte les réserves de la journée.*
Les points de suspension **...**	– Ils marquent une longue pause correspondant à un temps d'hésitation. – Entre crochets [...], ils indiquent une coupure dans une citation.	*Les glucides sont des acides gras... à moins que ce ne soient les lipides.* *Les glucides [...] lipides.*
Les guillemets **« »**	Ils permettent d'attirer l'attention sur un mot.	*Les « spartiates » sont des sandales faites de lanières de cuir.*
Les parenthèses **( )**	Elles isolent une information secondaire. Il ne faut pas en abuser !	*On trouve des lipides (qui sont des acides gras) dans le chocolat.*

3. La ponctuation dans le dialogue ▸ FICHE 18

Les deux points **:**	Ils marquent l'entrée dans le dialogue.	*En le quittant, elle lui dit :* *« Quelle excellente soirée !* *– Merci, répondit-il. Reviendrez-vous ?* *– Sûrement ! », répliqua-t-elle.*
Le tiret **–**	Ils marquent les répliques du dialogue, les différentes prises de parole.	
Les guillemets **« »**	Ils marquent le début et la fin du dialogue.	

4. Les majuscules

- au début d'une phrase
  Le soleil brille.
- au début de chaque vers d'un poème
  Le temps a laissé son manteau
  De vent, de froidure et de pluie
  Et s'est vêtu de broderies
- pour signaler un nom propre ou un titre
  Jacques Prévert a écrit un recueil intitulé Paroles.

À RETENIR

- Pour être **compréhensible**, un texte doit être **ponctué**.
- **Les signes de ponctuation** séparent les mots et les phrases à l'écrit.
  Une phrase commence toujours par une **majuscule** et se termine par un **point**.

① AVEZ-VOUS COMPRIS ?

a. Justifiez l'emploi des majuscules.
b. Expliquez l'emploi des signes de ponctuation surlignés en jaune.

Bugatti : cent ans de passion

La marque française a été fondée en 1909 en Alsace par Ettore Bugatti ; cet immigré venu d'Italie s'est fait connaître mondialement par ses incroyables bolides. Le constructeur a présenté au salon de Francfort une version de la légendaire Veyron : la « Sang Bleu ».

② Rétablissez les quatre virgules manquantes. *

Il y avait des jets d'eau dans les salles des mosaïques dans les cours des cloisons festonnées mille délicatesses d'architecture et partout un tel silence que l'on entendait le frôlement d'une écharpe ou l'écho d'un soupir.

Gustave Flaubert, *La Légende de saint Julien l'Hospitalier*.

③ Ajoutez les guillemets et les majuscules dans cet extrait. *

on était en mai, au temps du renouveau. un beau matin, renart tenait sur ses genoux son fils rovel que la faim faisait pleurer : il n'avait rien à manger. renart entreprit de l'apaiser, lui disant : mon enfant, mon petit cœur, je vais au bois chasser et chercher notre nourriture.

Le *Roman de Renart*, « Les vêpres de Tibert le chat ».

④ Lisez ces phrases à voix haute en respectant la ponctuation pour marquer la différence de sens. *

a. Constatant mon exploit, ma sœur me dit : « Ah ! c'est vraiment malin ! » **b.** Constatant mon « exploit », ma sœur me dit : « Ah ! c'est vraiment malin ! » **c.** On l'appelle le « terrible Yvain ». **d.** On l'appelle, le terrible Yvain. **e.** « Marie, dit le surveillant, est toujours aimable. » **f.** Marie dit : « Le surveillant est toujours aimable. » **g.** J'ai entendu quelqu'un s'enfuir, du pas de ma porte. **h.** J'ai entendu quelqu'un s'enfuir du pas de ma porte.

⑤ Remplacez les ■ par l'un des signes de ponctuation proposés : tiret, guillemet ouvert, guillemet fermé, point d'interrogation, point d'exclamation, virgule, deux points. **

Sur les bords d'un marigot, il y avait un scorpion qui désirait passer de l'autre côté. Il s'adressa alors à la grenouille ■

■ S'il te plaît, lui dit-il, prends-moi sur ton dos et aide-moi à traverser ■

■ Mais tu es fou ■ répliqua la grenouille. Si je te prends sur mon dos, tu vas me piquer, et je vais mourir.

– Ne sois pas stupide, répondit le scorpion ■ Quel intérêt aurais-je à te piquer ■ ■

Michel Piquemal, *Les Philofables*.

⑥ Ponctuez ce texte en choisissant parmi les signes de ponctuation proposés. ***

Avez-vous le souhait que la planète soit sauvegardée [, *ou* ;] que les peuples cessent de se déchirer [! *ou* ?] Vous pouvez apporter votre contribution [... *ou* :] achetez moins de gadgets [, *ou* .] jetez les papiers usagés dans les poubelles [, *ou* !] Surtout apprenez à vous respecter mutuellement [? *ou* !] Si personne ne fait d'efforts [; *ou* ,] imaginez notre avenir [. *ou* ...]

⑦ Rétablissez les deux virgules et trois points-virgules manquants, puis justifiez-les. ***

On vivait en paix depuis si longtemps que la herse ne s'abaissait plus les fossés étaient pleins d'herbes des hirondelles faisaient leur nid dans la fente des créneaux et l'archer qui tout le long du jour se promenait sur la courtine dès que le soleil brillait trop fort rentrait dans l'échauguette et s'endormait comme un moine.

⑧ Rétablissez les majuscules et les points de ce texte qui comporte quatre phrases. Puis ajoutez les huit virgules manquantes. ***

La chasse au loup

thibault lui décocha une flèche le loup s'arrêta tourna la tête mais sans paraître blessé reprit sa course à travers les bois le garçon le poursuivit essayant de raccourcir la distance qui le séparait de la bête le loup ralentissait parfois mais sitôt qu'il était visé reprenait la fuite

⑨ FAITES LE BILAN

a. Recopiez cet extrait en ajoutant les dix majuscules manquantes. À quoi servent-elles ?
b. Ajoutez les neuf marques de ponctuation nécessaires à la compréhension du texte.
c. Le texte doit comporter deux points d'exclamation : à quoi servent-ils ?

renart dit à tibert quoi quelle bonne surprise c'est bien tibert qui est étendu là-bas
oui c'est bien moi mon cher ami et pourquoi que me voulez-vous

Le *Roman de Renart*, « Les vêpres de Tibert le chat ».

➤ Continuez à vous entraîner avec les exercices autocorrectifs du ROM

34 Orthographe

LES HOMONYMES

POUR COMMENCER

Le mot « homonyme » vient du grec ***homo*** = « semblable », et ***onyme*** = « nom ».
Les homonymes sont des mots qui se ressemblent mais qui n'ont pas le même sens.

I. HOMOPHONES ET HOMOGRAPHES

On distingue :

• **les homophones**
Ils se prononcent de la même façon.
Ils n'ont pas le même sens.
Attention à leur écriture
*Au **mois** d'avril, je vous inviterai chez **moi**.*

• **les homographes**
Ils s'écrivent de la même façon.
Ils n'ont pas le même sens.
Attention à leur lecture
*Ils **affluent*** [aflu] *– un **affluent*** [afluɑ̃]

Certains **homonymes** sont à la fois **homophones** et **homographes :**
ils **s'écrivent** et se **prononcent** de la **même façon**.
*Ce sportif a perdu, **or** il a reçu le ballon d'**or** !*

Attention à l'analyse grammaticale

• Les **homophones** peuvent se distinguer **à l'écrit** :
– par leurs lettres *Il était une **fois** une marchande de **foie** qui se dit : ma **foi** !*
– par un accent grave ***Là**, **la** mère a parlé à sa fille.*
– par un accent circonflexe *Il est **sûr** de rester **sur** place.*

• Les **homographes** peuvent se distinguer **à l'oral** :
– par le sens de la phrase et le contexte
*Les **fils** servent à coudre – Son **fils** a cinq ans*
– par leur prononciation
*Nous **portions** des **portions** de gâteau*

II. HOMONYMES DIFFICILES

Attention à quelques homophones difficiles à ne pas confondre :

dans (= à l'intérieur de) *Il joue **dans** la cour.* = *Il joue **à l'intérieur** de la cour.*	**d'en** (= de cela) ⟶ *Arrête **d'en** parler*

Identifier les conjonctions de coordination ▸ FICHE 14	**à ne pas confondre avec**
et (= et aussi) *Roland **et** Olivier* = *Roland **et aussi** Olivier*	**est** (forme du verbe être) *Olivier **est** sage.* = *Olivier **était** sage.*
mais (= cependant) ***Mais** je viendrai.* = ***Cependant** je viendrai.*	**mes** (déterminant possessif) *Ce sont **mes** livres.* = *Ce sont **les miens**.*
or (= or donc) ***Or** il ne se doutait de rien.* ***Or donc, alors,** il ne se doutait de rien.*	**hors** (préposition placée devant un nom) ***Hors** de ma vue !* = ***Loin** de ma vue !*
ni (= ni non plus) *Il n'aime **ni** la guerre **ni** la violence.* = *Il n'aime **pas** la guerre, il n'aime **pas non plus** la violence.*	**n'y** (indication de lieu) *Il **n'y** va jamais.* = *Il ne va jamais **dans ce lieu**.*
ou (= ou bien) *Thé **ou** café ?* = *Thé **ou bien** café ?*	**où** (mot interrogatif ou pronom relatif) ***Où** sont-ils ?* = ***Dans quel lieu** sont-ils ?*

À RETENIR

• Les **homonymes** regroupent les **homophones**, qui se prononcent de la même façon, et les **homographes**, qui s'écrivent de la même manière.
• Le **sens** de la phrase permet de les distinguer.

❶ AVEZ-VOUS COMPRIS ?

a. Relevez les deux homonymes sur lesquels porte le jeu de mots.
b. Donnez leur sens respectif.

– Prenez le car !
– Il part quand ?
– Il part au quart !
– !!… Mais (*regardant sa montre*)… le quart est passé !
– Ah ! Si le car est passé, vous l'avez raté.

Extrait d'un sketch de **Raymond Devos**.

❷ Attribuez à chaque homophone l'expansion qui convient. *

a. le maire – la mère – la mer / Méditerranée – des enfants – du village. **b.** Le seau – le sceau – le saut / du roi – d'eau – à ski – **c.** le far – le phare – le fard / à paupières – de l'île – aux pruneaux **d.** le mal – le mâle – la malle / postale – de tête – de la lionne **e.** l'air – l'aire – l'ère / du rectangle – frais – tertiaire

❸ Lisez ces phrases à voix haute en prononçant correctement les mots en gras. *

a. Le **fils** du roi porte un manteau cousu de **fils** d'or. **b.** Nous **mentions** en prétendant avoir obtenu ces **mentions**. **c.** Des fleurs de **lis** décorent la lettre que je **lis**. **d.** On peut se **fier** à cet homme au regard **fier**. **e.** Tu **vis** ton père acheter des **vis**.

❹ Complétez les phrases avec l'un des deux homophones entre parenthèses. **

a. Le bateau a levé (*l'ancre/l'encre*). **b.** Souligne le titre à (*l'ancre/l'encre*) rouge. **c.** C'est une (*voie/voix*) de garage. **d.** Ce chanteur a une belle (*voie/voix*). **e.** Le médecin prend le (*pouls/poux*) du malade. **f.** Les (*pouls/poux*) prolifèrent dans ses cheveux.

❺ Complétez les phrases en choisissant la conjonction ou son homophone. **

a. Ce bijou est magnifique (*mais/mes*) il est très cher. **b.** Veux-tu un yaourt (*ou/où*) une part de gâteau ? **c.** Il est mécontent et semble (*or/hors*) de lui. **d.** Ce ne sont que des détails, (*ni/n'y*) prête pas attention ! **e.** (*ou/où*) ai-je mis (*mais/mes*) clés ? **f.** Il a mis le ballon (*hors/or*) des limites, (*hors/or*) c'est interdit. **g.** Cette villa est trop loin, elle (*ni/n'y*) séjourne plus, (*ni/n'y*) l'été (*ni/n'y*) l'hiver.

❻ Choisissez entre *et* ou *est* selon le sens. **

a. Elle (*et/est*) en sueur (*et/est*) va prendre sa douche. **b.** Il (*et/est*) en retard (*et/est*) risque de manquer la cérémonie. **c.** (*et/est*)-il temps de partir ? Quelle heure (*et/est*)-il exactement ? **d.** Il (*et/est*) 8 heures et je devrais déjà être au travail. **e.** Ce soir, c'(*et/est*) l'été (*et/est*) c'(*et/est*) aussi le jour le plus long de l'année.

❼ Exercice d'écriture

Trouvez des homophones à l'aide des images. Inventez un petit texte amusant et loufoque qui les utilisera. ***

❽ Remplacez les tirets par *dans* ou *d'en*. ***

a. Nous allons cueillir des cerises ...... le bois, nous essaierons ...... prendre au moins un panier. **b.** Impossible ...... savoir davantage. Il est très secret. **c.** Le spectacle va commencer ...... quelques minutes. **d.** Pour entrer facilement ...... le jardin, il suffit ...... franchir la haie. **e.** Ils entrèrent ...... le restaurant alors que leurs amis venaient juste ...... sortir.

❾ FAITES LE BILAN

a. Recopiez ce texte en orthographiant correctement les mots entre parenthèses.
b. Relevez les deux conjonctions de coordination du texte.
c. Inventez une phrase avec chacun des mots en gras en précisant à chaque fois leur classe grammaticale.

Chaque (*mâtin/matin*), avant d'aller en (***court/cour/cours***), il boit un grand (*vers/vert/verre*) de (*laid/lait*) (*où/ou*) un jus d'orange avec une tranche de (*pin/pain*) frais. Ensuite il (***mais/met /mes***) son manteau et (*cours/cour/court*) prendre son (*car/quart*).

➤ Continuez à vous entraîner avec les exercices autocorrectifs du ROM

LES PRÉFIXES

POUR COMMENCER

Le préfixe est un élément fixé **avant le radical** pour former un mot **dérivé**.
Il ne faut pas confondre le **préfixe** et le suffixe. ▸ FICHE 36

I. CARACTÉRISTIQUES GÉNÉRALES

Pour former des mots nouveaux appelés **mots dérivés préfixés**, le préfixe peut se placer :

• avant le radical		• avant un autre préfixe	
fixé	relié par un tiret	fixé	relié par un tiret
***dis**poser*	*un **sous**-préfet*	***pré**disposer*	***pré**-emballer*

Le préfixe modifie le sens d'un mot : *lisible* → ***il**lisible* / ***im**porter* → ***ex**porter*
Mais il ne change pas la classe grammaticale du mot : *bloquer* → verbe / ***dé**bloquer* → verbe

Le sens est une aide pour ne pas confondre le radical et le préfixe :
arbre n'a pas de préfixe – ***a**normal* comporte le préfixe **a-** devant l'adjectif *normal*.

II. ORTHOGRAPHE

1. Un préfixe peut changer d'orthographe selon la lettre qui le suit

Changement de consonne	Ajout ou retrait d'une lettre	Ajout d'un accent
• ***in-*** → ***in**sensé* devient ***im-*** → ***im**pair* / ***il-*** → ***il**lettré* / ***ir-*** → ***ir**réel* • ***con-*** → ***con**génère* devient ***co-*** → ***co**pilote* / ***com-*** → ***com**père* / ***col-*** → ***col**loque* / ***cor-*** → ***cor**respondre*	• ***dé-*** → ***dé**placer* s'écrit ***dés-*** devant une voyelle → ***dés**espoir* • ***re-*** → ***re**venir* s'écrit ***r-*** devant la voyelle <u>e</u> ou un <u>h</u> muet → ***r**habiller, **r**emballer*	• ***re-*** → ***re**venir* s'écrit ***ré-*** devant une voyelle → ***ré**apprendre*

2. L'origine du préfixe renseigne sur son orthographe

• le préfixe latin ***dis-*** → « éloigné » ou « privé de »
*la **dis**parité*

• le préfixe grec ***dys-*** → « en mauvais état »
*un **dys**fonctionnement*

III. SENS

1. L'origine du préfixe renseigne sur sa signification

Le préfixe ***anti-***

• issu du latin ***ante*** signifie « *avant* ».
*une **anti**chambre* → *salle **avant** la salle principale*

• issu du grec ***anti*** signifie « *qui est contre* ».
*un produit **anti**bactérien* → ***contre** les bactéries*

2. Certains préfixes ont le même sens, mais l'un est latin, l'autre grec

– Sens négatif
origine latine ***dé-*** / ***dés-*** / ***dis-*** → ***dé**nuder* – origine grecque ***a-*** / ***an-*** → ***a**normal, **an**alphabète*
– Sens intensif
origine latine ***extra*** → ***extra**ordinaire* – origine grecque ***hyper*** → ***hyper**sensible*

▸ Un tableau récapitulatif des principaux préfixes usuels se trouve p. 342

À RETENIR

• Le **préfixe change le sens d'un mot** : il s'ajoute **avant le radical** ou avant un autre préfixe pour former un **mot dérivé.**
• Il peut **changer d'orthographe** en fonction de la lettre qui suit.
• Son origine **latine** ou **grecque** renseigne sur sa signification.

1 AVEZ-VOUS COMPRIS ?

a. Identifiez le préfixe des mots en gras en précisant lequel est grec et lequel est latin.
b. Indiquez leur sens.

Chaque année, l'océan reçoit 92 gigatonnes (Gt) de dioxyde de carbone de l'atmosphère et en **redonne** 90 **gigatonnes** (une gigatonne est égale à mille millions de tonnes).

D'après « La Terre, une planète active », *Encyclopédie des jeunes*.

2 Retrouvez le verbe simple en enlevant le préfixe d'origine latine *re-*. *

recoller / ressortir / repousser / recommencer / repartir / refermer / retourner / recoiffer / reprendre / relire / recoudre / repasser

3 Recopiez les participes suivants en inscrivant les suffixes en rouge. Soulignez ceux qui ont deux préfixes. *

pourchassé – surveillé – prédécoupé – hypertendu – désintéressé – sous-entendu – surendetté – enlevé

4 Trouvez les antonymes des mots suivants en ajoutant le préfixe d'origine latine *dé- / dés-*. *

geler – habiller – boucher – coiffer – hydrater – plier – équilibrer – colorer – un agrément – un compte – une infection – un intérêt – une composition – un honneur – un équilibre – une pression

5 Ajouter aux mots suivants le préfixe d'origine latine en l'orthographiant correctement : *co-*, *com-*, *con-*, *col-* ou *cor-*. **

parer – plaire – une mère – promis – un locataire – un porteur – un citoyen – jurer – rompre – mettre – battre – latéral

6 Trouvez les antonymes des adjectifs ou des participes en orthographiant correctement le préfixe d'origine latine *in-*. **

connu – mobile – logique – achevé – poli – lisible – perméable – égal – patient – respectueux

7 Identifiez les préfixes des noms suivants. Indiquez s'il s'agit d'un préfixe latin ou grec. ▸ TABLEAU P. 342 ******

un antidote – une copropriété – une bicyclette – un dialogue – un disjoncteur – un embarquement – un hémisphère – minuit – un monologue – un rappel

8 Formez les antonymes des mots suivants avec les préfixes latins *dé-* ou *in-*, ou les préfixes grecs *anti-* ou *a-*. **

a. un poison/un ...poison **b.** normal/ ...normal
c. sympathique/ ....pathique **d.** vêtu/...vêtu
e. sensible/ ...sensible **f.** dérapant/...dérapant
g. plaire/ ...plaire

9 ✍ Exercice d'écriture

Décrivez chaque image avec une phrase comportant au moins deux mots préfixés (verbe, adjectif ou nom). **

*Cet enfant **in**connu **sou**lève son bras pour **re**mettre le disque **dé**placé.*

10 Identifiez les préfixes latins dans les mots suivants et reliez-les à la bonne signification : *sous – à nouveau – au-delà de – après – avant – dans*. ***

postnatal – redire – embrasser – outre-mer – submerger – préavis

11 Identifiez les préfixes grecs dans les mots suivants et reliez-les à la bonne signification : *contre – très – pas assez – mauvais – sur – sans*. ***

hypoglycémie – amoral – dyslexie – épiderme – hypertension – antibiotique

12 Dans chaque liste, indiquez le mot qui n'a pas de préfixe. Aidez-vous d'un dictionnaire. ***

A. du supercarburant – une superposition – une supercherie
B. un sursaut – un surfeur – une surélévation
C. un colis – un colocataire – un coéquipier
D. exporter – expatrier – exercer
E. soutenir – souhaiter – soupeser

13 FAITES LE BILAN

a. [L. 1 et 2] Formez deux dérivés préfixés du verbe *prendre* et du verbe *faire*.
b. Trouvez dans le texte deux dérivés du verbe *assaillir*.
c. Recopiez les mots en gras en mettant en rouge le préfixe.

Il est souvent **impossible** de prendre d'assaut les châteaux-forts. Il faut donc faire un long siège : l'armée des assaillants **encercle** la forteresse, empêchant toute sortie et toute arrivée de renforts. Le temps **amènera** les défenseurs **affamés** ou **assoiffés** à négocier pour se rendre.

➤ Continuez à vous entraîner avec les exercices autocorrectifs du ROM

36 Orthographe

LES SUFFIXES

POUR COMMENCER

Le suffixe est un élément **fixé après le radical** pour former un mot **dérivé**.
Il détermine la **classe grammaticale** d'un mot et ne doit pas se confondre avec le préfixe. ▸ FICHE 35

I. CARACTÉRISTIQUES GÉNÉRALES

Le suffixe se place **après le radical** pour former des mots nouveaux **dérivés suffixés** :

Rouge
= mot radical

- + suffixes de noms : *la rouge**ole** – une rouge**ur** – un roug**et***
- + suffixes de verbes : *rouge**oyer** – roug**ir***
- + suffixes d'adjectifs : *roug**eâtre** – rouge**aud***

II. ORIGINE ET SENS

1. L'origine du suffixe permet de connaître sa signification

Le suffixe -**cide**, du latin ***caedere***, « tuer » → *un insecti**cide** = produit pour **tuer** les insectes.*

2. Un même suffixe peut avoir plusieurs sens

Le suffixe **-ier** désigne :

- un arbre : *un prun**ier***
- une profession : *un crém**ier***
- un récipient : *un beurr**ier***

3. Une même forme renvoie parfois à deux origines différentes

- le suffixe -***ose*** du latin *-osium* = qui a la qualité de → *grandi**ose***
- Le suffixe -***ose*** du grec *-ôsis* = certaines maladies → *arthr**ose***

4. On distingue

Les suffixes qui permettent de former :

- **des noms** : *élev**age** – profess**eur** – bless**ure** – ami**tié***
- **des adjectifs** : *mala**dif** – haut**ain** – mange**able** – lis**ible***
- **des verbes** : *const**ater** – fleur**ir***
- **des adverbes** : *vrai**ment***

Les suffixes qui changent la nuance du mot :

- **diminutif** : *une fill**ette** – un port**illon** – maigr**elet** – saut**iller***
- **péjoratif** : *faib**lard** – lourd**ingue** – traîn**asser***
- **superlatif** : *rich**issime***

▸ Un tableau récapitulatif des principaux suffixes usuels se trouve P. 342

À RETENIR

- Le **suffixe** s'ajoute **après le radical** pour former un **mot dérivé suffixé**.
- Un même **suffixe** peut parfois avoir des **sens différents**.
- L'ajout d'un **suffixe** peut **changer la classe grammaticale** du mot ou changer sa **nuance**.

1 AVEZ-VOUS COMPRIS ?

Trouvez le radical et le suffixe des mots en gras.

Petite annonce

Bricoleur réalise petits travaux de **peinture**, **maçonnerie**, **plomberie**. Tous travaux de **bricolage**, **montage** de vitres et **réparation** de fenêtre. Prix anti-crise.

2 Enlevez le suffixe de chaque mot et retrouvez le verbe qui correspond. *

a. coiffeur **b.** hachis **c.** pilotage **d.** dorure **e.** chasseur **f.** espérance **g.** cultivatrice **h.** patinoire **i.** tricherie **j.** fumoir

3 Retrouvez les adjectifs qui ont été suffixés. Indiquez pour chacun quel est son suffixe. *

a. beauté **b.** lenteur **c.** petitesse **d.** lourdaud **e.** platitude **f.** bêtise **g.** anonymat **h.** plaisantin

4 Trouvez le suffixe latin commun à chaque liste, dont le sens est donné entre crochets. *

a. [qui cultive] : agri...... – vini...... – horti...... – viti...... – ostréi......

b. [qui se nourrit] : omni...... – carni...... – herbi...... – pisci......

c. [qui contient, qui porte] : mammi...... – calori...... – coni...... – pétroli......

5 Retrouvez les noms de métiers qui sont illustrés. Entourez le suffixe de chaque mot trouvé. Proposez à chaque fois un autre métier avec le même suffixe. **

6 Recopiez les phrases en complétant les mots par un suffixe exprimant une action, un résultat. **

a. Roule moins vite ! Il y a un ralent......... à cinquante mètres. **b.** La travers... en bateau fut agréable. **c.** Le dress..... des chevaux demande du temps. **d.** La bless... est assez profonde. **e.** L'agriculteur a fait tous ces sem... avant qu'il ne pleuve. **f.** Nous attendons la livr..... de notre colis.

7 Choisissez entre le suffixe *-iser* ou *-ifier* pour former les verbes qui correspondent aux définitions données. ***

a. rendre électrique **b.** rendre pacifique **c.** rendre égal **d.** rendre solide **e.** rendre fertile **f.** tourner en ridicule **g.** changer en poudre **h.** changer en pierre **i.** rendre dramatique **j.** rendre intense

8 Choisissez le mot suffixé qui convient entre les deux mots proposés. ***

a. Cette phrase simple est très (*compréhensible/compréhensive*). **b.** Mes parents font preuve d'indulgence, ils sont (*compréhensibles/compréhensifs*). **c.** En cas de maladie, le vétérinaire demande (*l'abattage/l'abattement*) du troupeau. **d.** Après son échec amoureux, son (*abattage/abattement*) fut visible. **e.** Au Moyen Âge, les voleurs étaient condamnés à la (*pendaison/pendeloque*). **f.** Ce lustre est orné de (*pendeloques/pendaisons*) en cristal.

9 Ajoutez à chaque radical le suffixe qui convient au sens de la phrase. ***

a. Connaît-on la long...... de ce mur ? **b.** Vivre cent ans, c'est faire preuve d'une grande long...... **c.** La gris...... assombrit le ciel. **d.** La gris...... du succès lui monte à la tête. **e.** Le médecin examine la gros...... de la bosse. **f.** Reste poli, ne dis pas de gros......

10 FAITES LE BILAN

a. [L. 2] Recopiez le mot *profondeur* en entourant en rouge le suffixe.

b. Formez un nom ou un adjectif dérivé suffixé sur chacun des mots soulignés.

c. [L. 1 et 4] Indiquez de quels mots sont dérivés les noms en gras. Précisez le suffixe de chacun et proposez deux autres mots qui auront les mêmes suffixes.

On sait que la **température** s'élève au fur et à mesure que l'on s'enfonce en profondeur : 1 °C en moyenne tous les 30 m. On peut <u>déduire</u> que la température interne de la <u>Terre</u> est <u>élevée</u>. Les **scientifiques** <u>estiment</u> qu'elle atteindrait au centre 6 000 °C. Pour <u>connaître</u> la structure interne de la Terre, les géologues ont <u>interprété</u> la manière dont se propagent les ondes provoquées par les séismes.

« La Terre, une planète active », *Encyclopédie des jeunes*.

Continuez à vous entraîner avec les exercices autocorrectifs du ROM

37 Vocabulaire — ÉVOLUTION ET FORMATION DES MOTS

POUR COMMENCER

Le **français** est une **langue vivante** : elle évolue et se transforme ; elle s'enrichit aussi constamment de **mots nouveaux**.

I. ORIGINE DES MOTS ANCIENS

1. Le latin

- Mots de **formation populaire**
  le mot s'est modifié au cours des siècles.
  simulare → ***sembler***
- Mots de **formation savante**
  le mot a gardé une forme fidèle au latin.
  natalem → ***natalité***

On appelle **doublets** deux mots **de la même classe grammaticale** issus du **même mot latin**.
auscultare → *écouter* (formation populaire) et → *ausculter* (formation savante)

2. Le grec

Le **grec** ancien a servi et sert encore à la **formation savante** de nombreux mots français.
géo (terre) + *thermie* (chaleur) = *géothermie*
Généralement, les mots comportant **th**, **ph**, **y** ou **ch** prononcé [**k**] sont d'origine grecque.

3. Les emprunts à d'autres langues

Le mot peut être emprunté directement *un fast-food* (anglo-américain)

Un mot étranger peut être francisé

- par sa **prononciation**
  anglais *pull* [pul] → *un pull* prononcé [**pyl**]
- par l'**orthographe**
  allemand *Was ist das ?* → *un* ***vasistas***
  anglais *beef steak* → *un* ***bifteck***
- par un **suffixe**
  *un basket****teur***
  *surf****er***

II. FORMATION DE MOTS NOUVEAUX

1. Mots simples et mots complexes

On distingue :

- les mots **simples** ou mots-**radicaux**
  Ils ne sont constitués que d'un radical *une* ***fleur***
- les mots **complexes**
  Ils sont **dérivés** ou **composés** *re****fleur****ir – un chou-****fleur***

2. Les mots dérivés

Les mots **dérivés** sont formés par l'ajout d'**affixes** au radical

- un **préfixe** avant le radical ▸ FICHE 35 *un para****vent***
- un **suffixe** après le radical ▸ FICHE 36 ***vent****iler*

à la fois **un suffixe et un préfixe** *un* ***évent****ail*
La dérivation peut modifier le radical *une* ***fleur*** → ***flor****al* / *un* ***fleur****iste*

3. Les mots composés

Les mots **composés** sont formés de **plusieurs radicaux** *une* ***grand-mère***

- reliés par un **tiret** *un rendez-vous*
- reliés par une **préposition** *une pomme* ***de*** *terre*
- **soudés** *un portefeuille*
- **juxtaposés** *une chaise longue*

4. Les racines associées

Des racines d'origines différentes peuvent s'associer
latin + grec → latin *inter* + grec *phone* = un *interphone* / latin + anglais → latin *super* + anglais *man* = un *superman*

À RETENIR

Le **français** s'est constitué à partir du **latin**, du **grec ancien** et d'emprunts à d'autres **langues étrangères**. La langue s'enrichit constamment : les mots créés à partir d'un **radical** peuvent être **dérivés** ou **composés**.

1 AVEZ-VOUS COMPRIS ?

Donnez la langue d'origine des mots en gras : japonais, anglais, latin ou grec ancien.

Réfléchissant à son avenir, Julien hésite : se lancera-t-il dans l'**archéologie**, l'**aquaculture** ou le **marketing** ? Peut-être deviendra-t-il professeur de **judo** ?

2 Classez les mots selon que ce sont des mots-radicaux, des mots dérivés ou des mots composés. *

un train – le chemin de fer – un chauffeur – un laissez-passer – une gare – un contrôleur – une réservation – la mobilité – un train-couchettes – une place – une valise – un sifflet

3 Soulignez le préfixe dans les mots suivants. *

a. impuni – illogique – irréel – confrère – corrélation – collecte – colocataire

b. alléger – accrocher – approcher – arranger – effeuiller – essouffler – ébourgeonner

4 Associez à chaque mot latin de la liste A deux mots de la liste B. Indiquez celui qui est de formation savante et celui qui est de formation populaire. **

A. *horam – vocem – pedem – manum – digitum – nasum – linguam – solum*

B. la langue – solitaire – un horaire – un pied – pédestre – le nez – le doigt – digital – la main – une heure – une manucure – seul – des vocalises – nasal – une voix – un linguiste

5 Recopiez les mots suivants en séparant le préfixe, le radical et le suffixe. **

insoutenable – illégalité – irréalité – mécontentement – souterrain – appauvrir – prédestination – acclimatation – anormalité – déshumaniser – méconnaissance – postopératoire

6 Dans chaque liste, trouvez le mot d'origine latine, le mot latin et grec, et le mot latin et anglais. **

a. Internet – un interphone – international **b.** un vidéophone – un vidéoclip – une vidéocassette **c.** les mass media – une médiathèque – la médiavision **d.** une superstar – un supermarché – un superhéros

7 Les racines latine *cord-* et grecque *card-* signifient *cœur*. Complétez les mots suivants en choisissant parmi les trois variantes de ce mot. ***

a. Passons un acc...rd ! **b.** Cette trahison m'a éc...ré. **c.** Quelle conc...rdance ! Nous aimons les mêmes films ! **d.** Il faut soigner toute faiblesse c...rdiaque. **e.** Il mange trop : gare à l'éc...rement ! **f.** Cette personne a une poignée de main vraiment c...rdiale. **g.** En voyant le massacre de ces jeunes phoques, nous avons eu un haut-le-c...r.

8 Associez à chaque mot latin de la liste A un mot de la liste B. Retrouvez pour chaque mot son doublet de formation savante. ***

A. *captivum – fragilem – potionem – blasphemare – mutare – masticare – fabricare – separare – gemere – ministerium – monasterium*

B. blâmer – un moûtier – chétif – geindre – un poison – frêle – sevrer – forger – muer – mâcher – un métier – captif

9 Chassez de chaque liste de mots deux intrus qui ne comportent pas de préfixe. ***

A. défleurir – déposséder – désherber – désertifier – désillusionner – destiner – décroître

B. apolitique – arbuste – analphabète – animal – anormal – aphone

10 Dans chaque famille de mots, recopiez les différentes formes prises par un même radical. ***

– *Nuit* : un noctambule – un équinoxe – minuit – nocturne

– *Pluie* : la pluviométrie – un parapluie – pluvieux – pleuvoir

– *Croire* : une croyance – crédule – un mécréant – incroyable

– *Faire* : la perfection – un facteur – infaisable – un fainéant – un faire-part

– *Eau* : l'aquaculture – une aiguière – Aigues-Mortes – Aix-la-Chapelle – un évier

– *Preuve* : prouver – improbable – une épreuve – des probabilités

11 FAITES LE BILAN

a. Le latin *spatium* a donné *espace* et *spatial*. Lequel est de formation savante ? Lequel est de formation populaire ?

b. Relevez deux mots composés, précisez leur formation.

c. [L. 1 et 7] Donnez la formation en trois éléments des mots *turboréacteur* et *suborbital*.

d. [L. 7] Expliquez le mot *apesanteur* en précisant le sens et l'origine de son préfixe. Quel verbe correspond au radical de ce mot ?

Le tourisme dans l'espace

Un avion propulsé par deux turboréacteurs emporte une mini-navette sous ses ailes. Après s'être séparée de l'avion, celle-ci, propulsée par un moteur-fusée sur une trajectoire quasi verticale, atteint l'altitude de 100 kilomètres sur son élan. Elle termine sa course avec une vitesse finale quasi nulle. Pendant ce vol suborbital, le voyageur est en apesanteur pendant environ trois minutes et demie. Il s'agit donc d'un vol éphémère aux abords de l'espace.

Extrait du journal *Le Monde*.

Continuez à vous entraîner avec les exercices autocorrectifs du ROM

38 Vocabulaire

L'ANCIEN FRANÇAIS

POUR COMMENCER

L'ancien français, appelé aussi **roman** ou **francien**, est le français parlé au **Moyen Âge**. Il présente de **nombreuses différences** avec le **français moderne**.

I. PREMIERS MOTS EN ANCIEN FRANÇAIS

1. Du latin à l'ancien français

Le latin parlé par les Gallo-Romains devient, au début du Moyen Âge, le **roman** (ou francien).
latin *bestiam* → ancien français *beste* – latin *plorare* → ancien français *plorer*
Des lettres disparaissent *arb**o**rem* → *arbre* / Des sons se modifient ***bovem*** → ***buef***

2. Une mosaïque

L'ancien français est constitué de **nombreux parlers régionaux** regroupés en deux ensembles :

- la **langue d'oïl** au nord de la France
  le château se dit *chastel* au nord.
- **la langue d'oc** au sud de la France
  le château se dit *castel* au sud.

Avec l'unification de la France, la langue de l'Île de France se répand dans tout le pays.

II. CARACTÉRISTIQUES DE L'ANCIEN FRANÇAIS

1. Orthographe ancienne

Au Moyen Âge, les mots n'ont pas une orthographe bien définie

- Les mots ont plusieurs graphies car on les écrit comme on les prononce
  Le mot ***yeux*** s'écrit *les ialz / les ieus / les yeus / les yeulx*
- Selon leur gré, les copistes modifient certaines lettres
  – Des **lettres étymologiques** sont ajoutées : *corpus* devient *corps.*
  – Des lettres sont changées par souci d'**élégance** : la lettre y remplace i dans *mercy – luy – roy.*

2. Tournures anciennes

La **syntaxe** de l'ancien français est souvent **différente** de celle du français moderne

Ordre des mots dans la phrase

*Lors **ne volt plus Renars** soffrir*	*Alors **Renard ne veut plus** attendre.*

Absence du pronom personnel sujet

tot le songe vos conterai	***Je** vais vous raconter mon rêve*

Choix de la préposition

*Le prent Renars **parmi** le col*	*Renard le prend **par** le cou.*

3. Mots qui ont disparu ▸ FICHE 40

De nombreux mots utilisés en ancien français ont disparu du français moderne

- Certains sont devenus hors d'usage
  un destrier (= un cheval de guerre).
- D'autres ont été remplacés
  ouïr a été remplacé par « entendre ».

À RETENIR

- Toute langue vivante se modifie au cours du temps. Le **français moderne** est le résultat d'une **longue évolution** et comporte de nombreuses **différences** avec l'**ancien français**.
- Il faut attendre **1635,** avec l'**Académie française**, pour que le français ait une **orthographe définie**.

1 AVEZ-VOUS COMPRIS ?

a. Retrouvez à quel mot ancien correspond chaque mot en gras.
b. Indiquez les différences d'orthographe et de syntaxe que vous observez.

Texte du XIIe siècle

Amors par force vos demeine !
Conbien durra vostre folie ?
Trop avez mené ceste vie.

Béroul, *Le Roman de Tristan* (v. 2296-2298).

Traduction

L'amour vous entraîne avec force !
Combien de temps **durera votre folie** ?
Vous avez trop longtemps mené **cette vie**.

2 Comparez les trois versions suivantes : laquelle est la plus ancienne (1537) ? Quelle est la traduction la plus moderne ? Quelle traduction reste proche de l'original ? *

A. « Ce fait, était habillé, peigné, testonné, accoutré et parfumé, durant lequel temps on lui répétait les leçons du jour d'avant. » **Rabelais**, *Gargantua*, chapitre XXIII.

B. « Ceci fait, il était habillé, peigné, coiffé, vêtu et parfumé, pendant qu'on lui répétait les leçons de la veille. »

C. « Ce faict, estoit habillé, peigné, testonné, accoustré et parfumé, durant lequel temps on luy repetoit les leçons du jour devant. »

3 Ces mots d'ancien français se sont modifiés ; retrouvez leur orthographe moderne. *

isle – beste – fenestre – forest – hospital – hoste – hostel – maistre – gaster – oster – taster – vestir – vous estes – les nostres – les mesmes

4 Mettez en relation dans chaque colonne un mot latin de la liste A avec un des mots de la liste B. *

A. *album – alterum – talpam – falconem – falsum – salvare – saltum – palmam*

B. taupe – paume – faucon – aube – faux – saut – sauver – autre

A. *cartam – calorem – carbonem – carnem – catum – canem – mancam – caballum*

B. chat – chien – manche – chaleur – charte – chair – cheval – charbon

5 Rattachez les mots suivants à l'un des mots français de l'exercice n° 4. **

altérer – falsifier – salvateur – carnivore – calorie – canidé – carbonifère

6 Complétez la traduction de ce passage du *Roman de Renart* (Renart va attaquer Ysengrin, son ennemi). **

Texte du XIIe siècle

Sun escu sor sa teste tient :
se Ysengrins pres de lui vient,
tel escremie li donra
qui a grant honte li vendra.

Béroul, *Le Roman de Tristan* (v. 1140)

Traduction

Il tient son … sur sa … :
si Ysengrin vient … de lui,
il lui … un tel coup
qu'il le couvrira d'une … honte.

7 Soulignez parmi les diverses formes de ces mots celle qui est moderne. **

a. meins / mains **b.** pieds / piez **c.** ol / oil / œil / uel **d.** un bec / ung bek **e.** jor / jour / jur **f.** saulvage / sauvage **g.** podeir / poeir / pouvoir / pooir **h.** miex / mius / mieux / melx / mieuz **i.** cueur / quer / cœur

8 Modifiez les phrases suivantes pour leur donner une tournure moderne. ***

a. « … désormais n'aurez de moi trêve ni paix. » **b.** « Si je n'avais osé le suivre, ne sais ce qui serait advenu. » **c.** « Les lances se fendent et s'éclissent et les tronçons volent au loin. S'assaillent alors à l'épée. » **d.** « Toujours serons pauvres et nues et toujours faim et soif aurons. » **Chrétien de Troyes**, *Yvain ou le Chevalier au lion*.

9 Recopiez cette phrase ancienne en retrouvant l'orthographe moderne des mots en gras. ***

« Au temps que les bêtes **parloyent** (il n'y a pas **troys** jours), un pauvre **lyon**, par la **forest** se **pourmenant**, passa par **dessoubz** un arbre auquel **estoit** monté un **villain**… »

D'après **Rabelais**, *Pantagruel*.

10 FAITES LE BILAN

a. Recopiez le mot du texte venant de *factum*, participe passé latin du verbe *faire*.
b. Écrivez en rouge les lettres latines qui s'y sont maintenues.
c. Écrivez en français moderne les mots et expressions en gras.
d. [L. 1 à 3] Traduisez les trois premières phrases en français moderne.

Gargantua respondit : « Quoy ! N'ay je faict suffisant exercice ? Je me suis vaultré six ou sept tours parmi le lict devant que me lever. **Ne est ce** assez ? Le pape Alexandre ainsi **faisoit**, par le conseil de son **medicin** juif, et **vesquit** jusques à la mort en dépit des envieux. Mes premiers maîtres **me y** ont accoustumé, **disans** que le **desjeuner** faisoit bonne mémoire. »

Rabelais, *Gargantua*, chapitre XXI.

➤ Continuez à vous entraîner avec les exercices autocorrectifs du ROM

39 Vocabulaire

MOTS POLYSÉMIQUES

POUR COMMENCER

En grec, ***poly-*** signifie « plusieurs », et *sém-* « sens » : les mots **polysémiques** sont **des mots qui ont deux ou plusieurs sens**.

I. DÉFINITION

Le **dictionnaire** permet de vérifier si un mot est **polysémique** et d'en connaître les différentes significations.
Le mot ***fléau*** a quatre sens :

1. outil pour battre le blé
*Les paysans utilisaient des **fléaux** en cuir.*

2. arme médiévale
*Le chevalier fut blessé par le **fléau** de son ennemi.*

3. calamité, catastrophe
*Une invasion de criquets est un **fléau** redouté.*

4. personne extrêmement gênante
*Ce garçon est un véritable **fléau** !*

II. LES DIFFÉRENTS SENS D'UN MOT

1. Le sens premier et le sens second

Le **sens premier** est le premier sens donné par le dictionnaire.
Ce n'est pas toujours le sens **habituel** qui vient en premier. Les autres sens sont numérotés.

Le verbe ***réfléchir*** a deux sens :

- Sens premier = renvoyer la lumière
*Le miroir **réfléchit** les images.*

- Sens second = penser en se concentrant
***Réfléchis** avant d'agir !*

2. Sens propre et sens figuré

- **Sens propre**
Souvent le sens premier d'un mot, c'est-à-dire son sens le plus simple et qui est le premier sens donné par le dictionnaire.
*Je franchis un **fossé** plein d'eau.*

- **Sens figuré**
Sens imagé et abstrait d'un mot.
*Un **fossé** nous sépare à cause de nos divergences.*
Le mot ***fossé*** exprime combien sont grandes les différences entre les deux personnes.

III. COMPRENDRE LE SENS D'UN MOT

Le sens d'un mot polysémique dépend de la situation dans laquelle il est employé.

1. Le niveau de langue ▸ FICHE 43

courant → *Un **fou** a incendié l'immeuble.* / familier → *Tu es **fou** de ne pas avoir de portable !*

2. L'époque ou le contexte

*ouvrir une porte avec une **clé** – se servir d'une **clé** USB*

3. L'expression, appelée locution, dans laquelle il prend place

*dire **merci** – être à la **merci** – crier **merci** – une lutte sans **merci***

Il ne faut pas confondre

- **Un seul** mot qui a **plusieurs** sens.
*Une bague en **or** / **L'or** de ses cheveux*
Le nom ***or*** a un sens **propre** et un sens **figuré**.

- **Deux mots** différents qui s'écrivent de la même façon.
*Tu m'offres une bague en **or** ; **or** j'en ai déjà une !*
Le **nom** et la **conjonction** n'ont pas la même origine.

À RETENIR

- Un mot **polysémique** a **plusieurs sens** présentés dans le **dictionnaire** : le **sens propre** et le **sens figuré**, puis les emplois du mot selon les **niveaux de langue** ou dans des **locutions**.
- Les principales abréviations sont : ***fig.*** pour *figuré*, ***loc.*** pour *locution* et ***fam.*** pour *familier*.

1 AVEZ-VOUS COMPRIS ?

a. Le mot en gras a-t-il ici un sens propre ou figuré ?
b. Employez-le dans une phrase en lui donnant un autre sens.

Les ressources en bois des Philippines : auparavant principal exportateur, les Philippines ont **suspendu** leur production en raison des effets de la déforestation.

Yann Arthus-Bertrand, *365 jours pour réfléchir à notre Terre.*

2 Selon les phrases, précisez le sens du mot *flèche*. *

1. trait tiré par un arc 2. signe en forme de flèche 3. pointe en haut d'un clocher 4. trait d'esprit, moquerie 5. ***loc.*** *« filer comme une flèche » : être très rapide* ***6. fig.*** *quelqu'un de remarquablement efficace*

a. La cathédrale de Strasbourg a une **flèche** unique. **b.** Les **flèches** de Steve sont parfois très blessantes. **c.** En informatique, mon frère est une **flèche**. **d.** Ce croquis comporte tant de **flèches** qu'on ne comprend plus rien. **e.** Aziz a filé comme une **flèche** après les cours. **f.** L'archer ne tire pas ses **flèches** au hasard.

3 Reliez le mot *loup* au sens qui convient : *
***un masque – un coyote – un marin – un enfant – un ambitieux – un bar (poisson)* ***

a. Cet entraîneur de football a recruté un jeune loup qui a du talent. **b.** Pour le bal, elle portera un loup en satin. **c.** On pêche encore des loups en Méditerranée. **d.** Mon petit loup, je t'adore ! **e.** Vous aimez écouter le vieux loup de mer raconter ses voyages. **f.** Dans certaines prairies américaines vivaient des loups.

4 Précisez si le mot en gras souligné est employé au sens propre ou figuré. *

a. Je suis **froissé** de sa remarque. **b.** Des papiers **froissés** jonchent le sol. **c.** Nous allons pouvoir **alléger** nos cartables. **d.** La CPE a décidé d'**alléger** la sanction de Marine. **e.** Je suis **piqué** au vif ! **f.** Je me suis **piqué** le doigt.

5 Indiquez le niveau de langue de chaque mot en gras puis employez-le dans un niveau de langue courant. **

a. Je dus **recourir** aux menaces pour écarter l'intrus. **b.** C'est le **souk**, on se **casse**. **c.** Il en fait des **tonnes**. **d.** « **Souffrez** que je vous embrasse », me dit-il. **e.** Le péril lui **dicta** la fuite. **f.** « Je conteste ! », **repartit** le jeune homme. **g.** Cette musique rock, ça **déchire** ! **h.** Son père n'**entend** pas qu'elle épouse son amoureux.

6 Trouvez un synonyme pour chacun des mots en gras. **

a. Les **humains** peuvent réfléchir sur leur conduite. **b.** Ce héros s'est montré particulièrement **humain** en épargnant son adversaire vaincu. **c.** Une **bête** n'a pas forcément un comportement **bête**. **d.** Ne t'aventure pas **au-delà** de la barrière ! **e.** On n'emporte pas ses richesses dans l'**Au-delà**.

7 Mettez le mot *bien* au singulier ou au pluriel, avec majuscule ou minuscule, puis donnez un synonyme pour chaque emploi. **

a. Je veux ... faire mon travail. **b.** Ce gentilhomme a du ..., mais il vit comme un pauvre. **c.** Le chevalier qui combat un dragon représente la lutte du ... contre le Mal. **d.** Le marchand perdit tous ses ... dans un naufrage.

8 ✍ Exercice d'écriture

Insérez la phrase *Vous me suivez ?* dans deux courts dialogues. Chacun de ces dialogues emploiera le verbe *suivre* dans un sens différent. **

9 Après avoir indiqué si le mot en gras est pris au sens propre ou au sens figuré, employez-le dans une phrase au sens qu'il n'avait pas dans la phrase d'origine. ***

a. Je **savoure** enfin ma victoire ! **b.** Julien s'est **blessé** au genou. **c.** Malgré une excellente préparation, nous avons **essuyé** un revers. **d.** Ce vieillard est accablé sous le **poids** des soucis. **e.** La bise d'hiver m'**a glacé**.

10 Expliquer le sens des expressions suivantes. ***

a. Elle a le cœur sur la main. **b.** Arthur lui offrit son cœur. **c.** Je n'ai pas le cœur de refuser. **d.** Il partit à contrecœur. **e.** Tu es vraiment sans cœur ! **f.** Julie m'a ouvert son cœur. **g.** Il faut faire contre mauvaise fortune bon cœur. **h.** La femme a vite fait de reprendre son cœur.

11 FAITES LE BILAN

a. Employez les quatre mots en gras dans une phrase où ils auront un sens différent de celui du texte.
b. [L. 1 et 2] Le gérondif *en explosant* est-il employé au sens propre ou figuré ?
c. Relevez le mot qui désignait au Moyen Âge un chevalier qui combattait pour son seigneur ou sa dame. Quel sens a-t-il actuellement ?

Cette année, il a réalisé sa meilleure **saison** en explosant ses **temps** de plus d'une seconde sur 50 mètres et 100 mètres **papillon.** Il est devenu champion départemental et régional *junior.* […] Un **rêve** inespéré pour ce gamin qui, s'il aime la compétition, ne souhaite pas en faire son métier.

Journal municipal de Montreuil, été 2009.

➤ Continuez à vous entraîner avec les exercices autocorrectifs du ROM

ARCHAÏSMES ET NÉOLOGISMES

POUR COMMENCER

Un **archaïsme** (du grec *archaios* = « ancien ») est un mot très peu utilisé, mais présent dans certaines expressions.
Un **néologisme** (du grec *neos* = « nouveau ») est un mot **récemment inventé.**

I. LES ARCHAÏSMES

1. Caractéristiques

• Certains mots anciens disparaissent de l'usage : ils sont devenus **archaïques**.

• Certains mots sont **inusités** car ils évoquent une réalité disparue
coudée (environ 50 cm) ou ***lieue*** (environ 4 km) désignent d'anciennes unités de mesure.

• D'autres mots ont **vieilli** et ils font penser à l'ancien temps
*Il a **moultes** difficultés à parler* (on dit couramment : *il a **beaucoup** de difficulté*).

2. Emplois

Les mots inusités peuvent cependant subsister :

• dans des **expressions figées**
*n'en faire qu'à sa **guise*** = agir librement

• dans des **noms propres** ou des **toponymes** (noms de lieux)
*la rue du **Moûtier*** (= de l'église) – *le col du **Perthus*** (= percé)

• pour créer un **effet de style** en imitant les Anciens
Peu me chaut (= peu m'importe) *que ta console de jeux soit cassée !*

II. LES NÉOLOGISMES

1. Caractéristiques

Un mot nouvellement créé est un **néologisme**. Il permet de répondre à de **nouveaux besoins**.
nouvelles sciences : ***télécharger*** – nouvelle technologie : ***agrocarburant***

Un néologisme peut aussi être inventé pour créer **un effet de style**
– poétique : *son nom **carlovingien*** (Paul Verlaine) – comique : *les **mâchemerdes*** (Rabelais)
– ludique : *Il **l'emparouille*** (Henri Michaux)

2. Formation

• À partir de racines **grecques** ou/et **latines** ▸ FICHE 37
un *gérontologue* (*geront-* = « vieillard » + *-logue* = « médecin ») soigne les personnes âgées.

• Par **emprunts** à d'autres langues ▸ FICHE 37
le design (anglais) – un *graffiti* (italien) – un *bled* (arabe)

• En **modifiant** un mot ou un GN existant
– par abréviation : *aller au **resto*** (= au restaurant)
– avec un sigle : *un **SDF*** (= sans domicile fixe)

• En ajoutant un **nouveau sens** ▸ FICHE 38
***ouvrir une fenêtre** sur son ordinateur*

Les mots dérivés ou composés sont étudiés ▸ FICHE 37

À RETENIR

• Les **archaïsmes** sont des expressions ou des mots **anciens**.
• Pour répondre à de **nouveaux besoins**, on crée des **néologismes** : en **inventant** un mot de toutes pièces, en **empruntant** un mot à une autre langue ou en **modifiant** un mot existant.

1 AVEZ-VOUS COMPRIS ?

Observez les mots en gras : lequel est un archaïsme ? Lequel est un néologisme ?

Hier, j'avais décidé de me lever dès **potron-minet** pour me mettre devant mon clavier et envoyer un **courriel** à Julie.

2 Classez ces néologismes selon qu'ils appartiennent au domaine de l'informatique, de l'école ou de l'audiovisuel. *

une série télé – un achat on line – un film culte – un coffret premium – les cartables en ligne – un enregistrement en live – un manuel numérique – une carte mémoire – un site web – des jeux vidéo musicaux

3 Associez les mots ou expressions archaïques en gras à un mot ou à une expression de la liste suivante : *tomber – un gramme – des pieds à la tête – en file indienne – peureux – se battre*. *

a. Ils avancent **à la queue-leu-leu**. **b.** Le voleur **a maille à partir** avec les gendarmes. **c.** Il n'a pas une **once** de bon sens. **d.** Quel **couard**, il se sauve devant ce minuscule chien ! **e.** Sa compagne l'a soudain laissé **choir**. **f.** Le voleur était en noir **de pied en cap**.

4 Reliez les néologismes soulignés dans les phrases à l'une des significations données dans la liste suivante. *

soulevés par un hélicoptère – tapis roulant pour chariots – transport qui respecte l'environnement – moyen de faire de l'électricité avec la force de l'eau

a. Les blessés ont été <u>hélitreuillés</u>. **b.** L'<u>hydrolienne</u> concurrence l'éolienne. **c.** Le <u>travelator</u> est pratique. **d.** L'<u>écomobilité</u> est encouragée.

5 Retrouvez les mots complets auxquels correspondent les abréviations usuelles suivantes selon l'exemple. ** *perso* → *personnel*

le ciné – un psy – un ado – un bus – un fan – une télé – un prof – une pub

6 Insérez dans les phrases suivantes l'une de ces expressions contenant le mot archaïque *gré* (qui signifiait « volonté », « consentement »). **

de bon <u>gré</u> (= volontiers) – *bon <u>gré</u> mal <u>gré</u>* (= volontairement ou non) – *de <u>gré</u> ou de force* (volontairement ou contraint) – *au <u>gré</u> de* (selon la volonté de) – *savoir <u>gré</u> à* (avoir de la reconnaissance)

a. Je vous … … des immenses services que vous m'avez rendus. **b.** Bien que je n'aime guère ce lieu, je vous suivrai … … … car j'apprécie votre compagnie. **c.** Les parents étaient pressés de partir ; l'enfant, mécontent, les suivit … … … … **d.** Les fleurs se balancent sur leurs tiges … … du vent léger. **e.** « Vous devez absolument sortir de cet endroit ! cria le chef, et vous me suivrez … … … … … ! »

7 Reliez les mots de la liste A avec leur sens premier dans la liste B. Puis composez des phrases avec chaque mot de la liste A dans un sens récemment apparu. ***

A. *console – oreillette – souris – toile – fenêtre – clavier – forum – cliquer*

B. partie d'un chapeau qui protège les oreilles – tissu – faire un bruit sec – ensemble des touches d'un piano – ouverture vitrée – petite table – petit rongeur de couleur grise – place où on discutait des affaires publiques.

8 Exercice d'écriture

À partir du néologisme *Sensasublimextraordititionnel*, créez d'autres néologismes pour exprimer l'horreur ou le désir gourmand. Vous pourrez les intégrer dans une vignette et vous servir des adjectifs : *horrible, atroce, épouvantable, répugnant* ou *délicieux, savoureux, exquis, désirable*. ***

© De Groot et Turk – Le Lombard, 2000.

9 FAITES LE BILAN

a. [L. 3] D'après la signification des mots grecs *télé-* = « (de) loin », *céphal-* = « tête », *scope* = « qui observe », définissez le *télécéphaloscope*.

b. [L. 4] Expliquez l'expression en gras.

c. [L. 7] Précisez la composition du néologisme *surhommesques*, puis proposez un synonyme.

d. Quelle sorte de mots les guillemets de ce texte encadrent-ils ?

Un savant néfaste découvre une « onde méga » qui centralise toutes les fonctions du cerveau. Au moyen d'un « télécéphaloscope », il peut agir sur cette onde et **télécommander un être humain**. Imaginez le système sur une armée entière ! Les énergies et le magnétisme naturel du cobaye peuvent être intensifiées jusqu'à obtention de performances « surhommesques » et création d'un « bouclier électromagnétique » capable de dévier les impacts de balle et autres chocs.

Résumé de *La Marque jaune* de Blake et Mortimer, *Science et Vie* spécial *Blake et Mortimer*.

Continuez à vous entraîner avec les exercices autocorrectifs du ROM

41 Vocabulaire

SYNONYMES, ANTONYMES ET PARONYMES

POUR COMMENCER

Synonyme, **antonyme** et **paronyme** ont en commun le radical grec ***onyme*** qui signifie « mot » : chacun de ces termes nous invite donc à observer **les mots de la langue**.

I. LES SYNONYMES

1. Caractéristiques

Les mots **synonymes**

- ont presque le **même sens**.
  *un plat **délicieux** → **exquis, succulent***
- appartiennent à la **même classe grammaticale**.
  verbe *s'exclamer* synonyme **verbe** → *s'écrier*
  nom *gentillesse* synonyme **nom** → *bonté*

2. Emplois

Ils permettent d'éviter les répétitions et de rendre le vocabulaire varié et expressif.

Les mots **synonymes**

- expriment des **nuances** ou une intensité variable.
  inquiétude = peur = angoisse = terreur
- appartiennent à des **niveaux de langue différents**. ▸ FICHE 43
  lassant → soutenu
  ennuyeux → courant
  embêtant → familier
- **varient** pour un même mot **selon son sens**.
  *un cartable **lourd** → **pesant***
  *un temps **lourd** → **orageux***
  *un sommeil **lourd** → **profond***

II. LES ANTONYMES

1. Caractéristiques

Les mots **antonymes**

- ont des **sens contraires**.
  La *richesse* est le contraire de la *pauvreté*.
  la ***richesse*** et la ***pauvreté*** sont deux **antonymes**.
- appartiennent à la **même classe grammaticale**.
  adjectif ***gros*** → antonyme **adjectif** ***maigre***
  nom ***gentillesse*** → antonyme **nom** ***cruauté***

2. Formation et emplois

Les mots **antonymes**

- peuvent avoir un **autre radical**.
  peureux → antonyme *courageux, vaillant, brave, intrépide...*
  gagner → antonyme *perdre, échouer, rater*
- peuvent se former avec un **préfixe**. ▸ FICHE 35
  in-/il-/im-/ir- → *visible* – ***in**visible*
  mé-/més- → *content* – ***mé**content*
  dé- → *faire* – ***dé**faire*
  dis- → *paraître* – ***dis**paraître*
- **varient selon le sens** du mot.
  *un homme **méchant***
  → antonyme *gentil*
  *une **méchante** grippe*
  → antonyme *légère*
  *de **méchante** humeur*
  → antonyme *bonne*

III. LES PARONYMES

Deux paronymes sont **très proches par la prononciation et l'écriture**, mais **leur sens est différent** : il faut les distinguer soigneusement.

les <u>phases</u> de la lune ≠ les <u>phrases</u> d'un texte

À RETENIR

- Les **synonymes** sont des **mots de sens très proche**.
- Les **antonymes** expriment un **sens contraire** souvent **grâce à un préfixe**.
- Les **paronymes** peuvent se **confondre à l'oral** mais ils n'ont **pas du tout le même sens**.

1 AVEZ-VOUS COMPRIS ?

a. Ce texte contient-il des synonymes, des antonymes ou des paronymes ?
b. Continuez la liste avec deux mots du langage soutenu.

« Il a l'esprit dérangé ! » s'écria l'un des pères, consterné, et les autres parents se mirent à crier en chœur. « Il est fou ! » crièrent-ils.
« Il est cinglé ! »
« Il est sonné ! »
« Il est cintré ! »
« Il est marteau ! »
« Il est piqué ! »
« Il est tapé ! » [...]

Roald Dahl, *Charlie et la Chocolaterie*.

2 Regroupez les synonymes deux par deux. *

a. le calme – la colère – la sottise – la bonté – l'imbécillité – la tranquillité – la bienveillance – le courroux
b. dissimuler – dérober – se souvenir – savoir – cacher – connaître – voler – se rappeler
c. insolent – splendide – orgueilleux – poltron – impudent – somptueux – peureux – prétentieux

3 Variez votre vocabulaire et remplacez par un synonyme. *

Le verbe **avoir** (*comporter – posséder – éprouver – disposer de – se composer de*)
a. Ce fermier <u>a</u> un troupeau de quarante vaches. **b.** J'<u>ai</u> une terrible peur. **c.** Ce livre <u>a</u> huit chapitres. **d.** Le palais du sultan <u>avait</u> cinquante pièces. **e.** Sur mon bureau, j'<u>ai</u> deux dictionnaires.

4 Groupez deux par deux les antonymes. *

a. bienveillant – hideux – cruel – lent – négligent – rapide – consciencieux – magnifique
b. accepter – accueillir – refuser – nier – repousser – affirmer
c. la petitesse – la clarté – la hauteur – la pesanteur – la grandeur – l'obscurité – la profondeur – la légèreté

5 Parmi les mots *aimable – dur – froid – grave*, trouvez l'adjectif antonyme qui convient dans ces expressions (n'oubliez pas d'accorder l'adjectif). *

(une voix) aiguë – *(des paroles)* douces – *(des couleurs)* chaudes – *(un ton)* cassant

6 Regroupez deux par deux les mots synonymes en observant soigneusement leur classe grammaticale. **

a. agité – s'énerver – agitation – énervé – énervement – s'agiter
b. craindre – craintif – peur – peureusement – crainte – redouter – craintivement – peureux

7 Trouvez l'antonyme des mots en ajoutant un préfixe. **

espérer – la prudence – heureux – la politesse – l'entente – lisible – l'habillage – faire – coudre – le respect

8 Complétez les phrases avec l'un des mots entre parenthèses. **

a. Cet enfant a beaucoup d'(*affection/infection*) pour ses parents. **b.** Cette pièce est pratique car elle est bien (*aménagée/emménagée*). **c.** Il distribue son argent avec une grande (*largesse/largeur*). **d.** Il a été (*enduit/induit*) en erreur. **e.** Le roi a un (*sceptre/spectre*) dans la main.

9 Recopiez le texte suivant en remplaçant *le sorcier* par *la fée*, puis chaque mot souligné par un antonyme. ***

Le sorcier demanda à son apprenti de lui rapporter l'eau de <u>malveillance</u>. Cette eau avait le pouvoir d'<u>enlaidir</u> quiconque la buvait, de le rendre <u>faible</u>, <u>poltron</u>, <u>stupide</u> et <u>détestable</u> aux yeux de tous. L'apprenti <u>refusa</u> cette tâche <u>ignoble</u>.

10 Placez ces paronymes de façon à donner un sens clair aux phrases suivantes. N'oubliez pas les accords. ***

impudent – imprudent – compréhensif – compréhensible – intention – attention
a. Quel insolent, c'est un valet vraiment ... !
b. Il est ... d'escalader un sommet par mauvais temps.
c. Souafi s'exprime d'une manière claire : il est ...
d. Mes parents sont indulgents, ils sont très ...
e. Le surveillant attire notre ... sur l'importance de la discipline.
f. Il n'a pas l'... de venir ce soir.

11 FAITES LE BILAN

a. Trouvez dans le texte un antonyme de *gentil*.
b. Relevez un synonyme de chaque mot souligné.
c. Relevez les synonymes des mots suivants : *la rage – l'envie – convier – se rendre*.
d. La reine est-elle *affligée* ou *infligée* ?
e. A-t-elle *l'attention* ou *l'intention* d'aller au mariage ?

[...] la méchante reine fut invitée aussi. Elle revêtit sa plus belle **parure**, puis elle interrogea son miroir :
« Miroir, mon beau miroir, dis-moi qui est la plus <u>belle</u> ? »
Le miroir répondit : « Madame la <u>reine</u>, vous êtes la plus belle ici, mais la jeune souveraine est mille fois plus jolie. »
La reine **poussa un cri** de fureur. Elle pensa d'abord ne pas aller au mariage, mais la jalousie la tenaillait trop.

J. et W. Grimm, *Blanche-Neige*.

➤ Continuez à vous entraîner avec les exercices autocorrectifs du ROM

42 Vocabulaire — CHAMP LEXICAL ET MOTS SPÉCIFIQUES

POUR COMMENCER

Le **champ lexical** comporte des mots de classes grammaticales différentes reliés par **un même thème**.
Un **mot générique** a un sens général ; il regroupe des mots de sens particulier appelés **mots spécifiques**.

I. LE CHAMP LEXICAL

1. Identifier un champ lexical

Les mots de vocabulaire appartenant au même champ lexical sont des mots qui appartiennent à **des classes grammaticales différentes** mais qui ont tous **un lien thématique**.

Le champ lexical de la vue regroupe

- des mots ou expressions au **sens propre** et au **sens figuré** :
  – sens propre *regarder, observer...*
  – sens figuré *transpercer du regard, jeter un œil...*
- des mots de **différentes classes grammaticales** :
  – des verbes *dévisager, apercevoir, distinguer, illuminer...*
  – des noms *la lumière, la clarté, la vue, les yeux...*
  – des adjectifs *lumineux, sombre, coloré...*

2. Relever les mots d'un champ lexical

a. Relever un champ lexical consiste à repérer les mots liés au même thème.
b. Souvent, plusieurs thèmes se croisent : il faut savoir **différencier les champs lexicaux**.

Pour relever le champ **lexical de la guerre**, on peut chercher

- **les mots synonymes**
  un conflit = un combat = une boucherie = une bataille...
- les mots appartenant **à la même famille étymologique**
  *la **guerre** – le **guerr**ier – **guerr**oyer*
- les mots **relevant du même domaine**
  *un **soldat** dans une **troupe** avec un **capitaine** et des **armes**...*

c. Un champ lexical peut aussi préciser les **parties** dont se compose un **tout** :
le champ lexical du ***visage*** regroupe les mots *cheveux, yeux, nez, bouche, menton, joues.*

II. MOTS GÉNÉRIQUES ET MOTS SPÉCIFIQUES

1. Les mots génériques

À un mot générique correspondent des mots de sens spécifiques de même classe grammaticale.

Mots génériques	Mots spécifiques
médecin est un nom	noms ou GN *pédiatre, médecin du travail*
froid est un adjectif qualificatif	adjectifs *glacial, hivernal, frais*

2. Les mots spécifiques

Ils permettent de préciser un mot générique.

a. par différentes **nuances**
• mot générique *bleu* / • mots spécifiques *outremer – bleu roi – azuré – bleu de Prusse – bleu céruléen...*

b. par des **gradations** variées
• mot générique *la peur* / • mots spécifiques *l'inquiétude – l'appréhension – l'angoisse – la terreur*

De nombreux **jargons professionnels** comportent des mots spécifiques :
la corde est un nom **générique** – *un bout* est le nom **spécifique** employé par les marins.

À RETENIR

- L'étude du **champ lexical** permet d'explorer un aspect important dans un texte.
- La distinction entre **mot générique** et **mots spécifiques** permet d'être précis dans des domaines tels que les sciences, les techniques ou dans le domaine de l'écrit.

1 AVEZ-VOUS COMPRIS ?

a. Relevez trois mots spécifiques qui précisent le mot générique en gras.
b. Relevez le champ lexical de la gourmandise.

Dans cette ville, on trouve toutes sortes de **commerces** : une boulangerie qui fabrique quantité de pains appétissants et des pâtisseries appréciées des gourmands, deux boucheries, une poissonnerie bien achalandée, une librairie et un magasin de vêtements.

2 Chassez l'intrus qui n'appartient pas au champ lexical indiqué. *

- **la mer** : flots – marée – arbre – écume – poissonneuse
- **la tempête** : siffler – lames – voyager – ouragan
- **la ville** : boulevard – grands magasins – tramway – foule – avions

3 Remplacez chaque mot générique en gras par quatre mots spécifiques. *

a. Mon frère pratique assidûment **divers sports**. **b.** Passionnée par **la littérature**, ma sœur est sans arrêt plongée dans **des livres**. **c.** Ma grand-mère adore **les jeux de société**. **d.** Et moi, intéressée par toutes les cultures du monde, je désire découvrir **les continents**.

4 Faites précéder chaque liste par un des mots génériques dont les lettres vous sont données dans le désordre : *xibouj – snolbe – flevues – ragumse – opèmes*. *

A. citrons – oranges – pamplemousses – mandarines
B. bracelet – collier – boucles d'oreilles – bague
C. barons – marquis – comtes – ducs – princes
D. Rhône – Rhin – Mississippi – Nil – Amazone
E. sonnet – ballade – rondeau – chanson

5 Recopiez par ordre d'intensité croissante les mots qui précisent le sentiment donné. **

- **peur** : épouvante – crainte – inquiétude – angoisse
- **joie** : allégresse – gaieté – liesse – contentement
- **tristesse** : désespoir – affliction – accablement

6 Écrivez le mot générique qui convient à chaque liste. **

A. gentillesse – franchise – fidélité – sincérité
B. cruauté – traîtrise – fourberie – tromperie
C. l'ouïe – l'odorat – le toucher – le goût – la vue
D. tristesse – joie – espoir – colère – impatience

7 Relevez trois mots du champ lexical de l'activité animale et six mots du champ lexical du bruit. ***

Si tout est silence et repos dans les savanes de l'autre côté du fleuve, tout ici, au contraire, est mouvement et murmure : des coups de bec sur le tronc des chênes, des froissements d'animaux qui marchent, qui broutent ou broient entre leurs dents les noyaux des fruits, des bruissements d'ondes, de faibles gémissements, de sourds meuglements, de doux roucoulements remplissent ces déserts d'une tendre et sauvage harmonie.

René de Chateaubriand, *Atala*.

8 Relevez les mots appartenant aux champs lexicaux indiqués au début de chaque extrait. **

– **l'engagement** : Ils échangèrent leurs anneaux en gage d'amour et engagèrent mutuellement leur foi. Ils respectèrent leur serment et s'aimèrent passionnément. (Lai de Marie de France, « *Équitan* »).

– **la beauté** : Elle surpassait en beauté la fleur de lys et la rose nouvelle quand elles éclosent en été [...] elle était plus blanche que l'aubépine.

– **l'amour** : Il la regarda bien et admira sa beauté ; Amour le pique d'une étincelle qui l'embrase et l'enflamme. (Lai de Marie de France « *Lanval* »).

9 Exercice d'écriture

Décrivez l'image avec un mot générique et trois mots spécifiques. **

10 FAITES LE BILAN

a. Relevez quatre mots spécifiques de l'habillement.
b. Relevez les mots du champ lexical du corps.
c. [L. 8 à 12] Dans les deux dernières phrases, relevez :
– trois mots du champ lexical du regard ;
– trois mots du champ lexical de la danse.
e. Quels aspects de la danseuse sont mis en valeur ?

Au milieu du tapis, un grand panier restait ouvert. Des ceintures, des voiles, des pendeloques[1] d'orfèvrerie en débordaient confusément. Elle était vêtue comme les Romaines, d'une tunique calamistrée avec un péplum[2] à glands d'émeraude ; et des lanières bleues enfermaient sa chevelure, trop lourde, sans doute, car, de temps à autre, elle y portait la main. L'ombre du parasol se promenait autour d'elle, en la cachant à demi. Antipas aperçut deux ou trois fois son col[3] délicat, l'angle d'un œil, le coin d'une petite bouche. Mais il voyait, des hanches à la nuque, toute sa taille qui s'inclinait pour se redresser d'une manière élastique.

Gustave Flaubert, *Hérodias*.

1. bijoux. 2. vêtement féminin. 3. cou.

➤ Continuez à vous entraîner avec les exercices autocorrectifs du ROM

43 Vocabulaire

LES NIVEAUX DE LANGUE

POUR COMMENCER

On s'exprime différemment en fonction de son **interlocuteur** (ami d'école, professeur...) et des **circonstances** (familiales, sociales...).
Il existe ainsi **trois niveaux de langue bien distincts** qu'un même individu peut utiliser tour à tour.

1. Les emplois des différents niveaux de langue

Niveau courant	*Comme cette plage est belle !*	– à l'oral, parfois à l'écrit ; – dans la presse, à l'école, en famille.
Niveau soutenu	*Quelle splendeur que cette plage !*	– essentiellement à l'écrit ; – dans des textes littéraires, des rapports officiels.
Niveau familier	*Ouahh, j'adore c'te plage !*	– essentiellement à l'oral ; – dans un usage quotidien : familial ou amical.

2. Les marques des différents niveaux de langue

	Vocabulaire	Construction des phrases	Temps et mode des verbes
Niveau courant	**courant, usuel** *un enfant*	– **phrases simples** – **correctes grammaticalement** *Nous ne vous avions pas dit que nous avions perdu notre chien.* *N'est-ce pas ?*	**usuels** : présent, imparfait, passé composé (préféré au passé simple) *Plus tard, le comte a beaucoup aimé la comtesse.*
Niveau soutenu	**recherché, soigné** *une progéniture*	– **phrases complexes** – écrites dans une **grammaire parfaite** *Nous avions omis de vous dire que nous avions égaré notre animal de compagnie.* *N'est-il pas vrai ?*	**élaborés** : passé simple, subjonctif... *Par la suite, le comte s'éprit éperdument de la comtesse.*
Niveau familier	**familier**, souvent **imagé**, s'appuyant sur des mots abrégés, populaires ou argotiques *un gamin / un môme*	– **phrases simples** – souvent **incorrectes à l'écrit** : • **« on »** remplace le pronom « nous » • **la négation** omet souvent le « ne » • **le sujet** n'est pas inversé dans les interrogations *On vous a pas dit qu'on a paumé notre clébard. C'est pas vrai ?*	**peu variés** : surtout le présent ainsi que des verbes limités à « avoir » et « être ». *Et après, le comte est raide dingue de la comtesse.*

À RETENIR

• Les **niveaux de langue** varient en fonction de la **situation de communication**.
• On distingue la **langue écrite** et la **langue orale** : le niveau familier est généralement réservé à la langue orale. Le niveau courant est le registre le plus utilisé. Le niveau soutenu est recommandé à l'écrit.

1 AVEZ-VOUS COMPRIS ?

Relevez dans le texte B les mots et expressions qui correspondent à ceux soulignés dans le texte A.

A. « Un riche Laboureur, sentant sa mort [prochaine,
Fit venir ses enfants, leur parla sans témoins. »

(**La Fontaine**, *Le Laboureur et ses enfants*, livre V, 9.)

B. « Un laboureur qui avait de la tune, vu qu'il allait y passer, a dit à ses mioches de se ramener et leur a jacté entre quat'z'yeux. »

2 Trouvez l'intrus parmi les listes suivantes. *

a. extraordinaire – super – magnifique – splendide
b. clamer – vociférer – gueuler – s'égosiller
c. sale – crasseux – souillé – cradingue
d. se dépêcher – se hâter – se grouiller – se précipiter
e. s'esclaffer – pouffer – se marrer – rire
f. laid – moche – hideux – repoussant

3 Remplacez les mots ou expressions soulignés par un mot de sens courant ou soutenu. *

a. J'ai eu le tort d'enguirlander mon ami alors qu'il était innocent. **b.** Ces deux sœurs ne ratent aucune occasion pour s'étriper. **c.** Pour réussir un objectif ambitieux, il faut en faire des tonnes. **d.** Cette énigme demande qu'on se creuse la cervelle. **e.** Le nouveau venu a l'air sympa.

4 Classez les mots ou expressions suivants selon qu'ils appartiennent au niveau de langue familier, courant ou soutenu. **

a. se fâcher – se courroucer – être en pétard **b.** œuvrer – travailler – bosser **c.** s'évanouir – tomber dans les pommes – se pâmer **d.** racketter – voler – détrousser **e.** une voiture – une caisse – une automobile **f.** traîner – lambiner – paresser

5 Transposez dans un langage courant les phrases familières. Écrivez-les en prenant garde à l'orthographe. ***

a. T'es où et tu fais quoi ? T'as pas envie d'aller au ciné ? **b.** J'ai rencart à l'hosto, tu piges ? **c.** Ce truc ça sert à que dalle. **d.** Dans mon bahut, la prof de math est super-cool. **e.** J'en ai marre, ça fait une plombe que je poireaute sous la flotte.

6 Imaginez une phrase en langage soutenu pour illustrer les situations suivantes. ***

a. Demander l'heure à un passant. **b.** Ne pas vouloir prêter son vélo à un ami. **c.** Dire à sa sœur qu'on la trouve laide. **d.** Dire qu'on aime beaucoup un film. **e.** Féliciter un ami pour son courage. **f.** S'emporter contre le bruit. **g.** Inviter quelqu'un chez soi.

7 Complétez le tableau suivant. ***

Niveau de langue soutenu	Niveau de langue courant	Niveau de langue familier
Je n'ai pas prêté attention.	Je n'ai pas fait attention.	J'ai pas fait gaffe.
		Rigole pas !
J'ignore cela !		
Quelle mésaventure !		
	J'ai peur !	
Tes pleurs m'indiffèrent.		

8 Exercice d'écriture

À partir de l'image, rédigez deux phrases. Proposez deux versions : l'une en langage courant, l'autre en langage soutenu. ***

9 FAITES LE BILAN

a. Faites correspondre chaque colonne à un niveau de langue.
b. Relevez dans les extraits 2 et 3 les synonymes de *boire jusqu'à plus soif* et *encourager*.
c. Récrivez l'extrait 1 dans un autre niveau de langue que vous préciserez.

Extrait 1	M'sieur Renard s'baladait avec son pote le Bouc qu'avait des grandes cornes sur la tête, mais un pois chiche dedans. L'autre, c'était l'as des filous ! Ils avaient le gosier à sec.
Extrait 2	La soif les a poussés à descendre dans un puits où ils se sont désaltérés ; alors le Renard a proposé de grimper sur le dos du Bouc pour sortir, puis de le faire remonter à son tour.
Extrait 3 La Fontaine	Le Renard sort du puits, Laisse son compagnon, Et vous lui fait un beau sermon Pour l'exhorter à patience… En toute chose, il faut considérer la fin.

Continuez à vous entraîner avec les exercices autocorrectifs du ROM

44 Vocabulaire

LA COMPARAISON

POUR COMMENCER

La **comparaison** rapproche **deux éléments** (êtres, objets, actions...) qui présentent un **point commun** et qui sont reliés par un **outil de comparaison**.

I. CARACTÉRISTIQUES

1. La comparaison rapproche deux éléments

*Yvain, **comme un aigle**, fondit sur sa proie.* → ***Yvain*** est comparé à ***un aigle***.

On distingue

- le **comparé** *Yvain*
- l'**outil** de comparaison *comme*
- le **comparant** *un aigle*

2. La comparaison peut se déplacer

***Comme un aigle**, Yvain fondit sur son ennemi.* → *Yvain fondit sur son ennemi **comme un aigle**.*

II. LES OUTILS DE COMPARAISON

1. Relier le comparant et le comparé

Pour relier le comparé et le comparant, on peut utiliser

- un mot invariable
  *Il fond sur l'ennemi **comme** un aigle, **ainsi qu'**un aigle...*
- un adjectif
  ***Tel** un aigle, (**pareil** à, **semblable** à...)*
- un verbe
  *Il **paraissait** un aigle, il **semblait**..., il **avait l'air** d'..., il **ressemblait** à...*

2. Cas particuliers

La comparaison peut être exprimée à l'aide

- d'un complément du nom ▸ FICHE 3
  *Il a la férocité **d'un tigre**.*
- des verbes *dire*, *croire* au conditionnel ▸ FICHE 26
  *On **dirait** un tigre, on **aurait cru** un aigle.*

La comparaison peut accompagner un comparatif ▸ FICHE 5
*Le géant était **plus** grand **qu'**un ours.*

III. SENS ET EMPLOIS

1. La description est enrichie

- par le **sens imagé** du comparant
  *Schéhérazade **ressemblait à une gazelle**.*
  → Schéhérazade est gracieuse, belle, douce.
- par le **développement** de la comparaison
  ***Le sanglier fonce sur celui qui le dérange ; ainsi** Jack fonça sur ceux qui lui barraient le passage.*
  → Jack est comparé à un sanglier.

2. Les clichés

Les clichés sont des comparaisons très usitées, employées dans des expressions
Bavard comme une pie, solide comme un roc...

À RETENIR

- La **comparaison** établit des **points communs** entre le **comparé** et le **comparant** par l'intermédiaire d'un **outil de comparaison**.
- La comparaison **enrichit la description** ou le portrait par son pouvoir **d'évocation**.

❶ AVEZ-VOUS COMPRIS ?

Relevez la comparaison. Puis soulignez en rouge le mot-outil, en bleu le comparant, en vert le comparé.

Charlotte allait probablement lui faire une scène d'enfer dès qu'il aurait franchi le seuil de l'appartement. [...] Pendant quelques secondes elle resta muette. Puis soudain, comme une bombe à retardement, elle explosa...

Éric Le Nabour, *Un Indien dans la ville*.

❷ Complétez les comparaisons par un des mots de la liste pour retrouver des clichés. *

paon – carpe – âne – renard – agneau – bœuf – taupe – singe – pierre

myope comme ... – têtu comme ... – malin comme ... – rusé comme ... – doux comme ... – fort comme ... – fier comme ... – muet comme ... – malheureux comme ...

❸ Soulignez le comparé, encadrez la comparaison ; soulignez ensuite en rouge les mots-outils de comparaison et en bleu le comparant. **

Mon petit frère mange [comme un moineau].

a. Le champion monta sur le podium tel un dieu antique. **b.** Julie nage comme une sirène. **c.** L'immeuble s'écroula ainsi qu'un chêne abattu par la cognée d'un bûcheron. **d.** Telle une flèche lancée par un puissant archer, le ballon ovale percuta le filet du but. **e.** Cet avion en plein vol est pareil à un aigle qui plane dans les hauteurs. **f.** Aujourd'hui j'ai la tête comme dans du brouillard, comme si je ne percevais que des silhouettes. **g.** Ainsi qu'un éclair s'abat sur la cime d'un arbre et le foudroie, ainsi l'arbitre accabla le fautif de reproches et prononça son exclusion.

❹ Après avoir souligné le nom qui est comparé, accordez en genre et en nombre l'adjectif mis entre parenthèses. **

a. *(tel)* de joyeux dauphins, les enfants s'ébattent dans les vagues. **b.** Maeva a un port altier et une démarche assurée, *(tel)* une reine. **c.** Du haut de la tour, je contemple les gens qui circulent sur la place, *(pareil)* à de minuscules fourmis. **d.** Mes voisines ricanèrent en secouant leurs cheveux, *(pareil)* aux redoutables sorcières des contes de fées. **e.** Les nuages sombres parcouraient le ciel, *(semblable)* à des monstres difformes.

❺ Relevez les comparaisons et expliquez-les. ***

a. Ses beaux cheveux qui (sur)passent l'or, tant ils luisent. **b.** On croirait un lion parmi les daims quand la faim le prend et le jette en chasse ! **c.** Elle serait née à la bonne heure, celle qui aurait l'amour d'un tel chevalier, si fort aux armes et unique entre tous comme se dresse un cierge parmi les chandelles, comme brille la lune parmi les étoiles, comme luit le soleil en face de la lune. (**Chrétien de Troyes,** *Yvain ou le Chevalier au lion*)

❻ Choisissez une comparaison pour donner l'effet indiqué en gras. ***

a. Comique. Je le/la vis s'avancer vers moi avec sa démarche de/d'... **b. Crainte**. Je le/la vis s'avancer vers moi avec sa démarche de/d'.... **c. Ravissement**. Sa petite sœur est charmante avec son sourire de/d'.... **d. Agacement**. Il est pénible avec ses grimaces de ... **e. Taille**. La tour se dressait devant nous, telle .... **f. Minceur**. La danseuse était aussi mince qu'... **g. Souplesse**. La danseuse était aussi souple qu'... **h. Terreur**. On entendit soudain dans la nuit un cri affreux ; on aurait dit ....

❼ Indiquez à quel animal est comparé le nuage sombre. Soulignez tous les mots qui développent cette comparaison. ***

Puis voilà qu'on croit voir, dans le ciel balayé,
Pendre un grand crocodile au dos large et rayé,
Aux trois rangs de dents acérées ;
Sous son ventre plombé glisse un rayon du soir ;
Cent nuages ardents luisent sous son flanc noir
Comme des écailles dorées.

Victor Hugo, *Les Feuilles d'automne*.

❽ Exercice d'écriture

Décrivez l'image en employant quatre comparaisons formées avec des outils de comparaison différents. Inspirez-vous du texte de l'exercice 9. ***

❾ FAITES LE BILAN

a. À quoi sont comparés les mots en gras ? Indiquez pour chacun les mots-outils de comparaison.
b. Recopiez trois autres comparaisons en soulignant le mot-outil.
c. [L. 1] Remplacez le mot-outil de comparaison par l'adjectif *pareil à* que vous accorderez.
d. Quelle comparaison donne une impression de hauteur ? Laquelle évoque un endroit calme et agréable ?

La cathédrale gothique est comme une immense forêt. On y goûte une fraîcheur et un doux silence de sous-bois. Ainsi que dans les futaies, çà et là la pénombre est traversée de rais lumineux. **Les colonnes cannelées** se dressent, hautes et droites, comme des fûts majestueux, terminés par des chapiteaux au décor végétal délicatement ciselé. **Certaines parois** sont si finement ouvragées qu'elles ressemblent à de la dentelle.

➤ Continuez à vous entraîner avec les exercices autocorrectifs du ROM

45 Vocabulaire — LA MÉTAPHORE

POUR COMMENCER

La **métaphore** résulte du **rapprochement** entre deux éléments, créant une expression de sens figuré appelée une **image**. Contrairement à la comparaison, la métaphore donne l'image **directement**.

I. DÉFINITION ET IDENTIFICATION

1. La métaphore remplace un mot par un autre mot de sens figuré

***Le dragon** sortit du bureau.*

Le dragon est la **métaphore** du *chef*

→ le *chef* a un ou des points communs avec un *dragon* (il est de grande taille – il paraît dominer les employés – il pousse des hurlements terrifiants).

2. Il faut distinguer la métaphore et la comparaison

• **La comparaison**
utilise **un mot-outil** de comparaison. ▸ FICHE 44
Le chef surgit, tel un dragon.
comparé — **mot-outil** — comparant

• **La métaphore**
n'utilise **pas de mot-outil** de comparaison.
L'attention est centrée sur l'image.
***Le dragon** surgit dans le bureau.*
métaphore

II. EMPLOIS

1. Sens figuré et imagé

Les mots employés de manière **métaphorique** sont utilisés dans un sens **figuré**.

• Métaphore : sens figuré
*Il profère un **torrent** de paroles.*
métaphore signifiant → *une **grande quantité***

• Sens propre
*Un **torrent** coule de la montagne.*
sens **propre** → *un **ruisseau***

2. L'effet produit

La métaphore crée une **image** qui a souvent un effet **poétique**.

*« Oh ! l'automne l'automne a fait **mourir** l'été »* (**Apollinaire**, « *Automne* », dans *Alcools*)

III. PARTICULARITÉS

1. Les clichés

Ce sont des **métaphores usuelles**, employées dans des expressions toutes faites.

Avoir un chat dans la gorge est une métaphore signifiant → *avoir la voix enrouée.*

Il est impossible de modifier un cliché. On ne dira pas → *j'ai un ~~**petit**~~ chat dans la gorge.*

2. La métaphore filée

Il s'agit d'une **métaphore développée** sur plusieurs phrases ou plusieurs vers.

Elle permet à un auteur de s'exprimer par des images, **en associant un mot à un autre.**

*« Je suis **rompu**, mon cœur est **disloqué**, **l'édifice** de ma patience **s'effondre**...*
*Personne pourtant qui, devant tant de choses **brisées**, comprenne mon état de **ruine**. »* (**Navoï Alisher Gazels**)

→ La **métaphore filée** de la **destruction** exprime la profonde **douleur** du poète.

À RETENIR

• La **métaphore** est une **expression imagée** qui ne comporte pas de mot-outil : il ne faut pas la confondre avec la comparaison.
• C'est une **image** qui a souvent un effet **poétique**.
• La **métaphore filée** est une métaphore **développée** sur plusieurs phrases.

① AVEZ-VOUS COMPRIS ?

Indiquez le sens des deux métaphores en gras puis donnez la signification de ces mots quand ils sont employés au sens propre.

Un souvenir qui me fait frémir encore et rire tout à la fois est celui d'une **chasse** aux pommes qui me **coûta cher**.

J.-J. Rousseau, *Les Confessions*, Livre Ier.

② Dans les phrases suivantes, soulignez en rouge les mots d'emploi métaphorique, en bleu ceux qui ont un sens propre. *

a. Ce jardin est entouré d'une haie *épineuse*. **b.** Ce problème est particulièrement *épineux*. **c.** Sally refuse de *s'enliser* dans une situation pénible. **d.** Au cours du Paris-Dakar, la Jeep s'est *enlisée* dans le désert. **e.** La surveillante nous a *foudroyés* du regard, puis elle a *tonné* : « Arrêtez tout de suite ! » **f.** Il a *tonné* toute la nuit ; un éclair a *foudroyé* le vieux chêne.

③ Associez à chaque métaphore soulignée dans la colonne de gauche ce qu'elle évoque dans la colonne de droite. *

Phrase comprenant la métaphore	Ce qu'évoque la métaphore
• Il s'est construit une <u>carapace</u> pour se protéger des coups de la vie. • Ma peur de parler en public, c'est mon <u>talon d'Achille</u>. • Dans la vie, il y a des <u>cactus</u>. • Au <u>printemps</u> de sa vie, elle découvrit qu'elle avait du charme. • Il avoua sa <u>flamme</u> en paroles ardentes.	• la jeunesse • l'amour • les épreuves pénibles • une protection rigide • le point faible

④ Expliquez le sens des métaphores suivantes puis employez chaque verbe au sens propre selon l'exemple. **

__Tuer le temps__ : métaphore signifiant __passer le temps__.
Sens propre → Il __a tué__ un lapin à la chasse.

a. sauter sur l'occasion **b.** boire les paroles **c.** dévorer un livre **d.** caresser un rêve **e.** brûler les étapes **f.** nager dans le bonheur

⑤ Employez chaque expression d'abord au sens métaphorique puis au sens propre. **

a. Elle a raté sa cible. **b.** Il a enfin ouvert les yeux. **c.** Arrête ce cinéma ! **d.** Tu étais au pied du mur. **e.** Je suis tombée sur lui par hasard. **f.** Occupe-toi de tes oignons.

⑥ Exercice d'écriture

Décrivez une personne en colère en employant des métaphores tirées du champ lexical de la tempête : *tornade – ouragan – tumulte*, et/ou de l'orage : *foudre – tonnerre – éclair...* **

⑦ Donnez la signification de ces expressions appelées *clichés*. **

a. rire jaune **b.** voir la vie en rose **c.** avoir la main verte **d.** voir rouge **e.** faire grise mine **f.** se faire des cheveux blancs **g.** broyer du noir

⑧ Relevez les mots et expressions employés comme métaphores. Attention ! Certaines phrases n'en comportent pas. Remplacez-les par un synonyme ou une expression équivalente. ***

Cet exposé est le fruit de nos longues recherches. Au début, nous étions tout feu tout flamme ; puis peu à peu notre enthousiasme s'est éteint et nous étions prêts à jeter l'éponge. Heureusement nous avons réussi à redresser la barre ; chacun a pris le taureau par les cornes et s'est à nouveau plongé dans le travail. Dans le feu de l'action, nous avons même parfois oublié de manger ! Les clés de notre victoire ont été le courage et la persévérance.

⑨ Relevez tous les mots qui développent la métaphore filée de l'amour meurtrier. ***

Amour attaque si doucement que par les yeux le meurtrier le frappe au cœur. Et ce coup blesse plus vivement que coup de lance ou coup d'épée. Car coup d'épée guérit bien vite dès que le mire[1] y met ses soins. Plaie d'Amour d'autant plus empire que plus proche est le médecin. Messire Yvain porte cette plaie dont jamais il ne guérira.

Chrétien de Troyes, *Yvain ou le Chevalier au lion*.

1. **le mire :** le médecin.

⑩ FAITES LE BILAN

a. [L. 1] Qui est désigné(e) comme *ennemi* ?
b. Relevez quatre mots ou expressions qui développent la métaphore filée de la navigation présentée comme un *combat*.
c. [L. 7] Le verbe *tombaient* est-il employé au sens propre ?
d. Employez ce verbe dans une phrase où il aura un sens métaphorique, puis où il aura un sens propre.

Être en mer, c'est être devant l'**ennemi**. Un navire qui fait une traversée est une armée qui livre une bataille. La tempête se cache, mais ne s'absente pas. Toute la mer est une embuscade. Peine de mort à toute faute commise en présence de l'ennemi. Il n'y a pas de faute réparable. Le courage doit être récompensé, et la négligence doit être punie. Ces paroles <u>tombaient</u> l'une après l'autre, lentement, gravement, avec une sorte de mesure inexorable.

Victor Hugo, *Quatre-vingt-treize*.

PRINCIPAUX PRÉFIXES ET SUFFIXES

I. LES PRÉFIXES

▸ FICHE 35 (P. 320)

1. Les préfixes et éléments d'origine latine

Préfixe ou élément	Sens	Exemples
co- / col- / com- / con-	avec	*copilote / collectionner / compagnon / concitoyen*
dé- / dés- / dis-	négation séparation	*dénuder / désarmer* *disjoindre*
ex- / é-	hors de	*expatrier / émigrer*
il- / ir-	négation	*illettré / irrégulier*
in- / im-	dans	*importer*
ant-	avant	*antérieur*
post-	après	*postdater*
pré-	devant	*prédire*
r(e)-	de nouveau	*réembarquer*

2. Les préfixes et éléments d'origine grecque

Préfixe ou élément	Sens	Exemples
a- / an-	privé de	*anormal*
anti-	contre	*antibactérien*
gé(o)-	terre	*géographie*
giga-	grand (milliard)	*gigaoctet*
hémi-	moitié	*hémisphère*
hyper-	au-dessus, excessif	*hypermarché*
hypo-	au-dessous	*hypoglycémie*
par(a)-	contre	*parapluie*
poly-	plusieurs	*polygone*

II. LES SUFFIXES

▸ FICHE 36 (P. 322)

Suffixe ou élément	Sens	Exemples
-cide	qui tue	*insecticide*
-cole **-culteur** **-culture**	relatif à la culture	*agricole* *agriculteur* *agriculture*
-fère	porter	*mammifère*
-fique/ -fier / -fication	faire	*bénéfique*
-forme	ayant la forme	*filiforme*
-fuge	fuir	*ignifuge*
-pare	enfanter	*ovipare*
-pède	pied	*bipède*
-vore	venger, se nourrir de	*omnivore*

PRINCIPAUX PRONOMS

I. LES PRONOMS PERSONNELS

▸ FICHE 6 (P. 262)

	SINGULIER				PLURIEL			
	1re pers.	2e pers.	3e pers.		1re pers.	2e pers.	3e pers.	
Fonction			masculin	féminin			masculin	féminin
Sujet	**je**	**tu**	il	elle	**nous**	**vous**	ils	elles
COD	**me**	**te**	le	la	**nous**	**vous**	**les, se**	
COI	**me, moi**	**te, toi**	**lui**		**nous**	**vous**	**leur, se**	
							eux	elles

Pour insister sur la personne ou après une préposition :

moi	**toi**	lui	elle	**nous**	**vous**	eux	elles

II. LES PRONOMS POSSESSIFS

▸ FICHE 6 (P. 262)

	Je	Tu	Il / elle /on	Nous	Vous	Ils /elles
Masculin singulier **Féminin singulier**	le mien la mienne	le tien la tienne	le sien la sienne	le nôtre la nôtre	le vôtre la vôtre	le leur la leur
Masculin pluriel **Féminin pluriel**	les miens les miennes	les tiens les tiennes	les siens les siennes	les nôtres	les vôtres	les leurs

III. LES PRONOMS DÉMONSTRATIFS

▸ FICHE 7 (P. 264)

	Masculin	Féminin	Neutre
Singulier	celui(-ci), (-là)	celle(-ci), (-là)	ce, c’, ceci, cela, ça
Pluriel	ceux(-ci), (-là)	celles (-ci), (-là)	

IV. LES PRONOMS RELATIFS

▸ FICHE 7 (P. 264)

	Formes simples	Formes composées			
		singulier		pluriel	
		masculin	féminin	masculin	féminin
Sujet	**qui**	lequel	laquelle	lesquels	lesquelles
COD	**que ou qu’ – quoi**	lequel	laquelle	lesquels	lesquelles
COI / COS	à qui – à quoi – de qui – de quoi – **dont**	duquel auquel	de laquelle à laquelle	desquels auxquels	desquelles auxquelles
C. du nom	**dont** – de qui – de quoi	duquel	de laquelle	desquels	desquelles
C. circonstanciel	**où – dont** préposition + quoi	préposition + lequel	préposition + laquelle	préposition + lesquels	préposition + lesquelles

V. LES PRONOMS INTERROGATIFS ▸ FICHE 11 (P. 272)

ÊTRE verbe du 3e groupe et auxiliaire

INDICATIF

TEMPS SIMPLES	TEMPS COMPOSÉS
Présent	**Passé composé**
Je **suis**	J'**ai** été
Tu **es**	Tu **as** été
Il/elle **est**	Il/elle **a** été
Nous **sommes**	Nous **avons** été
Vous **êtes**	Vous **avez** été
Ils/elles **sont**	Ils/elles **ont** été
Imparfait	**Plus-que-parfait**
J'**étais**	J'**avais** été
Tu **étais**	Tu **avais** été
Il/elle **était**	Il/elle **avait** été
Nous **étions**	Nous **avions** été
Vous **étiez**	Vous **aviez** été
Ils/elles **étaient**	Ils/elles **avaient** été
Passé simple	**Passé antérieur**
Je **fus**	J'**eus** été
Tu **fus**	Tu **eus** été
Il/elle **fut**	Il/elle **eut** été
Nous **fûmes**	Nous **eûmes** été
Vous **fûtes**	Vous **eûtes** été
Ils/elles **furent**	Ils/elles **eurent** été
Futur simple	**Futur antérieur**
Je **serai**	J'**aurai** été
Tu **seras**	Tu **auras** été
Il/elle **sera**	Il/elle **aura** été
Nous **serons**	Nous **aurons** été
Vous **serez**	Vous **aurez** été
Ils/elles **seront**	Ils/elles **auront** été

CONDITIONNEL	SUBJONCTIF
Présent	**Présent**
Je **serais**	Que je **sois**
Tu **serais**	Que tu **sois**
Il/elle **serait**	Qu'il/elle **soit**
Nous **serions**	Que nous **soyons**
Vous **seriez**	Que vous **soyez**
Ils/elles **seraient**	Qu'ils/elles **soient**

IMPÉRATIF

Présent

Sois

Soyons
Soyez

INFINITIF

Présent	Passé
être	avoir été

PARTICIPE

Présent	Passé
étant	**été**

AVOIR verbe du 3e groupe et auxiliaire

INDICATIF

TEMPS SIMPLES	TEMPS COMPOSÉS
Présent	**Passé composé**
J'**ai**	J'**ai** eu
Tu **as**	Tu **as** eu
Il/elle **a**	Il/elle **a** eu
Nous **avons**	Nous **avons** eu
Vous **avez**	Vous **avez** eu
Ils/elles **ont**	Ils/elles **ont** eu
Imparfait	**Plus-que-parfait**
J'**avais**	J'**avais** eu
Tu **avais**	Tu **avais** eu
Il/elle **avait**	Il/elle **avait** eu
Nous **avions**	Nous **avions** eu
Vous **aviez**	Vous **aviez** eu
Ils/elles **avaient**	Ils/elles **avaient** eu
Passé simple	**Passé antérieur**
J'**eus**	J'**eus** eu
Tu **eus**	Tu **eus** eu
Il/elle **eut**	Il/elle **eut** eu
Nous **eûmes**	Nous **eûmes** eu
Vous **eûtes**	Vous **eûtes** eu
Ils/elles **eurent**	Ils/elles **eurent** eu
Futur simple	**Futur antérieur**
J'**aurai**	J'**aurai** eu
Tu **auras**	Tu **auras** eu
Il/elle **aura**	Il/elle **aura** eu
Nous **aurons**	Nous **aurons** eu
Vous **aurez**	Vous **aurez** eu
Ils/elles **auront**	Ils/elles **auront** eu

CONDITIONNEL	SUBJONCTIF
Présent	**Présent**
J'**aurais**	Que je **aie**
Tu **aurais**	Que tu **aies**
Il/elle **aurait**	Qu'il/elle **ait**
Nous **aurions**	Que nous **ayons**
Vous **auriez**	Que vous **ayez**
Ils/elles **auraient**	Qu'ils/elles **aient**

IMPÉRATIF

Présent

aie

ayons
ayez

INFINITIF

Présent	Passé
avoir	avoir eu

PARTICIPE

Présent	Passé
ayant	**eu (e)**

CHANTER verbe du 1er groupe

INDICATIF

TEMPS SIMPLES	TEMPS COMPOSÉS
Présent	**Passé composé**
Je chant**e**	J'**ai** chanté
Tu chant**es**	Tu **as** chanté
Il/elle chant**e**	Il/elle **a** chanté
Nous chant**ons**	Nous **avons** chanté
Vous chant**ez**	Vous **avez** chanté
Ils/elles chant**ent**	Ils/elles **ont** chanté
Imparfait	**Plus-que-parfait**
Je chant**ais**	J'**avais** chanté
Tu chant**ais**	Tu **avais** chanté
Il/elle chant**ait**	Il/elle **avait** chanté
Nous chant**ions**	Nous **avions** chanté
Vous chant**iez**	Vous **aviez** chanté
Ils/elles chant**aient**	Ils/elles **avaient** chanté
Passé simple	**Passé antérieur**
Je chant**ai**	J'**eus** chanté
Tu chant**as**	Tu **eus** chanté
Il/elle chant**a**	Il/elle **eut** chanté
Nous chant**âmes**	Nous **eûmes** chanté
Vous chant**âtes**	Vous **eûtes** chanté
Ils/elles chant**èrent**	Ils/elles **eurent** chanté
Futur simple	**Futur antérieur**
Je chante**rai**	J'**aurai** chanté
Tu chante**ras**	Tu **auras** chanté
Il/elle chante**ra**	Il/elle **aura** chanté
Nous chante**rons**	Nous **aurons** chanté
Vous chante**rez**	Vous **aurez** chanté
Ils/elles chante**ront**	Ils/elles **auront** chanté

CONDITIONNEL	SUBJONCTIF
Présent	**Présent**
Je chante**rais**	Que je chant**e**
Tu chante**rais**	Que tu chant**es**
Il/elle chante**rait**	Qu'il/elle chant**e**
Nous chante**rions**	Que nous chant**ions**
Vous chante**riez**	Que vous chant**iez**
Ils/elles chante**raient**	Qu'ils/elles chant**ent**

IMPÉRATIF	INFINITIF	
Présent	**Présent**	**Passé**
chant**e**	**chanter**	avoir chanté
chant**ons**		
chant**ez**		

PARTICIPE	
Présent	**Passé**
chantant	**chanté (e)**

FINIR verbe du 2e groupe

INDICATIF

TEMPS SIMPLES	TEMPS COMPOSÉS
Présent	**Passé composé**
Je fini**s**	J'**ai** fini
Tu fini**s**	Tu **as** fini
Il/elle fini**t**	Il/elle **a** fini
Nous finiss**ons**	Nous **avons** fini
Vous finiss**ez**	Vous **avez** fini
Ils/elles finiss**ent**	Ils/elles **ont** fini
Imparfait	**Plus-que-parfait**
Je finiss**ais**	J'**avais** fini
Tu finiss**ais**	Tu **avais** fini
Il/elle finiss**ait**	Il/elle **avait** fini
Nous finiss**ions**	Nous **avions** fini
Vous finiss**iez**	Vous **aviez** fini
Ils/elles finiss**aient**	Ils/elles **avaient** fini
Passé simple	**Passé antérieur**
Je fini**s**	J'**eus** fini
Tu fini**s**	Tu **eus** fini
Il/elle fini**t**	Il/elle **eut** fini
Nous fin**îmes**	Nous **eûmes** fini
Vous fin**îtes**	Vous **eûtes** fini
Ils/elles fin**irent**	Ils/elles **eurent** fini
Futur simple	**Futur antérieur**
Je fini**rai**	J'**aurai** fini
Tu fini**ras**	Tu **auras** fini
Il/elle fini**ra**	Il/elle **aura** fini
Nous fini**rons**	Nous **aurons** fini
Vous fini**rez**	Vous **aurez** fini
Ils/elles fini**ront**	Ils/elles **auront** fini

CONDITIONNEL	SUBJONCTIF
Présent	**Présent**
Je fini**rais**	Que je finiss**e**
Tu fini**rais**	Que tu finiss**es**
Il/elle fini**rait**	Qu'il/elle finiss**e**
Nous fini**rions**	Que nous finiss**ions**
Vous fini**riez**	Que vous finiss**iez**
Ils/elles fini**raient**	Qu'ils/elles finiss**ent**

IMPÉRATIF	INFINITIF	
Présent	**Présent**	**Passé**
fini**s**	**finir**	avoir fini
finiss**ons**		
finiss**ez**		

PARTICIPE	
Présent	**Passé**
finissant	**fini (e)**

PARTIR verbe du 3e groupe

INDICATIF

TEMPS SIMPLES	TEMPS COMPOSÉS
Présent	**Passé composé**
Je par**s**	Je **suis** parti (e)
Tu par**s**	Tu **es** parti (e)
Il/elle par**t**	Il/elle **est** parti (e)
Nous part**ons**	Nous **sommes** partis (es)
Vous part**ez**	Vous **êtes** partis (es)
Ils/elles part**ent**	Ils/elles **sont** partis (es)
Imparfait	**Plus-que-parfait**
Je part**ais**	J'**étais** parti (e)
Tu part**ais**	Tu **étais** parti (e)
Il/elle part**ait**	Il/elle **était** parti (e)
Nous part**ions**	Nous **étions** partis (es)
Vous part**iez**	Vous **étiez** partis (es)
Ils/elles part**aient**	Ils/elles **étaient** partis (es)
Passé simple	**Passé antérieur**
Je part**is**	Je **fus** parti (e)
Tu part**is**	Tu **fus** parti (e)
Il/elle part**it**	Il/elle **fut** parti (e)
Nous part**îmes**	Nous **fûmes** partis (es)
Vous part**îtes**	Vous **fûtes** partis (es)
Ils/elles part**irent**	Ils/elles **furent** partis (es)
Futur simple	**Futur antérieur**
Je parti**rai**	Je **serai** parti (e)
Tu parti**ras**	Tu **seras** parti (e)
Il/elle parti**ra**	Il/elle **sera** parti (e)
Nous parti**rons**	Nous **serons** partis (es)
Vous parti**rez**	Vous **serez** partis (es)
Ils/elles parti**ront**	Ils/elles **seront** partis (es)

CONDITIONNEL	SUBJONCTIF
Présent	**Présent**
Je parti**rais**	Que je part**e**
Tu parti**rais**	Que tu part**es**
Il/elle parti**rait**	Qu'il/elle part**e**
Nous parti**rions**	Que nous part**ions**
Vous parti**riez**	Que vous part**iez**
Ils/elles parti**raient**	Qu'ils/elles part**ent**

IMPÉRATIF

Présent

Par**s**

Part**ons**
Part**ez**

INFINITIF

Présent	Passé
partir	être parti (e)

PARTICIPE

Présent	Passé
partant	**parti (e)**

CONNAÎTRE verbe du 3e groupe

INDICATIF

TEMPS SIMPLES	TEMPS COMPOSÉS
Présent	**Passé composé**
Je connai**s**	J'**ai** connu
Tu connai**s**	Tu **as** connu
Il/elle connaî**t**	Il/elle **a** connu
Nous connaiss**ons**	Nous **avons** connu
Vous connaiss**ez**	Vous **avez** connu
Ils/elles connaiss**ent**	Ils/elles **ont** connu
Imparfait	**Plus-que-parfait**
Je connaiss**ais**	J'**avais** connu
Tu connaiss**ais**	Tu **avais** connu
Il/elle connaiss**ait**	Il/elle **avait** connu
Nous connaiss**ions**	Nous **avions** connu
Vous connaiss**iez**	Vous **aviez** connu
Ils/elles connaiss**aient**	Ils/elles **avaient** connu
Passé simple	**Passé antérieur**
Je conn**us**	J'**eus** connu
Tu conn**us**	Tu **eus** connu
Il/elle conn**ut**	Il/elle **eut** connu
Nous conn**ûmes**	Nous **eûmes** connu
Vous conn**ûtes**	Vous **eûtes** connu
Ils/elles conn**urent**	Ils/elles **eurent** connu
Futur simple	**Futur antérieur**
Je connaît**rai**	J'**aurai** connu
Tu connaît**ras**	Tu **auras** connu
Il/elle connaît**ra**	Il/elle **aura** connu
Nous connaît**rons**	Nous **aurons** connu
Vous connaît**rez**	Vous **aurez** connu
Ils/elles connaît**ront**	Ils/elles **auront** connu

CONDITIONNEL	SUBJONCTIF
Présent	**Présent**
Je connaît**rais**	Que je connaiss**e**
Tu connaît**rais**	Que tu connaiss**es**
Il/elle connaît**rait**	Qu'il/elle connaiss**e**
Nous connaît**rions**	Que nous connaiss**ions**
Vous connaît**riez**	Que vous connaiss**iez**
Ils/elles connaît**raient**	Qu'ils/elles connaiss**ent**

IMPÉRATIF

Présent

connai**s**

connaiss**ons**
connaiss**ez**

INFINITIF

Présent	Passé
connaître	avoir connu

PARTICIPE

Présent	Passé
connaissant	**connu (e)**

VERBES IRRÉGULIERS

ALLER

INDICATIF			
Présent	imparfait	Passé simple	Futur
Je **vais**	J'allais	J'allai	J'**irai**
Il **va**	Il allait	Il alla	Il **ira**
Nous allons	Nous allions	Nous allâmes	Nous **irons**
CONDITIONNEL PRÉSENT	SUBJONCTIF PRÉSENT	PARTICIPE	
Il **irait**	Qu'il aille	Présent allant	Passé allé(e)

ASSEOIR

INDICATIF			
Présent	imparfait	Passé simple	Futur
J'assieds / assois	J'asseyais / assoyais	J'assis	J'assiérai / assoirai
Il assied / assoit	Il asseyait / assoyait	Il assit	Il assiéra / assoira
Nous asseyons / assoyons	Nous asseyions /assoyions	Nous assîmes	Nous assiérons / assoirons
CONDITIONNEL PRÉSENT	SUBJONCTIF PRÉSENT	PARTICIPE	
Il assiérait / assoirait	Qu'il asseye /assoie	Présent asseyant / assoyant	Passé assis (e)

DIRE

INDICATIF			
Présent	imparfait	Passé simple	Futur
Je dis	Je disais	Je dis	Je dirai
Il dit	Il disait	Il dit	Il dira
Nous disons	Nous disions	Nous dîmes	Nous dirons
CONDITIONNEL PRÉSENT	SUBJONCTIF PRÉSENT	PARTICIPE	
Il dirait	Qu'il dise	Présent disant	Passé dit (e)

ESSAYER

INDICATIF			
Présent	imparfait	Passé simple	Futur
J'essaie / essaye	J'essayais	J'essayai	J'essaierai / essayerai
Il essaiera / essaye	Il essayait	Il essaya	Il essaiera / essayera
Nous essayons	Nous essayions	Nous essayâmes	Nous essaierons /essayerons
CONDITIONNEL PRÉSENT	SUBJONCTIF PRÉSENT	PARTICIPE	
Il essaierait / essayerait	Qu'il essaie / essaye	Présent essayant	Passé essayé (e)

FAIRE

INDICATIF			
Présent	imparfait	Passé simple	Futur
Je fais	Je faisais	Je fis	Je ferai
Il fait	Il faisait	Il fit	Il fera
Nous faisons	Nous faisions	Nous fîmes	Nous ferons
CONDITIONNEL PRÉSENT	SUBJONCTIF PRÉSENT	PARTICIPE	
Il ferait	Qu'il fasse	Présent faisant	Passé fait (e)

MOURIR

INDICATIF			
Présent	imparfait	Passé simple	Futur
Je meurs	Je mourais	Je mourus	Je mourrai
Il meurt	Il mourait	Il mourut	Il mourra
Nous mourons	Nous mourions	Nous mourûmes	Nous mourrons
CONDITIONNEL PRÉSENT	SUBJONCTIF PRÉSENT	PARTICIPE	
Il mourrait	Qu'il meure	Présent mourant	Passé mort (e)

VERBES IRRÉGULIERS

NAÎTRE

INDICATIF			
Présent	imparfait	Passé simple	Futur
Je nais	Je naissais	Je na**qu**is	Je naî**tr**ai
Il naît	Il naissait	Il na**qu**it	Il naî**tr**a
Nous naissons	Nous naissions	Nous na**qu**îmes	Nous naî**tr**ons
CONDITIONNEL PRÉSENT	SUBJONCTIF PRÉSENT	PARTICIPE	
Il naî**tr**ait	Qu'il naisse	Présent naissant	Passé né (e)

SAVOIR

INDICATIF			
Présent	imparfait	Passé simple	Futur
Je **sais**	Je savais	Je sus	Je sa**ur**ai
Il **sait**	Il savait	Il sut	Il sa**ur**a
Nous savons	Nous savions	Nous sûmes	Nous sa**ur**ons
CONDITIONNEL PRÉSENT	SUBJONCTIF PRÉSENT	PARTICIPE	
Il sa**ur**ait	Qu'il sa**ch**e	Présent sa**ch**ant	Passé su (e)

POUVOIR

INDICATIF			
Présent	imparfait	Passé simple	Futur
Je peu**x** / **puis**	Je pouvais	Je pus	Je pou**rr**ai
Il peut	Il pouvait	Il put	Il pou**rr**a
Nous pouvons	Nous pouvions	Nous pûmes	Nous pou**rr**ons
CONDITIONNEL PRÉSENT	SUBJONCTIF PRÉSENT	PARTICIPE	
Il pou**rr**ait	Qu'il **puisse**	Présent pouvant	Passé pu (e)

VENIR

INDICATIF			
Présent	imparfait	Passé simple	Futur
Je viens	Je venais	Je vins	Je vien**dr**ai
Il vient	Il venait	Il vint	Il vien**dr**a
Nous venons	Nous venions	Nous vînmes	Nous vien**dr**ons
CONDITIONNEL PRÉSENT	SUBJONCTIF PRÉSENT	PARTICIPE	
Il vien**dr**ait	Qu'il vienne	Présent venant	Passé venu (e)

VIVRE

INDICATIF			
Présent	imparfait	Passé simple	Futur
Je vis	Je vivais	Je vé**c**us	Je vivrai
Il vit	Il vivait	Il vé**c**ut	Il vivra
Nous vivons	Nous vivions	Nous vé**c**ûmes	Nous vivrons
CONDITIONNEL PRÉSENT	SUBJONCTIF PRÉSENT	PARTICIPE	
Il vivrait	Qu'il vive	Présent vivant	Passé vécu (e)

VOULOIR

INDICATIF			
Présent	imparfait	Passé simple	Futur
Je veu**x**	Je voulais	Je voulus	Je vou**dr**ai
Il veut	Il voulait	Il voulut	Il vou**dr**a
Nous voulons	Nous voulions	Nous voulûmes	Nous vou**dr**ons
CONDITIONNEL PRÉSENT	SUBJONCTIF PRÉSENT	PARTICIPE	
Il vou**dr**ait	Qu'il **veuille**	Présent voulant	Passé voulu (e)

L'ÉTUDE DE LA LANGUE DANS LES TEXTES

	Les récits brefs	La poésie	Le roman	Le théâtre
1. Les classes et les fonctions	32*	93 – 102	185	
2. Le groupe nominal		91 – 93 – 102	152	
3. Le complément du nom	42	65 – 91 – 93 – 102	137	
4. L'adjectif qualificatif	23		113 –117 – 137 – 139 –141 – 143 – 159 – 163 – 187	
5. Les degrés de l'adjectif		67	119 – 159 – 163 – 181	
6. Les pronoms personnels, possessifs et démonstratifs		80	163	229
7. Les pronoms relatifs	54	102	161	
8. Les prépositions			165 – 173	211 – 235
9. Le complément d'objet		67 –80 – 93	137	
10. Les compléments circonstanciels	42	69 – 91	115 – 165 – 172	
11. Les mots interrogatifs			187	213
12. La phrase (définition)	39		113 – 183	207 – 213 – 222 – 229 – 231 – 233 – 244
13. Les propositions			196	222
14. Coordination et juxtaposition		89	117	209 – 222
15. La subordonnée relative	17 – 19 – 32 – 45 – 54	71 – 91 – 102	128 – 152 – 161 – 185	
16. Formes affirmative et négative	21		143	207
17. Phrase passive et complément d'agent		87 – 102	113 – 159	
18. Le discours direct	53		151	
19. La subordonnée interrogative indirecte			187	
20. Les temps simples de l'indicatif	32 – 42	65 – 69 – 71 – 87	139 – 141 – 143– 152 – 161 – 163 – 165 – 166 – 173 – 174 – 181 – 183 – 185 – 196	213 – 235
21. Les temps composés de l'indicatif	42	65 – 87	174 – 187	213
22. Cas particuliers des verbes du 1er groupe			183	
23. Conjugaison des verbes irréguliers				207
24. La voix passive		87 – 102	113 – 117 – 159	229
25. Le subjonctif présent		89 – 91	115	213 – 235
26. Le conditionnel	21		128	
27. L'infinitif	23 – 32 – 54	67 – 71	137	207 – 209
28. Le participe passé	19 –39	87 – 89 – 91	113 – 161	211 – 222 – 229
29. Participe présent, adjectif verbal et gérondif	17 – 19 – 39 – 45 – 54	93	119 –	222 – 231 – 233 – 244
30. Lettres et syllabes		64 – 66 – 71 – 78 – 80 – 86		
31. Écrit et oral	23	69 – 71 – 72 – 79 – 80 – 87	115 – 165	
32. Les lettres muettes		71 – 93	137 – 141	233
33. La ponctuation			113 – 119 – 150	
34. Les homonymes	17 – 21	67 – 69 – 80		235
35. Les préfixes			163 – 185	211 – 231
36. Les suffixes		91	159	209 – 213
37. Évolution et formation des mots	19 – 42 – 45	65 – 67 – 73 – 79 – 87 – 89 – 91 – 93	113 – 115 – 119 – 128 – 181 – 183 – 187	211 – 213
38. L'ancien français	18 – 20 – 22 – 32 – 38 – 39 – 40 – 44	86 – 88 – 90	112 – 114 – 116 – 118	
39. Mots polysémiques			148 – 185 – 192	231
40. Archaïsmes et néologismes				233
41. Synonymes, antonymes et paronymes	23 – 41 – 50 – 51	67	117 – 139 – 161 – 183 – 187 – 193	
42. Champ lexical et mots spécifiques	17 – 21	69 – 71 – 89 – 102	119 – 137 – 152 – 165 – 174 – 187 –196	207
43. Niveaux de langue		69		
44. La comparaison	54	101	127 – 143 – 144 – 152 – 174 – 196	
45. La métaphore		101	128 – 141 – 144 – 174	229

* Les numéros renvoient aux pages de la partie *Textes*.

Glossaire
(textes, étude de la langue, histoire des arts, évolution de la langue)

A

active (forme ou voix) : s'oppose à la forme ou à la voix passive. (p. 284)

affixes : désigne l'ensemble des préfixes et des suffixes. (p. 321)

adjectif *(n. m.)*
- **qualificatif :** qualifie un nom, un GN ou un pronom avec lequel il s'accorde en genre et en nombre. › *un **petit** animal **gris*** (p. 258)
- **verbal :** participe présent employé comme un adjectif › *une promenade **fatigante***. (p. 308)

allégorie *(n. f.)* **:** lexiqu'art → p. 190

allitération *(n. f.)* **:** répétition d'un son-consonne. (p. 65)

âme *(n. f.)* **:** un mot à la loupe → p. 38

amour *(n. m.)* **:** un mot à la loupe → p. 114

anagramme *(n. f.)* **:** mot réalisé avec les lettres mélangées d'un autre mot. › *user/ruse* (p. 67)

ancien français : français parlé au Moyen Âge. (p. 326)

andouille *(n. f.)* **:** un mot à la loupe → p. 20

animal *(n. m.)* **:** un mot à la loupe → p. 38

anonyme : dont l'auteur est inconnu. (p. 14)

antécédent *(n. m.)* **:** mot ou groupe de mots qui précède le pronom relatif et que le pronom relatif remplace. (p. 264)

antonymes *(n. m.)* **:** mots de sens contraire, mais de même classe grammaticale. (p. 332)

aparté *(n. m.)* **:** au théâtre, réplique entendue par le public mais non par le personnage en scène. (p. 242)

aplat : lexiqu'art → p. 217

archaïsme *(n. m.)* **:** mot ancien inusité présent dans certaines expressions. (p. 330)

argument : preuves ou explications pour défendre une idée ou la condamner. (p. 21)

assonance *(n. f.)* **:** répétition d'un son-voyelle. (p. 65)

attribut *(n. m.)* **:** fonction d'un mot ou d'un groupe de mots relié au nom qu'il(s) qualifie(nt) par un verbe d'état. › *Il est **malade.*** (p. 258)

attributif (verbe) : verbe d'état › *être, sembler, paraître…* (p. 258)

auteur *(n. m.)* **:** personne qui écrit un livre ou fait une œuvre d'art.

B

bain *(n. m.)* **:** un mot à la loupe → p. 210

ballet *(n. m.)* **:** lexiqu'art → p. 239

bête *(n. f.)* **:** histoire du mot → p. 28

branche *(n. f.)* **:** épisode du *Roman de Renart*. (p.14)

C

cadre *(n. m.)* **:** ce qui entoure l'œuvre pour la délimiter. (p. 149)

cadre spatio-temporel *(n. m.)* **:** lieu et moment où se passe l'action. (p. 181)

calligraphie *(n. f.)* **:** écriture artistique. (p. 122)

cargo *(n. m.)* **:** un mot à la loupe → p. 142

caricature *(n. f.)* **:** lexiqu'art → p. 49.

carolingien *(adj.)* **:** un mot à la loupe → p. 86

champ lexical *(n. m.)* **:** ensemble des mots relevant d'un même thème. (p. 334)

chanson *(n. f.)* **:** forme poétique comportant des vers, des couplets et un refrain. (p. 69)

chanson de geste *(n. f.)* **:** poème narratif médiéval qui célèbre des exploits guerriers. (p. 91)

chapiteau *(n. m.)* **:** lexiqu'art → p. 26

Charlemagne *(n. pr.)* **:** un mot à la loupe → p. 86

châsse *(n. f.)* **:** coffre ouvragé renfermant les restes d'un saint. (p. 103)

cheval *(n. m.)* **:** histoire du mot → p. 124

chronologie *(n. f.)* **:** ordre dans lequel les faits ou les actions se sont succédé dans le temps. (p. 292)

chute *(n. f.)* **:** dénouement rapide et inattendu d'un récit ou d'une pièce de théâtre. (p. 213) et un mot à la loupe → p. 212

classe grammaticale *(n. f.)* **:** nature ou catégorie d'un mot variable ou invariable. (p. 252)

clerc *(n. m.)* **:** au Moyen Âge, homme instruit. (p. 14)

col *(n. m.)* **:** un mot à la loupe → p. 64

comédie *(n. f.)* **:** pièce qui vise à faire rire. (p. 225)

comédie-ballet *(n. f.)* **:** lexiqu'art → p. 239

comique : qui vise à faire rire. On parle de comique de situation, de gestes, de mots et de caractère. (p. 209)

comparaison *(n. f.)* **:** rapproche deux éléments qui présentent un point commun et sont reliés par un outil de comparaison › *il est beau **comme un dieu*** (p. 338)

compagnon *(n. m.)* **:** un mot à la loupe → p. 44

complément *(n. m.)*
- **d'agent :** complète un verbe à la voix passive. (p. 284)
- **circonstanciel (CC) :** complément précisant les circonstances dans lesquelles se déroule l'action exprimée par le verbe. En général, il est supprimable et déplaçable. (p. 269)
- **d'objet :** complément essentiel, il ne peut être ni déplacé ni supprimé. On distingue le complément d'objet direct (COD), indirect (COI), second (COS) (p. 268).
- **du nom :** précise un nom. › *le chat **de la voisine*** (p. 256)

comte *(n. m.)* **:** un mot à la loupe → p. 90

conditionnel : forme verbale utilisée comme un temps ou comme un mode. (p. 302)

coordination *(n. f.)* **:** consiste à relier deux éléments (mots, propositions ou phrases) par une conjonction de coordination. (p. 278)

copain *(n. m.)* **:** un mot à la loupe → p. 44

copiste *(n. m.)* **:** au Moyen Âge, celui qui recopie le texte d'un manuscrit à la main. (p. 113)

cou *(n. m.)* **:** Un mot à la loupe → p. 64

couleurs *(n. f.)*
- **chaudes :** couleurs qui contiennent du rouge et du jaune, elles sont proches de la couleur du feu. (p. 241)
- **froides :** couleurs qui contiennent du bleu et du vert, elles sont proches de la couleur de l'eau. (p. 193)

coup de théâtre *(n. m.)* **:** événement soudain et surprenant. (p. 211)

courtois *(adj.)* **:** un mot à la loupe → p. 112

D

décasyllabe *(n. m.)* **:** vers de dix syllabes prononcées. (p. 86)

degré de l'adjectif : force plus ou moins grande donnée au sens d'un adjectif. On distingue le degré *d'intensité* et le degré de *comparaison*. (p. 260)

demoiselle *(n. f.)* **:** un mot à la loupe → p. 138

démonstratif *(n. m.)* **:** déterminant ou pronom. (p. 262)

dénouement *(n. m.)* **:** fin d'une pièce de théâtre. (p. 213)

description *(n. f.)*
- **en mouvement :** description au fur et à mesure d'un déplacement. (p. 161)
- **statique ou fixe :** description sans déplacement. (p. 161)

dérivé : mot complexe formé par l'ajout d'affixes (préfixe et/ou suffixe) au radical. (p. 320)

destinataire *(n. m.)* **:** celui à qui s'adresse le message, dans une situation de communication. (p. 233)

dialogue *(n. m.)* **:** situation où plusieurs personnages parlent ensemble, au théâtre ou dans un récit. (p. 220-221)

didascalie *(n. f.)* **:** indication de mise en scène. (p. 211)

discours direct : paroles rapportées, placées entre guillemets ou après un tiret, et prononcées par un personnage. (p. 286)

doublets : deux mots de même classe grammaticale issus du même mot latin. (p. 324)

doux *(adj.)* **:** un mot à la loupe → p. 66

dragon *(n. m.)* **:** un mot à la loupe → p. 116

dramatisation *(n. f.)* **:** effets qui permettent de rendre une action plus intense, de ménager le suspense. (p. 185)

dulcinée *(n. f.)* **:** un mot à la loupe → p. 66

E

élément *(n. m.)*
- **de résolution :** ce qui déclenche l'action dans un récit. (p. 19)
- **perturbateur :** ce qui permet à l'action d'un récit de se terminer. (p. 183)

éléments visuels : couleurs, matières, formes. (p. 139)

éléphant *(n. m.)* **:** un mot à la loupe → p. 88

émetteur *(n. m.)* **:** celui qui produit le message, dans une situation de communication. (p. 262)

enfant *(n. m)* **:** un mot à la loupe → p. 136

enluminure *(n. f.)* lexiqu'art → p. 122

épilogue *(n. m.)* **:** dernière action d'un récit romanesque. (p. 187)

épique : appartient à l'épopée. (p. 91)

épithète : fonction d'un adjectif qualificatif ajouté à un nom, un pronom ou un GN, sans l'intermédiaire d'un verbe. › *un* ***petit*** *enfant* (p. 258)

épopée *(n. f.)* **:** récit de hauts faits engageant de valeureux héros. (p. 91)

étapes d'un récit : situation initiale, élément perturbateur, péripéties, élément de résolution, situation finale. → p. 21

étude *(n. f.)* **:** lexiqu'art → p. 49

étymologie *(n. f.)* **:** donne l'origine d'un mot. (p. 334)

euphonique (lettre) : consonne ajoutée entre deux mots pour faciliter la prononciation. › *va-****t****-en* (p. 187)

expansion du nom *(n. f.)* **:** mot ou groupe de mots qui enrichissent le nom. (p. 254)

exposition (scène d', acte d') : début d'une pièce de théâtre qui informe le public sur la situation initiale. (p. 228)

F

fable *(n. f.)* **:** court récit, souvent en vers, contenant une leçon ou une morale. (p. 56)

fabliau *(n. m.)* **:** court récit du Moyen Âge en vers qui illustre une leçon, sérieuse ou facétieuse. (p. 35)

farce *(n. f.)* **:** courte pièce de théâtre du Moyen Âge destinée à un public populaire. (p. 207) et histoire du mot → p. 218

fonction d'un mot : rôle occupé dans la phrase par un mot ou un groupe de mots. (p. 252)

formation d'un mot : simple, complexe, dérivé ou composé. (p. 324)

forme de phrase : voir **phrase**

forme fixe : poème qui suit des règles d'écriture précises. (p. 61)

G

gag *(n. m.)* **:** effet comique rapide. (p. 215)

générique (mot) : mot de sens général qui regroupe des mots des sens particulier. (p. 334)

genre *(n. m)* : catégorie littéraire à laquelle appartient un texte, comme le théâtre, le roman ou la poésie. (p. 194-195)

gentil *(adj.)* **:** un mot à la loupe → p. 230

gentilhomme *(n. m.)* **:** un mot à la loupe → p. 230

gérondif : forme en *-ant* précédée de *en*. › *en chantant* (p. 308)

Géronte *(n. pr.)* **:** un mot à la loupe → 228

gérontologue *(n. m.)* **:** un mot à la loupe → p. 228

GN : voir **groupe nominal**

goupil *(n. m.)* **:** un mot à la loupe → p. 16

gravure *(n. f.)* **:** lexiqu'art → p. 50

groupe nominal (ou GN) *(n. m.)* **:** groupe grammatical dont le noyau est un nom (p. 254). Introduit par une préposition, c'est un groupe nominal prépositionnel.

groupe verbal (ou GV) *(n. m.)* **:** groupe grammatical dont le noyau est un verbe. (p. 252)

GV : voir **groupe verbal**

H

homographes *(n. m.)* **:** mots s'écrivant de la même manière. › *Il est à l'est*. (p. 318)

homonymes *(n. m.)* **:** désigne les homographes et les homophones. (p. 318)

homophones *(n. m.)* **:** mots qui se prononcent de la même manière › *un seau / sot / saut* (p. 318)

huile : lexiqu'art → p. 74

huile sur bois : lexiqu'art → p. 147

huile sur toile *(n. f.)* **:** lexiqu'art → p. 238

hyperbole *(n .f.)* **:** exagération. (p. 91)

I

illusion *(n. f.)* **:** lexiqu'art → p. 74

illustration *(n. f.)* **:** lexiqu'art → p. 120

impératif : mode verbal de l'injonction. (tableaux p. 344)

impressionnisme : lexiqu'art → p. 169

incipit *(n. m.)* **:** début d'un récit romanesque. (p. 143)

indicatif : mode personnel du verbe (temps simple (p. 290), temps composés (p. 292), valeurs (p. 300)

infinitif : mode non conjugué du verbe. (p. 304)

initiatique : qualifie une épreuve qui fait changer le personnage. (p. 188)

intrigue *(n. f.)* **:** ensemble des événements dans une pièce de théâtre ou un récit. (p. 229)

J

Jacquinot *(n. pr.)* **:** un mot à la loupe → 208

jeu *(n. m.)* **:** histoire du mot → p. 76

jongleur *(n. m.)* **:** au Moyen Âge, artiste ambulant qui récitait ou chantait des vers. (p. 14)

juxtaposition *(n. f.)* **:** consiste à relier deux éléments (mots, propositions ou phrases) par une marque de ponctuation. (p. 278)

L

laisse *(n. f.)* **:** strophe d'une chanson de geste. (p. 87)

légende *(n. f.)* **:** récit à caractère merveilleux où des faits historiques sont transformés par l'imagination populaire ou l'invention poétique. (p. 93)

lettre euphonique : voir **euphonique**

lignes de force : lignes principales qui organisent la composition d'une œuvre. On distingue les lignes *verticales* et *horizontales* (p. 29), les *courbes*, les *obliques*. (p. 77)

linteau *(n. m.)* **:** partie horizontale au-dessus d'une porte et au-dessous d'un tympan. (p. 26)

lumière *(n. f.)* **:** exprimée dans un tableau par l'éclaircissement des couleurs. (p. 171)

M

maille *(n. f.)* **:** un mot à la loupe → p. 40

manuscrit *(n. m.)* **:** lexiqu'art → p. 122

marine *(n. f.)* **:** lexiqu'art → p. 169

Maupertuis *(n. propre)* **:** un mot à la loupe → p. 18

mélioratif : valorisant. (p. 139)

ménestrel *(n. m.)* **:** musicien ou chanteur ambulant du Moyen Âge. (p. 14)

merveilleux : ce qui est magique ou surnaturel (fées, ogres, animaux qui parlent...). (p. 93)

métaphore *(n. f.)* **:** sens figuré qui repose sur un rapprochement entre deux éléments. › *il **a tué** le temps* (p. 340)

mode verbal : désigne les modes personnels (l'indicatif, le subjonctif, le conditionnel, l'impératif) et les modes non personnels (l'infinitif, le participe).

modelé *(n. m.)* **:** impression de relief donnée dans un tableau. (p. 99)

monde *(n. m.)* **:** histoire du mot → p. 192

monologue *(n. m.)* **:** situation dans laquelle le personnage est seul sur scène et parle à voix haute. (p. 220)

mot composé *(n. m.)* **:** mot complexe formé de plusieurs radicaux. › *un arc-en-ciel* (p. 324)

mot-valise *(n. m.)* **:** création d'un mot en combinant un élément pris dans deux mots différents. › *un éléfantôme* (p. 69)

moustique *(n. m.)* **:** un mot à la loupe → p. 164

muette (lettre) **:** ne se prononce pas. (p. 314)

N

narratif (texte) : qui comporte un récit. (p. 143)

narrateur *(n. m.)* **:** celui qui raconte le récit. (p. 113)

néologisme *(n. m.)* **:** mot récemment inventé. (p. 300)

niveau de langue *(n. m.)* **:** on distingue trois niveaux de langue (courant, familier, soutenu) qui varient selon la situation de communication. (p. 336)

nom *(n. m.)* **:** classe grammaticale de mots variables. Le nom peut être commun ou propre. (p. 254)

noyau *(n. m.)* **:** mot principal d'un groupe de mots. (p. 254, p. 258)

O

obélisque *(n. f.)* **:** lexiqu'art → p. 190

octosyllabe *(n. m.)* **:** vers de huit syllabes prononcées. (p. 16)

olifant *(n. m.)* **:** un mot à la loupe → p. 88

P

palais *(n. m.)* **:** un mot à la loupe → p. 158

paquebot *(n. m.)* **:** un mot à la loupe → p. 186

paradis *(n. m.)* **:** un mot à la loupe → p. 92

parodie *(n. f.)* **:** imitation comique, voire burlesque d'une œuvre ou d'une personne. (p. 15)

parole *(n. f.)* **:** histoire du mot → p. 240

paronymes : mots proches par la prononciation et l'écriture mais de sens différents. › *attention* et *intention* (p. 332)

participe : mode non conjugué du verbe. On distingue le participe passé (p. 306) et le participe présent. (p. 308)

parvis *(n. m.)* **:** un mot à la loupe → p. 92

passe-partout *(n. m.)* **:** un mot à la loupe → p. 182

passive (forme p. 284 ou voix p. 298) **:** s'oppose à la forme ou à la voix active.

patelin *(adj.)* **:** un mot à la loupe → p. 206

Pathelin *(n. pr.)* **:** un mot à la loupe → 206

péjoratif : dévalorisant. (p. 139)

péripétie *(n. f.)* **:** événement qui fait avancer l'action d'un récit ou d'une pièce de théâtre. (p. 19)

personnage *(n. m)* **:** être imaginaire dans un récit. (p. 133)

personnage type *(n. m.)* **:** personnage qu'on retrouve dans plusieurs œuvres avec les mêmes caractéristiques (p. 42)

personne *(n. f.)* **:** histoire du mot → p. 148

personnifier : attribuer des traits humains à un animal ou à un objet. (p. 17)

perturbateur : voir **élément perturbateur**

Phileas *(n. m.)* **:** un mot à la loupe → p. 180

phonétique : concerne la prononciation des mots. (p. 312)

phrase *(n. f.)* **:** énoncé formant une unité de sens. Une phrase commence par une majuscule et se termine par un point.
(p. 274)

- **affirmative :** forme de phrase ne comportant pas de marque de négation. › *Elle part* (p. 282)
- **complexe :** phrase comportant plusieurs verbes principaux. (p. 274, 276)
- **déclarative :** type de phrase. (p. 274)
- **exclamative :** type de phrase terminé par un point d'exclamation. (p. 274)
- **injonctive :** type de phrase exprimant un ordre. (p. 274)
- **interrogative :** type de phrase posant une question (p. 274). On distingue l'interrogative *directe* (p. 286) et l'interrogative *indirecte*. (p. 288)
- **négative :** forme de phrase portant une marque de négation. › *Elle ne part pas* (p. 282)
- **non verbale :** phrase ne comportant pas de verbe principal. (p. 274)
- **simple :** phrase comportant un seul verbe principal. (p. 274, 276)
- **verbale :** phrase construite autour d'un verbe principal conjugué ou à l'infinitif. (p. 274)

piédestal *(n. m.)* **:** lexiqu'art → p. 97

plan (premier plan, arrière-plan) : détermine la proximité ou l'éloignement de ce qui est représenté. (p. 51)

plan (gros plan, plan rapproché, plan moyen, plan large) : cadrage plus ou moins serré d'une scène. (p. 219)

pointillisme *(n. m.)* **:** lexiqu'art → p. 217

polysémique : qui a plusieurs sens. (p. 328)

ponctuation *(n. f.)* **:** signes permettant d'organiser une phrase ou un texte. (p. 316)

possessif : déterminant ou pronom. (p. 262)

poule *(n. f.)* **:** un mot à la loupe → p. 22

préfixe *(n. m.)* **:** s'ajoute devant le radical pour former un mot dérivé. › ***re****faire* (p. 320 + tableaux, p. 342)

préposition *(n. f.)* **:** mot invariable introduisant un autre mot. › *une salle* ***à*** *manger* (p. 266).

preux *(adj.)* **:** un mot à la loupe → p. 118

profondeur de champ : sur une œuvre, espace compris entre le premier plan et l'arrière-plan. (p. 51)

pronom *(n. m.)* **:** remplace un nom ou un groupe nominal. Un pronom peut être *personnel, démonstratif, possessif* (p. 262), *relatif* (p. 264) ou *interrogatif.* (p. 272)

proportion *(n. f.)* **:** rapport de grandeur entre différents éléments. (p. 125)

proposition *(n. f.)* **:** ensemble de mots formant une unité grammaticale dont le noyau est généralement un verbe, conjugué ou non. On distingue la proposition *indépendante, subordonnée* ou *principale.* (p. 276)

prose *(n. f.)* **:** écrit en lignes, par opposition aux vers. (p. 38)

prud'homme *(n. m.)* **:** un mot à la loupe → p. 118

purger *(verbe)* **:** un mot à la loupe → p. 234

Q

quatrain *(n. m.)* **:** strophe de quatre vers. (p. 67)

quête *(n. f.)* **:** action de chercher. Le héros est caractérisé par sa quête. (p. 130)

quiproquo *(n. m.)* **:** malentendu souvent comique entre deux personnages (p. 211)

R

radical *(n. m.)* **:** racine d'un mot. (p. 324)

réaliste : qui imite la réalité. (p. 46)

rebondissements *(n. m.)* **:** série d'événements après une pause. (p. 185)

registre *(n. m.)* **:** ton principal d'un texte. (p. 100)

Renart *(n. pr.)* **:** un mot à la loupe → p. 16

renversement de situation : événement qui change complètement la situation. (p. 211)

réplique *(n. f.)* **:** parole de chaque personnage au théâtre. (p. 233)

résolution *(n. f.)* **:** voir **élément de résolution**

rimes *(n. f.)* **:** sonorités qui se font écho deux par deux à la fin des vers. Elles peuvent être **plates** ou suivies (*aa bb*) (p. 39), **embrassées** (*abba*) (p. 67) ou **croisées** (*abab*).

rock *(n. m.)* **:** un mot à la loupe → p. 68

roi *(n. m.)* **:** histoire du mot → p. 98

roman *(n. m.)* **:** œuvre d'imagination qui présente des personnages et des aventures donnés comme réels (p. 110). On distingue le roman *courtois* ou roman de *chevalerie* (p. 113) et le roman *d'aventures.* (p. 177)
- **art roman :** période artistique du XIe et XIIe siècle. (p. 26)
- **langue romane :** au Moyen Âge, langue française, par opposition au latin. (p. 15)

rondeau *(n. m.)* **:** forme poétique à deux rimes, dans laquelle un vers est repris dans chaque strophe .(p. 65)

S

satire *(n. m.)* **:** critique moqueuse. (p. 15)

sauvage *(adj.)* **:** un mot à la loupe → p. 160

scène d'exposition *(n. f.)* **:** voir **exposition**

schéma narratif *(n. m.)* **:** étapes d'un récit (situation initiale, élément perturbateur, péripéties, élément de résolution, situation finale). (p. 19)

silhouette *(n. f.)* **:** un mot à la loupe → p. 140

sonnet *(n. m.)* **:** poème de forme fixe comportant deux quatrains et deux tercets. (p. 67)

spatiale (indication) : qui indique un lieu. (p. 159)

spécifique (mot) : mot qui permet de préciser un mot de sens générique. (p. 334)

statue équestre *(n. f.)* **:** lexiqu'art → p. 97

strophe *(n. f.)* **:** dans un poème, plusieurs vers formant un ensemble et séparés des autres par un espace. (p. 67)

subjonctif : mode personnel du verbe (conjugaison et valeur du présent, p. 300)

subordonnée *(n. f.)* **:** proposition qui dépend d'une proposition principale. On distingue la proposition subordonnée *relative* (p. 280), *conjonctive* (p. 276) et *interrogative indirecte*. (p. 288)

suffixe *(n. m.)* **:** s'ajoute après le radical pour former un mot dérivé. › *une haut****eur****.* (p. 322 + tableaux, p. 342)

syllabe *(n. f.)* **:** groupe de lettres comportant au moins une voyelle. (p. 310)

symbole *(n. m.)* **:** être, objet ou fait représentatif de quelque chose d'abstrait. › *La colombe est le symbole de la paix.* (p. 117)

synonyme *(n. m.)* **:** mots de sens proche et de même classe grammaticale. (p. 332)

T

tam-tam *(n. m.)* **:** un mot à la loupe → p. 184

temps *(n. m.)*
- **simple :** conjugué sans auxiliaire. (p. 290)
- **composé :** formé avec un auxiliaire et un participe passé. (p. 292)
- **du récit :** emplois et concordances. (p. 290, 292)

tercet *(n. m.)* **:** strophe de trois vers. (p. 67)

troubadour *(n. m.)* **:** au Moyen Âge, poète et jongleur du Sud de la France. (p. 84)

trouvère *(n. m.)* **:** au Moyen Âge, poète et jongleur du Nord de la France. (p.84)

tutu *(n. m.)* **:** lexiqu'art → p. 239

tympan *(n. m.)* **:** terme d'architecture qui désigne un décor sculpté, de forme demi-circulaire et se trouvant au-dessus du portail d'un édifice religieux. (p. 26)

type de phrase : voir **phrase**

V

valeur (temps) : est liée à l'emploi d'un temps verbal et en explique la nuance. (p. 290, 292)

vaudeville *(n. m.)* **:** courte pièce de théâtre du XIXe siècle, riche en intrigues et rebondissements. (p. 211)

verbe*(n. m.)* **:** classe grammaticale de mots variables. Les verbes se classent en trois groupes. (p. 304)
- **attributif :** voir **attributif**.

vilain *(n. m.)* **:** histoire du mot → p. 50

jeux d'optique : Enquêt'art → p. 74

vitrail *(n. m.)* **:** ouverture en verre ouvragé. (p. 82)

voix *(n. f.)* **:** le verbe peut être à la voix active ou passive. (p. 298)

voyage *(n. m.)* **:** histoire du mot → p. 170

Index des auteurs et des artistes

Index des genres littéraires

Index des genres artistiques

L'alphabet

Il comprend des **voyelles** et des **consonnes**.
La lettre y est tantôt une voyelle, tantôt une consonne.

A B C D E F G H I J K L M N O P Q R S T U V W X Y Z
a b c d e f g h i j k l m n o p q r s t u v w x y z

A B C D E F G H I J K L M N O P Q R S T U V W X Y Z
a b c d e f g h i j k l m n o p q r s t u v w x y z

L'alphabet phonétique international (ou API)

Il permet de transcrire les **sons** de la langue.
La transcription phonétique s'écrit entre **crochets**.

Voyelles		Consonnes	
[a]	une patte, là, une femme	[b]	beau, un rabbin
[ɑ]	la pâte	[p]	une poupée, apporter, stop
[e]	un bébé, une fée, manger, un nez	[d]	devoir, une addition
[ɛ]	le père Noël, la forêt, la neige, faire	[t]	un tube, attendre, un théâtre
[i]	rire, une île, un cygne, du maïs	[g]	garder, une guitare, aggraver, des spaghetti, une seconde
[ɔ]	un port, un podium	[k]	une coque, une chorale, un kilo, accorder
[o]	une moto, chaud, nouveau	[v]	voir, un wagon
[u]	un cou, où, goûter, août	[f]	une fable, un effort, un pharmacien
[y]	sur, des mûres, il eut	[z]	un zèbre, du raisin
[œ]	seul, un bœuf, cueillir	[s]	savoir, passer, une piscine, le patient, la leçon, la chance
[ø]	un peu, un vœu	[ʒ]	un jeu, une bougie, un pigeon
[ə]	je, le, une brebis	[ʃ]	la chaleur, un schéma, un flash
Voyelles nasales		[l]	un calcul, intelligent
[ɑ̃]	chantant, vendre, un paon	[r]	rouler, arriver, un rhinocéros
[ɛ̃]	malin, la faim, le pain, un moyen, du thym	[m]	une mule, un gramme
[œ̃]	brun, du parfum	[n]	une noix, donner, l'automne
[ɔ̃]	ton, la colombe	[ɲ]	la montagne
Semi-voyelles			
[j]	la fille, un grillon, l'écureuil, le foyer		
[ɥ]	la nuit, l'écuelle		
[w]	oui, un western		

Crédits photographiques et illustrations

couv. Couv. du livre « Les aventures de Maître Renard » (Roman de Renart), éd. Delagrave © Selva/Leemage
couv. Heritage Images/Leemage
couv. North Wind Pictures/Leemage
6 d Coll. Jonas/Kharbine-Tapabor © Adagp, Paris 2010
6 g © Collections artistiques de l'Université de Liège
7 g Rosine Mazin/Photononstop/© Adagp, Paris 2010
7 d La Collection/Jean-Paul Dumontier
8 g BnF, Paris
8 d Tullio Pericoli
9 g Ashmolean Museum, University of Oxford, UK/The Bridgeman Art Library
9 d Selva/Leemage
10 g © Les Films de Mon Oncle
10 d Théâtre du Soleil/Annie Abadie
12 Coll. Jonas/Kharbine-Tapabor/© Adagp, Paris 2010
14 b Photo Josse/Leemage
14 h BnF, Paris
17 BnF, Paris
19 Collection Grob/Kharbine-Tapabor
21 © 2007 - Guy Delcourt Productions - Mathis - Martin
23 Editions Delagrave, 1930 /Coll. Jonas/ Kharbine-Tapabor
25 Coll. Christophel
26 Bednorz-images
27 Bednorz-images
29 Coll. Jonas/Kharbine-Tapabor
30 The Granger Collection NYC/Rue des Archives
31 d Darrell Gulin/Getty Images
31 g © Comité Anti Fourrure/DR
33 Collection Kharbine-Tapabor
34 © Collections artistiques de l'Université de Liège
36 b BnF, Paris
36 h Akg-images
37 b BnF, Paris
37 h Bibliothèque Royale de Belgique
39 d Akg-images/Collection Museum für Moderne Kunst, Frankfurt © 1965 Claes Oldenburg
39 g © Succession Marcel Duchamp © Adagp, Paris 2010/Collection Centre Pompidou, Dist. RMN/Christian Bahier/Philippe Migeat
42 BnF, Paris
45 Akg-images
47 © BINET/FLUIDE GLACIAL
48 b 1990. Photo Scala, Florence - courtesy of the Ministero Beni e Att. Culturali
48 hd BnF, Paris
48 hg DR
49 d Riss
49 g Roger-Viollet
51 RMN (Musée d'Orsay)/Jean Schormans
52 Luisa Ricciarini/Leemage
55 d RMN/Martine Beck-Coppola
55 g RMN (Musée d'Orsay)/Hervé Lewandowski
56 hd « Fables de Jean de La Fontaine » © Editions Pocket, un département d'Univers Poche, 2009 pour la présente couverture
56 hg « Fables de Jean de La Fontaine » © Editions Pocket, un département d'Univers Poche, 2009
56 b Photothèque Hachette Livre
57 Photothèque Hachette Livre
58 bd Le Roman de Renard, Anonyme © Le Livre de Poche Jeunesse, 2003
58 hd « Le Roman du Renard » Illustration : Benjamin Rabier © Editions Tallandier
58 hg Le Roman de Renart, adaptation d'après Paulin PARIS Collection Bibliocollège © Hachette Livre, 1999
59 bd Fabliaux du Moyen-Âge adaptés pour le théâtre par Françoise Guillaumond, collection « Que d'Histoires » © Editions Magnard, 2010 – Illustration de couverture Maud Riemann
59 bg « Le Roman du Renard » Les jambons d'Ysengrin de Jean-Marie Mathis Illustration : Thierry Martin © Editions Delcourt, 2007
59 bmd © Carrés Classiques Nathan, 2006
59 bmg « Les Philo-fables pour vivre ensemble » de Michel Piquemal , Philippe Lagautrière © Albin Michel Jeunesse 2009
60 bd ART on FILE/Corbis/© Adagp, Paris 2010
60 bg Rosine Mazin/Photononstop/© Adagp, Paris 2010
60 h Mark Edward Smith - Venezia/ Photononstop/© Adagp, Paris 2010
62 b RMN/Agence Bulloz
62 h Photo Josse/Leemage
63 b KEYSTONE-FRANCE/Keystone/Eyedea Presse
63 h © Succession Mario Prassinos/Photo Thierry Rye/© Adagp, Paris 2010
65 Colette Masson/Roger-Viollet
67 RMN/Droits réservés
69 The Museum of Modern Art, New York /Scala, Florence © Estate of Roy Lichtenstein New York/© Adagp, Banque d'Images, Paris 2010
70 Akg-images/British Library, Londres
71 © Image IFAW
73 d © Libération, 14 juillet 2007/ph ©Flore-Ael Surun/Tendance Floue
73 g © RATP/Human to Human
74 b ph © Gemäldegalerie Alte Meister, Staatliche Kunstsammlungen, Dresden. Photo: Hans-Peter Klut
74 hd New York, French & Company LLC /Akg-images
74 hg RMN/Michèle Bellot
75 d ph © Collection Centre Pompidou, Dist. RMN/Philippe Migeat/Man Ray Trust/© Adagp, Paris 2010
75 g The National Gallery of Art, Washington, DC/©Photothèque R. Magritte - Adagp, Paris 2010
77 Akg-images/© Succession H. Matisse
79 d Baleine barbue ou cetus barbatus, gravure sur bois extraite de « l'Historia Animalium » de Konrad Gesner, 1551-1558, Zürich/DR
79 g Katsuschita Hokusai (1760-1849), Rhinocéros à carapace de tortue, gravure extraite de « Mangwa », 1812-1849, Tokio/DR
81 BnF, Paris
82 La Collection/Jean-Paul Dumontier
84 b Lambeth Palace Library, London, UK/ The Bridgeman Art Library
84 h Akg-images
87 d Germanisches Nationalmuseum, Nuremberg/The Bridgeman Art Library
87 g akg-images/Erich Lessing
88 Daniel Molinier/Musée Paul-Dupuy, Toulouse
89 La Collection/Jean-François Amelot
91 BnF, Paris
93 La Collection/Jean-Paul Dumontier
95 Juergen Schwarz/Bongarts/ GettyImages
96 b 2010. Photo Scala, Florence
96 hd RMN (Château de Versailles)/Droits réservés
96 hg Paul Seheult/Eye Ubiquitous/Corbis
97 d Courrier international
97 g RMN/Gérard Blot
99 RMN/Michèle Bellot
100 Astérix www.asterix.com © 2010 LES EDITIONS ALBERT RENÉ/GOSCINNY - UDERZO
101 RMN/Jean-Gilles Berizzi
103 La Collection/Interfoto
104 h « Des troubadours à Apollinaires » © Editions Pocket, un département d'Univers Poche, 2009
104 b Aisa/Leemage
105 Akg-images
106 « Les plus beaux poèmes d'hier et d'aujourd'hui » - Le florilège de Fleurs d'encre Jacques Charpentreau - Illustration Bruno Mallart © Hachette Jeunesse
107 bd Presque poèmes, Ecriture poétique, de Bernard Friot et Catherine Louis © Editions De La Martinière Jeunesse
107 bg « La bouche pleine » de Bernard Friot, illustration Charlotte Gastaut © Milan Poche Junior, 2008
107 bmd « L'atelier de poésie » de Pierre Coran, Pascal Lemaître © Casterman, 2007
107 bmg « Les plus beaux poèmes pour les enfants » de Jean Orizet © Le Cherche Midi Editeur, Livre de Poche
108 BnF, Paris
110 The Art Archive/Biblioteca Nazionale Turin/Dagli Orti
113 BnF, Paris
115 BnF, Paris
117 Coll. Christophel
119 The Kobal Collection/LUCAS FILM /Keith Hampshere
121 d Coll. Christophel
121 g The Kobal Collection/Orion/Warner Bros
122 BnF, Paris
123 BnF, Paris
125 BnF, Paris
126 PYTHON PICTURES/EMI /The Kobal Collection
127 BnF, Paris
129 Bibliotheque de L'Arsenal, Paris/ Archives Charmet/The Bridgeman Art Library
130 hg Illustration : Claire Fay - Photo : Philippe Cabaret © Flammarion
130 hg « Lancelot le chevalier à la charette » de Chrétien de Troyes , Jean-Pierre Foucher © Editions Gallimard Jeunesse 2009
130 b Heritage Image/Leemage
131 Photo Josse/Leemage
132 Tullio Pericoli
134 b Louis Monier/Rue des Archives
134 h KEYSTONE-FRANCE/Keystone/Eyedea Presse
135 b Louis Monier/Rue des Archives
135 h J.-M.-G. LE CLEZIO, « Ritournelle de la faim », © Editions Gallimard, 2008
137 BnF, Paris
139 d National Gallery, London/2010. Scala, Florence
139 g The National Gallery Collection/Corbis
141 RMN (Musée d'Orsay)/Droits réservés
143 Henri Cartier-Bresson/Magnum Photo
145 bg © The Andy Warhol Foundation for the Visual Arts, Inc./Adagp, Paris 2010. Ph © www.arsny.com/Akg-images
145 h © Succession Marcel Duchamp/© Adagp, Paris 2010. Ph © Collection Centre Pompidou, Dist. RMN/Philippe Migeat
146 b 2010. Photo Scala, Florence.
146 g RMN/Hervé Lewandowski/Thierry Le Mage
146 hg 2010. Photo Scala, Florence - courtesy of the Ministero Beni e Att. Culturali.
147 d RMN / Stéphane Maréchalle
147 g 2010. Foto Scala, Florence - su concessione Ministero Beni e Attività Culturali
149 RMN/Gérard Blot
150 b © Editions Gallimard, 1982
150 h Coll. Christophel
153 RMN/René-Gabriel Ojéda
154 Ashmolean Museum, University of Oxford, UK/The Bridgeman Art Library
156 b Bob Thomas/Popperfoto/Getty Images
156 hd The Granger Collection NYC/Rue des Archives
156 hg London Library, St James's Square, London, UK/The Bridgeman Art Library
157 b Look and Learn /The Bridgeman Art Library
157 h Bettmann/Corbis

159 Lee Snider/Photo Images/Corbis
160 BnF, Paris
161 Minneapolis Institute of Arts/ Francis G. Mayer/Corbis
163 © Hergé/Moulinsart 2010
165 d RMN/René-Gabriel Ojéda /© Adagp, Paris 2010
165 g Collection Centre Pompidou, Dist. RMN/ Philippe Migeat/© Adagp, Paris 2010
167 b Wolfgang Kaehler/Corbis
167 h Illustrations Yvon le Corre, Antarctide ©éditions Gallimard Loisirs
168 b ph © National Maritime Museum, Greenwich, London
168 h BnF, Paris
169 d Coll. particulière © Adagp, Paris 2010/Ph © Galerie Jeanne Bucher
169 g Musee Marmottan, Paris, France/ Giraudon/The Bridgeman Art Library
171 Paris, musée du Louvre. Ph © RMN/ Gérard Blot
173 AKG London/Erich Lessing
175 bd Sergii Denysov - Fotolia.com
175 bg Howard Davie (v.1914-44), litho en couleur pour « Robinson Crusoe » de Daniel Defoe. Coll. privée /The Bridgeman Art Library / DR
175 bm AlexQ - Fotolia.com
175 h Hamburger Kunsthalle, Hamburg, Germany/The Bridgeman Art Library
176 Selva/Leemage
178 bd Selva/Leemage
178 bg et md Gusman/Leemage
178 bmg akg-images
178 h Marie-Christiane Cauboue/Rapho/ Eyedea Presse
181 © 2008 – Guy Delcourt Productions – Dauvillier – Soleilhac
183 © Benjamin Renout/Agence Enguerand
185 Mary Evans Picture Library/Keystone/ Eyedea Presse/DR
187 Roger Viollet
189 b AFP Photo/Marcel Mochet
189 h Pascal Della Zuana/Sygma/Corbis
190 d Robert Holmes/Corbis
190 g 2010. Photo Scala, Florence
191 b Photo RMN - Hervé Lewandowski
191 hd 1998, Photo Scala, Florence
191 hg Vanni Archive/Corbis
193 2010. Kimbell Art Museum, Fort Worth, Texas/Art Resource, NY/Scala, Florence
194 Fogg Art Museum, Harvard University Art Museums, USA/Bequest from the Collection of Maurice Wertheim, Class 1906/The Bridgeman Art Library
195 d RMN (Musée d'Orsay)/Hervé Lewandowski
195 g Coll. Privée/© Adagp, Paris 2010
197 Gusman/Leemage
198 hd Photo : Bridgeman Giraudon © Editions Gallimard
198 hg © Illustration : Marion Tigréat - Photo : Philippe Cabaret © Flammarion
198 b © Musée Jules Verne de Nantes/ Kharbine-Tapabor
199 Coll. Vaussenat/Kharbine-Tapabor/DR
201 bg « Double meurtre à l'abbaye » de Jacqueline Mirande illustration Wilfried Bartoli © Flammarion-Père Castor 1998
201 bmd « La Fiancée du désert » de Jean-Marie Defosser - Illustration : Raphaël Gauthy © Nathan Poche Aventure 2006
201 bmd « Seul sur la mer immense » de Michael Morpurgo © Editions Gallimard Jeunesse, 2008
201 bmg « Le renard de Morlange » de Alain Surget - Illustrations Philippe Mignon © Nathan Poche
202 © Les Films de Mon Oncle
204 h The Art Archive/Musée Calvet Avignon/ Dagli Orti
204 b Collection Kharbine-Tapabor
205 b © Christie's Images/The Bridgeman Art Library
205 h RMN/Philippe Bernard
207 d Agence Bernand/CDDS Enguerand
207 g BnF, Paris
209 The Art Archive/Bibliothèque des Arts Décoratifs, Paris/Dagli Orti
211 Bernard Michel Palazon/CDDS Enguerand
213 © Philippe Geluck/© Casterman
215 h © Les Films de Mon Oncle
215 b © Les Films de Mon Oncle
216 b © Adagp, Paris 2010. Ph © Photo RMN – Gérard Blot
216 hd 2010. MoMA, New York/Scala, Florence/© Succession H. Matisse
216 hg Musée d'Orsay, Dist. RMN/Patrice Schmidt
217 d Les Arts décoratifs, Paris/Photo Laurent Sully Jaulmes. Tous droits réservés/© Adagp, Paris 2010
217 g Robert Doisneau/Rapho/Eyedea Presse
219 h © Les Films de Mon Oncle
219 b © Le Cirque © Roy Export SAS
220 Serge Daems/Théâtre Royal du Parc, Bruxelles
221 d Coll. privée/Archives Charmet/The Bridgeman Art Library
221 g Kévin d'Hondt /La Manivelle Théâtre
223 © Jean Dubout, www.dubout.fr.
224 © Théâtre du Soleil/Annie Abadie
226 b RMN/Agence Bulloz
226 h Coll. Jonas/Kharbine-Tapabor
227 b Costa/Leemage
227 h RMN (Domaine de Chantilly)/Agence Bulloz
229 CDDS Enguerand
231 Coll. Christophel
233 Benjamin Renout/CDDS Enguerand
235 d Mary Evans Picture Library/Eyedea Presse
235 g Ramon Senera/CDDS Enguerand
237 b Stevens William/Gamma/Eyedea Presse
237 h Pascal Gely/CDDS Enguerand
238 b Studio Lipnitzki/Roger Viollet
238 d RMN (Institut de France)/Agence Bulloz
238 hg RMN (Château de Versailles)/Droits réservés
239 d Régis Colombo/diapo.ch
239 g Colette Masson/Roger Viollet
241 Théâtre de la Commune d'Aubervilliers, illustration de Marc Daniau
243 © GOTLIB/FLUIDE GLACIAL
245 Coll. Christophel
246 h Feydeau, Dormez, je le veux!, Collection "Classiques et Contemporains" n°81 © Editions Magnard, 2007 – Illustration de couverture © Kharbine-Tapabor
246 b Costa/Leemage
247 Pascal Gely/ArtComArt
248 g Photo : Christophe Chatton © Théâtre de la Porte Saint Martin
249 bd « A l'époque de Molière » illustration de Ginette Hoffmann, texte de Françoise Lebrun © Casterman Collection des enfants dans l'Histoire, 2000
249 bg Illustration : Marcelino Truong © Castor Poche Flammarion
249 bmd « Le Petit Violon » de Jean-Claude Grumberg, Actes Sud-Papiers, collection Heyoka Jeunesse, 1999. Illustrations : Laurent Lefèvre et Laurent Bauché
249 bmg Illustration aline Bureau Flammarion
250 © Succession Delaunay © Collection Centre Pompidou, Dist. RMN/Bertrand Prévost
253 Accident d'automobile pendant la course Paris-Madrid , 1903, extrait du « Petit Journal », lithographie. BNF, Paris. Ph © Photothèque Hachette Livre
255 Gravure sur bois tirée de « La Farce de Pathelin » chez G. Beneaut, 1490. Ph © Collection Kharbine-Tapabor
257 clara prud homme - Fotolia.com
259 Pacome Poirier/WikiSpectacle
261 Igor Zakowski - Fotolia.com
263 « Faits et dits mémorables », miniature, XVe siècle. Ph © BnF, Paris
265 « Histoire des quatre fils Aymon » de Huon de Villeneuve, XVe siècle, BnF, Paris © Photothèque Hachette Livre
267 Musée d'Orsay, Paris © RMN (Musée d'Orsay)/Hervé Lewandowski
273 Coll. privée/The Stapleton Collection/ The Bridgeman Art Library
275 Corbis
277 Guillaume Roedolf - Fotolia.com
279 Charles Folkard (1878 – 1963), illustration pour « Alice au Pays des merveilles » de Lewis Carroll, 1921. Ph © Blue Lantern Studio/Corbis/DR
283 Nicola_G - Fotolia.com
285 Policier pourchassant un automobiliste, BD, v. 1933. Ph © Lake County Museum/ Corbis
287 Carte postale, v.1900. Ph ©Selva/ Leemage
289 b Dougal Waters/GettyImages
289 hg Gabi Moisa - Fotolia.com
289 md velusariot - Fotolia.com
291 Musée d'Orsay, Paris. Ph © RMN (Musée d'Orsay)/Droits réservés
293 photoillustrator.eu - Fotolia.com
297 Enluminure du « Carrousel des chevaliers de la Toison d'or », XVe siècle, BnF, Paris. Ph © Photothèque Hachette Livre
299 Alexander - Fotolia.com
301 Arthur Rackham (1867-1939), illustration pour L'Or du Rhin et la Valkyrie, 1910, litho en couleur, coll. privée/The Stapleton Collection/ The Bridgeman Art Library
303 bd robsnowfolio - Fotolia.com
303 bg innovari - Fotolia.com
303 h Ill. d'après W. Gunston pour « Cendrillon », détail. XIXe s. Ph © Museum Images/Kharbine-Tapabor
305 David Mathieu - Fotolia.com
311 Chrétien de Troyes, « Yvain ou le Chevalier au lion », début XIVe siècle, enluminure, détails. Ph © BnF, Paris
313 d Saint Jacques, vitrail © Martin Mullen - Fotolia.com
313 g piai - Fotolia.com
315 md Maksim Samasiuk - Fotolia.com
315 mg Urbanhearts - Fotolia.com
315 mm Alex Staroseltsev - Fotolia.com
319 bd Photothèque Hachette Livre
319 bg toufikbobo - Fotolia.com
319 hd « Costumes d'enfants », détail, extrait de « Le Follet », Courrier des salons, musée Carnavalet, Paris © Photothèque Hachette Livre
319 hg milphoto - Fotolia.com
319 mg jaddingt - Fotolia.com
319 mm Krzysztof Sobieraj - Fotolia.com
321 d Paty Cullen Wingrove - Fotolia.com
321 g Hallgerd - Fotolia.com
323 b stiven - Fotolia.com
323 h toonbilge - Fotolia.com
323 m Axusha – Fotolia.com
331 « Léonard, compile de génie », 2000 © De Groot et Turk - Le Lombard 2000
335 Anonyme, Nature morte, XVIIe-XVIIIe siècle, détail, Palazzo Pitti, Galleria Palatina, Florence © Archives Alinari, Florence, Dist RMN/Georges Tatge
337 Hans Neleman/Getty Images
339 © Gérard Sauze - Fotolia.com

Références des textes

16 In Roman de Renart, traduction Jean Dufournet, Étonnants classiques n°2014, © Flammarion 1996

16 Le Roman de Renart, Anonyme, © le Livre de poche Jeunesse 2003

18 Extrait de Le Roman de Renart, adaptation d'après Paulin PARIS Collection Bibliocollège (c) Hachette Livre, 1999 »

20 - 22 - 24 Le Roman de Renart, Anonyme, © le Livre de poche Jeunesse 2003

25 Roald Dahl, Fantastique Maître Renard, traduit par Marie-Raymond Farré © Editions Gallimard © Roald Dahl Nominee Ltd., 1970

25 Le Roman de Renard, Maurice Genevoix, oeuvres romanesques complètes, tome10, Editions Tallandier, 1985

30 Roald Dahl, Fantastique Maître Renard, traduit par Marie-Raymond Farré © Editions Gallimard © Roald Dahl Nominee Ltd., 1970

32 Le Roman de Renard, Anonyme, © le Livre de poche Jeunesse 2003

40 - 41 - 46 Extrait de Brigitte Wagneur : Fabliaux du Moyen Âge, - n° 20 Traduction de Jean-Claude Aubailly, Collection Bibliocollège © Hachette, 2000

52 Anne-Marie Zarka, Estula, tableau 2, Adaptation pour le théâtre, 10-15 ans, Retz, 2001

68 « Rock-monsieur » Boris Vian, Editions René Julliard, 1966

70 Raymond Queneau, « Affreux mur » in L'Instant fatal © Editions Gallimard

70 « Le fourmi », les animaux de tout le monde, Editions Seghers Liseron, 1990

72 Les animaux de tout le monde de Jacques Roubaud, © Seghers , 1990

78 Raymond Queneau, « Il pleut » in Les Ziaux © Editions Gallimard

100 François Rabelais, Gargantua in Œuvres complètes (texte original, traduction en français moderne, préface et notes par Guy Demerson) on © éditions du Seuil, 1973 et novembre 1995, coll. *Points, 1197*

86 - 88 - 90 - 92 - 94 - 102 La Chanson de Roland, traduction de Jean Dufournet, © Flammarion, 1993

102 La Chanson de Roland, traduction de Jean Jonin © Editions Gallimard

112 - 114 - 116 - 118 - 120 Chrétien de Troyes, Yvain ou le chevalier au lion Édition Philippe Walter © Editions Gallimard

121 Le Seigneur des Anneaux, Tome I, La Communauté de l'Anneau, J.R.R. Tolkien, 1966. Christian Bourgois éditeur, 1972. Traduit de l'anglais par F. Ledoux.

126 Extrait de Le Roman de Renart, adaptation d'après Paulin PARIS Collection Bibliocollège (c) Hachette Livre, 1999 »

128 Chrétien de Troyes, Yvain ou le chevalier au lion Édition Philippe Walter © Editions Gallimard

138 Perceval ou le conte du Graal de Chrétien de Troyes, Edition traduite par Michèle Gally, Collection Petits Classiques Larousse © Larousse 2004

140 Joseph Kessel, Le Lion © Editions Gallimard

142 J.M.G. Le Clézio, « Mondo » in Mondo et autres histoires © Editions Gallimard

144 J.M.G. Le Clézio, « Celui qui n'avais jamais vu le mer » in Mondo et autres histoires © Editions Gallimard

145 Hervé le Tellier, Joconde jusqu'à 100, Le Castor astral, 1998

150 - 151 Joseph Kessel, Le Lion © Editions Gallimard

152 Vendredi ou la vie sauvage, Michel Tournier, Editions Gallimard

158 Chétien de Troyes, Perceval ou le Conte du Graal in Oeuvres complètes, traduction de Daniel Poiron © Editions Gallimard

160 Daniel Defoe, Robinson Crusoé, traduction de Pétrus Borel, © Editions Gallimard (Domaine Public)

162 L'île au trésor de Robert-Louis Stevenson © le Livre de poche Jeunesse 2007

164 l'Appel sauvage de Jack London, © Hachette Jeunesse - collection Vertige, 2000

167 © Yvon le Corre, Antarctide, éditions Gallimard Loisirs

170 Jack London, Croc-Blanc, traduit par Nöel Chassériau © Editions Gallimard, D'après, Texte documentaire établi par Philippe Jacquin, Gallimard, 1998.

172 Daniel Defoe, Robinson Crusoé, traduction de Pétrus Borel, © Editions Gallimard (Domaine Public)

174 « Croc-blanc » Jack London, Le Livre de poche Jeunesse 2008

194 Prose du Transsibérien et de la petite Jeanne de France, © 1947, 1963, 2001, 2005, Éditions Denoël - Extraits tirés du volume 1 de « Tout autour d'aujourdhui, Nouvelle édition des œuvres complètes de Blaise Cendrars dirigée par Claude Leroy.

206 La farce de Maître Pathelin, édition bilingue de Michel Rousse, © Editions Gallimard, 1999

208 La Farce du cuvier, traduit par André Tissier © Flammarion

210 « Un bain de ménage » de Georges Faydeau © Editions Omnibus

212 G. Courteline, Le Petit Malade, La paix chez soi et autres pièces, Petits classiques Larousse © Larousse (Domaine Public)

214 La farce de Maître Pathelin, édition bilingue de Michel Rousse, © Editions Gallimard, 1999

237 « Ahmed le subtil ou scapin 84, © Actes Sud-Papiers

241 Yvain le Chevalier au lion, Chrétien de Troyes, traduit par J.P. Foucher © Editions Gallimard

255 Rudyard Kipling, Histoires comme ça, traduit par Pierre Gaspari © Editions Gallimard

257 « Recette de cuisine », Bernard Friot, Histoires pressées, Milan poche, 1998, 2007

257 « Exercices », Bernard Friot, Histoires pressées, Milan poche1988, 2007

265 Merlin Merlot, in Fabliaux du Moyen Age, traduction J. Dufournet © Flammarion

267 « La chose », Bernard Friot, Histoires pressées, Milan Poche junior, 1988, 2007.

267 « Mme Denis ne veut pas d'histoires », Bernard Friot, Histoires Pressées, Milan Poche Junior, 1988, 2007.

271 Extrait de Le Roman de Renart, adaptation d'après Paulin PARIS Collection Bibliocollège (c) Hachette Livre, 1999 »

275 L'île au trésor, de Robert-Louis Stevenson © Flammarion 1999

277 Brunain et Blérain in Fabliaux du Moyen Age, traduction J. Dufournet © Flammarion

279 Timothée de Fombelle, Tobie Lolness © Editions Gallimard Jeunesse

279 Rudyard Kipling, Histoires comme ça, traduit par Pierre Gaspari © Editions Gallimard

281 J. Vernes, Maître Zacharius, Petits classiques Larousse © Larousse (Domaine Public)

283 Timothée de Fombelle, Tobie Lolness © Editions Gallimard Jeunesse

283 L'île au trésor, de Robert-Louis Stevenson © Flammarion 1999

283 J. Vernes, Aventures de la famille Raton, Petits classiques Larousse © Larousse (Domaine Public)

291 Claudine Glot, Sur les traces du roi Arthur © Editions Gallimard Jeunesse

291 In Roman de Renart, Étonnants classiques n°2014, © Flammarion 1996

293 Jack London, Croc-Blanc, Editions J'ai Lu, 2000 (Librio 347), page 5

299 « Le Dico des chevaliers » de Daniel Royo, illustrations Jean-Michel Arroya, paru aux Editions De La Martinière Jeunesse, 2004

301 Anne-Catherine Vivet-Rémy, Lancelot, Retz , 1998 p.54

301 Agatha Christie, La Mort n'est pas une fin © Le Masque

303 Marcel Aymé, Les Contes bleus du chat perché © Editions Gallimard

305 J.K. Rowling, Harry Potter et le prisonnier d'Azkaban © Editions Gallimard Jeunesse

305 « Le Dico des chevaliers » de Daniel Royo, illustrations Jean-Michel Arroya, paru aux Editions De La Martinière Jeunesse, 2004

309 Jack London, Croc-Blanc, Editions J'ai Lu, 2000 (Librio 347), page 178

309 J.K. Rowling, Harry Potter et le prisonnier d'Azkaban © Editions Gallimard Jeunesse

321 - 323 La Terre, une planète active - Encyclopédie des Jeunes Larousse © Larousse 1997

329 « 365 jours pour réfléchir à notre terre » de Yann Arthus-Bertrand, paru aux Editions De La Martinière, 2006

339 Un Indien dans la ville d'Eric Le Nabour © Flammarion

Achevé d'imprimer par Rotolito (Italie) en avril 2010 - Dépôt légal : 6870-6871/01

Les auteurs présentés dans le manuel

VIe	VIIe	VIIIe	IXe	X^{e}	XIe	XIIe	X	
500	600	700	800	900	1000	1100	1200	

ANTIQUITÉ

MOYEN ÂGE

Charlemagne est couronné empereur

Pierre de

Écriture des au

Jea

Écriture de *La Cha*

Chrét